M

马克思主义理论学科
研究生系列教材

MAKESIZHUYI LILUN XUEKE
YANJIUSHENG XILIE JIAOCAI

高校思想政治理论课程建设研究

郭凤志　主编

北京师范大学出版集团
BEIJING NORMAL UNIVERSITY PUBLISHING GROUP
北京师范大学出版社

前　言

习近平总书记在纪念马克思诞辰200周年大会上发表的重要讲话中指出，马克思留给我们最有价值、最具影响力的精神财富，就是以他的名字命名的科学理论——马克思主义。马克思主义是中国共产党人立党立国的根本指导思想。高校马克思主义理论学科建设是社会主义中国高校“双一流”建设的重要内容和思想政治工作平台，高校马克思主义理论学科在凝集马克思主义理论研究学术队伍、引领哲学社会科学发展方向、推进党和国家主流意识形态建设、支撑高校思想政治理论课教育教学等方面，发挥着不可替代的重要作用。面对新时代、新形势、新任务，加强马克思主义理论学科建设，充分发挥马克思主义理论学科的引领作用，是巩固马克思主义在意识形态领域主导地位、提高社会主义意识形态凝聚力和引领力的重要任务，是一项具有重要意义的战略工程。

2005年，国务院学位委员会和教育部下发了《关于增设和调整马克思主义理论一级学科及所属二级学科的通知》，将马克思主义理论学科从政治学学科中分离出来，升格为法学门类下独立的一级学科。至今，马克思主义理论学科建设已经走过了十几年的历程。十几年来，马克思主义理论学科由弱小到壮大，发展势头迅猛，取得丰硕的成果并取得宝贵的建设经验。随着高校马克思主义学院的广泛成立，马克思主义理论学科，在体制机制保障、经费支持等方面有了较大的改善和提升。但就学科发展来讲，还有许多基础性、内涵性的工作有待推进和加强，具体体现在课程设置不规范、教材建设相对迟缓等方面。加强马克思主义理论学科建设，现阶段迫切需要的是加强马克思主义理论学科课程设置的规范化和教材建设。

2015年，为有效推动马克思主义理论学科的发展，规范并建立研究生阶段马克思主义理论学科教育与教学体系，整合优势教育资源，反映马克思主义中国化最新成果和中国特色社会主义新经验，北师大出版社邀请国内重点马院，统一编写“马克思主义理论学科研究生系列教材”。本套教材涵盖马克思主义理论一级学科下设的七个二级学科，对应在马克思主义理论学科硕士阶段开设的9门课程，以及博士阶段的3门延伸课程，共由12本教材组成。本套教材的出版，为当前马克思主义理论学科研究生阶段的教学实践提供了权威的参考，同时也规范了全国范围内的马克思主义学院的课程设置和人才培养计划。

在北师大出版社组织的“马克思主义理论学科研究生系列教材”启动会上，由顾海良、沙健孙、梅荣政、郑永廷、张雷声、逄锦聚、陈占安、吴潜涛8位专家组成的本套教材评审委员会，认真和严格地对每本教材的提纲进行了审议论证，提出了很多宝贵意见。在后续教材写作过程中，评审专家也进行了多轮次审定，最大程度上保证了本套教材的质量，对于专家们付出的辛劳，表示诚挚的感谢。

从立项到出版，本套教材历时数年，其间吸收了马克思主义中国化的最新成果，数易其稿，但相信仍有不足之处，敬请专家指正。

编写说明

《高校思想政治理论课程建设研究》的编写是在教育部社科司的组织、指导和支持下完成的。这本教材是为马克思主义理论一级学科进一步规范博士生培养方案中的课程设置而编写的，经过编写组 3 年多的工作而完成。

高校针对马克思主义理论学科博士生统一开设“高校思想政治理论课程建设研究”课程既是学科规范化发展的必然，也是学科人才培养的应有之举。2005 年 12 月，国务院学位委员会、教育部发布《关于调整增设马克思主义理论一级学科及所属二级学科的通知》，正式设立马克思主义理论一级学科。这一学科的设立，是巩固马克思主义在意识形态领域指导地位，加强马克思主义理论研究与学科建设，推动中国化马克思主义理论进教材、进课堂、进大学生头脑的一件大事；也是马克思主义理论研究和建设工程的重要内容。按照马克思主义理论学科建设的精神，国家独立设置马克思主义理论学科，其中一个重要的目的是通过学科建设加强高校的思想政治理论课程建设。国家也“本着为思想政治理论课服务的精神规范马克思主义理论学科建设。建立马克思主义理论学科的出发点和落脚点就是为高校思想政治理论课服务，为提高高校马克思主义理论研究水平和思想政治理论教育水平服务”①。

从学科视域看人才培养目标，马克思主义理论学科博士生既要系统掌握马克思主义的理论体系，也要懂得思想政治理论课程；既要有志成为马克思主义理论的研究专家，也要立志成为马克思主义理论的教育人才。深入开展高校思想政治理论课程建设研究，建设好高校思想政治理论课程，是马克思主义理论学科建设的主要任务之一，也是马克思主义理论学科博士生成为马克思主义理论教育人才的必修课。马克思主义理论学科博士生的培养必须置于学科的高度加以实现，博士生的培养质量应以学科标准加以衡量。

从现有马克思主义理论学科人才培养质量的角度审视，自马克思主义理论学科成为独立一级学科以来，一方面，马克思主义理论学科博士生的培养质量显著提高；另一方面，人所共知，马克思主义理论学科毕竟是一个年轻的学

---

① 靳辉明：《当前应加强马克思主义理论学科的规范化建设》，载《思想理论教育导刊》，2010 年第 1 期。

科，在学科内涵、课程设置和学科体系设定等方面还处于起步阶段，需要在发展中不断规范。2012 年，国务院学位委员会发布了《关于进一步加强高校马克思主义理论学科建设的意见》，其中在明确马克思主义理论学科建设主要任务和要求时就提出，“学科专业人才培养应处理好学科性质和研究特色的关系”“要确定马克思主义理论学科研究生的学位课程”，这实际上对马克思主义理论学科规范课程设置、明确学科核心课程、编写示范教材提出了任务和要求。因此，按照教育部的部署，首先要对马克思主义理论一级学科下的博士生、硕士生的培养方案进行调整和规范，统一规定课程开设，统一编写课程教材，以解决以往课程设置中存在的不规范做法，这是马克思主义理论学科及其学科人才培养向规范化、科学化发展的标志。上述方面构成了本教材编写的背景。

本教材在编写研究的过程中，一直得到教育部社科司领导的关心和大力支持。写作大纲得到了陈占安教授、郑永廷教授、梅荣政教授、吴潜涛教授、张雷声教授等专家的专业指导和帮助。书稿完成后经过了专家的通讯评审，并且编者进一步进行了修改。为尽最大努力保证本教材的出版质量，2017 年 3 月 26 日，在东北师范大学召开了出版前的专家评审会议，石云霞教授、张澍军教授、卢黎歌教授、王跃教授、钟明华教授对定稿进行了专业指导和把关，为本教材的进一步完善提出了实质性的修改意见。本教材也借鉴了学界众多学者的研究成果。本教材的出版，得到北京师范大学出版集团的大力支持，尤其得益于祁传华编辑的协调和沟通工作，在此，我们一并表示衷心感谢！

高校思想政治理论课程建设研究是一项极具挑战性的研究工作，将其从经验层面的研究提升到理论层面的规律研究对编写组而言是个不小的挑战。因此，本教材根据编写目的和要求，力图站在学科与课程视域融合的高度，定位于为马克思主义理论学科博士生自觉从学科视域认识和把握高校思想政治理论课程，通过对高校思想政治理论课程教育规律的探索推动对马克思主义理论本身的认识以及对马克思主义理论教育规律的把握提供引领；为马克思主义理论学科博士生从思想政治理论课程关涉学科教育力和影响力的高度关照马克思主义理论学科的建设与发展提供整体性认知，尤其为他们将来从事高校思想政治理论课程教学提供抓手。由于研究工作本身的复杂性，加之研究者的研究水平有限，本教材一定存在一些不足与缺点。我们真诚地希望各位专家学者和广大读者给予批评，不吝指教。

编写组

2018 年 12 月

目　录

绪论

2016年12月，习近平在全国高校思想政治工作会议上强调指出："我国高等教育发展方向要同我国发展的现实目标和未来方向紧密联系在一起，为人民服务，为中国共产党治国理政服务，为巩固和发展中国特色社会主义制度服务，为改革开放和社会主义现代化建设服务。"①这一"四为"方针，既明确了中国高等教育发展的历史方位、现实指向与发展趋势，也为高校思想政治理论课程建设赋予了全新的时代内涵和使命担当。我国高等教育事业的自身定位，内在地规定了思想政治理论课程建设的目标及方向，根本上决定了高校思想政治理论课程的性质、地位和功能。习近平在全国高校思想政治工作会议上的重要讲话，从实现中华民族伟大复兴的全局视角和战略高度，科学回答了高校培养什么样的人、如何培养人以及为谁培养人这些根本问题，为做好新形势下高校思想政治工作、发展高等教育事业指明了行动方向。"才为德之资，德为才之帅。"做好高校思想政治工作，高校才能牢牢抓住全面提高人才培养能力这个核心点，完成好培养德智体美全面发展的社会主义事业建设者和接班人的重大任务，更好地服务大局，不断增强国家核心竞争力。只有坚持以马克思主义为指导，坚持不懈传播马克思主义科学理论、培育和践行社会主义核心价值观、筑牢思想基础、提供价值引领，才能培养大批中国特色社会主义事业合格建设者和可靠接班人。

高校肩负着学习、研究、宣传马克思主义，培养中国特色社会主义事业合格建设者和可靠接班人的重大任务。思想政治理论课程是巩固马克思主义在高校意识形态领域指导地位，坚持社会主义办学方向的重要阵地；是全面贯彻落实党的教育方针，培养中国特色社会主义事业合格建设者和可靠接班人，落实立德树人根本任务的主渠道；是进行社会主义核心价值观教育，帮助大学生树立正确的世界观、价值观和人生观的核心课程。办好思想政治理论课程，事关意识形态工作大局，事关中国特色社会主义事业后继有人，事关实现中华民族伟大复兴的中国梦。

习近平在全国高校思想政治工作会议上的讲话特别强调了高校马克思主义

---

① 习近平：《习近平谈治国理政》第2卷，外文出版社2017年版，第376～377页。

理论教育的重要性，指出：“我们的高校是党领导下的高校，是中国特色社会主义高校。办好我们的高校，必须坚持以马克思主义为指导，全面贯彻党的教育方针。要坚持不懈传播马克思主义科学理论，抓好马克思主义理论教育，为学生一生成长奠定科学的思想基础。”①高校学生对马克思主义的掌握，主要是通过作为必修课的思想政治理论课程来实现和保障的。习近平之所以特别重视高校的马克思主义理论教育和思想政治理论课程，缘于高校思想政治理论课程是巩固马克思主义在高校意识形态指导地位的核心课程，其在解决高校培养什么样的人、如何培养人以及为谁培养人这些根本问题上具有不可替代的地位和作用。开设好思想政治理论课程对于确保中国特色社会主义事业后继有人，实现中华民族伟大复兴的中国梦，具有十分重大而深远的意义。

马克思主义是社会主义意识形态的指导思想，意识形态工作是党和国家一项极端重要的工作。坚持和巩固马克思主义在意识形态领域的指导地位，是党和人民团结奋斗、脚踏实地沿着正确方向前进的根本思想保证。马克思主义的指导地位是由马克思主义理论的真理性和价值性决定的，是由马克思主义成功指导中国革命、建设和改革实践的历史与现实决定的。坚持马克思主义在意识形态领域的指导地位，必须不断地加强马克思主义理论研究和马克思主义理论教育规律研究，形成二者相互支撑的良好局面。

高校马克思主义理论学科肩负着研究和宣传马克思主义的教育责任。2005年以来，国家决定独立设立马克思主义理论一级学科。在原本归属于一级学科政治学的马克思主义理论与思想政治教育专业发展的基础上，马克思主义理论一级学科在布局上实现了大发展、大跨越。马克思主义理论学科的重要职责是培养马克思主义理论专业人才，主要是培养马克思主义理论研究和教育、思想政治教育研究和工作的高级专门人才，尤其是培养高等院校从事思想政治教育研究和工作的专门人才，使他们能够不断探索并把握研究马克思主义宣传规律和教育规律。

马克思主义理论一级学科自设立以来，加强了学科的规范性建设，使人才培养质量得到进一步提高，培养了一大批具有坚定的中国特色社会主义信念、较高的马克思主义理论素养、较扎实的专业基础知识的马克思主义理论研究、宣传和教育人才，成为国家巩固马克思主义在意识形态领域指导地位的重要抓手。

面向马克思主义理论一级学科范围内的博士生开设“高校思想政治理论课

① 习近平：《习近平谈治国理政》第2卷，外文出版社2017年版，第377页。

程建设研究”这门课，是社会主义大学的本质所要求的；是马克思主义理论学科建设的题中应有之义，是马克思主义理论学科人才培养的根本要求；是使马克思主义理论学科博士生满足人才培养素质规定的应然之举。它既体现了中国高等教育人才培养对“立德树人”的一般要求，也具有马克思主义理论学科人才培养规格方面的特殊意义和价值。

一、开展高校思想政治理论课程建设研究的意义

加强高校思想政治理论课程建设研究的本质是加强马克思主义理论教育规律的研究，这是国家之需要，马克思主义理论学科之职责，马克思主义理论学科人才素养之保障。把握高校思想政治理论课程建设的规律，其前提是充分认识我国高校开设思想政治理论课程的重大战略意义，认识从事高校思想政治理论课程建设研究的目的。

（一）坚持高等教育社会主义办学方向的需要

高校思想政治理论课程教学本质上是一种马克思主义理论教育。马克思主义是社会主义事业的指导思想，是我们立党立国之本，开设好思想政治理论课程关系到社会主义事业的巩固和发展。因此，面对多元文化价值观，深入开展高校思想政治理论课程建设研究、马克思主义理论教育规律研究，是坚持社会主义办学方向的必然要求，是中国特色社会主义事业不断成长、创新的实践需求，是培养新时代大学生的马克思主义立场、观点和方法的客观诉求，也是马克思主义理论本身的内在要求。马克思主义理论的内在诉求是回到实践中去，在实践中掌握群众。马克思认为：“理论一经掌握群众，也会变成物质力量。理论只要说服人，就能掌握群众；而理论只要彻底，就能说服人。”①

坚持社会主义办学方向与加强高校思想政治理论课程建设研究有着内在的关系。马克思主义是中国社会主义制度建立与发展的理论基础和指导思想，社会主义制度是马克思主义理论的现实化和实体化。作为上层建筑重要存在形式的高等教育必然要以马克思主义为指导思想，以马克思主义教育为己任，而在高校开设系统的思想政治理论课程是高等教育坚持社会主义办学方向的具体体现。

在当代中国，高等学校的性质是由社会的性质和执政党的政治纲领所决定的。坚持社会主义办学方向，重要的是解决好培养什么样的人、如何培养人以

---

① 《马克思恩格斯选集》第1卷，人民出版社2012年版，第9～10页。

及为谁培养人这些问题。高校的专业课程主要解决大学生具有何种专业知识和能力的问题，而思想政治理论系列课程解决人才的政治方向、思想和灵魂的问题。人“若无德，则虽体魄智力发达，适足助其为恶”，青年人正确的政治方向就是立志报效祖国、服务人民，这是大德，养大德者方可成大业。高校思想政治理论课程要在成就大学生的“树德立人”上着力和下功夫，使大学生不忘初心跟党走，树立与实现中国梦时代主题同心同向的理想信念。

知识无国界，而知识分子有祖国，知识层次无论多高都存在一个用知识为谁服务的问题，这实质上是一个价值观选择问题。尤其是面对经济全球化不断加深，国际人才竞争日益加剧的境况，通过研究思想政治理论课程教学规律，提升思想政治理论课程的教育教学效果，使高校培养出的人才“为我所用”，其意义不言而喻。

我们应当站位于赢得大学生就是赢得未来的战略高度，站在“两个一百年”的历史交汇点上，认识进行高校思想政治理论课程建设研究的重大意义。高等学校源源不断地为社会输送优秀人才，他们的社会理想、政治理念，乃至世界观、价值观和人生观，事关国家和社会的历史走向，这就导致了高校马克思主义理论教育的战略意图必然是政治性的、社会性的和指向未来的。《国家中长期教育改革和发展规划纲要(2010—2020年)》在指导思想部分对此有历史承接性的连贯性表述，即高等教育要“全面贯彻党的教育方针，坚持教育为社会主义现代化建设服务，为人民服务，与生产劳动和社会实践相结合，培养德智体美全面发展的社会主义建设者和接班人”。关乎培养人的德性品质的高校思想政治理论课程必须坚持贯彻党的教育方针，以人为本、推进素质教育，核心是解决好培养什么样的人、如何培养人以及为谁培养人等重大问题，重点是面向全体大学生、促进大学生全面发展，着力提高大学生服务国家和人民的社会责任感、勇于探索的创新精神以及善于解决问题的实践能力。我们应自觉贯彻和坚持“德育为先”“立德树人”的明确要求，自觉把社会主义核心价值观融入高等教育全过程。加强马克思主义中国化最新成果的中国特色社会主义道路、理论、制度、文化的教育，引导大学生形成正确的世界观、价值观和人生观；加强理想信念教育，坚定大学生对中国共产党的领导、社会主义制度二者的信念和信心；加强民族精神和时代精神教育，增强大学生的爱国情感和改革创新精神；加强社会主义荣辱观教育，把立德树人理念渗透于马克思主义理论教育教学的各个环节，不断提高立德树人教育教学的吸引力和感染力，增强针对性和实效性。从大格局的意义上看，这关乎中华民族的历史走向及对世界社会主义事业的重大影响。

可见，在高校开设好思想政治理论课程是发展中国特色社会主义事业的内在要求。如何提高大学生的思想水平、政治觉悟、道德品质、文化素养，有效“引导学生正确认识世界和中国发展大势”“正确认识中国特色和国际比较”“正确认识时代责任和历史使命”“正确认识远大抱负和脚踏实地”①，这是关系中国特色社会主义事业发展前途的重大问题，也是思想政治理论课程的关注焦点。思想政治理论课程可以使大学生从整体上把握这些问题，让他们掌握分析历史与现实问题的正确立场、观点和方法，增强对中国特色社会主义的认同。同时，思想政治理论课程进行的唯物史观教育、中国特色社会主义理论体系教育、中华优秀传统文化教育，可以增强大学生对中国特色社会主义的道路自信、理论自信、制度自信和文化自信，促进大学生的文化自觉，提高大学生的国家认同感和民族自豪感，进而提高其成为中国特色社会主义事业的合格建设者和可靠接班人的理论坚定性。我国高校普遍开设思想政治理论课程，是由我国社会主义制度的性质所决定的，有利于高校传播与贯彻党的指导思想和执政理念。我国高校普遍开设的思想政治理论课程，是培养大学生树立科学的世界观、价值观和人生观的主渠道。

（二）加强马克思主义理论学科研究的题中应有之义

马克思主义理论学科博士生的培养必须置于学科的高度加以规范，博士生的培养质量应以学科标准加以衡量。合格的博士毕业生应当扎实掌握马克思主义理论学科的基础理论和专业知识，既是马克思主义理论的研究专家，也是马克思主义理论的教育人才。深入开展高校思想政治理论课程建设研究，建设好高校思想政治理论课程，是马克思主义理论学科建设的主要任务之一，也是马克思主义理论学科博士生成为马克思主义理论教育人才的必修课。

国家独立设置马克思主义理论学科，其中一个重要的目的是通过学科建设加强高校的思想政治理论课程建设。国家“要本着为思想政治理论课服务的精神规范马克思主义理论学科建设。建立马克思主义理论学科的出发点和落脚点就是为高校思想政治理论课服务，为提高高校马克思主义理论研究水平和思想政治理论教育水平服务。所以，不能把马克思主义理论学科建设和高校思想政治理论课搞成‘两张皮’”②。

---

① 张烁：《把思想政治工作贯穿教育教学全过程 开创我国高等教育事业发展新局面》，载《人民日报》，2016 年 12 月 9 日。

② 靳辉明：《当前应加强马克思主义理论学科的规范化建设》，载《思想理论教育导刊》，2010 年第 1 期。

国务院学位委员会在《关于进一步加强高校马克思主义理论学科建设的意见》中明确指出，进一步加强高校马克思主义理论学科建设是适应新时期党的思想理论建设的需要，是坚持马克思主义在高校教学和研究中的指导地位的需要，是不断提升高校思想政治理论课程教育教学质量的需要。

加强马克思主义理论学科建设要准确把握马克思主义理论学科的内涵和特点。首先，要加强马克思主义理论研究，凝练学科方向，抓住学科发展中带有基础性、导向性和战略性的重要问题，组织力量，汇聚队伍，出思想、出成果、出人才，不断提高学科建设的质量和水平。其次，要自觉地把学科研究方向凝聚到为思想政治理论课程教育教学服务上来，并将其中的重大问题纳入学科建设规划，使思想政治理论课程建设与学科专业建设的教学、科研、人才培养、人才管理紧密结合，统筹规划、整体部署、统一实施。让学科专业建设成果服务于思想政治理论课程建设，不断提高教育教学的实效性，增强说服力、感染力、亲和力。由此不难得出结论，就马克思主义理论学科而言，高校思想政治理论课程建设研究作为学科建设的重要内容，是博士生的必修课，也是博士生开展专业理论研究的关键领域和重要方向。

马克思主义理论学科博士生，就其科学研究覆盖的问题而言，既要重视和加强学科基础理论问题研究，着力进行整体性研究，努力在学科体系、学术观点、科研方法上创新；也要深入研究马克思主义经典著作历久弥新的思想价值，深入研究马克思主义理论体系、学科体系、教材体系、教学体系及它们之间的联系，深入研究马克思主义在当代发展中的重大问题，深入研究中国特色社会主义理论与实践中的重大问题，深入研究思想政治理论课程教育教学中的重点难点问题。马克思主义理论学科博士生应贯彻理论联系实际原则，弘扬马克思主义优良学风和科学精神，不断推出经得起实践和历史检验的优秀成果；应在马克思主义理论研究和理论教育研究中拓展、加深马克思主义基础理论功底，敏锐跟踪学术前沿，获得独立从事科学研究的能力。把高校思想政治理论课程建设研究纳入马克思主义理论学科的一个重要研究领域，马克思主义理论学科博士生应当具有这样的学科意识和科学研究自觉性。

（三）马克思主义理论学科为高校培养研究和教育人才的需要

博士生教育是我国高等教育的最高层次，是培养高层次专门人才的重要途径。博士生教育必须贯彻党和国家的教育方针，按照教育要“面向现代化、面向世界、面向未来”的要求，坚持质量第一，贯彻理论联系实际的原则，培养全面发展的高层次专门人才。概括地说，马克思主义理论“这一学科建设的任务，包括出人才和出成果两方面。出人才，就是培养造就一批既能从事马克思主义理论教育(包括教学、管理、理论宣传等工作)的实践又能对这一教育作深入理论研究的人才。出成果，就是对马克思主义理论教育的整体及其各个部分、方面、环节进行深入研究，揭示其本质和规律，形成科学的理论，建构并不断发展、完善马克思主义理论教育学的学科体系。出人才和出成果是统一不可分的。人才的培养离不开理论成果的滋养，专业人才要通过专业理论的学习才能成长起来”①。这关乎马克思主义理论事业后继有人的问题，也是高校马克思主义理论学科培养出的人才应当具有和明确树立的自觉意识。

从直接指向上说，马克思主义理论学科在高校人才培养体系中主要担负着马克思主义理论研究、思想政治理论课程教育教学与学科专业人才培养的任务。马克思主义理论学科的博士生队伍中，有相当数量的高校思想政治理论课教师，还有相当一部分人未来要走向高校的思想政治理论课专职教师队伍从事马克思主义理论研究和教学。因此，马克思主义理论学科建设应坚持如下原则：一是把为党的思想理论建设和为高校思想政治理论课程教育教学服务作为学科建设的基本任务。二是遵循学科建设规律、马克思主义理论发展规律和思想政治理论课程教育教学规律。三是注重马克思主义理论整体性研究，加强对马克思主义各主要组成部分内在关系的研究和把握，加强对马克思列宁主义、毛泽东思想和中国特色社会主义理论体系内在关系的研究与把握。四是以思想理论建设和思想政治理论课程教育教学需求促进学科建设，以学科建设的成果服务思想理论建设和支撑思想政治理论课程教育教学，使二者相互促进、共同提高。

开展高校思想政治理论课程建设研究首先要对目前高校思想政治理论课程的状况有一个准确的研判，并以此为根据展开研究。

二、“05 方案”实施以来高校思想政治理论课程建设的新局面和新挑战

(一)“05 方案”开创了高校思想政治理论课程的新局面

在社会主义中国，马克思主义是我们立党立国的指导思想，马克思主义理论教育也从全党发展到全国。除党校学习等干部教育的形式外，我国还在学校特别是高等学校普遍开设了马克思主义理论课程。可以说，系统、正规的思想

---

① 田心铭：《建立一门马克思主义理论教育学》，载《思想理论教育导刊》，2004 年第 1 期。

政治理论课程开设和建设是伴随新中国社会主义发展阶段始终的，是中国社会主义建设取得胜利的理论武器和思想法宝。尤其是“改革开放以来，高校思想政治理论课程建设，是以思想政治理论课程体系的三次重要演化为显著标志的。从改革开放以来高校思想政治理论课程体系演化的整体过程来看，特别是从‘85 方案’到‘98 方案’、再到‘05 方案’演化的持续发展过程来看，高校思想政治理论课程建设的基本思路和重要特点，可以概括为：‘确立一个意识、融合两类课程、涵盖三个层面、把握四个统一’。高校思想政治理论课程建设与发展积累了丰富的经验”①。对“高校思想政治理论课程建设的主要过程作出认真梳理，对这一过程形成的基本思路作出科学概括，特别是对这一过程积累的主要经验作出全面总结，对于我们进一步加强和改进高校思想政治理论课程建设、进一步推进中国特色社会主义高等教育的发展有着重要的意义”②。

“确立一个意识”，是指确立思想政治理论课程是对大学生进行思想政治教育的“主渠道”和“主阵地”的意识。“融合两类课程”，是指由最初单一的马列主义理论课程拓展到马克思主义理论课程和思想品德课程，形成“两课”的基本格局，在“05 方案”中进一步统一于整体的思想政治理论课程。“涵盖三个层面”，涉及课程逻辑上的三个层面及其内在统一性。这三个层面，一是以马克思主义基本原理教育为主题的课程设置，强调对马克思主义基本原理，以及蕴含于基本原理之中的马克思主义立场、观点和方法的学习与掌握。相关课程，既是对大学生进行科学的世界观教育的基本内容，也是大学生学习与掌握马克思主义中国化的历史与现实的理论基础。二是以马克思主义与中国实际相结合，即以马克思主义中国化的两次历史性飞跃为主题的课程设置，突出马克思主义的时代性和现实性，进一步说明马克思主义与时俱进的理论品质，增强大学生对马克思主义中国化的理解，增强大学生对中国特色社会主义理论体系作为当代中国马克思主义的科学内涵和精神实质的认识。三是以运用马克思主义的立场、观点和方法认识客观世界与改造主观世界，树立正确的世界观、价值观和人生观为主题的课程设置。“把握四个统一”，是指把握思想政治理论课程教学过程的四个方面的特点：马克思主义理论原理教育、理论发展教育和理论运用教育的统一；马克思主义科学原理教育与科学精神教育的统一；理论教育、历史教育与现实教育的统一；教育教学方法上课堂理论教育与社会实践体验的统一。

① 顾海良：《改革开放以来高校思想政治理论课程建设论略》，载《思想理论教育导刊》，2008 年第 9 期。

② 顾海良：《改革开放以来高校思想政治理论课程建设论略》，载《思想理论教育导刊》，2008 年第 9 期。

在总体上，我们可以认为“05 方案”达到了思想政治理论课程发展的继承性与创新性的高度统一。“‘05 方案’既继承了之前思想政治理论课程体系的长处，同时也面对当今世界和当代中国发展变化的实际，面对当代大学生成长成才的实际，作出了多方面的创新。”①

自“05 方案”实施以来，在党中央的坚强领导下，各部门和各地各高校认真实施新课程方案，采取一系列重大举措，全面加强和改进思想政治理论课程，深入推进中国特色社会主义理论体系进教材、进课堂、进学生头脑。更为重要的是，它们更加注重课堂教学效果的提高，全面推进教学科研改革，优化教学内容，创新课堂教学形式，推广了一批行之有效的教学方法。课堂秩序和教学效果明显改善，大学生的学习兴趣和学习满意度得到提升，思想政治理论课程建设的良好局面已经形成，大学生思想政治教育的成效显著，高校改革发展稳定的大局得到维护。

“05 方案”的实施，使高校思想政治理论课程的建设和发展迎来重要的历史机遇，形成了新的良好态势。这主要是国家积极推动的大势所为。其中，国家和各级政府主管部门的重视程度与硬件投入得到加强；马克思主义理论一级学科的独立建制和各个层次对课程建设发展的理论研究与实践投入是前所未有的；队伍建设的力度是超常规的；广大一线教师因势而动，顺势而为，对教学内容改革和教学方法研究的广度与深度不断加深，实践经验日益丰富。这些使得思想政治理论课程向着“大学生真心喜爱、终身受益”的方向迈出了坚实的步伐，高校思想政治理论课程建设取得的成绩已经客观呈现。

从实践推动层面看，在党中央的一贯坚强领导下，各部门和各地各高校认真实施新课程方案，统一编写、使用本专科四本教材和研究生五门课程教学大纲。三级教师培训体系初步构成，教师队伍规模不断扩大，结构进一步优化。总体上说，目前高校思想政治理论课教师的素质更高，他们的学历层次普遍较高，了解的信息更多，思维能力更强，适应性更好，更有能力和兴趣在课堂上采用多媒体等先进教学技术以及进行课程改革。设立马克思主义理论一级学科，为思想政治理论课程建设提供了坚实的学科支撑。思想政治理论课程和教材建设进一步规范，课堂秩序和教学效果明显改善。

与此同时，由于整个教育教学生态环境的重大变化，高校思想政治理论课程面临着新的挑战和压力，需要在坚持改进中不断加强。世界形势的瞬息万

---

① 顾海良：《改革开放以来高校思想政治理论课程建设论略》，载《思想理论教育导刊》，2008 年第 9 期。

变，世界范围内各种思想文化交流交融交锋的日益频繁，对高校思想政治理论课程的实施形成了一种新的高压态势，使思想政治理论课程建设始终处于“在路上”的状态，在不断地应对挑战中前行。

(二)“05 方案”实施后高校思想政治理论课程面临的新挑战

在充分认识高校思想政治理论课程取得的成绩的同时，我们需要研判其面临的问题与挑战，精准查找存在的困难和矛盾，从而为思想政治理论课程的进一步加强和完善找到切入点。

目前，“思想政治理论课建设自身也还存在许多困难和不足：一些地方和高校对思想政治理论课仍然重视不够，政策条件保障尚未落实到位，思想政治理论课在高校考核评价体系中的地位和作用不够突出；统筹推进教材修订完善、教师队伍建设、教学方法改革的意识不强，思想政治理论课建设体系尚未完全形成；教师队伍建设不适应思想政治理论课改革发展需求，整体素质亟待提升；改革创新的手段不多，制约思想政治理论课针对性实效性的瓶颈亟待突破”①。问题主要表现为以下方面。

1. 教育环境发生重大变化，给高校思想政治理论课程带来空间格局上的新挑战

教育环境变化的压力使高校思想政治理论课程在某种程度上存在着被弱化的风险。高校思想政治理论课程被弱化是由高校思想政治理论课程在当前社会多元文化大格局中的地位和作为导致的，其中既有国际大环境的因素影响、国内社会转型的深刻变动，也有教育对象学情的巨大变化，这些都降低了社会主流价值观的主导地位和优势地位，增加了思想政治理论课程教学的不确定性和难度。

从国际上看，世界多极化和经济全球化在曲折中发展，科技革命日新月异，各国综合国力竞争日趋激烈。世界范围内各种思想文化相互激荡，有效抵制西方价值观是新形势对高校思想政治理论课程教育教学提出的新挑战和新要求。

从国内环境看，随着中国社会的现代转型，以及社会主义市场经济体制的建立、经济建设的社会中心地位的确立，偏重经济发展带来的务实、功利、世

---

① 《中央宣传部 教育部关于印发〈普通高校思想政治理论课建设体系创新计划〉的通知》，http://www.moe.edu.cn/srcsite/A13/moe_772/201508/t20150811_199379.html，2016 年 11 月 21 日。

俗化倾向，客观上导致一部分大学生仅对实用专业课程高度重视。无论在社会中，还是在大学生的心目中，高校思想政治理论课程的实际生存空间都在萎缩。概而言之，伴随着中国的社会转型出现的种种矛盾正集中以思想方式在高校呈现，客观上形成对高校思想政治理论课程的不利局面，高校思想政治理论课程客观上存在被弱化和淡化的风险。伴随我国改革开放的进一步深入，社会经济成分、组织形式、就业方式、利益关系和分配方式日益多样化。互联网、意识形态安全问题、个体化过程导致的社会文化分化等将全面构成对思想政治理论课程的挑战。总体上看，经济全球化的大格局对思想政治理论课程提出了更高的要求，使得其应对的环境更加复杂。思想政治理论课程必须认真研究解决的深层次、重大而紧迫的课题主要包括：如何引导大学生正确认识当今世界错综复杂的形势，把握国际局势的发展变化和人类社会的发展趋势；如何引导大学生正确认识国情和中国特色社会主义建设的客观规律，增强在中国共产党领导下决胜全面建成小康社会、加快推进社会主义现代化强国建设的自觉性和坚定性；如何引导大学生正确认识其肩负的历史使命，努力成为德智体美全面发展的中国特色社会主义事业建设者和接班人；如何在多元中求主导。

高校思想政治理论课程面临的压力还有来自教育对象方面的。“90后”“00后”大学生独立性、自主性更强，更自我，而社会环境中的某种功利化务实化价值偏好对大学生产生了不可低估的影响。大学生更关心与自己切身相关的事情，而思想政治理论课程从实质上来说是要宣传国家的意识形态，二者的主要关注点不同。坚持马克思主义的指导地位，体现党和国家在人才培养方面的政治要求，这是思想政治理论课程的灵魂和存在根据。思想政治理论课程主要讲国家、社会层面的宏观问题，目的在于涵养公共品质、培育公共精神，其政治性实质是人类社会的公共性和公共利益，这让更多基于自我立场的大学生产生国家的大政治与个人的小生活没有关联，公共精神和好的社会生活与维护个人权利相冲突的误解。又由于缺乏与课程相关的知识理论基础，前知识储备与思想政治理论课程对接困难，大学生对课程缺乏内在兴趣。

从社会大背景来看，现在的社会高度开放，受西方的影响，社会主义国家的社会制度以及发展道路面临严峻的考验；从社会崇尚的价值观来看，功利化倾向明显，家庭教育以及中小学教育对大学生的影响是非常明显的，他们对于大学专业的选择更加注重眼前的、实用的效益；从大学生的年龄来看，他们处于青年时期，在人生的阅历、自身的修养、理论的基础等多个方面都处于感性的、初步的阶段，他们较难从理性角度理解思想政治理论课程高深的理论。目前的思想政治理论课程从内容到形式还不能很好地适应大学生的需要，包括不能与他们的接受方式有效对接。

概而言之，世界范围内各种思想文化交流交融交锋更加频繁，如何适应变化了的客观环境需要，如何发挥正能量，抓住事物的根本，阐释彻底的理论，增强对重大理论问题和现实问题的阐释力与引导力，在多元中确立主导，是当前摆在高校思想政治理论课程面前的十分艰巨的任务。我们必须理性地认识社会思想意识更加多元多样多变的环境和条件，面对各种思潮和复杂的社会现象，运用马克思主义的立场观点方法在多样中求得共识。这既给思想政治理论课程带来了挑战，也对其提出了新的更高的要求。

2. **“互联网＋”拓展的新空间对高校思想政治理论课程提出时代性新挑战**

一个时代有一个时代的特征，而对于我们当下的“互联网＋”时代，网络思想政治理论课程无疑极具代表性，思想政治理论课程走进网络无疑将成为思想政治理论课程时代化的象征。“互联网＋”是以互联网为主的一整套信息技术(包括移动互联网、云计算、人工智能、大数据技术等)在社会各部门跨界融合并不断创造出新业务与新模式的过程。“互联网＋”时代与网络化、全媒体、大数据、信息化时代交叉重叠，对现有思想政治理论课程的整个教学形态形成了巨大挑战。

首先，信息来源的多样化对思想政治理论课程追求的思想统一性形成挑战。在过去，信息的获得渠道单纯、来源单向、种类单一，且信息可控制，经过教育，大学生的思想认识容易达成一致。现在互联网上信息主体多元、社会思潮迅速传播、信息来源多样繁杂，在大量无序的信息冲击下，大学生的思想容易产生混乱。

其次，网络成为大学生接受知识和信息的重要渠道。生活在“互联网＋”时代，绝大部分大学生是互联网深度用户，网络化学习是大学生偏重的常态学习方式。随着互联网的广泛传播，越来越多的知识呈现网络化传播特点，“90后”“00后”大学生体现了典型的网络化生存特征，他们对现代教育具有的便利化、自主化优势十分青睐。那么对思想政治理论课程这种纯文本式的课程来讲，积极适应“互联网＋”的时代潮流，推动课程的现代创新与变革，利用互联网以超越时空方式汇集优质教学资源，构建一个涵盖视觉、听觉与文本的“思”与“想”相融通的内容丰富多彩、形式灵活多样的立体化教学新形态势在必行。毫无疑问，思想政治理论课程走向网络空间，互联网与思想政治理论课程深度融合，必将是在“互联网＋”时代条件下对现有思想政治理论课程进一步改进的方向。“互联网＋”提供的虚实融合的生成空间、线上线下的融合业态，可以为师生提供多样化的教学资源，满足大学生对现代学习方式的需要。线上线下融合将带来大量传统思想政治教育无法提供的新形态教育服务。或许未来的思想政治理论课程将打破学校、班级建制，教师不仅属于学校，也属于社会，还属于网络；学生学习不仅在课堂上，也在家里、在路上，还在网络上。

“互联网+”对现有的高校思想政治理论课程已经形成挑战，这既是对思想政治理论课教师已有工作习惯的冲击，也是对其现代教学素养的巨大挑战。许多思想政治理论课教师会面临“本领恐慌”。

3. 思想政治理论课程教学自身存在的问题导致教育对象的逆反

课程教学的主要问题是缺乏科学性、针对性与亲和力。“05 方案”使高校思想政治理论课程的整体状况得到一定改善，但是高校思想政治理论课程进一步改进的空间仍然很大。

首先，思想政治理论课程教学整体上没有达到学科的应有高度。学科视域下的思想政治理论课程应该具有科学化的水平，而不是停留在经验层次。学科教学的实质是要求思想政治理论课程教学遵循思想政治工作规律，遵循教书育人规律，遵循学生成长规律。教师要懂得教育教学的一般原理，懂得思想政治教育的特殊规律，研究教材、研究对象、研究教法，以不断提高教学能力和教学水平，实现“政治诉求的科学表达和学理支撑”，走出空洞说教和简单政治宣传“照本宣科”的老路，避免走主观任性甚至背离思想政治理论课程性质的“改革”邪路。目前，以经验从事思想政治理论课程教学的教师不占少数，应景式的教学还不同程度地存在，学科支撑思想政治理论课程的专业化水平还不高，教学缺少吸引力是一个显性问题。

其次，教学缺乏针对性与亲和力。现在的思想政治理论课程与大学生之间是有距离的，这具体体现在如下两个方面。

第一，大学生感觉不到思想政治理论课程是“有用的”，他们在课堂上没有“获得感”。高校思想政治理论课程自开设以来，其发展变化与新中国成立以来不同的社会发展阶段相一致，其由此形成的惯力和模式既是历史经验的结果也往往是继续前行的压力。对很多教师而言，一切似乎已经自然而然，反思的意识和能力正在弱化。我们要把追问当作一种常态，经常反思如下问题：思想政治理论课程应当对大学生承担怎样的“化育”责任？我们的课程到底给了大学生的精神世界多少滋养？毫无疑问，高校思想政治理论课程承载的内核是“大德”，体现的是国家意志，其意义在于使国家之德转化为大学生之德，通过教学中介找到两者之间的契合点。就思想政治理论课程的主要任务是培育大学生的马克思主义世界观这一点而言，思想政治理论课程就是要通过马克思主义理论的熏陶和引导，培育大学生的世界观，从而促进大学生的精神成长，这是马克思主义的真理性方面。但是，马克思主义的真理性需要通过其价值性来巩固和彰显，也就是说，马克思主义就大学生成长而言其作用如何体现更为关键，这关系到马克思主义能否走进大学生心中。思想政治理论课程针对的是大学生的思想和精神世界，所要解决的问题包括思想问题、道德问题、心理问题等。有力量的思想政治理论课程应当是这样的：深入大学生的心灵，充盈大学生的头脑，延伸大学生的精神，有利于大学生的成长成才。这就需要思想政治理论课教师研究大学生的思想和心理状况，研究人的精神成长和发展规律，实现教学内容与大学生思想需求的有效对接，理论联系大学生思想实际。现在“90后”“00后”大学生综合素质高，但抗压能力弱，心智不成熟的情况较为普遍。这要求高校思想政治理论课程以关照大学生成长成才的立场，以思想政治理论课程特有的方式，遵循习近平“因事而化、因时而进、因势而新”的方法论，以丰富的文化意蕴关怀大学生的精神世界，真实回应大学生的各种疑惑，缓冲和减轻大学生的生存压力，提升大学生的精神力量。思想政治理论课程应当坚持正面引导与问题解决并重，把马克思主义在认识世界基础上改造世界达成美好生活的一面展现出来，以其应有的“温度”凸显其价值。

面对大学生思想的深刻变化和强烈需求，高校思想政治理论课程还缺少生活的切入点，找不到学生的关注点、教学的聚焦点。无的放矢，自说自话，无关痛痒，教学缺乏针对性，“配方”比较陈旧和不对症，这些问题的存在，降低了思想政治理论课程的信度和效度。如何塑造内涵深厚、价值丰满的思想政治理论新形象，努力使思想政治理论课程做到“有虚有实、有棱有角、有情有义、有滋有味”，是当前思想政治理论课程建设必须解决的时代课题。

第二，大学生感觉不到思想政治理论课程的“可爱”。不可爱，缺乏亲和力，大学生自然不喜爱。思想政治理论课程从根本上说是做大学生的思想工作，必须围绕学生、热爱学生、关照学生、服务学生，理应关怀学生、爱学生、对学生具有亲和力，努力实现国家意志与大学生成长需要的统一。然而，本是基于学生、为了学生的思想政治理论课程，为什么让大学生爱不起来呢？坚信真理在手的思想政治理论课教师，课堂上的慷慨激昂可以感动天、感动地、感动自己，却为什么感动不了大学生呢？“工艺”比较粗糙、“包装”不那么时尚的思想政治理论课程，其整体形象不佳是重要原因之一。让大学生爱上思想政治理论课程，使思想政治理论课程可信又可爱，是来自教育对象的新挑战。

4. 教师队伍面临适应教学新发展的巨大压力

面对新情况，高校思想政治理论课程教育教学还存在亟待解决的诸多问题，软硬件方面存在的问题都有。但是，关键因素是教师队伍。教师是思想政治理论课程教学过程中最具有能动性的主体力量。一些学校的教师队伍比较薄弱，缺乏优秀中青年学术带头人，专业水平不高，解读教材能力参差不齐，教学方式方法比较单一，教学的针对性、实效性不强。教师队伍建设不适应思想政治理论课程改革发展需求，教师整体素质亟待提升，思想政治理论课程针对性实效性的瓶颈亟待突破。

毫无疑问，思想政治理论课程是对大学生进行思想政治教育的主渠道。思想政治理论课程的根本目标是立德树人，要在教学过程中围绕立德树人下足功夫。在教学原则上，必须突出以人为本，聚焦人的需求、人的价值、人的心理、人的全面发展等，把大学生的身心健康发展放在最突出的位置；在教学内容上，必须突出“传道”，而不仅仅是“授业”，要让大学生在对先进文化发展方向和人类历史发展规律充分认识的基础上，树立正确的世界观、价值观和人生观；在教学着力点上，必须突出“德”的教育，既包括政治立场、政治观点、政治素质等方面，也包括人伦道德、修身养性、人格完善等内容。高校设置思想政治理论课程的初衷与教学中现实存在状态之间的矛盾说明，高校思想政治理论课程还不能强有力地解决大学生人生层面的问题，也不能有效消除他们精神世界的疑惑和烦恼，这都直接危及高校思想政治理论课程存在和持续发展的基础。漠视高校思想政治理论课程与社会生活的广泛联系，漠视高校思想政治理论课程与大学生成长成才的关系，其后果是，对大学生而言，思想政治理论课程难以“入耳、入脑、入心”，思想政治理论课程的成效必然不能落到实处。这是高校思想政治理论课程在现代遇到的最大挑战。

为解决新问题，我们必须深入贯彻落实习近平总书记系列重要讲话精神，充分认识思想政治理论课程建设的重要性、长期性、艰巨性和复杂性，以执着的信念、坚定的信心，攻坚克难，勇于创新，切实把思想政治理论课程办好。2015 年 7 月，为全面推进高校思想政治理论课程综合改革创新，中宣部、教育部联合印发了《普通高校思想政治理论课建设体系创新计划》(简称《创新计划》)。“《创新计划》按照系统规划、积极稳妥、敢于创新、重点突破的思路，紧紧围绕提升思想政治理论课课堂教学效果，推进思想政治理论课建设体系创新。主要突出三个方面的考虑：一是顶层设计、系统规划。立足于巩固马克思主义在意识形态领域的指导地位，巩固全党全国人民团结奋斗的共同思想基础，落实立德树人的根本任务，从教材、教师和教学三方面设计总体结构和布局，同时通过一系列具体举措使思想政治理论课建设的各个方面构成相互衔接、彼此支撑、整体推进的建设体系。二是积极稳妥、改革创新。既尊重以往工作基础、取得的成绩和总结的经验，也根据新形势新任务新要求，力求思路创新、体系创新和政策举措创新。既面向校内，也面向全社会，力求构建思想政治理论课建设新格局。三是狠抓落实、突破重点。紧紧抓住突出矛盾和问题，重点围绕教师队伍建设、教学方法改革、马克思主义学院建设等，将中央的要求与一线师生的期待结合起来，对准焦点，突破重点，力争目标量化可检测。”①这是关于思想政治理论课程继续深化改革和建设方面的研究应遵循的基本原则和基本思路。

三、高校思想政治理论课程建设研究的重点问题

有思想政治理论课程，就有关于这类课程的研究，但是，以往的研究往往不被当作一种科学研究，更不具有学科意义，而是经常被当作一种经验认识、一项工作。思想政治理论课程建设研究一直停留在经验层面、工作层面、操作层面和感性层面，重在解决“做什么”和“怎么做”的问题。但是，高校思想政治理论课程建设研究作为一门学问，至少要包括两个方面的研究。一是经验研究，二是规律性研究即基本理论研究，且后者更为重要。经验研究在条件不变的情况下才有用，而当前的思想政治理论课程建设研究却是在时代条件发生了巨大变化的情况下产生的。过去，大学生学习思想政治理论课程有内在的积极性和热情；现在，大学生对思想政治理论课程产生了一定程度的逆反心理。过去，学生对教师讲的内容往往能够接受；现在，相当一部分学生对教师讲什么不太感兴趣，抱有不参与的冷淡态度，认为自己在某种程度上是被迫学习这种必修的思想政治理论课程的。这一切缘于时代的变化、教学对象的变化。思想政治理论课程以不变应万变是没有出路的。当下研究思想政治理论课程建设就应当从本质的高度去思考一些更为根本的深层次问题，在理论层面解决思想政治理论课程建设中“是什么”和“为什么”的问题。当前，重塑思想政治理论课程新形象迫在眉睫。一个学科问题回到它的本源往往是常识性问题。也就是说，当前对问题的研究应围绕“思想政治理论课程设置初衷”，即“不忘初心、牢记使命”展开；思想政治理论课程建设研究的研究对象应该是高校思想政治理论课程教育教学规律，应该是高校思想政治理论课程基本构成要素之间的本质的、内在的关系。

当前思想政治理论课程遇到的新挑战和新问题，以及思想政治理论课程的

---

① 《教育部社会科学司司长张东刚同志就〈普通高校思想政治理论课建设体系创新计划〉答记者问》，载《思想理论教育导刊》，2015 年第 9 期。

课程性质，是我们确定高校思想政治理论课程建设研究问题域的基本依据。思想政治理论课程面临的问题是多方面的，而高校思想政治理论课程建设研究的理论性要求我们，必须从规律的高度和问题的本质深度把握那些在高校思想政治理论课程建设中带有根本性的问题。“高校思想政治理论课程建设研究”这门课程的设置目的决定，该研究必须紧跟国家政策发展，融汇国内思想政治理论课程建设和研究的最新成果，借鉴国外人文社科类课程教育教学的变革理念，聚焦现有思想政治理论课程建设的基本问题，在兼顾全面系统的前提下，通过对重点问题的分析阐释，集中阐述思想政治理论课程建设的一般原理，为马克思主义理论学科博士生理解和研究高校思想政治理论课程提供基本思路。

所谓重点研究问题是指以教学目标为依据，所研究的对实现教学目标具有主要支撑作用的要素，是研究思想政治理论课程必须涉及的基本内容，主要包括课程性质、学科支撑体系、教材体系、教学方法体系、课堂教学体系、教学人才体系、综合评价体系以及条件保障体系等。鉴于本教材的编写目的，我们兼顾两方面需要，一是使马克思主义理论学科博士生认识思想政治理论课程的性质，二是使其立足学科视域懂得如何从思想政治理论课程建设规律的高度研究这门课，更多还是倾向后者。本教材由九章构成，针对重点问题作如下研究分析。

（一）思想政治理论课程性质和历史的研究

这部分包括第一章和第二章，主要研究阐述思想政治理论课程的性质、思想政治理论课程的历史沿革以及思想政治理论课程的课程定位和价值功能，通过解决“是什么”的问题，为接下来的研究奠定基础。

这部分主要是将高校思想政治理论课程作为研究对象，分析其属性、定位及功能意义。通过对思想政治理论课程历史沿革的研究，展现思想政治理论课程在历史发展过程中思考和求索的问题，梳理“历史性的思想”对思想政治理论课程发展的“阶梯”和“支撑点”意义，提炼形成需要长期坚持的重要经验，研究思想政治理论课程与时代发展的本质联系，为探寻思想政治理论课程发展的一般规律提供支持。

（二）思想政治理论课程现有课程体系分析

这部分为第三章，主要研究高校思想政治理论课程“05 方案”的课程体系，以明确“讲什么”的问题。“05 方案”由中央主导，构建了学科、教材、师资、课程协同推进的思想政治理论教育模式，形成了专科、本科、研究生多个层次相贯通的课程体系。每一体系由一个课程群组成，任务不同但目标一致，体现出课程体系的整体性、教育内容的互补性、教育主题的贯通性等特征。“05 方案”自确立以来就以开放的姿态不断随着改革开放和党的理论创新而发展完善，经过 10 多年的实践积累了丰富的经验，为进一步推进高校思想政治理论课程教学和提升大学生的思想政治素质提供了重要的启示，无论对于总结历史还是走向未来都具有重要的研究意义。当下研究高校思想政治理论课程主要指向“05 方案”的课程设置体系，目的和重点是通过对各门课程的教学目的、主要内容以及理论体系和教学体系的研究与分析，通过对各门课程之间及其与中学相关课程之间关系的研究，把握思想政治理论课程教学总目标与各门课程子目标之间的整体性和协同性。教学目标对教材、教法和教学过程而言是前提性的存在。

（三）思想政治理论课程教学体系研究

这部分包括第四章至第六章，主要研究教材体系向教学体系转化的规律，研究教学体系向大学生的知识体系和价值体系转化的规律，研究教学设计的规律，以把握思想政治理论课程课堂教学要素和过程。

这部分主要研究思想政治理论课程课堂教学要素优化、要素组合问题。显性层面是重点研究教材体系如何向教学体系转化，教学体系如何向大学生的知识体系和价值体系转化以及教学过程如何实施，以解决“教什么”和“怎么教”的问题。隐性层面是研究如何通过各种载体提升教学实效，实现教学目标。

研究高校思想政治理论课程教材体系向教学体系转化的实质是研究构成教学基本要素的教师、教材、学生、教学媒体之间的本质必然关系，通过对关系本质的占有，构建起良性互动的关系，以实现教学目标。通过教师研究解读教材，基于大学生的知识储备和思想状况，以问题为导向，建构出依据教材又从学生思想实际出发的有针对性设计的“教学体系”；研究思想政治理论课程的教学体系向大学生的知识体系和价值体系转化的规律，关键是研究“入耳、入脑、入心”问题。在这个意义上，教材体系向教学体系转化解决的是“教什么”的问题，是一种观念意义上的预演，而教学体系向大学生的知识体系和价值体系的转化才更接近教育目标，是一种实践落实。为此，我们要重点研究解决思想政治理论课程教学“入脑、入心”难的方法问题。研究教学设计在教学实施中的问题，根据教学目的和要求，预先制定教学方案和工作流程，包括教案编写设计、教学课件设计、教学内容设计和教学资源设计等。

(四)思想政治理论课程队伍建设研究

这部分为第七章。高校思想政治理论课程教师队伍建设是整个高校思想政治理论课程建设系统中的“重中之重”。作为高校教师队伍的一支重要力量，高校思想政治理论课程教师队伍建设的目标，既有高校教师队伍建设目标的一般要求，也有高校思想政治理论课程教师队伍建设自身的特殊要求，存在着“共性与个性”“一般与个别”“普遍与特殊”的辩证关系。这部分主要研究如何把马克思主义理论学科建设中对高校思想政治理论课教师“一岗双能”“一身二任”的新“定位”转化为思想政治理论课教师的素养，研究思想政治理论课教师如何通过自身素质提高提升思想政治理论课程教学效果。

(五)思想政治理论课程建设标准和教学评价分析

这部分为第八章，主要研究《高等学校思想政治理论课程建设标准》的要素构成及要素内涵；研究高校思想政治理论课程教学评价与教学内容调整、教学方法改革之间的联动关系；研究如何通过教学评价标准的科学化制定，使教学评价成为推动教学改革，激发教师教的积极性和学生学的积极性的激励机制。

(六)思想政治理论课程条件保障体系研究

这部分为第九章，主要研究高校的人财物、软硬件如何为高校思想政治理论课程提供支持；研究科学的管理和一定的条件如何对高校思想政治理论课程建设发挥作用；研究如何努力提升思想政治理论课程教学管理水平，切实加强马克思主义理论学科建设对思想政治理论课程建设的支撑能力；研究学校党委如何有效开展对思想政治理论课程的领导，以及如何改善思想政治理论课教师的待遇，营造支持和关心思想政治理论课程建设的氛围的重要条件保障问题。

最后，要特别强调，应当拓宽学科视野，研究学科视域融合意义下的高校思想政治理论课程建设问题。培养人，这是不同时代的各种具有特殊性的教育活动中所包含的普遍性。在一定意义上，一切教学都可以称为教育。相对于其他社会活动，它是教育的特殊性；相对于不同教育活动的特殊性，它是普遍性。为什么培养人，培养什么样的人，为谁培养人，用什么培养人，如何培养人，对比所作的不同回答体现出不同教育的特殊性。高校思想政治理论课程本质是马克思主义理论教育，它同教育学之间，存在着特殊性与普遍性的关系。教育学，特别是它的基础学科教育原理，是以教育中的普遍性问题为研究对象的，而这些普遍性问题在马克思主义理论教育中也是存在的。所以，教育学在其长期发展中获得的成果，为高校思想政治理论课程建设研究提供了重要的思想来源和理论参考，我们应该了解、学习这些成果，从中获得启示。例如，教学活动中的主体与客体之间的关系，教师与学生之间的关系，课程的结构与设计，课堂教学的方法与艺术，教材建设，教学方法设计等问题，在高校思想政治理论课程建设中都存在，教育学的研究成果值得认真借鉴和参考。诸如传播学等学科的方法也应当被学习和借鉴。当然，高校思想政治理论课程建设中具有特殊性的问题，在教育学中并没有得到专门的研究，而一门学科建设的主要任务，正是要回答、解决它所面临的具有特殊性的问题。因此，对高校思想政治理论课程建设中各种问题的研究，绝不是从教育学的一般概念、原理出发作演绎推导所能实现的，只有着眼于高校思想政治理论课程的特殊性，从实际出发作深入的研究才是可行的。

高校思想政治理论课程建设与新中国的发展同步，在我国已经有半个多世纪的历史，今天它已经成为数以万计的理论工作者特别是思想政治理论课教师从事的事业。以现有的人力、物力、财力的投入看，它产生的社会效益并不尽如人意，关键问题是这样一项规模宏大的社会实践，它的理论研究却相对落后。以个体有限的实践和局部的经验为基础的研究，难以真正上升到理论的层面，产生具有普遍性的理论成果。对高校思想政治理论课程建设理论研究的忽视，是高校中重科研、轻教学的倾向在深层次上的一种表现。

四、为什么对马克思主义理论学科博士生开设“高校思想政治理论课程建设研究”这门课程

对高校马克思主义理论学科博士生开设“高校思想政治理论课程建设研究”这门课程，具有学科意蕴和人才培养规格方面的特殊价值。

(一)由马克思主义理论学科人才培养目标所决定

人才培养是马克思主义理论学科建设的基本内容和重要任务，培养马克思主义理论学科博士生既是马克思主义理论学科建设的内容，也是马克思主义理论学科可持续发展的基础。规范马克思主义理论学科人才培养是推动马克思主义理论学科建设的重要方面。马克思主义理论学科的学科属性规定了其人才培养目标。国务院学位委员会在《关于进一步加强高校马克思主义理论学科建设的意见》中规定马克思主义理论学科建设的基本原则时指出，马克思主义理论学科在高校主要担负马克思主义理论研究、思想政治理论课程教育教学与学科专业人才培养的任务。

根据马克思主义理论学科的人才培养规格，我们要培养博士生的马克思主义理论素养和马克思主义基础理论研究能力，使其研究达到专业化、学科化的高度，提升其学术品位。我们要注意到，这种研究不是孤立的，需要同高校思想政治理论课程建设紧密地联系在一起，为课程建设和教学服务。在某种意义上，我们可以反观马克思主义理论学科设置的初衷，以便对马克思主义理论学科博士生学习"高校思想政治理论课程建设研究"这门课程的意义有一个更真切的认识。

马克思主义理论一级学科之所以独立设置，目的之一是为高校思想政治理论课教师提供学科专业平台，稳定和提升思想政治理论课教师队伍。马克思主义理论学科设置之前，存在两种极端情况：一方面，一些马克思主义理论的研究者过于学者化、专家化，虽然他们的马克思主义理论素养较高，但由于缺乏高校马克思主义理论教育的实践经验，缺乏对马克思主义理论教育实践场景中为实践发展进行的思考和认识，只是在书斋中研究马克思主义，在他们的研究中，理论研究与实践需要是分离的；另一方面，广大一线思想政治理论课教师或由于教学任务繁重，或由于学历层次较低，或由于理论素养不足，难以承担马克思主义理论教育中的基础理论研究任务，即使有研究，也大多缺乏学术品位。高校思想政治理论课教师把自己的主要职责仅仅"定位"于搞教学的观念甚为普遍，并且，机械地、简单地、片面地把"教学"等同于"上课"的认识也根深蒂固。在高校，思想政治理论课教师曾经被认为是没有专业、没有学科归属的教书匠。加之，相当一部分思想政治理论课教师习惯于没有科研的教学，不仅丧失了高校教学的学术性，甚至维持课堂教学都出现困难，使高校马克思主义理论教育的效果不断弱化。马克思主义理论研究同马克思主义理论教育出现"两张皮"的问题。正是为了解决这一问题，使高校的思想政治理论课教师能有专业归属，以学科平台促进和提升思想政治理论课教师的学科科研能力和实践中的教学能力，使思想政治理论课教师成为"一岗双能""一身二任"的双料型人才，强化高校思想政治理论课程的学术性，逐渐使思想政治理论课教师养成把"在教学中进行研究，在研究中进行教学"作为基本工作状态的习惯，"以学养人"，马克思主义理论学科应运而生。基于问题而创设的马克思主义理论学科本质上是以马克思主义理论教育为学科主旨和灵魂的，为思想政治理论课程服务是马克思主义理论学科设立的初衷，马克思主义理论学科的属性决定了学科建设与思想政治理论课程之间相互支撑关系的必然性，而思想政治理论课程建设研究也就自然成为马克思主义理论学科建设不可或缺的重要构成。

可见，高校思想政治理论课程建设本身具有马克思主义理论学科的属性，它以马克思主义理论作为坚实的理论基础和学科方法论，担负捍卫马克思主义在我国意识形态领域指导地位的学科责任和学科使命。与此相对应，马克思主义理论学科博士生培养必然主要涵盖为完成这两类任务的人才培养，由此，马克思主义理论学科博士生的培养内容是政治素质、业务素养和能力素养，目标是培养精通马克思主义理论以及善于开展有效的思想政治教育工作和宣传工作的人才。马克思主义理论学科培养的博士生要适应整个社会的需要，成为马克思主义理论学科科学研究、高等教育和党政实际工作部门的高级专门人才。由此，我们可以实现思想政治理论课程建设与学科建设的统一，实现教学、科研、人才培养上的高度融合。“高校思想政治理论课程建设研究”是博士生获得马克思主义理论学科专业研究素养的一门必修课程。

（二）由马克思主义理论学科博士生未来职责所决定

虽然马克思主义理论学科博士生就业途径多样，但是，一个不争的事实是马克思主义理论学科培养的博士生中有相当一部分是高校思想政治理论课教师，另外也有一些人将成为高校思想政治理论课教师。对于其他学科的博士生而言，思想政治理论课程培养的是他们的一种思想政治素养；对于马克思主义理论学科的博士生来说，掌握马克思主义理论既是其应有的政治素养，也是其应有的专业素养，他们是要通过获得马克思主义理论研究能力、高校思想政治理论课程建设研究能力，为成为马克思主义理论的教育人才作理论准备。对于马克思主义理论学科博士生来讲，学好这门课，意义重大。

马克思主义理论学科博士生具有自身的专业特殊性。从学术意义看，马克思主义理论学科博士生应该通过专业培养获得对马克思主义理论专业性的、高水平的学术性研究能力；从职责角度看，马克思主义理论学科博士生应该立志做马克思主义理论教育和传播的专家。对于马克思主义理论学科博士生而言，“热爱和信仰马克思主义”不是一句口号，对此要有深刻的理性认识和具体的实践行动。学习研究马克思主义，要解决好“为了谁、依靠谁、我是谁”这些根本问题。马克思主义理论学科博士生对马克思主义要真学、真懂、真爱、真信，掌握本领，立志为中国特色社会主义贡献力量，在将来成为马克思主义理论的研究专家、马克思主义理论的教育专家、推动马克思主义大众化的传播专家，这是其忠于和服务于社会主义事业的独特方式和看家本领。

“盖有非常之功，必待非常之人。”目前，我们正处于实现中华民族复兴的伟大进程中，我们对科学知识和卓越人才的需求比以往任何时期都更加迫切和强烈。让我们认真贯彻落实以习近平同志为核心的党中央的部署要求，站在关乎中国共产党长期执政、关乎国家长治久安、关乎中国特色社会主义后继有人的战略高度，把高校思想政治理论课程建设提高到新水平、新境界，开创我国高等教育事业发展新局面，为实现“两个一百年”奋斗目标、实现民族复兴中国梦提供有力人才支撑。

马克思主义理论学科博士生要有高度的政治责任感，更要有政治担当。在多元文化价值观条件下，进行马克思主义理论教育必然会遇到种种艰难险阻，为了克服这些艰难险阻，马克思主义理论学科博士生就必须有科学的态度和坚定的政治立场，坚信马克思主义是真理，把马克思主义理论的教育和普及当作自己的责任和使命，争取做有较强专业能力的马克思主义理论教育的行家里手。懂思想政治理论课程，爱思想政治理论课程，研究思想政治理论课程，有助于马克思主义理论学科博士生形成对思想政治理论课程现状及未来走向的清醒认识，为做一名合格的思想政治理论课教师奠定业务基础，为成为马克思主义理论教育专家提供专业支撑。高度的政治责任感，有助于马克思主义理论学科博士生学习意愿及学习能力的增强。

思考题：

1. 如何认识开展高校思想政治理论课程建设研究的意义？

2. 如何认识“05 方案”实施以来高校思想政治理论课程建设的基本状况？

3. 如何认识高校思想政治理论课程建设研究与马克思主义理论学科建设的关系？

4. 如何认识高校思想政治理论课程建设研究在马克思主义理论学科人才培养目标中的定位？

第一章　高校思想政治理论课程的性质与功能

对高校思想政治理论课程的性质、定位及功能问题进行研究，首先需要理解中国特色社会主义大学的根本特质及时代使命。习近平指出："我国高等教育发展方向要同我国发展的现实目标和未来方向紧密联系在一起，为人民服务，为中国共产党治国理政服务，为巩固和发展中国特色社会主义制度服务，为改革开放和社会主义现代化建设服务。"①这一"四为"方针，不仅明确了中国高等教育发展的历史方位、现实指向与发展趋势，而且为高校思想政治理论课程建设赋予了新的时代内涵和实践使命。

我国高等教育事业的自身定位，内在地规定了思想政治理论课程建设的目标及方向，在根本上决定了高校思想政治理论课程的性质、定位和功能。在加快建设世界一流大学和一流学科的时代背景下，不断推进高校思想政治理论课程建设，充分发挥高校思想政治理论课程在国家意识形态建设和大学生思想政治教育中的积极作用，需要将高校思想政治理论课程作为研究对象，科学地分析其性质、定位及功能。这理应成为当前我国高校思想政治理论课程建设的重要使命与重大课题。

在这一目标的指引下，高校思想政治理论课程在定位上要自觉坚持"四个正确认识"：一是始终坚持历史唯物主义的立场、观点和方法，正确看待与理解人类社会发展和中国社会发展的基本趋势与规律，"要教育引导学生正确认识世界和中国发展大势，从我们党探索中国特色社会主义历史发展和伟大实践中，认识和把握人类社会发展的历史必然性，认识和把握中国特色社会主义的历史必然性，不断树立为共产主义远大理想和中国特色社会主义共同理想而奋斗的信念和信心"；二是在民族历史走向世界历史的时代背景下，始终坚持国际视野和本土情怀，"正确认识中国特色和国际比较，全面客观认识当代中国、看待外部世界"；三是始终坚定理想信念、明确使命担当，"正确认识时代责任和历史使命，用中国梦激扬青春梦，为学生点亮理想的灯、照亮前行的路，激

① 习近平：《习近平谈治国理政》第2卷，外文出版社2017年版，第376～377页。

励学生自觉把个人的理想追求融入国家和民族的事业中，勇做走在时代前列的奋进者、开拓者”；四是始终坚持理论联系实际、知行合一，“正确认识远大抱负和脚踏实地，珍惜韶华、脚踏实地，把远大抱负落实到实际行动中，让勤奋学习成为青春飞扬的动力，让增长本领成为青春搏击的能量”。①

第一节　高校思想政治理论课程的定性

课程是教育活动中集中体现教育目的与追求的重要载体，“课程，作为学校教育这个系统中的‘软件’，是最重要、最繁难的教育问题之一。教育实践，就是以课程为轴心展开的”②。性质是某事物在本质上的内在规定，是决定其“是其所是”的根本属性，同时也构成了其区别于其他事物的特殊性。课程性质是课程建设的根本出发点，成为确定课程定位与课程功能的前提和依据，对于其他方面内容具有总体统摄性。

高校思想政治理论课程“专指我国高校直接以学科或理论形态通过课堂教育教学的方式对大学生进行马克思主义理论与思想政治教育的课程”③。高校思想政治理论课程的性质回答了马克思主义理论教育的本质问题，体现出对其内涵理解的理性自觉。“思想政治理论教育教学的性质、地位和功能，可以说集中体现在它是政治教育、思想教育、道德教育三个方面”④。作为社会主义国家对青年群体进行主流意识形态宣传的主渠道，高校思想政治理论课程在性质上体现出政治性与学术性、科学性与价值性、理论性与实践性以及思想性与教育性的辩证统一。高校思想政治理论课程要始终植根于中国特色社会主义的理论与实践发展，坚守立德树人根本使命，真正将这项战略工程、固本工程和铸魂工程落到实处。

一、政治性与学术性的统一

高校思想政治理论课程作为主流意识形态的宣传渠道，政治性是其本质属性，内在地规定其政治方向和政治立场。思想政治理论课程的性质、定位和功

---

① 习近平：《习近平谈治国理政》第2卷，外文出版社2017年版，第377～378页。

② 钟启泉：《现代课程论》，上海教育出版社2003年版，第3页。

③ 吴学兵：《思想政治理论课程学习研究》，中央编译出版社2012年版，第1页。

④ 石云霞：《高校思想政治理论课程建设史研究》，武汉大学出版社2006年版，第217页。

能，始终要服务于党的中心工作和指导方针，始终将坚持培养中国特色社会主义事业的合格建设者和可靠接班人作为根本目标。为在思想政治理论课程的教学活动中更好地贯彻这一宗旨，我们需要夯实马克思主义理论教育的学理根据，提升教育教学的实效性。思想政治教育的政治性和学术性是辩证统一的关系，二者相辅相成，相互依存，缺一不可。政治性作为思想政治理论课程的本质属性，从根本上确定了思想政治理论课程“是其所是”的内在根据，为学术性提供正确的方向引领；学术性是思想政治理论课程的重要特征，为增进主流意识形态的吸引力、凝聚力，以及促进青年学生正确信念信仰的形成提供学理支撑。

（一）政治性是高校思想政治理论课程的本质属性

正确理解与把握思想政治理论课程的意识形态属性是明确课程属性的首要前提，也是课程功能得以有效发挥的政治保障。“统治阶级的思想在每一时代都是占统治地位的思想。这就是说，一个阶级是社会上占统治地位的物质力量，同时也是社会上占统治地位的精神力量。”①主流意识形态是统治阶级大力倡导，并由制度和体制保障其广为传播的思想体系。自阶级产生以来，在不同的国家和不同的时期，都有承载社会统治阶级意志的意识形态教育。高校思想政治理论课程，作为意识形态上层建筑的组成部分，客观地反映了经济基础和政治制度的性质，具有价值引导、行为规范和社会整合的功能。思想政治理论课程是社会主义国家对青年群体进行主流意识形态宣传的主渠道，是对社会主义建设者和接班人进行思想引导的基本途径，其出发点与立足点必须同党和国家的主流意识形态相一致。

马克思主义理论是无产阶级及其政党的行动指南，在高校进行马克思主义理论教育是高校思想政治工作的题中应有之义。高校思想政治理论课程是对大学生进行思想政治教育的主渠道，担负着筑牢意识形态前沿阵地和传播社会主义先进文化的政治使命。在课程中对大学生进行的系统的马克思主义理论教育，发挥着传播先进理论、坚定理想信念、引领价值方向以及提升人生境界的基本功能。思想政治理论课程的政治属性，从本质上决定了其与其他课程的本质区别。任何以学术性取代和弱化政治性的取向都是极端错误的，诚如列宁所言，“所谓教育‘不问政治’，教育‘不讲政治’，都是资产阶级的伪善说法，无

① 《马克思恩格斯选集》第1卷，人民出版社2012年版，第178页。

非是对99%受教会控制和私有制等等压迫的群众的欺骗”①。

(二)学术性是高校思想政治理论课程的鲜明特色

正如马克思在《〈黑格尔法哲学批判〉导言》中所言，“理论只要说服人，就能掌握群众；而理论只要彻底，就能说服人”②。马克思主义理论教育要实现入脑入心，首先要彰显其深刻而彻底的学术品格。从理论渊源上看，思想政治理论课程的学术性来源于马克思主义理论的科学性。“马克思主义深刻揭示了自然界、人类社会、人类思维发展的普遍规律，为人类社会发展进步指明了方向”③。马克思主义自诞生以来，其生命力不断地为时代发展和实践发展所印证。“在人类思想史上，就科学性、真理性、影响力、传播面而言，没有一种思想理论能达到马克思主义的高度，也没有一种学说能像马克思主义那样对世界产生了如此巨大的影响。”④从构成内容上看，思想政治理论课程通过对马克思列宁主义、毛泽东思想、邓小平理论、“三个代表”重要思想、科学发展观以及习近平新时代中国特色社会主义思想的深入研究与系统阐释，以其自身所具有的深刻的思想性、严密的逻辑性和方法的辩证性，使马克思主义理论教育实效性得以发挥。思想政治理论课程的思想内容，植根于当今时代重大的理论问题和现实问题，使青年学生能够自觉运用马克思主义的立场、观点和方法来指导生活与学习，增进对中国特色社会主义的道路自信、理论自信、制度自信、文化自信，坚定投身中国特色社会主义建设的理论自觉和实践自觉。

(三)高校思想政治理论课程的政治性与学术性是辩证统一的关系

高校思想政治理论课程的政治性是方向和灵魂，学术性是基础和支撑，二者在根本上是一致的，统一于高校思想政治理论课程肩负的立德树人根本使命。当前，我们在观念与实践中要正确把握和处理二者之间的辩证关系，反对将二者割裂对立的错误观点和做法。对于思想政治理论课程的教学研究工作而言，我们始终坚持将正确的政治方向和价值导向贯穿教书育人全过程，全面贯彻“课堂讲授有纪律”的原则。对于学术理论问题，我们提倡实事求是、独立思考以及公平公正地进行讨论。对于打着学术旗号传播与社会主义制度政策和法

---

① 《列宁选集》第4卷，人民出版社2012年版，第302页。

② 《马克思恩格斯选集》第1卷，人民出版社2012年版，第9～10页。

③ 习近平：《在哲学社会科学工作座谈会上的讲话》，人民出版社2016年版，第8页。

④ 习近平：《习近平谈治国理政》第2卷，外文出版社2017年版，第65页。

律法规相违背的错误言论，我们要立场坚定、旗帜鲜明、敢于亮剑，坚决抵制意识形态领域中错误思潮的渗透。

二、科学性与价值性的统一

马克思主义具有科学性与价值性的双重理论品格，决定了高校思想政治理论课程科学性与价值性内在统一的课程属性。马克思主义科学地揭示了自然界、人类社会和人的思维领域的客观规律，通过对资本主义社会的政治经济学批判，提出实现社会主义和共产主义的价值理想。马克思主义理论体系既是关于科学地认识和把握人与自然界、人与社会以及人与自身关系的真理体系，也彰显了实现人的自由而全面发展的价值理想，体现了科学性与价值性的辩证统一。秉承马克思主义的精神实质，高校思想政治理论课程要在教育教学中，以科学理论武装青年学生的头脑，帮助其树立正确的世界观、价值观和人生观，“不断提高学生思想水平、政治觉悟、道德品质、文化素养，让学生成为德才兼备、全面发展的人才”①。

(一)高校思想政治理论课程是以马克思主义理论为指导，遵循学科建设规律、马克思主义理论发展规律和教育教学规律的科学体系

高校思想政治理论课程以马克思主义及其中国化的理论体系为主要内容，坚持学科建设规律、马克思主义自身发展规律及教育教学规律，通过深入的学术研究和理论阐释，将知识体系转化为教材体系和信仰体系，使学生掌握马克思主义的立场、观点和方法，在学习研究和日常生活中能够将其内化于心、外化于行。

高校思想政治理论课程作为将马克思主义科学理论见之于教育对象的教育实践，为有效发挥其功能，必须对自身所要遵循的内在规律形成准确把握。国务院学位委员会发布的《关于进一步加强高校马克思主义理论学科建设的意见》指出，马克思主义理论学科建设应坚持的基本原则之一是，“遵循学科建设规律、马克思主义理论发展规律和思想政治理论课教育教学规律”。

2005年，《〈中共中央宣传部 教育部关于进一步加强和改进高等学校思想政治理论课的意见〉实施方案》形成了新时期高校思想政治理论课程实施方案，规定在本科生中开设“马克思主义基本原理”“毛泽东思想、邓小平理论和‘三个代表’重要思想概论”“中国近现代史纲要”“思想道德修养与法律基础”四门课。

---

① 习近平：《习近平谈治国理政》第2卷，外文出版社2017年版，第377页。

这一课程体系充分体现了马克思主义理论教育的思想主旨与内在逻辑，揭示了马克思主义理论的整体性视域，在不同课程内容的协同配合中发挥育人合力。“(一)‘马克思主义基本原理’，着重讲授马克思主义的世界观和方法论，帮助学生从整体上把握马克思主义，正确认识人类社会发展的基本规律。(二)‘毛泽东思想、邓小平理论和“三个代表”重要思想概论’，着重讲授中国共产党把马克思主义基本原理与中国实际相结合的历史进程，充分反映马克思主义中国化的三大理论成果，帮助学生系统掌握毛泽东思想、邓小平理论和‘三个代表’重要思想基本原理，坚定在党的领导下走中国特色社会主义道路的理想信念。(三)‘中国近现代史纲要’，主要讲授中国近代以来抵御外来侵略、争取民族独立、推翻反动统治、实现人民解放的历史，帮助学生了解国史国情，深刻领会历史和人民是怎样选择了马克思主义，选择了中国共产党，选择了社会主义。(四)‘思想道德修养与法律基础’，主要进行社会主义道德教育和法制教育，帮助学生增强社会主义法制观念，提高思想道德素质，解决成长成才过程中遇到的实际问题。”①

(二)高校思想政治理论课程有益于帮助大学生树立坚定的理想信念，增强对中国特色社会主义的道路自信、理论自信、制度自信和文化自信

马克思主义理论教育不仅具有明辨是非的科学价值，而且具有实现精神成人的内在价值，这是由马克思主义真理性和价值性相统一这一根本特点所决定的。思想政治理论课程不仅能够帮助学生建立起关于马克思主义科学世界观和方法论的总体性认识，更为重要的是培育和引导他们对马克思主义及其中国化成果的价值认同。思想政治理论课程始终坚持以科学理论武装学生的头脑，在培育学生对马克思主义的理性认同基础上，不断增强其对中国特色社会主义的道路自信、理论自信、制度自信和文化自信，增进其对中国共产党坚强领导的信念信仰。思想政治理论课程要引导学生正确认识和理解党的十九大报告中提出的“中国特色社会主义进入了新时代”“我国社会主要矛盾已经转化为人民日益增长的美好生活需要和不平衡不充分的发展之间的矛盾”等重大政治论断的深刻内涵；还要引导他们刻苦学习知识和文化，将个体价值与社会价值融为一体，为决胜全面建成小康社会、夺取新时代中国特色社会主义伟大胜利、实现中华民族伟大复兴的中国梦、实现人民对美好生活的向往不懈奋斗，在有限的

---

① 教育部社会科学司：《普通高校思想政治理论课文献选编(1949—2008)》，中国人民大学出版社2008年版，第219页。

生命中创造更有意义、更有价值的人生。

(三)坚持创新教学理念、加强师资队伍建设和改革教学方法，推动科学性与价值性并举的思想政治理论课程建设

高校思想政治理论课程是以马克思列宁主义、毛泽东思想和中国特色社会主义理论体系为指导的，展现了中国共产党领导人民进行革命、建设和改革的理论成就与实践经验，体现了马克思主义理论学科的最新成果。为确保思想政治理论课程科学性与价值性的实现，首先，要始终坚持高校立德树人根本使命，将学科观念汇聚到习近平新时代中国特色社会主义思想和贯彻落实党的十九大的重大决策部署上来，科学阐释新时代中国特色社会主义的历史意义、时代意义和国际意义，促进学生德智体美全面发展，培养立场坚定、信仰纯粹、勇于担当的时代新人；其次，加强教师队伍的能力与素质建设，培养一支“师德高尚、业务精湛、结构合理、充满活力”的高素质思想政治理论课教师队伍，使其做到不忘初心、葆有爱心、独具匠心，坚持教书和育人相统一、坚持言传和身教相统一、坚持潜心问道和关注社会相统一、坚持学术自由和学术规范相统一，以自身的思想政治素质和道德情操影响带动学生；最后，适应世界多极化、经济全球化、社会信息化和文化多样化的环境变化，推动教学方法和技术手段的现代化，有效提升思想政治理论课程的质量和水平，建设学生真心喜爱、终身受益的高校思想政治理论课程。

三、理论性与实践性的统一

马克思主义不是抽象的教条，它具有强烈的实践属性，因而成为指导无产阶级革命的行动指南。理论与实践之间的相互促进和相互转化，使得马克思主义能够同不同时期、不同国家的实际相结合，并获得与时俱进的不竭动力。“社会生活在本质上是实践的。凡是把理论诱入神秘主义的神秘东西，都能在人的实践中以及对这种实践的理解中得到合理的解决。”①实践是理论得以产生的现实基础，同时也是推动理论创新的动力源泉。理论联系实际，一切从实际出发，是马克思主义的基本要求，也是思想政治理论课程建设和改革应当遵循的重要原则。

---

① 《马克思恩格斯选集》第1卷，人民出版社2012年版，第139～140页。

(一)理论与实践相统一是高校思想政治理论课程建设和改革需要坚持的方法论原则

思想政治理论课程以马克思列宁主义、毛泽东思想、邓小平理论、“三个代表”重要思想、科学发展观、习近平新时代中国特色社会主义思想为指导思想和行动指南，深刻地揭示了马克思主义理论发展规律、思想理论教育规律和学生成长成才规律的三重向度，构成了马克思主义理论教育的系统化理论体系。理论源于实践又高于实践，是对事物的本质和规律的理性认识，具有超越经验现实而通达事物本质的深刻性，“理论上不彻底，就难以服人”①。思想政治理论课程的实践性是指，思想政治理论课程来源于实践，为实践服务，并接受实践的检验。

理论与实践相结合是中国共产党在长期进行思想建设实践中总结出的根本方法和历史经验，也成为高校思想政治理论课程建设和改革需要坚持的方法论原则，是增强吸引力和感染力、提升针对性和实效性的关键之所在。1949 年以来高校思想政治理论课程的建设和改革实践表明，坚持理论联系实际的根本方法，高校思想政治理论课程的建设和改革就会获得良性发展，反之，则会遭受挫折。

马克思主义理论不仅是科学地认识世界与认识自我的真理体系，而且是无产阶级改造主客观世界的有力武器。对马克思主义理论的学习，不仅是一种简单的知识学习过程，而且是世界观、价值观和人生观的形塑过程。在学习过程中，学生不仅要掌握马克思主义的基本理论和方法；而且要自觉运用马克思主义的立场、观点和方法，分析与解决社会生活和自身发展中存在的问题，在改造客观世界的过程中不断改造主观世界。因此，思想政治理论课程的建设与改革，应当始终坚持理论创新与实践创新相统一，将理论学习融入创新创业、志愿服务等实践形式之中，让学生做到学以致用、知行合一。

(二)深刻把握当今时代的特征，聚焦重大理论与现实问题，回应学生关注的热点难点焦点，是高校思想政治理论课程建设的题中应有之义

习近平指出：“时代是思想之母，实践是理论之源。实践发展永无止境，我们认识真理、进行理论创新就永无止境。”②与时俱进是马克思主义的理论品

---

① 习近平：《习近平谈治国理政》第 2 卷，外文出版社 2017 年版，第 34 页。

② 习近平：《习近平谈治国理政》第 2 卷，外文出版社 2017 年版，第 34 页。

质，“我们的理论是发展着的理论，而不是必须背得烂熟并机械地加以重复的教条”①。如同不应该把马克思主义单纯地理解为脱离感性实践的抽象知识体系，面对世界范围内意识形态交流交融交锋日渐频繁、国内社会思想观念日趋多样、社会思潮纷繁复杂的新形势，高校思想政治理论课程也应当因事而化、因时而进、因势而新。“要立足我国实际，以我们正在做的事情为中心，聆听人民心声，回应现实需要，深入总结中国特色社会主义实践，更好实现马克思主义基本原理同当代中国具体实际相结合”②。思想政治理论课程担负着对大学生进行系统的马克思主义理论教育，以马克思主义的科学理论武装大学生头脑的重要使命。思想政治理论课程应当秉持中国共产党理论联系实际的优良传统，以问题为导向，坚持实践观点和发展观点，解放思想、实事求是、与时俱进，以马克思主义的立场、观点、方法引领学生的精神成长。紧密结合改革开放和中国特色社会主义现代化建设的伟大实践，回答学生普遍关注的重大问题，是高校思想政治理论课程改革和建设取得成功的基本经验。马克思主义理论教育的时代性任务，是在中国社会发展的实践逻辑和马克思主义中国化的文化逻辑二者的辩证统一中，阐明中国特色社会主义道路、理论、制度和文化的客观必然性与历史进步性。

(三)高校思想政治理论课程源于实践，作用于实践，并指导实践

思想政治理论课程的实践属性源于中国共产党领导中国革命、建设和改革的伟大实践。首先，从思想政治理论课程的实施主体看，马克思主义理论教育是做人的思想政治工作的，教育者与教育对象都是社会生活中真实存在的个体，要想取得教育实效必须充分考虑人的各种现实需要。其次，从思想政治理论课程的内容来源看，马克思主义理论教育的思想主题来自时代和实践发展中出现的重大理论和现实问题，并随着社会历史发展而不断演进变化，及时回应时代命题并将其转化为教学主题是思想政治理论课程不可推卸的职责使命。在当前和今后一段时间，我们要全面推进习近平新时代中国特色社会主义思想进教材、进课堂、进头脑，实现社会主义核心价值观“内化于心、外化于行”，为实现中华民族伟大复兴和“两个一百年”奋斗目标而不懈奋斗。再次，从思想政治理论课程的目的来看，马克思主义理论教育的根本目的在于提升大学生的思想政治素质。思想政治理论课程不仅要引导大学生正确地认识世界，更重要的

① 《马克思恩格斯选集》第4卷，人民出版社2012年版，第588页。

② 习近平：《习近平谈治国理政》第2卷，外文出版社2017年版，第66页。

是引导他们去改造世界，使之在认识和改造客观世界的同时，改造自身的主观世界。最后，从思想政治理论课程效果的评价检测来看，马克思主义理论教育是否取得实效，不能凭主观臆断，只能通过社会实践来检验。思想政治理论课程要紧紧围绕坚持和发展新时代中国特色社会主义这一主题，把坚持马克思主义和发展马克思主义统一起来，结合新的实践不断作出新的理论创造，回答中国特色社会主义的一系列重大理论与实践问题，回应当代青年学子的现实关切，坚持用中国理论阐释中国实践，立足中国实践升华中国理论。思想政治理论课程可以通过调查研究、考察参观和志愿服务等实践方式，使学生进一步了解世情、国情、社情、民情，进而能动地参与社会实践，真正使马克思主义理论在学生的精神世界扎根。

四、思想性与教育性的统一

马克思主义的真理体系不能自动转化为个体科学的世界观、价值观和人生观，需要以教育活动为中介，在教育对象的心理接受机制、价值认同机制和行为转化机制等的共同作用下，实现马克思主义理论从教材体系向教学体系、从知识体系向信仰体系的转化。“教育就是由教育者根据社会的要求和人的身心发展的规律，对受教者所施加的一种系统影响活动。”①高校思想政治理论课程既是一门理论科学，又是一门教育科学，对学生开展马克思主义理论教育，是融思想教育与价值引领于一体的教书育人过程，既承担着传播马克思主义理论的任务，又承担着对学生进行政治教育的任务。因而，思想政治理论课程既体现了思想性的重要特点，又体现了教育性的重要特点，是二者的有机统一。

（一）高校思想政治理论课程具有思想性的鲜明特点

在《现代汉语词典》中，思想性是指“文学艺术作品或其他著作中所表现的政治倾向和社会意义”②。高校思想政治理论课程的思想性体现在，始终坚持正确的政治导向和价值取向，阐明马克思主义所蕴含的科学的理论体系、人类的价值追求与强烈的现实关怀，以增强课程的吸引力和说服力。高校思想政治理论课程坚持理论与实践、历史与现实的统一，是理论深刻、逻辑严整的思想体系，就构成而言，主要包括以下方面：一是将马克思主义政治经济学、辩证

---

① 黄济：《教育哲学通论》，山西教育出版社 1998 年版，第 341 页。

② 中国社会科学院语言研究所词典编辑室：《现代汉语词典（第 7 版）》，商务印书馆 2016 年版，第 1237 页。

唯物主义和历史唯物主义以及科学社会主义涵盖在内的马克思主义基本理论体系；二是马克思主义中国化进程中产生的重大理论成果体系，包括毛泽东思想和中国特色社会主义理论体系；三是在中国近现代社会发展历史进程中形成的思想体系；四是在认识客观世界和改造主观世界过程中形成的关于道德修养与法治建设的知识体系。以上内容形成了基础理论、历史逻辑、现实成就和个体修养四位一体的思想理论教育体系。

(二)高校思想政治理论课程彰显了教育性的鲜明特点

正确的观念不会自发形成，需要由专门化的方式进行教育引导。思想政治理论课程的教育性是指在传授马克思主义理论知识的同时，还要对学生的精神世界与价值世界进行塑造和施加影响，以高尚的情怀感染人、以正确的价值取向引导人，使学生将其转化为内在的思想道德素质，并外化成稳定的行为方式。高校思想政治理论课程是以马克思主义基本理论为中介的教育者与教育对象之间的实践活动，旨在为党和国家培养具有坚定理想信念与高尚道德情操的合格建设者和可靠接班人。这种教育实践的开展，应当遵循思想政治教育规律、教育教学规律、学生身心发展规律，不断提高教育实践的实效性。高校思想政治理论课程的发展轨迹和建设经验表明，思想政治理论课程的教育教学要始终遵循主流意识形态教育“教”的规律和教育对象认知认同的发生发展规律。

(三)高校思想政治理论课程的思想性与教育性是统一的

高校思想政治理论课程的思想性是教育性的方向引领，教育性是思想性得以落实和转化的现实保障，两者统一于马克思主义理论教育实践自身。马克思主义理论教育承担着对学生进行系统化、专门化的马克思主义理论教育的使命，同时也肩负着有目的、有计划地对学生进行价值塑造的职责，两者相辅相成。马克思主义理论教育肩负的特殊使命，要求在教育教学中以正确的价值导向，影响与塑造青年一代政治素养的产生、形成和发展，使其准确理解马克思主义的思想渊源、演进逻辑、理论品格，树立正确的历史观、民族观、国家观和文化观，“真正做到对马克思主义虔诚而执着、至信而深厚”①。

---

① 《十八大以来重要文献选编》(中)，中央文献出版社2016年版，第321页。

第二节　高校思想政治理论课程的定位

高校思想政治理论课程的定位，是指基于课程性质的规定，确定该课程在课程体系中的地位，以及明确其与不同课程之间的关系，从而彰显出其目标取向和价值追求。准确把握高校思想政治理论课程的定位，有助于更好地发挥高校思想政治理论课程的理论功能、实践功能。2005 年 2 月，《中共中央宣传部 教育部关于进一步加强和改进高等学校思想政治理论课的意见》，开宗明义地对高校思想政治理论课程的基本定位进行了阐述，“高等学校思想政治理论课承担着对大学生进行系统的马克思主义理论教育的任务，是对大学生进行思想政治教育的主渠道”①。高校思想政治理论课程是对大学生进行思想政治教育的主渠道，是高校宣传思想工作的主阵地，能够确保党的教育方针贯彻落实。

一、对大学生进行思想政治教育的主渠道

党的十九大报告指出，“要全面贯彻党的教育方针，落实立德树人根本任务，发展素质教育，推进教育公平，培养德智体美全面发展的社会主义建设者和接班人”②。大学生思想政治教育是一项系统工程，包括理论教育、日常工作以及实践养成等多种形式。高校思想政治理论课程的主渠道地位是相对于其他方式而言的。为贯彻落实高等教育“立德树人”的根本任务，在高校的学科体系和课程计划中应当将思想政治理论课程置于统领地位，通过思想引领、制度建设和机制完善等一系列现实举措确保德育的优先性地位。

马克思主义认识论认为，正确认识不是自发产生的，“这种意识只能从外面灌输进去，各国的历史都证明：工人阶级单靠自己本身的力量，只能形成工联主义的意识”③。思想政治理论课程解决的关键问题是，整体提升大学生群体的政治素质和理论素养，解开他们存在的思想疑惑。这不仅需要日常思想政治教育的工作开展，更需要从思想观念上进行教育引领，从而解决好世界观、价值观和人生观这把“总钥匙”的问题。《关于进一步加强和改进高等学校思想

① 教育部社会科学司：《普通高校思想政治理论课文献选编(1949—2008)》，中国人民大学出版社 2008 年版，第 213 页。

② 习近平：《决胜全面建成小康社会 夺取新时代中国特色社会主义伟大胜利——在中国共产党第十九次全国代表大会上的报告》，人民出版社 2017 年版，第 45 页。

③ 《列宁选集》第 1 卷，人民出版社 2012 年版，第 317 页。

政治理论课的意见》就加强大学生思想政治教育主渠道建设进行了目标分解，分别从学科建设、课程体系完善、教材建设、教学方法改进、教师队伍建设以及领导体制改进等方面提出了具体要求，成为高校思想政治理论课程建设的总体遵循。

(一)高校思想政治理论课程的主渠道地位，是由我国社会主义制度的性质所决定的

思想政治理论课程主渠道地位的形成是具有深刻的理论依据与现实依据的。高等教育的社会主义属性规定了思想政治理论课程作为大学生思想政治教育主渠道的基本定位。《中华人民共和国高等教育法》明确规定："国家坚持以马克思列宁主义、毛泽东思想、邓小平理论为指导，遵循宪法确定的基本原则，发展社会主义的高等教育事业。"高等教育的社会主义根本属性，内在地要求主流意识形态在高校与大学生群体中占据主导和统领地位，并为实现这一目标而开设相关的课程来宣传和巩固主流意识形态。思想政治理论课程正是体现这一国家意志的课程。"思想政治教育理论课程是大学生思想政治教育的主渠道，是体现社会主义大学本质特征之一的课程，是每一个大学生的必修课程，这是对思想政治理论课程地位和性质的最集中概括。"①思想政治理论课程的主渠道地位，体现了社会主义大学的本质，体现了执政党的指导思想与执政理念在高校的传播和贯彻，成为课程建设发展中必须始终坚持的政治原则。

(二)高校思想政治理论课程的主渠道地位，体现为该课程是培养大学生马克思主义理论素养的主要途径

青年一代的理想信念、精神状态、综合素质，关系到一个国家能否长期发展，是衡量国家间核心竞争力强弱的重要因素。一个人在青年时期形成的思想观念和价值信仰，会影响到其人生道路的根本方向。对大学生进行马克思主义理论教育，用马克思主义理论武装大学生，本质上关系到我们培养的人才举什么旗、走什么路、跟谁走的问题。高校思想政治理论课程坚持不懈地以传播马克思主义理论为基本内容，坚持不懈地以培育和弘扬社会主义核心价值观为时代使命，使得我们培养的人才在旗帜方向上毫不含糊、立场鲜明。广大青年学子通过对马克思主义理论的学习，坚定对社会主义和共产主义的信仰追求，坚

---

① 骆郁廷：《当代大学生思想政治教育》，中国人民大学出版社2010年版，第156页。

定对实现中华民族伟大复兴和“两个一百年”奋斗目标的理想信念，坚定对以习近平同志为核心的党中央的坚决拥护。

在对大学生思想政治教育主渠道的理解上，我们需要处理好以下两方面关系：一是思想政治理论课程同其他课程的关系。思想政治理论课程的主渠道地位，主要体现在思想政治理论课程所具有的思想引领作用上，而并非是取代其他学科的独立性地位。马克思主义理论的学习，能够提供科学的世界观和方法论基础，帮助学生在认识自然界、人类社会与人的思维领域时形成正确的思想观念和方法。思想政治理论课程教学在整个课程体系中处于基础地位，为形成正确的学科观念和学习方法提供了根本性的思想指导。二是思想政治理论课程与日常思想政治工作的关系。大学生思想政治教育的主渠道与主阵地是一体化的关系，两者相互协同配合，共同发挥育人合力。我们要推动思想政治理论课程和大学生日常思想政治教育融合互动，为做好日常宣传思想工作提供思想理论指导。同时，我们要打通第一课堂与第二课堂，强化实践育人，在理论与实践的结合中以知促行、以行促知，增强大学生的社会责任感、创新精神和实践能力。

（三）坚持高校思想政治理论课程的主渠道地位，核心是巩固马克思主义在高校意识形态领域的主导地位

马克思主义是社会主义意识形态的旗帜和灵魂，是立党立国的根本指导思想。中国革命、建设和改革的实践表明，以马克思主义为指导的思想理论教育是我们党优良的政治传统，是党的意识形态工作的重要战线，在党的教育事业中居于极其重要的地位。

当前，意识形态工作面临的国际国内形势都发生了新的变化，具体表现为“社会思想观念和价值取向日趋活跃、主流和非主流同时并存、社会思潮纷纭激荡”“世界范围内各种思想文化交流交融交锋”。① 面对意识形态领域纷繁复杂的时代情势，我们迫切需要坚持和巩固马克思主义的指导地位，巩固全党全国各族人民团结奋斗的共同思想基础。我们特别要注意思想活跃的青年一代，要引导他们在借鉴吸收人类文明有益成果的同时，防范新的条件下面临的各种意识形态风险，在各种思想观念的斗争中把握主动、赢得优势。

做好高校意识形态工作，对于落实高校立德树人根本任务，维护我国意识形态安全、政治安全等，具有十分重要的意义。筑牢高校意识形态前沿阵地，

① 习近平：《在哲学社会科学工作座谈会上的讲话》，人民出版社 2016 年版，第 6～7 页。

牢牢掌握高校意识形态工作的主导权，关键是巩固马克思主义在高校意识形态领域的指导地位。具体来讲，这就是要建设好高校思想政治理论课程，加强马克思主义基本理论的宣传教育，深化马克思主义中国化最新成果的学习研究，坚持以发展着的马克思主义教育大学生，深入阐释习近平新时代中国特色社会主义思想的重大意义、丰富内涵、科学体系和实践要求，揭示贯穿其中的马克思主义立场、观点、方法，不断增强大学生的政治意识、大局意识、核心意识、看齐意识。

二、高校宣传思想工作的主阵地

宣传思想工作事关意识形态建设的实效，而高校宣传思想工作又是宣传思想工作的重中之重。2013 年 8 月 19 日，习近平在全国宣传思想工作会议上强调，“宣传思想工作就是要巩固马克思主义在意识形态领域的指导地位，巩固全党全国人民团结奋斗的共同思想基础”①。2015 年 1 月 19 日，中共中央办公厅、国务院办公厅印发的《关于进一步加强和改进新形势下高校宣传思想工作的意见》，对做好新时期高校宣传思想工作，加强意识形态阵地建设提出了明确要求，作出了全面部署。该文件指出，意识形态工作是党和国家一项极端重要的工作，高校作为意识形态工作前沿阵地，肩负着学习、研究、宣传马克思主义，培育和弘扬社会主义核心价值观，为实现中华民族伟大复兴的中国梦提供人才保障和智力支持的重要任务。做好高校宣传思想工作，加强高校意识形态阵地建设，是一项战略工程、固本工程、铸魂工程，关乎党对高校的领导，关乎全面贯彻党的教育方针，关乎中国特色社会主义事业后继有人。

(一)用马克思主义占领高校课堂主渠道

党和国家对高校意识形态工作的高度重视以及高校意识形态领域面临的复杂形势，决定了我们必须不断强化政治意识、责任意识、阵地意识和底线意识，加强高校阵地的建设和管理。以马克思主义为指导，是社会主义大学区别于其他大学的根本标志，必须旗帜鲜明地加以坚持。在高校，思想政治理论课程作为宣传国家主流意识形态的主要渠道，也是开展社会主义核心价值观教育的基本途径，要始终将坚定学生理想信念放在首位，始终坚持用中国特色社会主义理论体系武装学生的头脑，做到守土有责、守土负责、守土尽责。我们要

① 习近平：《习近平谈治国理政》，外文出版社 2014 年版，第 153 页。

用马克思主义引领高校教学科研工作和哲学社会科学发展，杜绝马克思主义在一些学科中“失语”、在一些教材中“失踪”和在一些论坛上“失声”的问题。我们要在改进中加强思想政治理论课程建设，将学科观念与学术追求提升到新时代中国特色社会主义的根本要求上来。我们特别要深化对课程体系、教学内容和教学方法的研究，增强高校思想政治工作的解释力、说服力、吸引力，牢牢掌握高校思想政治工作的话语主导权、主动权，推动中国特色社会主义理论体系，特别是习近平新时代中国特色社会主义思想进教材、进课堂、进头脑。我们要进一步加强和改进马克思主义理论教育，在教学活动中着力阐明坚持马克思主义的指导地位是历史的选择、人民的选择、文化的选择。我们要不断推进马克思主义学术话语体系创新，坚决抵制传播西方错误观点的教材进入大学讲堂，为壮大主流意识形态提供坚实支撑。

(二)突出大学生思想政治教育的方向引领

我国的高等教育是中国共产党领导下中国特色社会主义事业的重要组成部分，方向问题和质量问题始终是高等教育发展中需要时刻牢记的两个根本问题。青年学生是国家宝贵的人才资源，是民族的希望与祖国的未来。高校必须始终把“培养什么样的人、如何培养人以及为谁培养人”的根本问题摆在首要位置，牢牢把握正确的育人方向。高校思想政治理论课程是社会主义意识形态在高等教育领域的重要体现，必须始终把做好青年学生思想政治工作作为重中之重。我们要持续深入地开展理想信念教育，将社会主义核心价值观融入高校思想政治理论课程教学的全过程。我们要坚持理论与实践相结合原则，以改革创新精神不断加强思想政治理论课程建设，努力实现马克思主义理论从“入眼入耳”到“入脑入心”。我们要夯实爱国主义教育、集体主义教育和社会主义教育的现实根基，丰富创新教学方式，广泛开展各类社会实践和志愿服务，整合多种形式的社会资源，为学生提供更为广阔的实践育人平台。

三、党的教育方针的具体体现

教育方针是指党和国家在一定历史阶段，根据社会发展的总体目标和现实需要，对教育发展目标、人才培养标准及教育活动过程所作的方向上的总体规定。教育方针是国家或政党教育政策的集中表达，反映着党和国家领导教育工作的指导思想、价值取向和精神主旨，集中体现了教育发展的基本方向和基本路线。

1958年9月，中共中央、国务院在《关于教育工作的指示》中首次明确提出党的教育方针是，“教育为无产阶级的政治服务，教育与生产劳动结合；为了实现这个方针，教育工作必须由党来领导。没有党的领导，社会主义的教育是不能设想的。……党的教育工作方针同资产阶级教育工作方针之间的斗争，按其性质来说，是社会主义道路和资本主义道路两条道路之间的斗争”①。这一时期党的教育方针凸显了社会主义教育的本质规定，强调了党对教育事业的领导，并将其作为社会主义大学同资本主义大学之间的本质区别。《中华人民共和国高等教育法》将高等教育的方针规定为，“高等教育必须贯彻国家的教育方针，为社会主义现代化建设服务、为人民服务，与生产劳动和社会实践相结合，使受教育者成为德、智、体、美等方面全面发展的社会主义建设者和接班人”。《国家中长期教育改革和发展规划纲要(2010—2020年)》提出，“全面贯彻党的教育方针，坚持教育为社会主义现代化建设服务，为人民服务，与生产劳动和社会实践相结合，培养德智体美全面发展的社会主义建设者和接班人”②。

(一)高校思想政治理论课程体现了高等教育为人民服务，为中国共产党治国理政服务，为巩固和发展中国特色社会主义制度服务，为改革开放和社会主义现代化建设服务的根本宗旨

高等教育为谁服务，既是党的教育方针的核心内容，也是教育中具有全局性和根本性的重大问题。高校必须始终坚持“四个服务”这一根本要求。“四个服务”是内在统一的：第一，坚持高等教育为人民服务，保障人民接受教育的权利，促进人的全面发展。这是社会主义大学的基本要求，是高等教育坚持正确政治方向的集中体现。第二，坚持高等教育为中国共产党治国理政服务。这是在新的历史高度对高等教育发展目标与建设重点的进一步阐释，是贯彻落实高等教育立德树人根本使命的客观要求。第三，坚持高等教育为巩固和发展中国特色社会主义制度服务。这突出强调了中国特色高等教育的建设目标和发展方向。第四，坚持高等教育为改革开放和社会主义现代化建设服务。培养人才是教育为社会主义现代化建设服务的首要任务，教书育人的根本任务就是促进人的全面发展，提高人的思想政治素质、科学文化素质、身体心理素质，通过提高人的素质和能力，不断促进经济社会发展。

---

① 《建国以来重要文献选编》第11册，中央文献出版社2011年版，第425～426页。

② 《国家中长期教育改革和发展规划纲要(2010—2020年)》，中国法制出版社2010年版，第3～4页。

(二)高校思想政治理论课程始终坚持教育与生产劳动和社会实践相结合的基本原则

教育与生产劳动和社会实践相结合，是马克思主义理论的一个基本原则，也是中国共产党教育方针的重要内容。这一教育方针的提出，突出了实践对教育的基础性作用。恩格斯指出：劳动“是整个人类生活的第一个基本条件”①。生产劳动是人类生存的基本前提，也是创造历史的现实基础。思想政治理论课程本身就是一门兼具理论与实践双重理论品格的课程，体现了对党的教育方针的认识深化。

实践教学是一种将学校教育、社会教育和自我教育融为一体的教育形式，能使大学生在课堂之外的广阔天地获得来自亲身经历的第一手知识，是提高大学生爱国主义精神和社会责任感，加深其对中国特色社会主义伟大成就的理解，推动其全面发展的有效途径。加强高校思想政治理论课程实践教学环节建设具有重要意义：一是有利于拓展课堂教学空间，实现全过程和全方位育人，整合课堂资源与社会资源，充分调动大学生学习的积极性和主动性；二是有利于大学生将学到的理论知识与建设社会主义现代化强国相结合，深化对马克思主义理论的理解和运用；三是有利于增进大学生对国情和民意的了解，有利于培养大学生发现问题、思考问题、解决问题的能力，从而使其不断完善自我，全面提高自身的素养。

(三)高校思想政治理论课程贯彻培养德智体美全面发展的社会主义建设者和接班人的教育目标

中国共产党始终致力于探索与回答社会主义大学究竟培养什么样的人这一问题，并结合不同历史时期提出的要求，形成了特色鲜明的科学判断。高等教育坚持社会主义办学方向最终要落实到人才培养上，把“培养什么样的人、如何培养人以及为谁培养人”的问题作为办学的根本问题。在高校办学方向上，我们党始终坚持把培养人民需要的合格人才放在首要位置，始终把人民满不满意作为衡量教育工作的基本标准。毛泽东提出要培养德智体全面发展的、有社会主义觉悟的、有文化的劳动者。邓小平提出要培养“四有”新人，做到“三个面向”。习近平提出要“办好人民满意的教育”。在全面建成小康社会决胜期，党的工作能否得到人民的认可，极大程度上取决于人才培养的质量，我们必须

---

① 《马克思恩格斯全集》第20卷，人民出版社1971年版，第509页。

从实现“两个一百年”奋斗目标的历史高度，深化思想政治理论课程关乎国家和民族发展前途命运的自觉意识。

第三节 高校思想政治理论课程的功能

“功能”一词，在《现代汉语词典》中被解释为“事物或方法所发挥的有利的作用；效能”①。根据《辞海》的解释，“功能”“与‘结构’相对。指有特定结构的事物或系统在内部和外部的联系和关系中表现出来的特性和能力”②。功能是事物、对象或者方法所固有的或后天获得的效用和能力，是其属性和价值的现实表征。课程功能是对课程所具有的功用和效能的统称。由于课程设置所具有的目的性和目标性，在课程建设中，如果违背或偏离既定功能，课程也就失去了存在的意义和价值。

思想政治理论课程的功能是基于思想政治理论课程的本质属性和自身定位所实际产生的客观效果。思想政治理论课程所具有的功能，是其得以存在的客观依据与现实基础，也是其本质属性的外化，其功效发挥的程度水平，直接关系到主流意识形态的建设效果，决定了高校立德树人根本使命的贯彻落实。对思想政治理论课程而言，它所具有的功能，功能发挥的程度水平，以及功能得以发挥的途径方式，不仅关系到课程建设自身，而且关涉到国家意识形态的建设与青年学子的成长成才。高校思想政治理论课程建设，是巩固马克思主义指导地位的铸魂工程和基础工程，是大学生思想政治教育的根本性战略，确保了高校的社会主义办学方向，为培养中国特色社会主义事业的建设者和接班人，巩固马克思主义在高校意识形态领域的指导地位，提高大学生思想政治素质，促进大学生全面发展提供了基本保证。

一、保障高等学校的社会主义办学方向

社会主义制度从根本上规定了高等学校的性质，坚持社会主义办学方向，既是全面贯彻党的教育方针的根本要求，又是党赋予高校的政治责任。党的十一届三中全会召开后，由教育部、共青团中央下发的关于思想政治工作的第一份文件——《关于加强高等学校学生思想政治工作的意见》即明确指出：“社会

① 中国社会科学院语言研究所词典编辑室：《现代汉语词典(第7版)》，商务印书馆2016年版，第454页。

② 夏征农、陈至立：《辞海(第六版彩图本)》，上海辞书出版社2009年版，第724页。

主义大学与资本主义大学的本质区别，就在于它培养出来的学生具有社会主义觉悟，拥护共产党的领导，热爱社会主义祖国，努力为人民服务，刻苦钻研业务，立志为建设社会主义现代化强国而奋斗。”①培养大学生的思想政治素质离不开正确的思想政治教育，开设以马克思主义理论为基本内容的高校思想政治理论课程，是坚持社会主义办学方向的本质要求。持续深入地推进高校思想政治理论课程建设，有助于全面贯彻党的教育方针，更好地坚持社会主义办学方向。

（一）坚持社会主义办学方向，最重要的任务是解决好办什么性质的大学、如何办大学，以及培养什么样的人、如何培养人和为谁培养人的问题

“我国有独特的历史、独特的文化、独特的国情，决定了我国必须走自己的高等教育发展道路，扎实办好中国特色社会主义高校。我国高等教育发展方向要同我国发展的现实目标和未来方向紧密联系在一起”②。高等教育的社会主义性质，要求其必须体现国家意志，为人民服务、为中国共产党治国理政服务、为巩固和发展中国特色社会主义制度服务、为改革开放和社会主义现代化建设服务，这个根本宗旨，任何时候都不能动摇。高等教育为人民服务，满足人民对教育的需要，是其区别于资本主义大学的关键所在；高等教育为中国共产党治国理政服务，规定了深入学习、研究、宣传和贯彻习近平新时代中国特色社会主义思想是高校思想政治理论课程的重要使命；高等教育为巩固和发展中国特色社会主义制度服务，体现了办学方向的政治要求，高校要始终把坚持正确的政治方向放在突出位置，坚持马克思主义在高校宣传思想工作中的指导地位；高等教育为改革开放和社会主义现代化建设服务，彰显出思想政治理论课程的实践追求，通过研究与回答时代提出的重大理论问题和实践问题，为中国特色社会主义伟大事业贡献精神动力和智力支持。

习近平在中国共产党第十九次全国代表大会上提出，“建设教育强国是中华民族伟大复兴的基础工程，必须把教育事业放在优先位置，深化教育改革，加快教育现代化，办好人民满意的教育”③。大学生是青年中知识文化素质较

---

① 教育部思想政治工作司：《加强和改进大学生思想政治教育重要文献选编（1978—2008）》，中国人民大学出版社2008年版，第5～6页。

② 习近平：《习近平谈治国理政》第2卷，外文出版社2017年版，第376～377页。

③ 习近平：《决胜全面建成小康社会 夺取新时代中国特色社会主义伟大胜利——在中国共产党第十九次全国代表大会上的报告》，人民出版社2017年版，第45页。

高的关键群体，高等教育事业则肩负着培养坚持走中国特色社会主义道路和建设社会主义现代化的时代新人的历史重任。高校思想政治理论课程的建设成效，关乎中国特色高等教育的发展方向，关乎高校意识形态工作大局，关乎中国特色社会主义事业是否后继有人。

(二)坚持社会主义办学方向，在思想理论上需要加强和巩固马克思主义在高校的指导地位

高等学校是创新知识、传承文明与培养人才的重要场所，也是社会主义意识形态建设的重要阵地。社会主义意识形态建设，要落实到高校的人才培养、科学研究和管理服务之中。高校意识形态建设的根本任务，就是要巩固和加强马克思主义在高校的指导地位，把马克思主义的指导贯穿到学科建设、科学研究和人才培养的全过程之中，使马克思主义成为武装头脑、塑造灵魂、指导实践、推动发展的强大思想武器。马克思主义是科学的世界观和方法论，是关于自然界、人类社会和人的思维发展规律的科学，具有科学性、人民性、实践性、开放性等理论特征，是立党立国的根本指导思想，是社会主义核心价值体系的灵魂。高校要坚决贯彻“育人为本、德育为先”的要求，对大学生坚持开展理想信念教育，爱国主义教育，以基本行为为基础的公民道德教育，以全面发展为目标的素质教育，树立正确世界观、价值观和人生观的教育，引导大学生争做有理想、有道德、有文化、有纪律的社会主义新人，成为国家和社会需要的栋梁之材。高校要就青年学生关注的社会热点问题对其进行思想引导，坚持主动引导、精准引导、有效引导，积极回应现实关切、合理引导思想，更好地解疑释惑、增进共识、凝聚力量。高校要在错综复杂的舆论环境中，帮助青年学生认清本质、明确方向、坚守立场，使其成为中国特色社会主义事业的合格建设者和可靠接班人。

(三)坚持社会主义办学方向，在组织建设上需要加强党对高校的思想政治领导

“党政军民学，东西南北中，党是领导一切的。”①中国特色高等教育的发展，必须坚持党的领导，使党牢牢掌握对高校工作的领导权，使高校成为坚持党的领导的坚强阵地。党对高校的领导，主要是思想政治领导，而思想政治领导的重要方式，就是大力加强和改进高校思想政治理论课程的教学、研究与培

① 习近平：《习近平谈治国理政》第2卷，外文出版社2017年版，第21页。

训，坚持用马克思主义的科学理论武装广大师生的头脑，使广大师生树立正确的世界观、价值观和人生观，坚定广大师生走中国特色社会主义道路的理想信念，调动广大师生的积极性、主动性和创造性，增强广大师生的凝聚力、向心力、创造力，深化高等教育的改革和发展，推动我国高等教育事业沿着正确的方向前进。各级党委要把高校思想政治工作摆在重要位置，加强领导和指导，形成党委统一领导、各部门各方面齐抓共管的工作格局，为国家和学校的改革、发展与稳定提供强有力的思想保证、精神动力和舆论支持。

二、培养中国特色社会主义事业的建设者和接班人

习近平在全国高校思想政治工作会议上指出，“我国高等教育肩负着培养德智体美全面发展的社会主义事业建设者和接班人的重大任务，必须坚持正确政治方向。高校立身之本在于立德树人”①。社会主义大学的性质，赋予了高校培养中国特色社会主义事业的合格建设者和可靠接班人的根本使命，这一使命的践行状况直接关系到社会主义事业是否后继有人，关系到无产阶级在取得政权后能否保持其性质的问题。《国家中长期教育改革和发展规划纲要(2010—2020年)》明确提出，要“牢固确立人才培养在高校工作中的中心地位，着力培养信念执着、品德优良、知识丰富、本领过硬的高素质专门人才和拔尖创新人才”，以及“创新人才培养模式。适应国家和社会发展需要，遵循教育规律和人才成长规律，深化教育教学改革，创新教育教学方法，探索多种培养方式，形成各类人才辈出、拔尖创新人才不断涌现的局面”。党的十九大报告指出：“青年兴则国家兴，青年强则国家强……中华民族伟大复兴的中国梦终将在一代代青年的接力奋斗中变为现实。”②这是对中国特色社会主义事业的生力军和突击队的郑重嘱托和深沉期待。

(一)思想政治理论课程作为大学生思想政治教育的主渠道，承担着对大学生进行马克思主义理论教育的首要功能

思想政治理论课程作为高校课程体系的重要组成部分，与其他课程同行同向，共同肩负着传承文明、文化创新、教书育人和服务社会的职责使命。思想政治理论课程作为一门“国家”课程，其突出地位来自服务主流意识形态教育宣

① 习近平：《习近平谈治国理政》第2卷，外文出版社2017年版，第377页。

② 习近平：《决胜全面建成小康社会 夺取新时代中国特色社会主义伟大胜利——在中国共产党第十九次全国代表大会上的报告》，人民出版社2017年版，第70页。

传的学科使命。高校思想政治理论课程的建设与发展，应当始终围绕着高校应该“培养什么样的人、如何培养人以及为谁培养人”的问题来展开。我们要通过思想政治理论课程，引导大学生树立坚定的马克思主义信仰，坚定对中国特色社会主义事业和实现中华民族伟大复兴的理想信念，增强对以习近平同志为核心的党中央的信赖。

在思想政治理论课程的教学中，我们要使学生认识掌握马克思主义的理论和方法，科学把握人类社会发展规律，认同践行社会主义核心价值观，自觉遵守社会主义的法律和道德规范，成为具有坚定理想信念与高尚道德情操的社会主义事业建设者和接班人。高校思想政治理论课程的学习可以使大学生运用马克思主义理论观察分析纷繁复杂的国际国内形势，提升思想道德觉悟和社会责任感，牢固树立为国家和民族发展作贡献的远大理想。

（二）加强大学生理想信念教育，引导青年学生在实现中国梦的实践中实现个人理想

理想信念是个体精神世界的灵魂，集中体现了个体的世界观、价值观和人生观，正如习近平所指出的，理想信念是共产党人精神上的“钙”。理想信念是政治信仰、价值追求和精神支撑，体现了人们对所追求的理想和目标的总体态度，并作为终极价值导向指引人们的行为。坚定的理想信念对于实践活动的顺利展开具有举足轻重的作用。

“中国梦是国家的梦、民族的梦，也是包括广大青年在内的每个中国人的梦。”①青年的理想信念状况关系到中国特色社会主义事业能否长治久安和薪火相传，“青年一代有理想、有担当，国家就有前途，民族就有希望”②。使大学生坚定不移地走中国特色社会主义道路、坚决拥护中国特色社会主义制度、认同中国特色社会主义理论体系、坚守中国特色社会主义文化，并成长为中国特色社会主义事业的合格建设者和可靠接班人，构成高等教育的重要任务，尤其成为高校马克思主义理论教育的历史使命。“高等学校思想政治理论课在引导大学生坚定对马克思主义的信仰、对社会主义的信念，增强对改革开放和现代化建设的信心、对党和政府的信任等方面，发挥了重要的作用。”③习近平在同北京大学师生座谈时指出，“青年的价值取向决定了未来整个社会的价值取向，

---

① 《习近平关于青少年和共青团工作论述摘编》，中央文献出版社 2017 年版，第 13 页。

② 《习近平关于青少年和共青团工作论述摘编》，中央文献出版社 2017 年版，第 3 页。

③ 教育部社会科学司：《普通高校思想政治理论课文献选编(1949—2008)》，中国人民大学出版社 2008 年版，第 213 页。

而青年又处在价值观形成和确立的时期，抓好这一时期的价值观养成十分重要。这就像穿衣服扣扣子一样，如果第一粒扣子扣错了，剩余的扣子都会扣错”①。他鼓励青年学生投身实现中国梦的伟大实践，引导青年学生树立远大理想，提出“广大青年要勇敢肩负起时代赋予的重任，志存高远，脚踏实地，努力在实现中华民族伟大复兴的中国梦的生动实践中放飞青春梦想”②。思想政治理论课程应始终将培养大学生的理想信念放在首位，发挥思想树人、政治化人、实践育人和道德成人等方面的关键作用。

三、巩固马克思主义在高校意识形态领域的指导地位

“意识形态是用一定的话语系统表达和宣扬，用来指引一定阶级取得革命胜利和维护一定阶级利益和统治，自觉反映社会经济制度和政治制度的系统化、理论化的思想体系。”③当今时代，由于经济全球化、市场化和网络化共同发挥影响，世界范围内各种文化观念的交流交融交锋比以往更加频繁，思想文化领域的国际竞争比以往更加激烈，对社会主义意识形态建设形成了冲击与挑战。中国社会的加速发展，客观上使得社会成员在精神信仰、思想观念和行为方式诸领域发生了深刻改变，思想意识领域呈现出多元多样多变的新特点，社会价值取向和利益诉求呈现出日趋分化的格局。信息化背景下网络技术的普遍运用，增加了国家掌控意识形态的难度，来自域外的多元价值观念和社会思潮不断加紧在青年群体中传播与渗透，使得价值观领域的较量呈现出异常复杂的态势。

意识形态工作是党的一项极端重要的工作，而宣传思想工作又是意识形态建设的重中之重，为党和国家的各项事业提供理论指导、舆论力量和文化方向。马克思主义是社会主义意识形态的本质和灵魂，只有坚持马克思主义在意识形态领域的指导地位，才能巩固社会主义的精神支柱，巩固全党全国人民团结奋斗的共同思想基础。由于高校意识形态工作具有重要性、紧迫性和复杂性，因此更好地掌握高校意识形态工作的领导权、管理权、话语权，巩固马克思主义在高校意识形态领域的指导地位，不断加强大学生的理想信念教育，成为党领导高校意识形态工作取得最终成效的关键环节。做好高校宣传思想工

① 习近平：《青年要自觉践行社会主义核心价值观——在北京大学师生座谈会上的讲话》，人民出版社2014年版，第9页。

② 习近平：《在同各届优秀青年代表座谈时的讲话》，载《人民日报》，2013年5月5日。

③ 侯惠勤等：《马克思主义意识形态论》，南京大学出版社2011年版，第122页。

作，加强高校意识形态阵地建设，确保党对高校的领导，确保全面贯彻党的教育方针，确保中国特色社会主义事业后继有人，对于“巩固马克思主义在意识形态领域的指导地位，巩固全党全国各族人民团结奋斗的共同思想基础”①，具有十分重大而深远的意义。

(一)筑牢高校意识形态工作的领导权、管理权和话语权

“意识形态决定文化前进方向和发展道路”②，对于不同时代不同国家都发挥着重要的作用。纵观人类历史，“如果从观念上来考察，那么一定的意识形式的解体足以使整个时代覆灭”③。党的十八大以来，习近平多次在不同场合强调意识形态工作的重要性，“在集中精力进行经济建设的同时，必须一刻也不放松和削弱意识形态工作。要把意识形态工作领导权和话语权牢牢把握在手中，不断巩固马克思主义在意识形态领域的指导地位”④。

高校处于意识形态领域争鸣交锋的前沿阵地，各种文化的交流交融交锋直接影响到大学生对主流文化的认同。中共中央办公厅、国务院办公厅于2015年1月印发的《关于进一步加强和改进新形势下高校宣传思想工作的意见》指出：“意识形态工作是党和国家一项极端重要的工作，高校作为意识形态工作前沿阵地，肩负着学习研究宣传马克思主义，培育和弘扬社会主义核心价值观，为实现中华民族伟大复兴的中国梦提供人才保障和智力支持的重要任务。”⑤在高校意识形态工作中，思想政治理论课程的建设成效事关马克思主义在高校中的领导权、管理权和话语权的实现程度。思想政治理论课程以党和国家的路线、方针、政策作为自身的理论出发点，通过理论教育、思想引领、实践养成等多种方式与途径，加强大学生思想政治教育、引领多元社会思潮以及培育和弘扬社会主义核心价值观，从而使马克思主义真正掌握高校意识形态工作的领导权、管理权和话语权，坚持和巩固马克思列宁主义、毛泽东思想、邓小平理论、“三个代表”重要思想、科学发展观、习近平新时代中国特色社会主义思想

---

① 《中共中央关于全面深化改革若干重大问题的决定》，人民出版社2013年版，第47页。

② 习近平：《决胜全面建成小康社会 夺取新时代中国特色社会主义伟大胜利——在中国共产党第十九次全国代表大会上的报告》，人民出版社2017年版，第41页。

③ 《马克思恩格斯文集》第8卷，人民出版社2009年版，第170页。

④ 《习近平总书记系列重要讲话读本》，学习出版社、人民出版社2016年版，第193页。

⑤ 中共中央办公厅、国务院办公厅：《关于进一步加强和改进新形势下高校宣传思想工作的意见》，http://www.moe.edu.cn/publicfiles/business/htmlfiles/moe/s5147/201501/183166.html，2016年12月10日。

在高校的指导地位，确保高校始终坚持社会主义发展方向。

(二)坚持思想政治理论课程在高校课程体系中的重要地位

高校宣传思想工作是高校意识形态工作整体布局的重要环节，而思想政治理论课程又是高校宣传思想工作的重中之重，能够确保高校意识形态工作落到实处。高校开设思想政治理论课程的目的，就在于通过专门化和系统化的教育方式对大学生进行主流意识形态教育，使大学生将马克思主义理论内化为自身的政治思想素质和能力，引导大学生树立科学的世界观、价值观和人生观，进而成为中国特色社会主义事业的建设者和接班人。

思想政治理论课程的学习，能够帮助大学生形成正确的世界观、价值观和人生观，提高大学生运用科学的世界观和方法论来认识与改造世界的能力，对各门具体学科的学习研究起到根本性的方向引领作用，也为个体发展提供精神动力和价值依托。高校思想政治理论课程通过培养大学生的政治意识、责任意识、阵地意识和底线意识，为坚持社会主义大学的办学方向提供了政治保障。我们要加强高校意识形态的阵地建设，坚决不给错误思想观点在高校课堂传播提供空间。历史经验和教训表明，如果马克思主义的理论不去占领高校意识形态阵地，非马克思主义、反马克思主义和伪马克思主义的东西就会占领。高校思想政治理论课程要着力回答好和阐释好重大方向性、规律性问题，把理论讲清，把真理说明，在不同的价值观念和制度模式的较量中，巩固和发展马克思主义理论的真理性和科学性，展现中国特色社会主义道路、理论、制度和文化的强大生命力。

(三)加强大学生理想信念教育，使大学生坚定马克思主义信仰，坚决抵制各种错误思潮

“马克思主义是我们立党立国的根本指导思想。背离或放弃马克思主义，我们党就会失去灵魂、迷失方向。在坚持马克思主义指导地位这一根本问题上，我们必须坚定不移，任何时候任何情况下都不能有丝毫动摇。”①高校作为国家和民族的未来建设力量的汇聚之地以及先进文化生产传播的前沿阵地，也成为各种势力竞相角逐之地。在世界多极化、经济全球化、社会信息化和文化多样化的当今时代，多元社会思潮不断加紧对高校的渗透，个别大学生的价值

---

① 习近平：《在庆祝中国共产党成立95周年大会上的讲话》，人民出版社2016年版，第9页。

观念受到各种错误思潮的影响，他们在一定程度上出现政治信仰迷茫、理想信念模糊、价值取向扭曲、诚信意识淡薄等问题。我们必须清醒认识高校意识形态工作面临的新形势新任务新挑战，从国家意识形态安全的战略高度来认识大学生理想信念教育的重要性，坚持立德树人、强化价值引领、夯实思想基础，用马克思主义理论占领高校意识形态的主阵地。

任何社会思潮都是在一定的社会条件下形成的，其存在和传播与社会现实生活中的具体情况密切相关。高校思想政治理论课程应当直面国际国内的新形势，结合新时代中国特色社会主义的新实践，关注意识形态领域中的新问题，探索马克思主义意识形态对多元社会思潮的引领规律，不断创新引领社会思潮的方式。在事关马克思主义意识形态主导地位的问题上，高校思想政治理论课程必须旗帜鲜明，立场坚定，明辨是非，敢于亮剑。在进行理论性阐述的同时，高校思想政治理论课程必须对“普世价值”“宪政民主”“历史虚无主义”“新自由主义”等错误社会思潮进行针对性批判，引导大学生运用所学将马克思主义同各种社会思潮进行比较分析，在对比中彰显马克思主义在价值立场和理论深度方面的思想优势。我们要不断推进思想政治理论课程的话语体系创新，深化对马克思主义中国化最新成果的理论阐释，坚持不懈地用马克思主义中国化最新成果来武装头脑、凝心聚魂，宣传阐释好中国实践、中国道路、中国理念，使马克思主义主导意识形态理论保持相对于其他社会思潮的先进性与实效性，使广大青年学生形成正确的理想信念、价值观念和道德观念。

四、提高大学生思想政治素质，促进大学生全面发展

人是社会的主体，人的发展水平也成为衡量社会发展程度的重要标志。马克思主义在分析批判资本主义社会基础上提出共产主义社会的构想，“代替那存在着阶级和阶级对立的资产阶级旧社会的，将是这样一个联合体，在那里，每个人的自由发展是一切人的自由发展的条件”①。《中华人民共和国宪法》规定的教育方针，阐释了人的全面发展的内涵及实现方式，即通过教育实现人的全面发展。思想政治工作本质上是做人的工作，高校思想政治理论课程的根本目的是促进大学生的全面发展。

高等学校承担着促进大学生全面发展，为中国特色社会主义事业提供人力资源的职责使命。国无德不兴，人无德不立。思想政治理论课程就是要解决“德”的问题，解决“知识为谁所学，人才为谁所用”的问题。“高校思想政治理

① 《马克思恩格斯选集》第1卷，人民出版社2012年版，第422页。

论课肩负着用马克思主义中国化的最新成果武装大学生、推动社会主义核心价值体系建设、帮助大学生正确认识我国国情和改革发展稳定现实问题，促进大学生提高政治鉴别力和增强政治敏锐性、培养高素质人才的重要职责。”①课程目标，始终围绕帮助大学生树立正确的世界观、价值观、人生观来规范；课程建设方向，始终围绕砥砺大学生的品德、陶冶大学生的情操来凝练；课程内容，始终围绕培养大学生的社会责任感、创新精神和实践能力来建设。高校思想政治教育是以青年人的成长成才为根本出发点的，将马克思主义教育作为更好地实现人的全面发展的重要保证和基本途径，这是改革开放新的历史时期党在思想政治理论教育上的重大突破。从培养“四有”新人，到把“促进人的全面发展”作为党的奋斗目标，再到将“立德树人”确立为思想政治教育的根本目标，无不体现着高校思想政治理论课程的理念创新。中国高等教育发展的实践历程启示我们，高校思想政治教育应当始终将学生作为教育的主体，围绕学生、关照学生、服务学生。以大学生为主体，就是将思想政治教育寓于大学生的学习和实践活动中，发挥他们的主体作用，使他们能够主动、自觉、持续地进行自我教育，并在这一过程中实现高校思想政治理论课程自身的价值。

(一)实现人的全面发展是一个长期的历史过程，其内涵随时代发展和社会进步而不断发生变化

人的全面发展这一价值理想的实现，是一个客观的历史过程。人的发展状况始终受到社会发展阶段的制约，随着社会的进步，个体将不断摆脱片面发展而走向全面发展。实现人的全面发展和社会的全面进步，体现了新时代中国特色社会主义的本质要求和价值追求。在我国现阶段，促进大学生的全面发展，就是要将其培养为德智体美全面发展的社会主义事业建设者和接班人。

早在1957年，毛泽东在《关于正确处理人民内部矛盾的问题》中，就明确提出了人的德智体全面发展的思想。他指出：“我们的教育方针，应该使受教育者在德育、智育、体育几方面都得到发展，成为有社会主义觉悟的有文化的劳动者。”②在2005年1月召开的全国加强和改进大学生思想政治教育工作会议上，胡锦涛指出：“培养什么人、如何培养人，是我国社会主义教育事业发展中必须解决好的根本问题。大学生是国家宝贵的人才资源，是民族的希望、祖

---

① 余冠仕：《刘延东在加强和改进高校思想政治理论课工作会议上强调用中国特色社会主义理论体系武装大学生》，载《中国教育报》，2008年7月11日。

② 《毛泽东邓小平江泽民论教育》，中央文献出版社、人民教育出版社、北京师范大学出版社2002年版，第65～66页。

国的未来。要使大学生成长为中国特色社会主义事业的合格建设者和可靠接班人，不仅要大力提高他们的科学文化素质，更要大力提高他们的思想政治素质。只有真正把这项工作做好了，才能确保党和人民的事业代代相传、长治久安。”①党的十九大报告提出，“我国社会主要矛盾已经转化为人民日益增长的美好生活需要和不平衡不充分的发展之间的矛盾”，表明人的全面发展的内涵日益丰富完善。

(二)当代大学生的全面发展，核心在于综合素质的全面发展

新时代中国特色社会主义对党和国家提出了新的要求，即满足人民在政治、经济、文化、社会、生态等方面日益增长的需要，更好地推动人的全面发展和社会的全面进步。大学生是中国特色社会主义事业的建设者和接班人，是担当中华民族复兴大任的时代新人，推进其综合素质的全面发展是中国特色高等教育贯彻落实党的十九大精神的落脚点。这既是时代和实践发展对思想政治理论课程提出的客观要求，也是思想政治理论课程建设和学科发展的必然趋势。在思想政治理论课程中，我们应当坚持马克思主义的传授与主流价值观的传递，坚持人文关怀与心理疏导，以大学生的全面发展为本，贴近大学生的思想、实际和生活，尊重和理解大学生的发展诉求，引导其德智体美全面发展。思想政治理论课程是大学生的必修课，对大学生的全面发展起着保障作用。2004 年 8 月《中共中央、国务院关于进一步加强和改进大学生思想政治教育的意见》提出，“以大学生全面发展为目标，解放思想、实事求是、与时俱进，坚持以人为本，贴近实际、贴近生活、贴近学生，努力提高思想政治教育的针对性、实效性和吸引力、感染力，培养德智体美全面发展的社会主义合格建设者和可靠接班人”②。

当前，建设世界一流大学和一流学科，是党中央、国务院作出的重大战略决策，对于提升我国教育发展水平、增强国家核心竞争力、奠定长远发展基础，具有重要而深远的意义。高素质的人才队伍是“双一流”建设坚实推进的重要保证。加强和改进大学生思想政治教育，提升其思想道德素质，促进其全面发展，是对社会发展主体的培育，必将在深层次上激发中国特色社会主义的发展活力。当代大学生的全面发展，核心在于综合素质的全面发展。思想道德素

---

① 《进一步加强和改进大学生思想政治教育工作 大力培养造就社会主义事业建设者和接班人》，载《人民日报》，2005 年 1 月 19 日。

② 《十六大以来重要文献选编》(中)，中央文献出版社 2011 年版，第 179 页。

质、科学文化素质和身心健康素质，是当代大学生综合素质的三个有机组成部分。因而，大学生的全面发展，必然是大学生思想道德素质、科学文化素质和身心健康素质的全面、协调及可持续发展。其中，思想道德素质是素质教育的灵魂，也是科学文化素质和身心健康素质的基础，促进大学生全面发展，首先需要提高大学生的思想政治素质；科学文化素质是关键，是大学生成才的基石；身心健康素质是培养大学生思想道德素质和科学文化素质的前提，是成就人才的根基。思想政治理论课程要贯彻以人为本的基本理念，就必须以大学生全面发展为目标，深入进行素质教育，促进大学生思想道德素质、科学文化素质和身心健康素质的全面发展，引导大学生努力成长为时代发展需要的高素质复合型人才。

在当今时代背景下，要培养全面发展的高素质创新型人才，使大学生在综合素质上全面发展，不仅要提高他们的科学文化素质和健康素质，而且要通过与时俱进的理论教育，帮助他们大力提高政治素质，树立正确的世界观、价值观和人生观，提高政治敏锐性和鉴别力，提高抵御风险和侵蚀的能力。大学生正处于世界观、价值观和人生观形成与确立的关键时期，他们在社会化过程中接触的环境比较简单，与实际社会生活相对分离，但对社会现实较为关注，不免产生疑惑。消除这些疑惑，迫切需要引导和帮助。开设高校思想政治理论课程不仅是贯彻国家意志的需要，而且源自大学生成长成才的需要。在教育实践中，我们应当始终坚持将两种需要统一起来。

(三)高校思想政治理论课程是提升大学生政治素质的思想基础和教育载体

“培养全面发展的、和谐的人的过程就在于：教育者在关心人的每一个方面、每一特征的完善的同时，任何时候也不要忽略这样一种情况，即人的各个方面和特征的和谐，都是由某种主导的、首要的东西所决定的。”①所以，坚定的政治立场、远大的志向抱负、高尚的道德情操和坚定的理想信念应当成为大学生全面发展的价值内核，也应当成为高校思想政治理论课程的价值追求。

政治信念是一种稳定的政治情感与精神力量，体现了人们对政治目标、政治理想所持有的态度。是否具有良好的政治素质，是衡量与评价是否是合格社会成员的首要标准；大学生政治素质的程度和水平是衡量高校宣传思想工作成

---

① 蔡汀：《走进教育家苏霍姆林斯基——妙语箴言、教育佳篇、系列教诲》，教育科学出版社 2007 年版，第 286 页。

效的重要标志。大学生的政治品德素质通过政治品德自身的价值取向和道德评价来规范大学生的政治实践活动，进而促进整个社会的秩序化和规范化。大学生的政治素质应该包括三个部分，即政治信念(政治观念、政治立场、政治方向等)，政治品格(政治责任感、道德品质、纪律性等)，政治能力(政治敏锐性、政治鉴别力、分析解决问题的能力等)。“青年一代的理想信念、精神状态、综合素质，是一个国家发展活力的重要体现，也是一个国家核心竞争力的重要因素。”①

培养大学生对中国特色社会主义的思想认同、理论认同、情感认同，主要依靠学校教育中思想政治理论课程的引导教化。高校思想政治理论课程通过政治思想、道德观念和法律规范等主流价值观念的传播，促进大学生坚定正确的政治方向，提高政治判断力、鉴别力和选择力，确立政治参与的意识，形成较高的政治素质，从而更好地参与政治生活。

五、贯彻立德树人根本任务，培育和践行社会主义核心价值观

社会主义核心价值观是在我国社会中居于主导性和根本性地位的价值观，它以社会理想、政治信念和精神风尚成为整个社会的主导性价值观，是维持国家经济制度、政治制度和思想文化制度稳定的精神支柱。社会主义核心价值观是社会主义意识形态的本质体现，彰显了社会主义的终极性的目标指向与理念性的价值追求。“核心价值观，其实就是一种德，既是个人的德，也是一种大德，就是国家的德、社会的德。国无德不兴，人无德不立。如果一个民族、一个国家没有共同的核心价值观，莫衷一是，行无依归，那这个民族、这个国家就无法前进。这样的情形，在我国历史上，在当今世界上，都屡见不鲜。”②高校思想政治理论课程所具有的意识形态属性，决定其承担着培育和弘扬社会主义核心价值观的重要使命。“一个国家，一个民族，要同心同德迈向前进，必须有共同的理想信念作支撑。”③

(一)推进社会主义核心价值观融入高校思想政治理论课程建设全过程

中共中央办公厅印发的《关于培育和践行社会主义核心价值观的意见》提

---

① 《习近平关于青少年和共青团工作论述摘编》，中央文献出版社2017年版，第9页。

② 习近平：《青年要自觉践行社会主义核心价值观——在北京大学师生座谈会上的讲话》，载《人民日报》，2014年5月5日。

③ 习近平：《习近平谈治国理政》第2卷，外文出版社2017年版，第323页。

出，“坚持育人为本、德育为先，围绕立德树人的根本任务，把社会主义核心价值观纳入国民教育总体规划，贯穿于基础教育、高等教育、职业技术教育、成人教育各领域，落实到教育教学和管理服务各环节”①。思想政治理论课程作为对大学生进行思想政治教育的主渠道，担负着立德树人的根本使命，承载着进行社会主义核心价值观教育的重要任务。思想政治理论课程是高校进行社会主义核心价值观教育的课程载体。社会主义核心价值观的融入不仅要贯穿到具体思想政治理论的领域，而且要落实到具体的教育教学环节。

社会主义核心价值观融入思想政治理论课程建设全过程的基本方式在于以社会主义核心价值观为主线，使思想政治理论课程在教学理念、教学内容、教学方式以及师德建设等多个维度上，实现与社会主义核心价值观的有机结合，将国家层面的价值目标、社会层面的价值取向和公民个人层面的价值准则，植根于大学生的精神世界，转化为大学生的行为自觉，提升大学生的获得感。

在教学理念上，我们要深入开掘中华优秀传统文化蕴含的思想观念、人文精神、道德规范，为培育和践行社会主义核心价值观提供丰厚的文化滋养，运用中国特色、中国风格、中国气派的话语体系，宣传解读中国实践、中国道路、中国理念。在教学内容上，我们要将社会主义核心价值观的内容全面融入高校思想政治理论课程之中，并根据每一门课程的理论特质，针对性地进行社会主义核心价值观的讲授。例如，“马克思主义基本原理概论”课程运用历史唯物主义的基本原理，侧重从基础理论层面阐明社会主义核心价值观的现实基础、本质属性和价值功能；“毛泽东思想和中国特色社会主义理论体系概论”课程，立足于马克思主义中国化的历史逻辑，意在阐明践行和弘扬社会主义核心价值观对于坚定中国特色社会主义的文化自信，特别是价值观自信的重要意义；“思想道德修养与法律基础”课程意在阐明将社会主义核心价值观融入法治建设，实现依法治国和以德治国相结合的必然要求。在教学方式上，我们要充分利用大数据、云计算和自媒体等，探索“互联网＋”时代思想政治理论课程教学方式创新，在充分掌握当代大学生的认知结构、心理特点、行为规律的基础上，综合运用互动式、研究式、讨论式等教学方法和手段，将社会主义核心价值观教育融于课堂教学。我们可以创设多种形式的实践教学，在文化情境的涵濡浸渍中积极发挥大学生认同践行社会主义核心价值观的主体参与性。在师德建设上，我们要努力造就一支以德立身、以德立学、以德施教的思想政治理论

① 《中共中央办公厅印发〈关于培育和践行社会主义核心价值观的意见〉》，载《人民日报》，2013 年 12 月 24 日。

课程教师队伍，引导其成为“社会主义核心价值观的坚定信仰者、积极传播者、模范践行者”①，努力成为先进思想文化的传播者、党执政的坚定支持者，更好担起学生健康成长指导者和引路人的责任。

（二）增强社会主义核心价值观的吸引力、感召力和影响力

社会主义核心价值观是否真正具有吸引力、感召力和影响力，取决于社会主义核心价值观能否真正落细、落小、落实。大学生群体承载着国家和人民的希望，“青年的价值取向决定了未来整个社会的价值取向，而青年又处在价值观形成和确立的时期，抓好这一时期的价值观养成十分重要”②。当代大学生对社会主义核心价值观的认同情况，一定程度上影响着全体人民的价值取向，关乎“两个一百年”奋斗目标及中华民族伟大复兴中国梦的实现。

利用思想政治理论课程进行社会主义核心价值观教育，进而提升大学生对社会主义核心价值观的认同感和践行度，这是高校思想政治教育的重要使命和关键任务。思想政治理论课程要围绕切实提升社会主义核心价值观的吸引力、感召力和影响力下大力气，阐明社会主义核心价值观的理论内涵与实践指向，帮助大学生化解对社会主义核心价值观存在的思想疑惑，加深大学生对社会主义核心价值观的理解体悟，使大学生最终达到理性认知、情感认同和行动践履的辩证统一。提升大学生对社会主义核心价值观教育的认同程度，必须注重发挥理论之“导”、课堂之“渠”和育人之“魂”的重要作用，实现宣传教育、示范引领和实践养成相统一，使大学生牢固树立正确理想信念、高尚道德准则和良好精神风尚，真正将社会主义核心价值观内化于心、外化于行。社会主义核心价值观只有被大学生真正地接受和认同，才能转化为他们投身中国特色社会主义伟大实践的自觉行动，促使他们为实现中华民族伟大复兴的中国梦而努力奋斗。

六、保障国家意志与学生成长成才需要的统一

在社会主义国家，国家意志和学生成长成才需要是辩证统一的。国家的发展和民族的振兴，离不开每一个社会成员的贡献，而强大的国家能够为个体发

---

① 张烁：《把思想政治工作贯穿教育教学全过程 开创我国高等教育事业发展新局面》，载《人民日报》，2016年12月9日。

② 习近平：《青年要自觉践行社会主义核心价值观——在北京大学师生座谈会上的讲话》，载《人民日报》，2014年5月5日。

展创设更好的平台和机遇。“意识形态决定文化前进方向和发展道路。”①高校思想政治理论课程是进行大学生思想政治教育的基本途径，必须围绕学生、关照学生、服务学生，不断提高他们的思想水平、政治觉悟、道德品质、文化素养，让学生成为德才兼备、全面发展的人才。“理论在一个国家实现的程度，总是取决于理论满足这个国家的需要的程度。”②思想政治理论课程是帮助大学生培育政治信仰、养成道德人格以及调整社会关系的教育实践活动，承载并“体现了国家意志的要求”③，发挥着统一思想、提振精神和引领方向的重要作用。是否符合党和国家各项事业发展的需求，是衡量高校思想政治理论课程建设质量高低的标准。因此，思想政治理论课程应始终以服务国家意志为指导，贯彻并体现国家意志。

(一)高校思想政治理论课程是国家意识形态传播的重要渠道

我国的大学是党领导下的大学，是中国特色社会主义大学。办好我国的大学，必须坚持以马克思主义为指导，全面贯彻党的教育方针。马克思主义理论教育是在高校中坚持马克思主义指导地位，传播先进思想文化，坚守意识形态领导权、管理权、话语权的重要途径。思想政治理论课程是为贯彻国家意志而开设的课程，传递着马克思主义的政治思想、道德规范与价值观念，是主流意识形态传播的重要渠道。思想政治理论课程发挥着高校马克思主义理论研究、普及、教育与宣传的引领作用、基础作用和主力作用，我们要将马克思主义中国化的最新成果贯穿到高校思想政治理论课程的课程建设、教材建设、科学研究和人才培养全过程，旗帜鲜明地运用马克思主义的立场、观点和方法开展学术研究与人才培养。

(二)高校思想政治理论课程同大学生成长成才的内在需要相契合

马克思恩格斯明确指出：“我们的出发点是从事实际活动的人……从现实的、有生命的个人本身出发”④。高等教育为社会主义现代化服务，主要是通过人才培养来实现的。青年是国家的未来与民族的希望，青年的成长成才对于国家发展和民族复兴具有至关重要的作用。大学生处于人生成长的关键阶段，

---

① 习近平：《决胜全面建成小康社会 夺取新时代中国特色社会主义伟大胜利——在中国共产党第十九次全国代表大会上的报告》，人民出版社 2017 年版，第 41 页。

② 《马克思恩格斯选集》第 1 卷，人民出版社 2012 年版，第 11 页。

③ 骆郁廷：《高校思想政治理论课程论》，武汉大学出版社 2006 年版，第 38 页。

④ 《马克思恩格斯选集》第 1 卷，人民出版社 2012 年版，第 152～153 页。

政治信仰需要确立，价值取向需要引导，行为方式需要规范，而高校思想政治理论课程的开设能够从根本上满足大学生成长成才的需要。在教学原则上，我们要把大学生的成长成才需要放在最突出的位置，聚焦青年的心理特点、价值选择、发展需求等根本问题，对大学生普遍关注的理论和实践领域的关键问题进行系统思考，力求在理论层面上说清楚讲通透，在实践路径上抓问题想实招，使思想政治理论课程真正成为大学生真心喜爱、终身受益的课程。

（三）高校思想政治理论课程保障了国家意志与学生成长成才需要的统一

“青年兴则国家兴，青年强则国家强。”①思想政治理论课程服务于党的大政方针和指导思想，以培养社会主义事业的合格建设者和可靠接班人为根本目标。思想政治理论课程承担着在青年群体中传播先进理论、坚定理想信念、引领价值方向以及提升道德水平的重要使命，其价值诉求是促进大学生的成长成才。“中国共产党始终高度重视青年、关怀青年、信任青年，对青年一代寄予殷切期望。中国共产党从来都把青年看作祖国的未来、民族的希望，从来都把青年作为党和人民事业发展的生力军，从来都支持青年在人民的伟大奋斗中实现自己的人生理想。”②

大学生成长成才的需要包括政治信仰的日益成熟、知识结构的逐渐完善以及道德修养的不断提高等。大学生的全面发展需要其确立坚定的政治信仰和正确的价值取向，这在根本上符合国家培养德智体美全面发展的社会主义事业合格建设者和可靠接班人的目标。思想政治教育工作不仅要传递知识，而且要以立德树人为目标；不仅要满足大学生自身的发展需求，而且要符合社会和国家的期待。2013 年 5 月，习近平在给北京大学考古文博学院 2009 级本科团支部全体同学的回信中指出：“‘得其大者可以兼其小。’只有把人生理想融入国家和民族的事业中，才能最终成就一番事业。”思想政治理论课程要引导大学生树立实现民族复兴的远大理想，勇于担当这个时代赋予的历史责任，“努力在实现中国梦的伟大实践中创造自己的精彩人生”③。

---

① 习近平：《决胜全面建成小康社会 夺取新时代中国特色社会主义伟大胜利——在中国共产党第十九次全国代表大会上的报告》，人民出版社 2017 年版，第 70 页。

② 习近平：《在同各届优秀青年代表座谈时的讲话》，载《人民日报》，2015 年 5 月 5 日。

③ 习近平：《青年要自觉践行社会主义核心价值观——在北京大学师生座谈会上的讲话》，载《人民日报》，2014 年 5 月 5 日。

思考题：

1. 如何理解高校思想政治理论课程性质的四个“辩证统一”？
2. 试析高校思想政治理论课程的定位。
3. 试论高校思想政治理论课程的功能。

第二章　高校思想政治理论课程的历史沿革

1949 年以来，高校思想政治理论课程建设经历了几次较大调整。从新中国成立初期奠基性四门课程的确立，到“78 方案”“85 方案”“98 方案”“05 方案”的演进，历次课程方案的改革都是从中国社会发展的大背景出发，以加强青年学生的马克思主义理论素养为根本，推动理论与实践的紧密结合，取得了丰硕成果。高校思想政治理论课程的创立和演进，使课程设置、教学内容、教材编写、教学方法、教学管理和教师队伍建设逐步完善，促进了高校思想政治理论课程的课程体系向规范化、系统化、科学化发展。

第一节　新中国成立初期奠基性四门课程的初步形成

新中国成立之初，马克思主义理论教育工作受到高度重视。高校的思想政治理论课程承载着对旧思想和旧文化进行根本改造的历史使命，是对大学生进行马克思主义理论教育的主要途径。在继承以往思想政治教育经验的基础上，针对新中国成立初期思想文化领域面临的形势与任务，思想政治理论课程建设的重点主要集中在课程的整体构建方面。

一、思想政治理论课程建制的探索

新中国成立后教育界面临着清除旧教育、构建新教育的重要任务。在肃清一切反动思想的过程中，高校思想政治理论课程的建制工作逐渐开展起来。

(一)明确思想政治理论课程的教育任务

思想政治理论课程的教育目标与新中国所处的时代背景及所面对的主要任务密切相关。新中国成立初期，民主革命时期遗留下来的矛盾和问题还没有完全解决。政治上，国内敌对势力仍未完全肃清；经济上，国民党统治时期所造成的大面积经济危机尚待解决；思想文化上，人们在对旧思想批判、反思的同时，新的思想理论体系还没有完全建立起来。高等院校作为培养高级人才的阵地，需要在思想认识的转化中承担宣传、教育的主要任务。

1949年9月通过的《中国人民政治协商会议共同纲领》(简称《共同纲领》)对新中国思想文化教育工作提出了明确要求："人民政府的文化教育工作，应以提高人民文化水平，培养国家建设人才，肃清封建的、买办的、法西斯主义的思想，发展为人民服务的思想为主要任务。"①同时强调，"给青年知识分子和旧知识分子以革命的政治教育，以适应革命工作和国家建设工作的广泛需要"②。《共同纲领》为新中国思想政治教育规定了基本方向，把肃清国民党统治时期反动思想作为人民教育工作的主要任务明确下来。新中国的思想文化教育就是要改造受旧思想影响的立场、观点，使人们在思想认识与实际行动上达到统一，进而积极地参与到新中国的建设中来。这也是高校思想政治理论课程的重要使命。1949年11月，中央人民政府教育部成立。时任教育部部长的马叙伦在第一次全国教育工作会议上的开幕词中进一步为明确思想政治教育的目标指出了方向。他指出，旧教育是旧政治旧经济的一种反映，是旧政治旧经济借以持续的一种工具，"代替这种旧教育的应该是作为反映新的政治经济的新教育，作为巩固与发展人民民主专政的一种斗争工具的新教育"③。发展新教育就是要建设新民主主义的教育。1950年7月，教育部通过的《关于实施高等学校课程改革的决定》要求："废除政治上的反动课程，开设新民主主义的革命政治课程，借以肃清封建的、买办的、法西斯主义的思想，发展为人民服务的思想。"④思想政治理论课程是旧教育转向新教育的重要环节，也是废除旧教育、发展新教育的重要载体。《关于实施高等学校课程改革的决定》落实了《共同纲领》的指示，明确了高校思想政治理论课程设置的目标，为进一步确立高校思想政治教育的内容和方式奠定了基础。

(二)确立思想政治理论课程在高等教育中的地位

思想政治理论课程地位的确立是课程建制的前提。在第一次全国教育工作会议上，时任教育部副部长的钱俊瑞在总结报告中指出："对新区学校安顿以后的主要工作，是有计划、有步骤地在教师和青年学生中进行政治与思想教

---

① 《中国人民政治协商会议共同纲领》，载《人民日报》，1949年9月30日。

② 《中国人民政治协商会议共同纲领》，载《人民日报》，1949年9月30日。

③ 教育部社会科学司：《普通高校思想政治理论课文献选编(1949—2008)》，中国人民大学出版社2008年版，第3页。

④ 骆郁廷：《高校思想政治理论课程论》，武汉大学出版社2006年版，第54页。

育，其主要目的乃是逐步地建立革命的人生观。”①这句话强调了思想政治教育在高等教育中的重要地位。思想政治教育关系到青年学生人生观、理想信念的树立，是新中国成立后高校课程建设的重心，要通过思想政治教育帮助学生掌握马克思主义的思想武器，实现思想改造的目的。

在课程教学过程中，如何处理思想政治理论课程与高校其他专业课程的关系也被重视并规范起来。针对“有些学校将革命的思想政治教育和一般业务课程对立起来片面进行、不相联系的现象”②，教育部对思想政治理论课程的地位和意义进一步加以说明，强调了思想政治理论课程与其他业务课程在教学过程中的统一性。高校思想政治理论课程的建设有了明确的定位，即思想政治理论课程不同于一般的政治宣教，而是置于高等教育体系之内的，具有完整教学内容、独立特征和科学意义的课程。与此同时，“政治课”的名称被取消，而以“辩证唯物论与历史唯物论”“新民主主义论”“政治经济学”等具体的教学内容为课程命名。政治教学委员会也改称为各门课程的教学研究指导组，强调了各门课程进行政治教育的独特性。这次调整使高校思想政治教育的内容逐步变得具体。

（三）强调思想政治理论课程的教学方法

新中国成立初期思想政治理论课程的教学，主要依据新中国成立前一些高等学校开设的马克思主义理论教育课程。新中国成立前，由于革命的需要，政治课的教学以理论宣传为主，教学内容较为分散，教学形式比较单一。对于高校思想政治理论课程的教学方法问题，教育部多次强调理论与实际相联系的重要性，指出以往思想政治理论课程之所以表现出“教条主义的偏向”③，实际上就是因为对理论与实际相联系的意义认识不足，对什么是理论、什么是实际、怎样运用理论、怎样联系实际认识不清，更意识不到要用系统的理论去针对重点问题。一些学校还在用灌输式的方式开展教学，不重视自学，还存在“抄黑板、背诵原句”的僵化学习方法。对于如何在高校开展思想政治教育，人们的认识也存在误区。针对于此，《教育部关于全国高等学校暑期政治课教学讨论

---

① 教育部社会科学司：《普通高校思想政治理论课文献选编（1949—2008）》，中国人民大学出版社 2008 年版，第 4 页。

② 教育部社会科学司：《普通高校思想政治理论课文献选编（1949—2008）》，中国人民大学出版社 2008 年版，第 9 页。

③ 教育部社会科学司：《普通高校思想政治理论课文献选编（1949—2008）》，中国人民大学出版社 2008 年版，第 5 页。

会情况及下学期政治课应注意事项的通报》明确规定："不要采取思想总结、思想检查、整风、坦白反省及斗争大会的方式，必须着重用系统的理论知识联系思想实际，系统地和实事求是地正确解决问题，借以提高学生的思想政治水平。"①对于如何在教学中加强理论与实际的联系，教育部作了进一步的规定："政治、思想教育应根据理论与实际一致的教学方法，启发学生分析自己的思想，搜集、整理、研究各种问题，然后针对主要问题，有的放矢地以系统理论知识有重点地加以解决，使理论学习成为改造思想的武器，改造思想成为理论学习的目的。"②教育部提倡，在以教师为主的基础上，多用自学与集体讨论的形式，让学生自由思考，运用批评和自我批评的武器，克服不正确思想。对教学方法的强调，体现了思想政治理论课程教学的针对性，明确了帮助学生实现思想改造的目的。

（四）加强思想政治理论课程专职教师队伍的培养工作

在思想政治理论课程建制的过程中，党中央对教师队伍的建设和培养给予了高度重视。由于过去普遍缺少足够专业的政治理论师资，课程的教学水平良莠不齐。为了改变这种情况，师资队伍的建设迫在眉睫。1952 年 9 月《中共中央关于培养高等、中等学校马克思列宁主义理论师资的指示》下发，对高校思想政治教育的教师队伍建设工作进行了部署。第一，由教育部负责筹划，在中国人民大学创设马克思列宁主义研究班，为全国各高等学校培养一部分政治理论师资。第一期招收研究生 300 人，以 1 至 2 年为研究期限。第二，选拔高等学校的助教和高等、中等学校高年级学生中的优秀党员、团员担任本校政治理论课程的助教或助理，指导他们结合自身工作，有系统地学习马克思列宁主义理论，为政治理论师资储备力量。第三，在条件适合的高等学校，举办马克思列宁主义研究班，培养高等学校的政治理论师资。第四，加强各中央局、分局及有关的地方党委对培养政治理论师资和学校政治教育的领导，指定各级党委的宣传部部长或副部长经常亲自领导这方面的工作。在原有师资量少质低、新的师资尚待培养的"青黄不接"时期，大力动员党委、政府、群众团体中政治理论水平较高的干部到学校兼课，或设专题讲座，帮助政治理论教师备课。第五，由各中央局负责拟定各大行政区培养高等、中等学校政治理论师资计划。

---

① 教育部社会科学司：《普通高校思想政治理论课文献选编（1949—2008）》，中国人民大学出版社 2008 年版，第 7 页。

② 教育部社会科学司：《普通高校思想政治理论课文献选编（1949—2008）》，中国人民大学出版社 2008 年版，第 8 页。

上述一系列关于师资培养的计划，开启了新中国思想政治教育队伍建设的大门，从多渠道开展了思想政治理论课教师的培养工作，为提高思想政治理论课教师的理论水平和教学能力打开了局面。

二、奠基性四门课程的设置

新中国成立前夕，革命的政治课程取代了“国民党党义”“公民”“军事训练”等课程，高等学校的训导制度被予以整顿和改造。根据《共同纲领》精神，1949年10月华北人民政府高等教育委员会颁布了《华北专科以上学校一九四九年度公共必修课过渡时期实施暂行办法》，规定专科以上学校一、二、三、四各年级必修辩证唯物论与历史唯物论(包括社会发展史)，第一学期学完，每周3小时，共3学分；新民主主义论(包括近代中国革命运动史)，第二学期学完，每周3小时，共3学分。文、法、教育(或师范)学院毕业班学生必修政治经济学，每周3小时，1年学完，共6学分。① 这三门课程被称为思想政治理论课程的“老三门”而确立下来，成为高校思想政治理论课程设置最初的蓝本。

当时开设的这些课程并没有统一的教学大纲和教材。高校一般采用一些经典著作或是选用苏联教材。“‘社会发展简史’主要以艾思奇的《历史唯物论——社会发展史》和斯大林的《辩证唯物主义和历史唯物主义》作为基本参考书，‘新民主主义论’以毛泽东《新民主主义论》作为主要参考书，‘政治经济学’使用的是苏联的教科书。讲义则由各校自编。”②为加强教学内容的建设，突出教学中的重点要点，1950年教育部规定了“社会发展史”及“新民主主义论”两门课程的教学重点。“社会发展史”的教学重点包括：社会发展史学习的目的、内容和方法，劳动创造人类世界，五种生产方式，阶级斗争，国家与政治，社会思想意识。“新民主主义论”的教学重点包括：中国革命的历史特点，中国新民主主义革命史，中国革命的主要经验，新民主主义的政治，新民主主义的经济，新民主主义的文化，中国革命的前途。③ 教学重点的提出对规范高校思想政治理论课程的内容起到了推动作用。

经过3年实践，在肯定“社会发展史”、“新民主主义论”和“政治经济学”三门课程教学效果的同时，教育部进一步提出对学生加强马克思列宁主义、毛泽

---

① 教育部社会科学司：《普通高校思想政治理论课文献选编(1949—2008)》，中国人民大学出版社2008年版，第2页。

② 骆郁廷：《高校思想政治理论课程论》，武汉大学出版社2006年版，第54页。

③ 教育部社会科学司：《普通高校思想政治理论课文献选编(1949—2008)》，中国人民大学出版社2008年版，第6页。

东思想教育的指示。1952 年 10 月，《教育部关于全国高等学校马克思列宁主义、毛泽东思想课程的指示》下发，它从系统的理论教育目的出发，详细规定了原有的三门思想政治理论课程的教学方案。“新民主主义论”开设在第一学年，凡属综合性大学及师范大学、师范学院、专门学院(工、农、医等)、专科学校(3 年、2 年)、专修科(2 年、1 年)均要开设，并规定在第一学期和第二学期，讲课时数各为 34 学时，课堂讨论时数各为 16 学时。“政治经济学”开设在第二学年，综合性大学及师范大学、师范学院、专门学院(工、农、医等)、专科学校(3 年)的学生要开设此课程，第三学期和第四学期的讲课时数各为 51 学时，课堂讨论时数各为 17 学时。“辩证唯物论与历史唯物论”开设在第三学年，综合性大学及师范大学、师范学院需开设，第五学期和第六学期的讲课时数各为 34 学时，课堂讨论时数各为 16 学时。该文件还作出了探索新增加一门思想政治理论课程的决定，准备自 1953 年起开设“马列主义基础”课程，学习时数与“政治经济学”相同。这就将思想政治理论课程由原来的三门扩展为四门。

1953 年对课程设置的调整继续进行，原高等教育部下发《中央人民政府高等教育部关于改“新民主主义论”为“中国革命史”及“中国革命史”的教学目的和重点的通知》，决定“自一九五三年度起，将高等学校一年级开设的‘新民主主义论’一律改为‘中国革命史’，其讲授、课堂讨论和自学时数，同‘新民主主义论’课程原规定”①。课程之所以调整主要是因为“新民主主义论”的政策部分与高中三年级已开设的“共同纲领”课程有所重复，“新民主主义论”的经济部分与“政治经济学”的新民主主义经济部分也有重复。“中国革命史”课程的教学目的更强调通过对五四运动以来的基本史实，以及列宁、斯大林，特别是毛泽东的重要著作的教学，阐明马列主义在中国的新胜利，系统讲授毛泽东思想的基础知识，从而使学生认识中国政治的发展规律，了解中国革命的基本问题和中国共产党的总路线总政策，从中国革命历史发展的特点与线索中，领会毛泽东思想与中国共产党的政策。这门课程使学生从革命历史实际中理解思想理论，使他们树立和巩固革命的人生观，为他们自觉参加祖国建设作好思想准备。

至此，经过新中国成立初期思想政治理论课程的过渡与调整，综合性大学、师范大学、师范学院开设的四门课程基本确立，即“马列主义基础”“中国革命史”“政治经济学”“辩证唯物主义与历史唯物主义”。这四门奠基性课程的开设标志着高等学校思想政治理论课程建制的初步完成。

---

① 教育部社会科学司：《普通高校思想政治理论课文献选编(1949—2008)》，中国人民大学出版社 2008 年版，第 16 页。

在此基础上，教育部根据具体的教学情况逐步规范课程教学。1956 年 9 月 9 日，《中华人民共和国高等教育部关于高等学校政治理论课程的规定(试行方案)》下发，提出了思想政治理论课程开设的门数、学时、顺序、讲授与课堂讨论比例、考试与考察等具体要求。其中，“马列主义基础”(一年级开设)，除历史系的马列主义基础专业外，其他系科均要开设，学时分 102 和 68 两种。“中国革命史”(二年级开设)，除历史系为业务课外，其他系科均开设，学时分 136 和 102 两种。“政治经济学”(三年级开设)，除财经院校及综合性大学各财经系科设为业务课，医科院校、农林院校的兽医系、四年制综合性大学的中国语文系、外国语言与理科各系及四年制艺术院校不开设外，其余各系科及五年制综合性大学和五年制艺术院校均开设，学时分 136 和 68 两种。“辩证唯物主义与历史唯物主义”(四年级开设)，除哲学系设为业务课，四年制财经系科不开，农林各系(农林经济与兽医除外)与工科各系(建筑学专业与海运类专业除外)四年制不开，五年制设为选修外，其余各系科一律开设，学时分 102 和 68 两种。各门课程讲授与课堂讨论的比例按 4∶1 或 5∶1 计算。1956 年课程设置方案的完善，标志着思想政治理论课程的课程体系建设开始向规范化发展，为全国高校开设和推行思想政治理论课程提供了明确的指向。

总体来看，自新中国成立到 1956 年课程体系建设初具规模，这 7 年的改造实践与新民主主义社会的过渡性紧密相连。1956 年，随着社会主义改造的基本完成，社会主义基本政治制度确立，高校思想政治理论课程设置也逐渐完善起来。奠基性四门课程体现了思想政治理论课程建设中理论与实际相结合的理念。课程教学多次强调和重申了理论联系实际的重要性。这既包括理论的系统阐释与青年学生思想改造的过程相一致，也包括理论学习与国家建设的实际情况相一致。在教学过程中，教育主管部门也多次规范教学方法，强调采用讲授与讨论结合的方式，力图把理论教学与学生运用理论来建设新中国的实际行动统一起来。这也是日后全面推进思想政治理论课程建设的基础。

第二节 “78 方案”思想政治理论课程及其特点

自 1956 年奠基性四门课程基本框架确立之后，思想政治理论课程建设一度陷入曲折。“文化大革命”期间思想政治理论课程受到严重冲击，初步建立起的课程结构和课程规范被打破。“78 方案”的出台是为了扭转这一局面，使高校思想政治理论课程得到恢复和稳定。“78 方案”对课程体系的重建和教师队伍的培育，对改革开放后高校思想政治理论课程建设有重要意义。

一、“78 方案”制定的历史背景

1956 年国际国内形势发生了很大变化。随着社会主义改造的基本完成，我国实现了由新民主主义社会向社会主义社会的过渡，进入了社会主义建设新时期。国际上波兹南事件、匈牙利事件的爆发引起了国内一些人思想上的波动，特别是对青年学生的思想认识产生了一定干扰。针对国际国内的变化，1957 年《中华人民共和国高等教育部、教育部关于在全国高等学校开设社会主义教育课程的指示》规定，全国高等学校各年级普遍开设“社会主义教育”课程，全体学生和研究生必须无一例外地参加学习，原应开的四门思想政治理论课程一律停开。① 这一指示强调了理论和政策的学习，却忽视了理论课程教学本身的特点，“用政治学习代替理论学习，实际上取消了高等学校思想政治理论课程教学”②。在此之后，思想政治理论课程经历了几次较大的调整，1958 年恢复开设了“马列主义基础”“政治经济学”“辩证唯物主义与历史唯物主义”三门课③；1961 年关于马克思列宁主义基础理论课程的设置，作出了文科专业开设“中共党史”、“马克思列宁主义基础”(主要学习毛泽东的政治学说)、“政治经济学”和“哲学”，理、工、农、医各专业和艺术、体育院校开设“中共党史”和“马克思列宁主义概论”(包括马克思主义三个组成部分)，专科学校开设“马克思列宁主义概论”的规定。④ 然而，初步建立起来的思想政治理论课程结构受到了影响。1956—1966 年思想政治理论课程进入曲折发展阶段，在课程建设上存在一些片面性，但高校马克思主义理论课教学，教学内容研究，以及教材编写和教师培养等工作得以延续下来。

“文化大革命”期间，思想政治理论课程遭受严重冲击，思想政治理论课程初步建立起来的发展格局遭到破坏，课程建设的稳定性和连续性被打破。这彻底改变了新中国成立初期高校全面地、系统地进行马克思主义理论教育的初衷。因此，在“文化大革命”结束后，无论从高等学校教育教学和人才培养的重建上，还是从整个国家思想文化领域的恢复上，都急需调整高校思想政治理论课程的教学格局，制定课程规范。

---

① 教育部社会科学司：《普通高校思想政治理论课文献选编(1949—2008)》，中国人民大学出版社 2008 年版，第 31～32 页。

② 骆郁廷：《高校思想政治理论课程论》，武汉大学出版社 2006 年版，第 61 页。

③ 教育部社会科学司：《普通高校思想政治理论课文献选编(1949—2008)》，中国人民大学出版社 2008 年版，第 33～34 页。

④ 骆郁廷：《高校思想政治理论课程论》，武汉大学出版社 2006 年版，第 63 页。

粉碎“四人帮”之后，广大人民群众和教育工作者强烈要求纠正“文化大革命”对教育领域的破坏，扭转停滞的教育工作局面。但“两个凡是”方针的执行，使纠正“文化大革命”的错误遇到阻碍，高校思想政治理论课程的恢复和建设一直徘徊不前。1978 年 4 月 22 日，邓小平在全国教育工作会议上指出：“‘四人帮’对教育事业的破坏，不仅造成科学文化的教育质量惊人下降，而且严重地损害了学校的思想政治教育，败坏了学校纪律，腐蚀了社会主义社会的革命风气。‘四人帮’在口头上政治喊得响，实际上搞的是反革命反社会主义的政治，是用剥削阶级最腐朽最反动的思想来毒害青少年，制造‘文盲加流氓’式的人物。彻底清除‘四人帮’所造成的这种恶果，是关系到巩固无产阶级专政的一项极其严重的政治任务。”①邓小平的讲话指出了当时教育战线所面临的重大使命，也指明了思想政治教育领域的主要任务，推进了高校思想政治理论课程恢复的进程。这是“78 方案”产生的一个重要历史前提。

思想政治理论课程重新走上正轨的过程并不简单。由于“文化大革命”的严重破坏，高校思想政治教育队伍受到冲击，长期政治运动所导致的教师理论水平不足、师资力量匮乏，都给恢复正常教学带来了困难。中国社会主义建设的新局面也对高校思想政治理论课程的恢复和建设提出了新要求。课程设置、讲授内容、教学形式和教学方法都需要作出适应新时代的变革。

在这样的历史背景下，教育部针对新形势颁布并推行了“78 方案”，为新时期高校思想政治教育工作确定了方向。

二、“78 方案”思想政治理论课程建设及发展演进

1978 年 4 月，《教育部办公厅关于加强高等学校马列主义理论教育的意见(全国教育工作会议征求意见稿)》下发，“78 方案”出台。新方案重新拟定了高校思想政治理论课程建设的方案和实施细则，对当时全国普遍开设的马列主义理论课程——“辩证唯物主义与历史唯物主义”“政治经济学”“中国共产党党史”“国际共产主义运动史”四门课程的教学进行了规范。这是对“文化大革命”以来思想政治教育领域被搞乱了的路线是非、理论是非和思想是非的纠正，也对充分发挥高校政治理论课程转变学生思想的作用提出了要求。这次教育部对思想政治理论课程内容的恢复与重建，对改革开放以后高校思想政治理论课程的全面建设起到了关键性作用。

---

① 教育部社会科学司：《普通高校思想政治理论课文献选编(1949—2008)》，中国人民大学出版社 2008 年版，第 67 页。

(一)重新确立马列主义理论课程的地位

“78 方案”高度提升了马列主义理论课程在高等教育中的地位，指出“马列主义、毛泽东思想，是我们党和国家的指导思想和理论基础，是全党全军全国人民的行动指南。一切革命者都必须认真学习”①。“78 方案”把马列主义理论课程规定为各类高等学校开设的必修课，将是否开设马列主义理论课程作为区分新中国大学和旧中国大学、区分社会主义高等学校和资本主义高等学校的重要标志。同时，“78 方案”对教育主管部门、教师和学生提出了明确的要求，强调教师必须教好，学生必须学好，各级领导必须管好，以高度重视的态度整顿和建设高校思想政治理论课程。

(二)确定各门课程的教学目的与任务

“78 方案”指出，“马列主义理论课的主要任务在于系统地对学生进行马克思主义三个组成部分的基本理论教育，武装学生的头脑”②，提出了理论学习系统性、整体性和深刻性的要求，强调了理论指导实践的根本目的。方案还分别规范了各门课程的开设目的和主要研究内容。

“辩证唯物主义与历史唯物主义”是无产阶级的世界观、认识论和方法论，是研究宇宙、社会、思维最一般规律的科学。开设这门课程主要是为了培养学生的无产阶级世界观，培养学生在工作中，坚持唯物主义，反对唯心主义；坚持辩证法，反对形而上学；坚持历史唯物主义，反对历史唯心主义。

“政治经济学”是研究社会生产关系的科学。开设这门课程主要是为了使学生认识社会发展规律，特别是认识和掌握社会主义经济发展规律，从而自觉地、正确地从事社会主义革命与社会主义建设。

“中国共产党党史”是马列主义的真理和中国革命的具体实践日益结合的历史，是中国人民在中国共产党领导下取得新民主主义革命彻底胜利以及社会主义革命和社会主义建设伟大胜利的历史，是毛泽东的无产阶级革命路线同党内“左”右倾机会主义路线进行尖锐复杂的斗争并取得关键胜利的历史。开设这门课程主要是为了帮助学生完整准确地领会和掌握毛泽东思想的体系，学习党的传统，提高对伟大、光荣、正确的中国共产党的认识；培养学生“要搞马克思

① 教育部社会科学司：《普通高校思想政治理论课文献选编(1949—2008)》，中国人民大学出版社 2008 年版，第 70 页。

② 教育部社会科学司：《普通高校思想政治理论课文献选编(1949—2008)》，中国人民大学出版社 2008 年版，第 70～71 页。

主义，不要搞修正主义；要团结，不要分裂；要光明正大，不要搞阴谋诡计”的基本原则。

“国际共产主义运动史”是马克思主义发展史，是研究无产阶级暴力革命和无产阶级专政及无产阶级专政下继续革命的科学。开设这门课程主要是为了培养学生理解什么是马克思主义、什么是修正主义，懂得马克思主义必胜、修正主义必败，发扬无产阶级国际主义的精神，将无产阶级世界革命进行到底。

(三)推进各门课程教材的编写

在教材方面，“78 方案”作出编写一套系统阐述马列主义基本原理的教材，再结合教师指导适当选读经典著作的决定，提出迅速集中全国水平较高的教师，组织编写三种学时不同、各有侧重的全国统一教材和教学大纲。同时，“78 方案”指出，教材的编写尚需一定时间，在现有的条件下，应从高等学校准备使用的多种讲义中推荐选择较好的，以应急需。在“78 方案”实施中，中共中央和教育部又对思想政治理论课程教材提出了进一步要求。1984 年 9 月，中共中央宣传部、教育部印发《关于加强和改进高等院校马列主义理论教育的若干规定》，指出“马列主义理论课教材必须阐述社会主义社会发展的客观规律，反映中国社会主义现代化建设的新经验，分析当代世界政治经济发展的新现象和科学技术发展对于社会生活和经济发展的影响，科学地阐明马克思主义是人类历史上优秀思想文化成果的继承和发展，逐步地建立起具有中国特色的教材体系”①。

(四)抓住教学方法中急需解决的问题

“78 方案”对教学方法中存在的主要问题进行了分析和说明，指出这些问题多数是由于“文化大革命”时期对政治理论课程的破坏而产生的。教学方法是教学重要的手段，必须予以重视。第一，要加强理论联系实际。方案指出，有些教师能够讲清理论，但不能结合社会主义国家建设的具体问题进行说明；有些教师既无法讲清楚理论也不能联系实际。理论联系实际必须要“联系学生对当前党的方针、政策、路线的认识实际。必须在准确讲授基本原理的基础上，密切联系我国社会主义革命和社会主义建设的实际，联系国际国内的阶级斗争和

---

① 教育部社会科学司：《普通高校思想政治理论课文献选编(1949—2008)》，中国人民大学出版社 2008 年版，第 96 页。

路线斗争的实际，特别要联系批判‘四人帮’的反革命修正主义路线”①。第二，要抓好教学环节。要清楚课堂讲授是教学的主要环节，自学、课堂讨论是教学的必要环节。在教与学的过程中，教师起到主导的作用。第三，要按要求评定学生成绩。学生成绩的评定要按照实际考试或考察的结果进行，而不能以政治表现来代替对学生理论学习成果的考评。

(五)加强课程的教师队伍建设和领导体制建设

对于师资力量缺乏的问题，“78 方案”提出四条紧急措施加以解决。第一，恢复和补充马列主义理论课教师。以前调离教学岗位的逐步归队，补充有一定马列主义水平，又有培养前途的校内外党员干部参加教学。第二，恢复马列主义理论课教研室(组)。第三，迅速恢复中国人民大学，立即着手招生。第四，采取多项措施提高马列主义理论课教师的水平。同时还指出，解决高等学校马列主义理论教育问题的关键是“建立健全各级理论教育的领导体制”②，高校的马列主义理论课必须接受各级党委和宣传部门的领导，积极争取各理论研究单位的支持和帮助。

“78 方案”的颁布表明高校思想政治理论课程的重建工作正式启动。在党的十一届三中全会召开以后，全国形势和教育任务又产生了新变化，高校思想政治理论课程的教学目标也进一步明确，马克思主义理论教育的地位得到进一步加强。1980 年 4 月 29 日，《教育部、共青团中央关于加强高等学校学生思想政治工作的意见》指出：“四个现代化建设是当前最大的政治，学生为祖国的四个现代化刻苦学习业务，是政治思想好的重要表现。”③良好的思想政治素养是青年学生积极参与并推动四个现代化建设的前提与保证。1980 年 7 月 7 日，教育部印发《改进和加强高等学校马列主义课的试行办法》，将加强高等学校学生思想政治工作的意见全面推行到马列主义理论课程的教学工作中来，进一步明确了马克思主义理论课程的地位和任务，对课程的学时、大纲、教材，以及教学制度、教学环节和教学方法提出了具体的要求。在课程建制上，该文件作出了各高等学校应该建立马列主义教研室的规定。这为统一组织教学和科研工作，

① 教育部社会科学司：《普通高校思想政治理论课文献选编(1949—2008)》，中国人民大学出版社 2008 年版，第 72 页。

② 教育部社会科学司：《普通高校思想政治理论课文献选编(1949—2008)》，中国人民大学出版社 2008 年版，第 74 页。

③ 教育部社会科学司：《普通高校思想政治理论课文献选编(1949—2008)》，中国人民大学出版社 2008 年版，第 79 页。

推进课程的专业化建设奠定了基础。在教师队伍建设上，该文件提出要充分调动马列主义理论课教师的积极性，改善马列主义理论课教师的学习条件和工作条件，加强教师能力的培养和提高，并继续做好师资队伍的补充工作。

1983 年和 1984 年，教育部先后颁布了几门课程的教学大纲，使教学内容稳定下来，构建了以毛泽东思想为核心的课程教学体系，逐渐完成了对高校思想政治理论课程的全面恢复。

三、“78 方案”思想政治理论课程建设的基本特点

“78 方案”的出台使思想政治理论课程建设得到整顿。在党的十一届三中全会召开后，思想政治教育领域全面拨乱反正，为“78 方案”的推行创造了良好条件。

(一)思想政治理论课程结构的恢复

“78 方案”整体的课程建设遵循了新中国成立初期思想政治理论课程初步形成的基本格局，是对遭到严重破坏的高校马克思主义理论教育的恢复。在课程设置上，基本保留了奠基性四门课程的架构，“辩证唯物主义与历史唯物主义”“政治经济学”继续开设；“中国革命史”改为“中国共产党党史”，两门课程虽侧重不同，但都强调马克思主义理论与中国实际相结合的历史；新开设的“国际共产主义运动史”突出了马克思主义发展史的教学。课程设置已经明确，但课程教学的实施则强调了循序渐进的过程。由于“文化大革命”对高等教育造成巨大打击，“78 方案”对高校思想政治理论课程的建设以逐步探索和推行为主，各高校的思想政治理论课程设置可以根据学校的实际情况自行选择和处理。“78 方案”的颁布表明，党和国家着手恢复高校思想政治理论课程的教学秩序，纠正思想政治理论课程在“文化大革命”中的“偏向”，重新开启对课程完整体系的建设。

(二)理论教育重要性的重申

针对“文化大革命”时期理论教育受到的阻滞，“78 方案”明确传递了正面加强高校思想政治理论课程中理论教育的信息。思想政治理论课程本身的目的就是培育青年学生运用马列主义的立场、观点、方法去分析问题和解决问题的能力，理论学习是课程教学的主旨也是基本内容。忽视理论教学，或以政治运动代替理论学习，不是思想政治理论课程建设应有的方向。因此，教育部特别强调，马列主义理论课与政治运动、形势教育、劳动教育、政治工作在对学生进

行马列主义教育中各有侧重，不能相互代替。“不要用‘三政合一’(政治课、政治运动、政治工作合一)的办法削弱和取消理论课。凡是因特殊情况占用理论课教学时间的，必须补上。”①理论学习的重新提出是课程走向正规化的前提，也是科学选取教学内容的必要条件。

(三)思想政治理论课程科学体系建设的新探索

“78方案”以及在此之后制定的相关教育政策进行了高校思想政治理论课程科学体系的初步构建。这是思想政治理论课程建制中的一个明显的进步。教育部制定的《高等学校政治理论课的基本情况和存在问题》指出：1957—1961年，“政治理论课所以被取消，‘文化大革命’期间政治理论课所以被‘四人帮’篡改利用，从政治理论教学工作本身来看，原因就在于对政治理论课的科学性认识不足，坚持不力。根据党中央指出的‘完整地、准确地学习和掌握马列主义毛泽东思想的科学体系’的要求，高校政治理论课必须保持一定的科学体系，坚持科学性与党性的统一，坚持理论与实际相结合”②。课程科学体系建设的提出，不但是对“文化大革命”时期忽视理论、歪曲理论、篡改理论的整顿，而且是对新时期思想政治理论课程的性质、任务和目标的正确认识。1980年的《改进和加强高等学校马列主义课的试行办法》重申了科学体系的重要性，“高等学校马列主义课的任务，是对学生进行马列主义、毛泽东思想的基本理论教育，帮助学生完整地、准确地理解马列主义、毛泽东思想的科学体系，提高社会主义觉悟，逐步树立无产阶级的世界观，掌握科学的方法论，初步具有运用马列主义的立场、观点和方法分析实际问题的能力，自觉地为社会主义现代化建设服务，为人民服务”③。课程的科学体系建设被认定为高等学校马列主义课程的重要任务加以贯彻落实。

第三节　“85方案”思想政治理论课程的发展及特点

党的十一届三中全会的召开使中国走进了改革开放的全新局面。面对改革

① 教育部社会科学司：《普通高校思想政治理论课文献选编(1949—2008)》，中国人民大学出版社2008年版，第71页。

② 教育部社会科学司：《普通高校思想政治理论课文献选编(1949—2008)》，中国人民大学出版社2008年版，第76页。

③ 教育部社会科学司：《普通高校思想政治理论课文献选编(1949—2008)》，中国人民大学出版社2008年版，第86页。

开放后人们思想认识领域出现的新情况，高校思想政治理论课程的调整和改革势在必行。“85 方案”将马克思主义理论教育当作思想政治理论课程的根本任务，强调了课程教育的说服力和实效性。同时，思想品德教育被正式纳入课程体系之中，初步探索了马克思主义理论课和思想教育课相结合的形式。

一、“85 方案”制定的历史背景

“78 方案”执行以来，全国高校思想政治理论课程逐步得到恢复。党的十一届三中全会召开以后，我国现代化建设进程加快，政治、经济、文化等领域发生了巨大变化，高校思想政治理论课程的建设面临新的形势和任务。

(一)改革开放的时代要求

1982 年 9 月中国共产党第十二次全国代表大会召开，邓小平在大会开幕词中指出，“把马克思主义的普遍真理同我国的具体实际结合起来，走自己的道路，建设有中国特色的社会主义”①。建设有中国特色的社会主义成为新历史时期的中心思想，我国开启了社会主义现代化建设的新局面。新时代的到来也对教育的发展提出了新要求。1985 年 5 月 19 日，邓小平在全国教育工作会议上作了《把教育工作认真抓起来》的讲话，强调“各级领导要像抓好经济工作那样抓好教育工作”②。在中共中央发展教育的指示下，高校思想政治理论课程要适应改革开放新形势和新局面，针对现代科学技术和现代经济政治的变化进行教学体系的全面调整。

“85 方案”的出台，是高校思想政治理论课程适应社会主义现代化建设的重大改革。

(二)各种社会思潮的传播对高校思想政治理论课程提出了新要求

改革开放以来，特别是经济体制改革全面启动的同时，中国的对外交往日益增多，西方的一些思想潮流随之进入中国，并以经济优势对人们的思想认识产生干扰。一些人对西方盲目崇拜，导致资产阶级自由化思想出现并在青年中产生了一定的影响。20 世纪 80 年代关于人生观的讨论就是这样一个例证，“主观为自己，客观为别人”的观念使青年在认识人生的价值和意义时感到困惑。1982 年，西安解放军第四军医大学的一名学员因救人而牺牲的事件也引发了关

① 《邓小平文选》第 3 卷，人民出版社 1993 年版，第 3 页。
② 《邓小平文选》第 3 卷，人民出版社 1993 年版，第 121 页。

于人生意义的大讨论。这些争论表明了新时期青年在思想领域产生的新变化，表现出青年学生需要价值引领的迫切性。高校思想政治理论课程要跟上时代的变化，对这些现实的问题给予正面的引导和回应，加强青年学生的马克思主义理论修养和思想政治素养，帮助他们以马克思主义理论为指导去认识、分析当代社会思潮，使他们全身心地投入到社会主义现代化建设中来。

(三)社会主义精神文明建设的新任务

改革开放以来，国家在建设高度的社会主义物质文明的同时，也提出建设社会主义精神文明的任务。在党的十二大召开后，社会主义精神文明建设被写入我国宪法。1982 年 12 月，由第五届全国人民代表大会第五次会议通过的《中华人民共和国宪法》第 24 条规定："国家通过普及理想教育、道德教育、文化教育、纪律和法制教育，通过在城乡不同范围的群众中制定和执行各种守则、公约，加强社会主义精神文明的建设。"配合精神文明建设，全国"五讲四美"(讲文明、讲礼貌、讲卫生、讲秩序、讲道德，心灵美、语言美、行为美、环境美)活动开展起来，并与党的十二大以来各地方发起的"三热爱"(热爱祖国、热爱社会主义、热爱中国共产党)活动结合，把爱国主义教育与人们生活中的优秀品德联系在一起。在高校，思想政治理论课程作为贯彻落实精神文明建设的重要渠道，其教学任务和针对性的调整是必要的。

在这样的情况下，思想政治理论课程的建设需要作出比较大的调整和改革。"85 方案"就是在这样的历史背景下产生的。

二、"85 方案"思想政治理论课程建设及发展演进

1985 年 8 月 1 日，《中共中央关于改革学校思想品德和政治理论课程教学的通知》下发，标志着改革开放以来，对高校思想政治理论课程改革的全面启动。人们称这一文件为"85 方案"。"85 方案"对学校思想品德和政治理论课程改革的目的进行了说明，指出："为了适应我国社会主义现代化建设的需要，适应现代科学技术和现代经济政治的巨大发展变化，适应新时期青少年心理发展的具体状况，以及各方面改革的需要，我国现行的以马克思主义为指导的思想品德和政治理论课(从小学的思想品德课、中学的思想政治课、到高等学校的马克思主义理论课)的课程设置、教学内容和教学方法也必须进行认真的改革。这已成为培养一代有理想、有道德、有文化、有纪律的建设人才的迫切任

务之一。”①在新形势下，进行学校思想品德和政治理论课程改革是培育社会主义事业接班人的首要事情，此次改革是从基础教育到高等教育一脉相承的整体性改革，高校马克思主义理论课程的改革是学校思想品德和政治理论课程全面改革的一个重要组成部分。改革坚决贯彻理论联系实际的方针，强调“马克思主义的基本原理是放之四海而皆准的，同时又是随着时代和其他科学的发展而不断发展的，马克思主义从来不是也不可能是一个封闭的、凝固的体系。因此，在它的教学中必须面向现代化，面向时代，面向未来；同时必须紧密联系青少年不同时期的思想、知识、心理发展的特点，循序渐进，由浅入深，从具体到抽象，从现象到本质，引导他们逐步树立正确的人生观和世界观，运用正确的观点和方法去积极地思考并回答自己所面临的重大问题，认清和履行我国青年一代的崇高责任”②。“85 方案”突出了教育要适应现代化发展的要求，培养学生把理论学习转化为解决实际问题的能力，培育学生高尚的思想品德修养和正确的人生观价值观，使学生明确自身在社会主义现代化建设中的使命与责任。

(一)规划课程内容，改革教学方法

“85 方案”将历史教育、马克思主义基本理论教育、社会思潮评析、中国社会主义建设和改革理论教育规定为高校马克思主义理论课程教育的主要内容。“进行以中国革命史为中心的历史教育，使学生了解具有悠久的历史文化传统的中国，是怎样根据历史的必然走上以共产党为领导力量的社会主义道路的；进行马克思主义基本理论的教育，使学生了解马克思主义的哲学、历史学、经济学、政治学和科学社会主义等基本理论观点的历史渊源、主要内容和现代发展(包括在中国运用和发展)；同时有分析有比较地介绍当代其他各种社会思潮，对错误的思潮要有分析地进行充分说理的批评，培养学生运用马克思主义对这些思潮进行鉴别和分析的能力；进行中国社会主义建设和改革的理论、政策和实际知识的教育，使学生了解我国党和人民正在进行的有世界意义的伟大事业和青年一代的密切关系及崇高责任。”③这也是思想政治理论课程“新四门”

① 教育部社会科学司：《普通高校思想政治理论课文献选编(1949—2008)》，中国人民大学出版社 2008 年版，第 106 页。

② 教育部社会科学司：《普通高校思想政治理论课文献选编(1949—2008)》，中国人民大学出版社 2008 年版，第 106 页。

③ 教育部社会科学司：《普通高校思想政治理论课文献选编(1949—2008)》，中国人民大学出版社 2008 年版，第 107 页。

课程设置的依据。

“85方案”还强调了对思想政治理论课程教学方法的改革。它要求改变注入式而多采用启发式的教育方法，改变简单灌输抽象概念的做法，多用丰富而生动的事实论证理论观点。它鼓励教师在坚持四项基本原则的前提下，严肃、科学地介绍不同的学术观点，并与学生各抒己见，引导学生进行自由的、循序渐进的讨论。同时，它要求对考试制度进行改革。考察的主要内容是对所学知识的理解程度、接受程度和运用程度，成绩的评定“应当结合他们的考试结果和平时的学习运用情况”①。

根据“85方案”精神，1986年3月《国家教育委员会关于在高等学校进一步贯彻〈中共中央关于改革学校思想品德和政治理论课程教学的通知〉的意见》下发，提出“从一九八六年起，用三至五年时间进行政治理论课教学改革工作，逐步开设出新的课程”②。新课程包括“中国革命史”“中国社会主义建设”“马克思主义原理”“世界政治经济和国际关系”。同时，该文件规定了四门课程开设的时间。对于“中国革命史”，因有清华大学等学校的试点经验，该文件提倡于1987年在全国较多高校实现开设。对于“中国社会主义建设”，该文件提出于1986年完成试用教材和教学参考大纲的编写，进行教学试点，1988年在全国多数高校开设。对于“马克思主义原理”，该文件提出，于1986年初步探讨教学内容和教学体系，组织科研攻关，在此基础上编写教学大纲和试用教材，进行教学试点，1990年在全国多数高校开设。对于“世界政治经济和国际关系”，该文件提出，有条件的地区和学校组织力量研究，可以在试点院校开展专题讲授或讲座。

（二）定位课程功能，编写教学大纲和教学要点

根据原国家教委的部署，各门课程陆续编写了教学大纲和教学要点，规范了教学内容和教学重点，明确了各门课程的定位与功能。

《中国革命史教学大纲（修订本）》（简称《大纲》）由原国家教委社科司在原政治思想教育司组织编写的该课程教学大纲（试用本）基础上组织修订，于1991年5月由高等教育出版社出版。《大纲》规定课程的教学目的是：“通过中国革命史教育，要使学生了解具有悠久历史文化传统的中国，是怎样根据历史的必

① 教育部社会科学司：《普通高校思想政治理论课文献选编（1949—2008）》，中国人民大学出版社2008年版，第108页。

② 教育部社会科学司：《普通高校思想政治理论课文献选编（1949—2008）》，中国人民大学出版社2008年版，第109～110页。

然，走上以共产党为领导力量的社会主义道路的，认识‘没有共产党就没有新中国’和‘只有社会主义能够救中国’的真理；学习马克思主义和毛泽东思想，掌握中国革命的基本理论、基本规律和经验，掌握马克思主义的立场、观点和方法；学习革命先辈为人民解放事业不避艰险、英勇奋斗的革命精神，增强爱国主义观念，继承和发扬优良革命传统。”①《大纲》将教学内容分为8章，包括：近代中国社会和资产阶级民主革命的准备；资产阶级领导的民主革命；五四运动和国民革命；土地革命战争和抗日救亡运动；全民族的抗日战争；全国解放战争；社会主义制度在全国的确立；对社会主义建设道路的探索。

《马克思主义原理教学要点(修订试用本)》于1991年5月由高等教育出版社出版。它指出：“‘马克思主义原理’课程，以探讨这类问题为基点，运用马克思主义的立场、观点、方法，分析国际国内的新实际，以扩展和深化对资本主义、社会主义的科学认识，为坚持、发展马克思主义和提高学生的马克思主义水平服务。”②教学内容共分12章，包括：马克思主义是认识世界和改造世界的科学理论体系；世界的本质及发展规律；认识的实践基础和辩证运动；社会形态与社会发展规律；资本主义经济制度的本质特征；资本主义社会上层建筑的阶级实质；资本主义生产方式的内在矛盾；资本主义的发展趋势；从资本主义向社会主义的过渡；社会主义首先在比较落后的国家变为现实；社会主义的本质特征和民族特色；社会主义制度的自我完善和未来发展。

《中国社会主义建设教学要点(修订试用本)》于1991年5月由高等教育出版社出版。它指出“中国社会主义建设”这门课程“是以马克思主义普遍原理同中国具体实际相结合为指针，阐述建设有中国特色的社会主义的规律为主要内容的马克思主义理论课。建设有中国特色的社会主义是本门课程的主线。‘中国社会主义建设’课的根本目的和基本任务是教育大学生懂得并坚定地相信，只有建设有中国特色的社会主义才能发展中国”③。教学内容共分11章，包括：科学认识我国社会所处的历史阶段；坚持国民经济持续、稳定、协调发展；发展社会主义的有计划商品经济，改革经济体制；改革生产资料所有制结构；建立适应有计划商品经济发展要求的经济运行机制；完善分配制度，科学指导消费；实行对外开放；建设社会主义的民主政治；发展统一战线，增强民族团结；加强社会主义精神文明建设；坚持党的领导，加强党的建设。1995年，为

① 顾海良等：《高校思想政治理论课程建设研究》，经济科学出版社2009年版，第83页。
② 顾海良等：《高校思想政治理论课程建设研究》，经济科学出版社2009年版，第83页。
③ 顾海良等：《高校思想政治理论课程建设研究》，经济科学出版社2009年版，第84页。

了更好地将建设有中国特色社会主义理论贯彻于思想政治理论课程教学之中，原国家教委社科司组织编写了《建设有中国特色社会主义理论教程》(简称《教程》)，突出了建设有中国特色社会主义理论的内容和成果。《教程》将教学内容分为13章，包括：社会主义的发展道路；社会主义的发展阶段；社会主义的本质和根本任务；社会主义的改革；社会主义的对外开放；建立和发展社会主义市场经济体制；发展社会主义民主，健全社会主义法制；社会主义精神文明建设；社会主义建设的政治保证；社会主义建设的发展战略；"一国两制"实现祖国统一的构想；社会主义建设的外交战略；社会主义建设的领导力量和依靠力量。①

(三)设置高校思想教育课程

党的十二大明确指出在建设高度的物质文明的同时，努力建设高度的社会主义精神文明。社会主义精神文明建设的任务是提高中华民族的思想道德素质和科学文化素质。高校作为培养社会主义接班人的阵地，肩负着在改革开放新形势下对青年学生进行思想道德教育的重大任务。1982年教育部发出《关于在高等学校逐步开设共产主义思想品德课程的通知》，决定将共产主义思想品德课程纳入教学计划，并印发《共产主义思想品德教学大纲》，对学生进行共产主义人生观和共产主义道德教育。"85方案"的颁布明确了对学生进一步加强共产主义思想品德教育的任务。1986年按照中共中央和全国人大常委会对全体公民基本普及法律常识的要求，原国家教委作出了开设"法律基础"课的决定。起初设立时拟通过公共政治理论课程"中国社会主义建设"讲授"社会主义民主与法制"，并结合开设法律基础知识专题讲座等形式。1987年，原国家教委《关于高等学校思想教育课程建设的意见》下发，从改进和加强高等学校学生思想政治教育的需要出发，针对学生普遍关心的形势、政策、人生、理想、道德、民主、法制、纪律等方面的问题，开设五门思想教育课程。"形势与政策""法律基础"两门为必修课程，"大学生思想修养""人生哲理""职业道德"三门课程可根据学校情况有选择地开设。其中，"形势与政策"每学期均开设，主要是帮助学生了解国内外重大时事，学习党的路线、方针、政策，全面掌握"一个中心、两个基本点"，认清形势和任务，激发爱国主义精神，增强民族自信心，珍惜安定团结的局面，为建设有中国特色的社会主义而奋发学习、健康成长。"法

① 《〈建设有中国特色社会主义理论教程〉编写要点(征求意见稿)》，载《教学与研究》，1995年第3期。

律基础”设置为30学时，要使学生懂得马克思主义法学的基本观点，掌握宪法和有关专门法的基本精神与规定，增强法制观念和社会责任感，正确行使公民的权利与义务，以适应社会主义法制建设的要求。“大学生思想修养”为一年级实施，紧密结合一年级学生的实际情况，引导学生认清时代要求与历史责任，明确社会主义大学的培养目标，端正学习目的与态度，重视文明道德修养，培养优良的校风、学风，正确处理个人与集体的关系，以适应从中学到大学的转变，为其在大学期间的健康成长打下良好的思想基础。“人生哲理”为二年级实施，主要是帮助学生学会运用马克思主义把握正确的人生方向，正确认识和处理个人与社会的关系，树立为人民服务的精神，培养开拓进取的精神，识别和抵制各种错误的人生观。“职业道德”为三年级实施，主要是帮助学生了解社会主义职业道德的基本原则和主要规范，树立选择职业的正确态度，明确本专业职业道德的具体内容和要求。《关于高等学校思想教育课程建设的意见》还要求各高等学校将思想教育课程列入教学计划，课程由学校主管学生思想政治教育的部门和教务部门共同领导，由思想政治教育研究室负责组织实施。高校思想教育课程的开设意义重大，丰富和完善了高校思想政治理论课程的课程体系。

除此之外，“85方案”还对教师队伍建设、领导机制建设、研究生课程教育提出了改革的要求。

三、“85方案”思想政治理论课程建设的基本特点

“85方案”课程体系建设是在新时代要求下对思想政治教育领域的全面改革。它增强了马克思主义理论教育的针对性和说服力，增设了思想教育课程，完善了研究生课程建设，体现了高等学校思想政治理论教育的深入发展。

（一）高校思想政治理论课程课程体系全面改革的启动

改革开放以来，全国政治、经济、文化、社会各个领域都发生了巨大变化。社会在发展，理论教育必须面向现实，为青年学生理解和解决实际问题提供指向。“85方案”之前，高校思想政治理论课程的基本结构已初步建立，但是在教学理念、课程内容、教学方法、师资力量等方面还存在一些薄弱环节。课堂教学基本沿用传统模式，理论教育针对性不强，对于青年学生思想上产生的新问题和新疑惑应对不足。这些都影响了高校思想政治理论课程教学的说服力，导致学生学习思想政治理论课程的热情不高。“85方案”的出台是对改革开放新时代的回应，也是为了解决长期存在于高校思想政治理论课程教学中的问题。“85方案”是新时期高校思想政治理论课程的全面改革，既包含对教学理念

的调整，也涉及具体教学环节的方方面面。

在指导思想上，“85方案”重申理论密切联系实际是马克思主义理论教育的根本指导方针和根本方法。马克思主义理论是发展的，马克思主义理论的教育教学工作也要面向现实，向前发展。思想政治理论课程的教学对象的思想、知识和心理发生了变化，思想政治理论课程的教学也要适应这些变化而主动地调整教学策略。针对青年学生中产生的思想问题，中央加强了对大学生思想政治教育工作的领导。高校思想政治理论课程突出坚持四项基本原则，反对资产阶级自由化的教学引导，针对大学生在人生观和价值观上的疑惑，增强了马克思主义理论教育的针对性。在教学过程中，“85方案”强调以理服人、以情动人，要求积极引导学生参加社会实践。1987年下发的《中共中央关于改进和加强高等学校思想政治工作的决定》进一步阐述道，“青年学生只有在学习科学文化知识的同时积极参加社会实践，更多地了解国情，了解社会主义建设和改革的实际，了解人民群众的思想感情，才能树立起为建设社会主义祖国而献身的信念，逐步锻炼成为有用人才”①。在教师队伍建设上，“85方案”拓展了多种形式培养、培训马克思主义理论课师资的途径。1987年已有11所高等学校分别设置了“马克思主义基础”“中国革命史”“中国社会主义建设”本科专业或第二学士学位班；中国人民大学、北京大学、清华大学、上海交通大学、哈尔滨工业大学还试办了“中国革命史”“马克思主义原理”“中国社会主义建设”研究生班。原国家教委的师资培训中心等部门也有计划地组织或委托高等学校举办马克思主义理论教学的研讨班、讲习班、教师进修班等。② 同时，国家对建设一支坚强的马克思主义理论队伍和思想政治工作队伍给予了政策支持，规定“从事学生思想政治教育的专职人员，是教师队伍的组成部分，应列入教师编制，实行教师职务聘任制”③。

“85方案”及相关政策的制定，体现了中央对思想政治理论课程建设的高度重视。马克思主义理论教育被当作社会主义教育的根本任务，高校的党政领导要把搞好马克思主义理论教育作为自己的重要职责，“学校要指定一名具有马

---

① 教育部社会科学司：《普通高校思想政治理论课文献选编(1949—2008)》，中国人民大学出版社2008年版，第124页。

② 教育部社会科学司：《普通高校思想政治理论课文献选编(1949—2008)》，中国人民大学出版社2008年版，第120页。

③ 教育部社会科学司：《普通高校思想政治理论课文献选编(1949—2008)》，中国人民大学出版社2008年版，第126页。

克思主义理论修养和懂得教育规律的党委书记或校长主管理论教育工作”①。在中央主抓之下，马克思主义理论课程的课程体系建设在管理、教学、研究等各个方面都更加规范化。“85方案”启动了课程体系的全面改革，进一步明确了思想政治理论课程建设的重要地位和当前任务。改革也充分地考虑到当时各高校开设新课程的难度，采用了先易后难、循序渐进的方式。到20世纪90年代初，在全国范围内原有的奠基性四门课程逐渐改革为“新四门”课程。

（二）“两课”课程体系的初步形成

新中国成立以来，高校思想政治理论课程一直以马克思主义理论教育为主。“85方案”对高校思想政治理论课程的全面改革，推动了课程体系建设的进一步发展。原国家教委在1987年下发的《关于高等学校思想教育课程建设的意见》，决定把“高等学校开设思想教育课程，作为经常性思想政治教育的一个组成部分”②。“形势与政策”“法律基础”“大学生思想修养”“人生哲理”“职业道德”五门思想教育课程开设起来。思想教育课程的设立标志着高校思想政治理论课程发展为马克思主义理论课与思想教育课这两课的结合。自此，高校思想政治理论课程的“两课”课程体系基本稳定下来。

“85方案”颁布之后，中央相继下发文件明确马克思主义理论课和思想教育课的课程定位以及“两课”之间的关系。首先，马克思主义理论课和思想教育课是统一的关系。1993年8月13日，《中共中央组织部、中共中央宣传部、国家教育委员会关于新形势下加强和改进高等学校党的建设和思想政治工作的若干意见》强调：“马克思主义理论课和思想政治教育课是学生思想政治教育的主渠道，是社会主义学校的本质特征之一。加强和改进‘两课’教育是摆在我们面前的一项紧迫任务。”③该文件要求对马克思主义理论课和思想政治教育课的建设并行推进，正式提出“两课”这一概念。1995年原国家教委下发的《关于高校马克思主义理论课和思想品德课教学改革的若干意见》对“两课”教育进行了整体定位：“高校‘两课’是高校思想理论教育的主要渠道和主要阵地，是每个大学生的必修课程，‘两课’教学为培养德、智、体等方面全面发展的社会主义事业

---

① 教育部社会科学司：《普通高校思想政治理论课文献选编（1949—2008）》，中国人民大学出版社2008年版，第144页。

② 教育部社会科学司：《普通高校思想政治理论课文献选编（1949—2008）》，中国人民大学出版社2008年版，第132页。

③ 教育部社会科学司：《普通高校思想政治理论课文献选编（1949—2008）》，中国人民大学出版社2008年版，第147～148页。

的建设者和接班人，发挥了不可替代的功能和重要的作用。”①“两课”是高校进行思想理论教育的主要途径，共同承担培育新一代青年的重要使命。其次，马克思主义理论课是思想教育课的基础。原国家教委《关于高等学校思想教育课程建设的意见》指出：“马克思主义理论课对学生进行系统的马克思主义理论教育，是思想教育的基础。”②思想教育课的建设必须坚持马克思主义的指导，课程教学必须以马克思主义为理论基础。思想教育课的设置和教学改革要与马克思主义理论课的改革联系起来。最后，思想教育课的设置是加强马克思主义理论教育的需要。马克思主义理论课“很难要求、也很难做到把学生的各种思想认识问题都包括进去，具体地加以解决。对学生应该进行个别的、深入细致的思想工作，但只靠个别思想工作也是不够的。几年来的实践经验证明，针对学生普遍关心的形势、政策、人生、理想、道德、民主、法制、纪律等方面的问题，有计划地开设一些思想教育课程，在时间上、制度上加以保证，是必要的”③。思想教育课的教学从学生的成长规律和思想实际出发，有针对性地解决学生关心的具体问题。

“两课”课程体系建设初期，由于思想教育课的建设还处于起步阶段，对课程的名称、内容、教学重点、教学任务等问题尚需进一步明确，如何在实际教学中将思想教育课与马克思主义理论课统一起来还需要深入研究。

(三)研究生思想政治理论课程建设的探索

早在1963年教育部就下发了《中华人民共和国教育部试行“关于高等学校研究生政治理论课的规定”(草案)的通知》，决定设置马克思列宁主义理论和思想政治教育报告作为研究生思想政治理论教育课程。但由于受到“文化大革命”的严重破坏，研究生思想政治理论课程的发展中断。研究生教育是高等教育的重要组成部分，是高级人才培养的重要步骤。研究生思想政治理论课程的教育教学，对提高硕士和博士研究生的思想修养与政治素养，对培养他们成为社会主义事业的合格建设者和可靠接班人有重要意义。

根据“85方案”中提出的“研究生阶段的思想理论教育，应当在大学本科的

---

① 教育部社会科学司：《普通高校思想政治理论课文献选编(1949—2008)》，中国人民大学出版社2008年版，第157页。

② 教育部社会科学司：《普通高校思想政治理论课文献选编(1949—2008)》，中国人民大学出版社2008年版，第132页。

③ 教育部社会科学司：《普通高校思想政治理论课文献选编(1949—2008)》，中国人民大学出版社2008年版，第132页。

基础上继续提高，并注意与专业学习适当地结合起来”①，1987 年 6 月《国家教育委员会关于高等学校研究生马克思主义理论课（公共课）教学的若干规定》正式下发。研究生的马克思主义理论课是要帮助研究生切实解决好根本的政治方向和政治原则问题，树立马克思主义世界观，并用以观察社会问题、分析社会思潮以及指导科学研究。针对所有硕士研究生开设“科学社会主义的理论与实践”（课内安排 36 学时），针对文科各专业的硕士研究生开设“马克思主义经典著作选读”（课内安排 70 学时），针对理工农医科各专业的硕士研究生开设“自然辩证法概论”（课内安排 54 学时）。针对文科各专业的博士研究生开设“马克思主义与当代社会思潮”，针对理工农医科各专业的博士研究生开设“现代科学技术革命与马克思主义”。研究生思想政治理论课程的教学方法继续贯彻理论联系实际的方针，强调以专题讲授的方式，采取启发式、研究式教学方法。在教学中教师要鼓励、指导研究生阅读马克思主义经典著作，引导他们通过讨论掌握马克思主义的方法和理论。博士研究生经过学习和研讨，可在教师的指导下根据马克思主义的基本观点，结合专业特点撰写课程论文。在课堂教学的同时，教师要鼓励研究生在接触社会实际的过程中学习和运用马克思主义。至此，高校研究生思想政治理论课程教学体系框架建立起来。

研究生课程体系的建设使高校思想政治理论课程设置趋于完善。随着高等教育水平的不断提高，国家对高层次人才思想认知能力的要求也不断提高。高校研究生思想政治理论课程教学体系的发展，是适应高校人才培养目标的本质要求。

第四节　“98 方案”思想政治理论课程的发展及特点

自“两课”教学体系初步设置以来，关于思想政治理论课程的进一步改进工作已经被提上日程。1998 年 6 月 10 日，中共中央宣传部、教育部下发《关于普通高等学校“两课”课程设置的规定及其实施工作的意见》，“98 方案”由此诞生。“98 方案”加大了思想政治理论课程建设的力度，推进了马克思主义中国化最新理论成果“进教材、进课堂、进头脑”的工作，是新世纪高校思想政治理论课程深化改革的重要部署。“98 方案”进一步规范了高校思想政治理论课程结构，优化了课程内容，改革了教学方法，使课程体系更加完备。

---

① 教育部社会科学司：《普通高校思想政治理论课文献选编（1949—2008）》，中国人民大学出版社 2008 年版，第 107 页。

一、"98 方案"制定的历史背景

"85 方案"颁布后，高校思想政治理论课程的课程体系逐渐建立，课程在教学内容和教学方法的改革上也取得了较好效果。与此同时，在"85 方案"实施的 13 年间，国际国内形势也发生了很大变化。党的十五大把邓小平理论确立为党的指导思想，明确规定中国共产党以马克思列宁主义、毛泽东思想、邓小平理论作为自己的行动指南。高校思想政治理论课程的教学工作也需要跟上时代的步伐。"98 方案"就是在这样的历史背景下出台的。

(一)建立社会主义市场经济体制的需要

1992 年邓小平南方谈话使改革开放进入了一个新的历史阶段，党的十四大提出的建立社会主义市场经济体制的目标进一步明确了改革的方向。随之而来的是各个领域深化改革工作的全面启动。基于社会主义市场经济体制建立过程中所产生的新变化以及青年学生在思想认知领域出现的新情况，1995 年 10 月原国家教委印发《关于高校马克思主义理论课和思想品德课教学改革的若干意见》，明确提出"'两课'教学需要深化改革"①。"建立社会主义市场经济体制和以公有制和按劳分配为主体，其他多种经济成分和分配方式并存的社会环境里，怎样帮助青年学生认清人类历史的走向和社会主义发展的前景，使他们确立坚定正确的政治方向，提高贯彻执行党的基本路线的自觉性；树立马克思主义的世界观、价值观、人生观，培养良好的道德品质，成为社会主义事业的建设者和接班人，这是'两课'教学需要研究解决的新情况和新问题。"②为适应社会主义市场经济体制建设的新要求，高校思想政治理论课程进入深化改革时期。

(二)贯彻落实马克思主义中国化最新理论成果的需要

马克思主义及其在中国的发展为中国人民的革命、建设和改革事业提供了科学的理论指导。马克思主义理论是发展着的理论，在改革开放和现代化建设的实践中，马克思主义理论与中国社会实践相结合，不断推进马克思主义理论

① 教育部社会科学司：《普通高校思想政治理论课文献选编(1949—2008)》，中国人民大学出版社 2008 年版，第 158 页。

② 教育部社会科学司：《普通高校思想政治理论课文献选编(1949—2008)》，中国人民大学出版社 2008 年版，第 158 页。

的新发展。理论源自实践，也指导着实践。中国社会主义现代化建设的伟大实践，孕育了理论的创新和发展。党的十五大确立邓小平理论为党的指导思想，指明邓小平理论是马克思主义在中国发展的新阶段。新的马克思主义中国化理论成果的产生和发展推动了全国学习马克思主义、毛泽东思想，特别是邓小平理论的新高潮。1995 年 10 月，原国家教委作出了"'两课'教学要以邓小平同志建设有中国特色社会主义理论为中心内容，进一步加强马克思主义教育"①的决定。根据党的十五大精神，1998 年 4 月《中共中央宣传部、教育部关于普通高等学校开设〈邓小平理论概论〉课的通知》正式下发，决定对"两课"课程设置进行调整，单独开设"邓小平理论概论"课程，并指出"当前最迫切的任务是要下大气力把邓小平理论编成教材，进入课堂，武装大学生的头脑"②。课程内容的调整意味着课程体系、教学内容、教学方法、师资队伍建设等全方面的改革，新课程方案的出台势在必行。

（三）新时期青年德育的本质要求

新时期，思想政治理论课程肩负着帮助青年学生在建设有中国特色社会主义的道路上确立人生信仰和远大理想的责任。社会主义市场经济体制下，青年学生容易受到资本主义生活方式和思想观念的影响而产生拜金主义、享乐主义、极端个人主义等思想。因此，在思想政治理论课程的教学中，教师要使学生有针对性地加强对马列主义、毛泽东思想和邓小平建设有中国特色社会主义理论的学习，加强对党的基本路线的理解，加强社会主义民主法制观念，树立以社会主义集体主义为核心的人生观和价值观。1995 年 11 月原国家教委颁布的《中国普通高等学校德育大纲》，对高等学校德育的目标、内容、原则、途径、考评、实施提出了具体的要求，构建了包括马克思列宁主义、毛泽东思想和邓小平建设有中国特色社会主义理论教育，爱国主义教育，党的路线方针政策和形势教育，民主、法制教育，人生观教育，道德品质教育，学风教育，劳动教育，审美教育，心理健康教育在内的德育体系。同时，该文件要求高校德育坚持社会主义方向，坚持以马克思主义为指导，抵制各种错误思潮的影响，从而确立了德育的方向性原则。《中国普通高等学校德育大纲》还指出马克思主义理论课和思想品德课是对学生系统进行思想政治教育的主渠道和基本环节，

---

① 教育部社会科学司：《普通高校思想政治理论课文献选编(1949—2008)》，中国人民大学出版社 2008 年版，第 158 页。

② 教育部社会科学司：《普通高校思想政治理论课文献选编(1949—2008)》，中国人民大学出版社 2008 年版，第 180 页。

是每个学生的必修课。马克思主义理论课应设置马克思主义基本原理课程、有中国特色社会主义建设课程、中国革命史论课程，思想品德课应设置思想道德修养课程、法律基础课程、形势与政策课程等。《中国普通高等学校德育大纲》的出台，是贯彻高校德育建设精神的需要。它也是对高校思想政治理论课程的课程体系深化改革的一个初步设计。

二、"98 方案"思想政治理论课程建设及发展演进

"98 方案"是在积极贯彻党的十五大精神，进一步解决好邓小平理论"进教材、进课堂、进学生头脑"这一主要任务的要求下形成的。它标志着高校思想政治理论课程新一轮改革的开始。课程的改革着眼于引导和帮助学生掌握马克思主义的立场、观点、方法，确立建设有中国特色社会主义的共同理想，树立正确的世界观、价值观和人生观。

(一)课程设置的改革和发展

"98 方案"对课程设置进行了全面系统的改革，规划了专科、本科、研究生课程的开设方案和内容。"98 方案"最中心的内容是加强了邓小平理论的教学安排，在专科和本科的教学中专门开设"邓小平理论概论"课程，回答学生在改革开放历史进程中最关注的理论问题和实践问题。

课程设置的具体调整包含三个层次。在专科的课程设置中，二年制专科的马克思主义理论课开设"马克思主义哲学原理""邓小平理论概论"两门，三年制专科的马克思主义理论课开设"马克思主义哲学原理""毛泽东思想概论""邓小平理论概论"三门。二年制、三年制专科的思想品德课均开设"思想道德修养"和"法律基础"。本科的马克思主义理论课设置为："马克思主义哲学原理"、"马克思主义政治经济学原理"、"毛泽东思想概论"、"邓小平理论概论"、"当代世界经济与政治"(文科类开设)。本科的思想品德课包括"思想道德修养"和"法律基础"。原来的"职业道德"课程除师范、医学等特殊专业要作为专业基础课纳入教学计划外，其他专业可以作为选修课或是作为"思想道德修养"课的一部分安排教学。硕士研究生的马克思主义理论课包括"科学社会主义理论与实践"、"自然辩证法概论"(理工类开设)、"马克思主义经典著作选读"(文科类开设)。博士研究生的马克思主义理论课包括"现代科学技术革命与马克思主义"(理工类开设)、"马克思主义与当代社会思潮"(文科类开设)。同时，"98 方案"还规定对各层次各科类学生都要开设"形势与政策"，课程列入教学计划，实行学年考核，纳入学籍管理。

在“98方案”实施的过程中，教育主管部门积极部署，真抓落实，强调切实提高教学质量，课程的设置也进一步发展完善。2002年党的十六大召开，“三个代表”重要思想与马克思列宁主义、毛泽东思想和邓小平理论一道确立为党必须长期坚持的指导思想。为了进一步推动“三个代表”重要思想进教材、进课堂、进学生头脑，2003年2月12日《教育部关于进一步深化“三个代表”重要思想“三进”工作的通知》下发，将“邓小平理论概论”调整为“邓小平理论和‘三个代表’重要思想概论”，要求各高校在2003年秋季普遍开设这门课程，并提出要开始组织课程教材编写和教师培训两项工作。

自“98方案”实施以来，在高校思想政治理论课程建设中，马克思主义最新理论成果的教育工作被着力加强。课程设置体现了时代发展的要求，课程体系建设则更趋系统化和科学化。

(二)课程内容的进一步规范

“98方案”对马克思主义理论课和思想品德课各门课程的教学目的和基本内容进行了规定。

“马克思主义哲学原理”主要是进行辩证唯物主义和历史唯物主义基本原理的教育，使学生学习毛泽东和邓小平哲学思想，帮助学生掌握马克思主义的科学世界观和方法论，培养分析和解决实际问题的能力，树立正确的世界观、价值观和人生观。

“马克思主义政治经济学原理”主要是进行马克思主义政治经济学关于资本主义部分基本原理的教育，帮助学生理解资本主义经济制度的实质和基本矛盾，懂得资本主义产生、发展和必然为社会主义所代替的历史规律，了解资本主义在当代的新变化、新特点及其国际经济关系，认清当代世界发展的历史趋势，坚定社会主义理想信念。

“毛泽东思想概论”主要是进行毛泽东思想基本原理的教育，帮助学生理解毛泽东思想是马列主义同中国实际相结合的第一次历史性飞跃的伟大成果，使学生掌握毛泽东思想的主要内容和活的灵魂，懂得中国近现代社会历史发展和革命运动的规律，认清只有在中国共产党的领导下，坚持社会主义道路，才能救中国和发展中国。

“邓小平理论概论”主要是进行建设有中国特色社会主义理论与实践的教育，帮助学生理解邓小平理论是马克思主义同当代中国实际和时代特征相结合的产物，是毛泽东思想的继承和发展，是马克思主义在中国发展的新阶段。掌握邓小平理论的科学体系和精神实质，重点要搞清楚什么是社会主义、怎样建设社会主义这些根本问题。这门课程要让学生认识社会主义的本质和社会主义建设的规律，认识我国现在处于并将长期处于社会主义初级阶段的基本国情，从而增强高举邓小平理论伟大旗帜，执行党的基本路线和基本纲领的自觉性和坚定性。

“当代世界经济与政治”主要是进行马克思主义关于当代世界经济政治和国际关系的基本观点教育，帮助学生理解邓小平对当今时代特征和国际形势发展态势的科学判断，认清霸权主义和强权政治的实质，掌握我国的外交政策，正确理解并拥护党和国家的国际战略。

“思想道德修养”主要是进行以为人民服务为核心、以集体主义为原则的社会主义道德教育，以及优秀的中国传统道德和革命传统教育，培养学生高尚的理想情操和良好的道德品质，使学生自觉遵守体现中华民族特色和时代精神的社会主义价值标准和道德规范。

“法律基础”主要是进行社会主义法制教育，帮助学生掌握马克思主义法学的基本观点，了解宪法和有关专门法的基本精神和规定，增强社会主义法制观念和法律意识。

“形势与政策”主要是帮助学生全面正确地认识党和国家面临的形势和任务，使学生拥护党的路线、方针和政策，增强实现改革开放和社会主义现代化建设宏伟目标的信心和社会责任感。①

教学内容的改革以马克思主义中国化最新理论成果为中心，体现了思想政治理论课程的与时俱进，也逐步完善了课程体系。从新的课程结构和课程内容来看，每门课程有其独特的课程定位，以不同的方式培育学生的理论修养和思想素质，而同时各门课程的教学内容又相互联系、相辅相成，共同致力于帮助学生树立科学的世界观、价值观和人生观。

（三）“两课”教师队伍的建设

思想政治理论课教师承载着对学生进行世界观、价值观和人生观教育的重要责任，需要具备过硬的政治素养和业务能力。“98 方案”课程设置和教学内容的改革也对高校思想政治理论课教师提出了更高要求。特别是该方案对马克思主义中国化最新理论成果教学的强调，势必要求教师提升自身对理论的学习、掌握和运用的能力。1999 年 12 月，《教育部、国务院学位委员会关于开展高等

---

① 教育部社会科学司：《普通高校思想政治理论课文献选编(1949—2008)》，中国人民大学出版社 2008 年版，第 184～185 页。

学校“两课”教师在职攻读硕士学位工作的通知》颁布，以全面提高高校“两课”教师思想政治素质及业务能力、教学能力为中心，以培养中青年学科带头人和骨干教师为重点，明确在1999—2004年，“使3500名左右在任‘两课’专职教师通过在职学习的方式，获得硕士学位”①。从事“两课”专职教学3年及以上，政治素养较好，热爱“两课”工作，具有一定教学能力和科研能力，有学士学位，年龄一般在40岁以下的“两课”教师可报名并参加统一入学考试。中国人民大学、清华大学、武汉大学、中山大学、东北师范大学、南京师范大学、北京大学、复旦大学、南开大学、上海交通大学、华东师范大学、浙江大学、西安交通大学、西南师范大学14所高校被批准为培养学校。② 此文件还明确了加强“两课”教师在职攻读学位的领导工作，要求各地教育行政部门作好实施规划，承担在职攻读硕士学位培养任务的学校要把这项工作列入学校工作的重要日程，严格教学管理，确保教学质量。

“两课”教师在职攻读硕士学位的推行，使高校思想政治理论课程教师队伍整体的学位水平得到了提升。关于在职攻读硕士学位，在课程设置上，有按“马克思主义理论教育”和“思想政治教育”专业分别开设的研究方向课，这大大提高了“两课”教师的理论水平和专业能力，为全面提高“两课”的教学工作奠定了基础。同时，“两课”骨干教师的培训工作也逐步得到开展，更多的“两课”教师参与学习培训，提升了对课程教学的理解和掌握。“98方案”实施过程中，加强学科建设以培养“两课”师资力量，促进课程教学质量的整体提升，也被高度重视起来。

三、“98方案”思想政治理论课程建设的基本特点

“98方案”对高校思想政治理论课程的深化改革，突出了马克思主义最新理论成果的教学工作，加强了管理体制建设，全面完善了课程体系，科学规划了教学内容，提出了提高教学实效性的要求。

(一)马克思主义中国化最新理论成果为中心内容

“98方案”课程体系改革的一个主要特点是深入贯彻落实邓小平理论的教学

---

① 教育部社会科学司：《普通高校思想政治理论课文献选编(1949—2008)》，中国人民大学出版社2008年版，第187页。

② 教育部社会科学司：《普通高校思想政治理论课文献选编(1949—2008)》，中国人民大学出版社2008年版，第188页。

工作。在课程设置上，“邓小平理论概论”使学生深刻理解邓小平理论是马克思主义同当代中国实际和时代特征相结合的产物，掌握邓小平理论的科学体系和精神实质，充分认识我国改革开放和社会主义现代化建设的根本任务。同时，其他思想政治理论课程也强调了邓小平理论的教学内容。“马克思主义哲学原理”加强了邓小平哲学思想的教学；“当代世界经济与政治”加强了邓小平国际国内形势科学判断的教学；“法律基础”加强了邓小平民主法治理论的教学；等等。从整个课程建设来看，邓小平理论的教学工作得到了全面的突出。

在党中央的高度重视下，邓小平理论教育教学工作取得了良好的进展。各类高校党政领导认真组织部署课程开设工作，有的还带头讲好第一堂课。各校教师在努力钻研教学内容，深入开展理论学习和研究的同时，认真探讨了教学方法的改革和创新。这些工作使邓小平理论教育教学不但在课堂上取得了良好的效果，而且通过“第二课堂”、社会实践和课外活动等形式得到进一步的拓展和加强。

2003 年，教育部部署“三个代表”重要思想“进教材、进课堂、进学生头脑”工作，课程体系进一步调整。用邓小平理论和“三个代表”重要思想教学武装大学生是党中央作出的重大决策，体现了马克思主义理论与时俱进的品格，满足了青年学生成长中的理论需求。

(二)高校思想政治理论课程管理体制改革逐步推进

“85 方案”实施以来，原国家教委逐步把高校思想政治理论课程的一些管理权限交给各个省级教育主管部门。“98 方案”在此基础上，进一步加强对“两课”教学的领导，稳步推进课程管理体制的改革。1996 年 3 月，全国高校“两课”管理工作座谈会在广东广州召开，会议提出“选择条件较好的省(区、市)进行试点，建立、健全法规，逐步过渡到国家教委和省两级管理，以省为主的体制。国家教委要转变职能，主要是进行宏观管理和指导，制定教学、科研、学科建设和教师队伍建设等方面的有关法规，制定‘两课’教学内容、教学要求、课程设置方面的国家标准(含学时规定)，组织编写示范性教材等等，并尽快建立相应的教学指导机构；各省(区、市)教育党政主管部门要在本地区教学管理、教学改革、教材管理与建设、科学研究、师资队伍建设方面担负领导职责，加强规划、管理、监督和评估等工作，与此相适应，各省(区、市)教育党政主管部门应当加强有关机构建设，完善管理体制，同时要进一步健全和完善党委领导下的校长及行政系统实施为主的管理体制，以保证‘两课’教改不断深化”①。为了加强原国家教委对“两课”教学的宏观管理，1997年12月原国家教委普通高等学校马克思主义理论课和思想品德课教学指导委员会成立。该委员会是在原国家教委领导下，对高等学校“两课”教学工作进行研究、咨询、评价和指导的专家组织。从管理层面上，它规定了各级教育行政部门的职责和承担的任务，对落实课程改革起到了重要作用。

在管理体制改革的过程中，“两课”教学管理机构也实现了整合。以往的马克思主义理论课和思想品德课由于建设进程和承担任务的区别，长期由原国家教委社科司和思政司分别管理。1998年3月，新一届国务院机构改革方案通过，原国家教委更名为教育部。教育部在机构改革中组建了社会科学研究与思想政治工作司。“新的社会科学研究与思想政治工作司专设思想理论教育处，对高校的‘两课’教育教学进行管理”②，逐步进行马克思主义理论课与思想品德课的整体性建设，使“两课”实现了功能互补、结构统一的课程体系构建。社会科学研究与思想政治工作司的建立加强了“两课”管理上的综合效能，有利于把教学实践与教学中涉及重大理论问题的研究结合起来，也有利于将高校理论队伍建设和思想政治工作队伍建设结合起来。③

(三)高校思想政治理论课程课程体系系统性发展

“98方案”课程建设的重要变革还体现在课程体系建设的系统性发展上。各门课程在统一完整的课程体系之下，具有清晰的逻辑结构和各自的职责。每门课程既不可替代，又统一于课程建设的根本任务之中。

新的课程设置包含了三个层面的结构体系：第一，以马克思主义基本原理教育为主要内容的课程设置，其中包含“马克思主义哲学原理”“马克思主义政治经济学原理”；第二，以马克思主义与中国具体实际相结合，即马克思主义中国化过程中产生的两次历史性飞跃为主要内容的课程设置，也就是“毛泽东思想概论”“邓小平理论概论”；第三，以运用马克思主义的立场、观点和方法，认识和改造世界为主要内容的课程设置，其中包括“当代世界经济与政治”“思

---

① 教育部社会科学司：《普通高校思想政治理论课文献选编(1949—2008)》，中国人民大学出版社2008年版，第172页。

② 顾海良：《高质量地全面实施“两课”课程新方案》，载《中国高等教育》，1999年第20期。

③ 顾海良：《加强“两课”建设，发挥思想理论教育的主渠道和主阵地作用》，载《思想理论教育导刊》，1999年第1期。

想道德修养”“法律基础”。[1] 三者密切联系、有机配合，形成一个整体。新的课程体系绝不只是对原有的一些课程作名称的调整，而是对课程的教学目的、内容和整体布局作重大改革，课程有着内在的严密逻辑和科学体系。

课程体系表现出四个突出的特点：第一，体现了学习马克思主义要以学习当代中国的马克思主义为中心内容的指导思想；第二，体现了马克思列宁主义、毛泽东思想、邓小平理论是一脉相承的科学体系；第三，体现了必须准确、完整地把握马克思主义的基本原理的要求；第四，体现了以解决学生的思想实际问题，帮助学生树立正确的世界观、价值观和人生观为根本目标。[2]“98 方案”的课程调整强调了理论和实践统一的重要性，充分结合了改革开放和社会主义现代化建设的新形势，进一步完善了思想政治理论课程的课程体系和高校思想政治教育的方法途径。

（四）改革教学方法以提高课程教学的实效性

邓小平理论的“进教材、进课堂、进学生头脑”工作，最终的目的是“进学生头脑”，使大学生树立正确的世界观、价值观和人生观，培养大学生为建设有中国特色社会主义而奋斗的理想。在思想政治理论课程建设过程中，课程教学的实效性得到了高度的重视。

“98 方案”提出认真贯彻“学马列要精，要管用”的原则，要求大力推动“两课”教学方法改革，“积极采用读书、讲课、研讨和运用相结合的方式进行教学”[3]，着力提高教学效果。在课堂教学上，“98 方案”大力提倡参与式教学，鼓励教师采用多种方法引导学生参与到课程教学过程中。同时，它强调理论教学与实践运用的结合。在保证课堂教学的前提下，教师要加强对课外实践教学、社会考察和社会调研等教学方式的探索。教学方法改革对教师也提出了更高的要求，除了要加强自身的专业能力和教学能力之外，教师还要全方面地研究学生，了解学生，掌握学生的思想动态，并在教学中给予有效的回应。

随着科学水平的发展，一些先进的技术手段在思想政治理论课程的教学中得到了应用。在“98 方案”实施的过程中，多媒体技术在高校思想政治理论课程中的应用经历了一个从无到有的过程。多媒体教学的直观性和便捷性得到了学

---

① 顾海良：《加强“两课”建设，发挥思想理论教育的主渠道和主阵地作用》，载《思想理论教育导刊》，1999 年第 1 期。

② 顾海良等：《高校思想政治理论课程建设研究》，经济科学出版社 2009 年版，第 87 页。

③ 教育部社会科学司：《普通高校思想政治理论课文献选编(1949—2008)》，中国人民大学出版社 2008 年版，第 185 页。

生和教师的广泛欢迎，特别是多媒体教学与案例式教学的结合，更加生动地展现了教学内容，提高了学生对课程学习的兴趣。这一时期，新科学技术手段在课程中的应用虽然还处于初步发展阶段，但其对教学观念和教学模式的变革已经产生了深刻影响。

四、新世纪思想政治理论课程的调整与“05 方案”的形成

党的十六大高举邓小平理论伟大旗帜，全面贯彻“三个代表”重要思想，开创了中国特色社会主义事业新局面。在全面建设小康社会时期，加强和改进大学生思想政治教育是一项重大而紧迫的战略任务。面对纷繁复杂的国际国内形势，青年学生思想活动的独立性、多变性和差异性明显增强，这对他们的成长有积极的一面，但也可能造成一些人信仰上的迷茫和价值观上的错位。思想政治教育工作面临新的形势和挑战。

2004 年 8 月，中共中央、国务院发布了《关于进一步加强和改进大学生思想政治教育的意见》，提出“加强和改进大学生思想政治教育的指导思想是：坚持以马克思列宁主义、毛泽东思想、邓小平理论和‘三个代表’重要思想为指导，深入贯彻党的十六大精神，全面落实党的教育方针，紧密结合全面建设小康社会的实际，以理想信念教育为核心，以爱国主义教育为重点，以思想道德建设为基础，以大学生全面发展为目标，解放思想、实事求是、与时俱进，坚持以人为本，贴近实际、贴近生活、贴近学生，努力提高思想政治教育的针对性、实效性和吸引力、感染力，培养德智体美全面发展的社会主义合格建设者和可靠接班人”①。2005 年 2 月，《中共中央宣传部 教育部关于进一步加强和改进高等学校思想政治理论课的意见》颁布，指出了新形势下加强和改进高等学校思想政治理论课程的重要性，提出了课程改革的指导思想和总体要求。为贯彻这一文件的精神，充分发挥高等学校思想政治理论课程在大学生思想政治教育中的主渠道作用，2005 年 3 月，中共中央宣传部、教育部印发了《〈中共中央宣传部 教育部关于进一步加强和改进高等学校思想政治理论课的意见〉实施方案》，对课程结构和教学内容进行了重新规划，形成了高校思想政治理论课程教学的新方案，即“05 方案”。

“05 方案”课程体系改革，响应中央坚持育人为本、德育为先的教育原则，从青年学生成长特点和需求出发，以加强思想政治理论课程实效性为目标，对

① 教育部社会科学司：《普通高校思想政治理论课文献选编(1949—2008)》，中国人民大学出版社 2008 年版，第 203 页。

课程结构、教材体系、学科建设、教师培育、教学方法等多方面进行综合性的改革创新，力求打造大学生真心喜爱、终身受益的优秀课程。高校思想政治理论课程建设进入了全新时期。

思考题：

1. 阐述新中国成立初期思想政治教育奠基性四门课程确立的过程。
2. “78 方案”思想政治理论课程建设有哪些主要内容？
3. 阐述“两课”课程体系的建立以及“两课”的相互关系。
4. 阐述“两课”教师队伍建设的主要措施。
5. “98 方案”思想政治理论课程建设呈现出哪些基本特点？

第三章　高校思想政治理论课程“05方案”课程体系的规范与完善

高校思想政治理论课程“05方案”的实施，是新时期党和国家加强高校思想政治理论课程建设的一个重大举措。“05方案”由中央主导，构建了学科、教材、师资、课程协同推进的思想政治理论教育模式，形成了专科、本科、研究生多个层次相贯通的课程体系。每一体系由一个课程群组成，任务不同但目标一致，体现出课程体系的整体性、教育内容的互补性、教育主题的贯通性等特征。正如习近平指出的，“青年一代有理想、有本领、有担当，国家就有前途，民族就有希望”①。“05方案”自确立以来，以开放的姿态不断随着改革开放和党的理论创新而发展完善，经过10余年的实践积累了丰富的经验，对进一步推进高校思想政治理论课程教学，全面提升青年学生的思想政治素质具有重要的意义。

第一节　高校思想政治理论课程“05方案”课程体系的构成

从“05方案”构建到“10方案”最终完成的高校思想政治理论课程课程体系，是一个涵盖了专科、本科、硕士和博士的公共政治理论课程课程体系群。总体上看，不同层次的课程共同构筑了中国高等教育中公共政治理论课程的课程体系，它们相互衔接，层层递进，目标一致；具体地看，每一个层次的课程又是一个独立完整的课程体系，由不同的必修课、选修课构成，分别承担着对专科生、本科生、硕士生、博士生进行马克思主义理论教育与思想政治教育的任务。

---

①　习近平：《决胜全面建成小康社会　夺取新时代中国特色社会主义伟大胜利——在中国共产党第十九次全国代表大会上的报告》，人民出版社2017年版，第70页。

一、本科层次的思想政治理论课程课程体系

按照“05 方案”，本科层次的思想政治理论课程由四门必修课构成，即“马克思主义基本原理”(简称“原理”，3 学分)、“毛泽东思想、邓小平理论和‘三个代表’重要思想概论”(简称“概论”，6 学分)、“中国近现代史纲要”(简称“纲要”，2 学分)、“思想道德修养与法律基础”(简称“基础”，3 学分)，另外开设“形势与政策”(2 学分)和“当代世界经济与政治”等选修课。党的十七大以后，“概论”改称“毛泽东思想和中国特色社会主义理论体系概论”，“形势与政策”改为必修课，现行的本科思想政治理论课程课程体系由此形成。

(一)“马克思主义基本原理”

根据“05 方案”，“马克思主义基本原理”着重讲授马克思主义的世界观和方法论，帮助大学生从整体上把握马克思主义，正确认识人类社会发展的基本规律。这一要求内在地包含了三个重大问题：一是什么是马克思主义，怎样从总体上把握马克思主义；二是如何突出马克思主义的世界观和方法论；三是如何正确认识人类社会的发展规律。从解决这三个重大问题入手，中宣部、教育部组织马克思主义理论研究和建设工程专家编写了《马克思主义基本原理概论》，确立了“马克思主义基本原理概论”课的基本内容。

首先，什么是马克思主义，怎样从总体上把握马克思主义，构成全书的理论基础。“原理”从始至终都在讲“什么是马克思主义”的问题。从狭义上说，马克思主义即马克思恩格斯创立的基本理论、基本观点和学说体系；从广义上说，马克思主义不仅指马克思恩格斯创立的基本理论、基本观点和学说体系，而且包括后人对它的发展，即发展了的马克思主义。作为中国共产党和社会主义事业指导思想的马克思主义，是从广义上理解的马克思主义。它既包括由马克思恩格斯创立的马克思主义的基本观点、基本方法和学说体系，也包括经列宁继承和发展的列宁主义，以及由毛泽东、邓小平、江泽民、胡锦涛、习近平等为主要代表的中国共产党人将其与中国具体实际相结合，进一步丰富和发展了的马克思主义，即中国化的马克思主义。“原理”对马克思主义整体性的理解由四大支点构成：第一，辩证唯物主义和历史唯物主义是马克思主义最根本的世界观和方法论；第二，马克思主义政党最鲜明的政治立场就是致力于实现无产阶级和广大人民的根本利益；第三，坚持一切从实际出发，理论联系实际，实事求是，在实践中检验真理和发展真理的与时俱进的理论品质；第四，实现共产主义，是马克思主义最崇高的社会理想。这样的内容安排既涵括了马克思

主义哲学、政治经济学和科学社会主义三个组成部分的基本原理；又不局限于三个组成部分，特别是避免把马克思主义哲学、政治经济学和科学社会主义的内容简单机械地相加，而是从逻辑贯通的总体上阐述马克思主义的最基本原理和方法。

其次，辩证唯物主义和历史唯物主义的科学的世界观和方法论是全书的重点内容。作为马克思主义最根本的世界观和方法论的辩证唯物主义和历史唯物主义，由辩证的唯物论、唯物的辩证法、辩证唯物主义认识论、唯物主义历史观、资本主义论和社会主义论等内容构成。它具体包括唯物的观点，辩证的观点，实践的观点，实事求是的观点，生产力是最革命的因素的观点，生产关系一定要适应生产力发展要求、上层建筑一定要适应经济基础发展要求的观点，人民群众的观点，阶级的观点，资本主义必然被社会主义代替的观点，等等。

最后，贯穿“原理”主线的是马克思主义揭示的人类社会发展规律。马克思恩格斯在分析资本主义社会中，进一步丰富了辩证唯物主义和历史唯物主义，同时又发现了剩余价值学说，揭开了资本家阶级剥削雇佣工人的秘密，从人类社会基本矛盾运行规律的客观角度揭示了资本主义社会为共产主义(第一阶段是社会主义)社会所代替的历史必然性，从而为工人阶级认识世界和改造世界提供了锐利的思想武器。特别是“共产主义是人类最崇高的社会理想”这部分内容，在课程内容体系中的地位不容忽视，它对于大学生掌握马克思主义经典作家预见未来社会的科学立场和方法，树立建设中国特色社会主义的共同理想和最终实现共产主义的远大理想具有重要作用。

(二)“毛泽东思想和中国特色社会主义理论体系概论”

依据“05 方案”，“毛泽东思想、邓小平理论和‘三个代表’重要思想概论”，着重讲授中国共产党把马克思主义基本原理与中国实际相结合的历史进程，充分反映马克思主义中国化的理论成果，帮助学生系统掌握毛泽东思想、邓小平理论和“三个代表”重要思想基本原理，使学生坚定在党的领导下走中国特色社会主义道路的理想信念。党的十七大后，课程改为“毛泽东思想和中国特色社会主义理论体系概论”，教学内容和重点也相应地进行了调整，体现马克思主义与中国实际相结合第二次历史性飞跃的新的理论成果。

按照“05 方案”的实现目标和当代中国马克思主义的创新发展，“概论”以中国化的马克思主义为主题，以马克思主义中国化为主线，以中国特色社会主义建设为重点，结合我们党领导人民在中国特色革命道路、社会主义改造道路和社会主义建设道路上探索的历史进程和基本经验，构建了该课程的基本内容。

首先，马克思主义中国化的历程、理论成果和精髓。一是马克思主义中国化的历程和理论成果。在分析马克思主义中国化问题的提出和马克思主义中国化的含义、意义的基础上，课程分别阐述马克思主义中国化的理论成果，即毛泽东思想、邓小平理论、“三个代表”重要思想、科学发展观等，使大学生能够在总体上把握课程的体系和基本内容。二是马克思主义中国化的精髓，主要涉及党的思想路线的内容。这包括一切从实际出发，理论联系实际，实事求是，在实践中检验真理和发现真理。设置这一课程内容的目的是使大学生把思想统一到解放思想、实事求是、与时俱进的思想路线上来，加深对“无论革命、建设、改革，都要走中国自己的路，都要不断地推进理论创新”这一观点的理解。

其次，马克思主义中国化第一次历史性飞跃的理论成果——毛泽东思想，主要包括能够体现道路选择的新民主主义理论和社会主义改造理论。新民主主义革命理论，通过分析新民主主义革命理论的形成、新民主主义革命的总路线和基本纲领、新民主主义的革命道路和基本经验，阐明如何把马克思主义与中国革命实际相结合，从而找到半殖民地半封建国家通向社会主义的道路。社会主义改造理论，通过介绍新民主主义向社会主义的转变、社会主义的改造道路和历史经验、社会主义制度在中国的确立，阐明中国特色社会主义革命道路的历史贡献和确立社会主义制度的伟大意义。

再次，中国特色社会主义建设当中的三个基本问题，包括社会主义本质和根本任务的理论、社会主义初级阶段的理论、社会主义改革和对外开放的理论。设置这一课程内容，旨在使大学生对中国特色社会主义这样一个重大的问题，有一个总体上的把握和思考。

最后，中国特色社会主义的总体布局，包括建设中国特色社会主义经济、建设中国特色社会主义政治、建设中国特色社会主义文化、建设中国特色社会主义和谐社会，新修订的教材又增加了社会主义生态文明建设的内容。这几个方面是中国特色社会主义最基本的内容，是中国特色的具体体现。课程内容可以使大学生从总体上理解中国特色社会主义理论体系关于中国特色社会主义“五位一体”的基本内容。

此外，课程还包括国家统一和外交的战略，以及中国特色社会主义事业的依靠力量和领导核心这两部分内容。

(三)“中国近现代史纲要”

“中国近现代史纲要”，主要讲授中国近代以来抵御外来侵略、争取民族独立、推翻反动统治、实现人民解放和探索中国社会主义建设的曲折中走向改革开放的历史，帮助大学生了解国史国情，深刻领会历史和人民是怎样选择了马克思主义，选择了中国共产党，选择了社会主义道路，选择了改革开放。

依据“05方案”的要求，“纲要”要使大学生了解帝国主义入侵中国及其与中国封建势力相结合给中华民族和中国人民带来的深重苦难，了解近代中国面临的争取民族独立和人民解放、实现国家富强即现代化这两项历史任务。“纲要”要使大学生了解近代以来中国的先进分子和人民群众为救亡图存而进行艰苦探索、顽强奋斗的历程及经验教训；认识历史和人民选择马克思主义、选择中国共产党、选择社会主义、选择改革开放的历史必然性，进一步增强拥护党的领导和接受马克思主义指导的自觉性。为了实现这样的教育目标，“纲要”重新划定近代、现代的历史分期，确立了从鸦片战争开始的近现代史教学内容。

首先，从鸦片战争到五四运动前夜(1840—1919年)。这个时期，中国处于半殖民地半封建社会，中国人民进行的反对外国侵略者和本国封建统治者的斗争，开始主要是单纯的农民战争，其后主要是资产阶级领导的旧民主主义革命。“纲要”就这一时期的历史设置了三部分教学内容。一是“外国侵略与反侵略斗争”，主要说明帝国主义的入侵究竟给中国带来了什么，中国为什么必须进行反对外国侵略的斗争；说明中国人民反侵略斗争的意义和经验教训。二是“对国家出路的早期探索”，主要说明无论单纯的农民战争、地主阶级的洋务新政，还是资产阶级的维新运动，都不能为实现中国的独立和富强真正指明出路。三是“辛亥革命和封建帝制终结”，主要说明中国进行革命的必要性、正义性和进步性，辛亥革命与近代中国历史性巨变的关系；同时说明资产阶级领导的旧民主主义革命仍然解决不了中国的独立和富强的问题，它不能不让位给无产阶级领导的新民主主义革命。总之，这个时期的经验教训，为之后中国人民选择马克思主义、选择中国共产党提供了历史的根据。

其次，从五四运动到新民主主义革命胜利(1919—1949年)。这个时期，中国社会仍然是半殖民地半封建的性质，但是，中国人民进行的反帝反封建斗争已经是无产阶级领导的新民主主义革命了。“纲要”就这一时期的历史设置了四部分教学内容。一是“开天辟地的大事变”，主要说明中国的先进分子怎样经过艰苦求索，选择了马克思主义；说明中国共产党的成立，是中国社会发展和革命发展的客观要求；说明中国共产党一经成立，就使中国革命展现出了新面貌。二是“中国革命的新道路”，主要通过叙述中国共产党人对中国革命道路的探索，说明党要领导人民赢得斗争的胜利，必须使马克思主义中国化；通过叙述中国革命在探索中曲折前进的历程，说明坚持解放思想、实事求是的思想路线的极端重要性。三是“中华民族的抗日战争”，主要论述中国人民反对外国侵略赢得胜利的历史经验，说明中国共产党是全民族抗战的中流砥柱。四是“为新中国而奋斗”，主要说明中国共产党领导人民最终推翻反动统治的斗争及其基本经验；说明资产阶级共和国方案的破产和中国共产党领导的多党合作、政治协商格局的形成；说明中华人民共和国的成立和中国共产党执政地位的确立，是历史和人民的选择。

最后，从新中国成立到社会主义建设新时期(1949 年至今)。这个时期，中国从新民主主义过渡到了社会主义革命(社会主义改造)、建设和改革的伟大事业。“纲要”就这一时期的历史设置了三部分教学内容。一是“社会主义基本制度在中国的确立”，主要结合对社会主义改造历程的叙述，说明历史和人民怎样选择了社会主义制度，选择了走社会主义道路。二是“社会主义建设在探索中曲折发展”，主要通过叙述社会主义改造基本完成以后 20 年的历史发展，说明社会主义建设取得的重大成就和积累的经验教训。三是“改革开放与现代化建设新时期”，主要通过叙述改革开放的历史发展与现代化建设取得的巨大成就，说明在中国共产党的领导下坚持走中国特色社会主义道路对于实现中华民族伟大复兴的意义。

(四)“思想道德修养与法律基础”

“思想道德修养与法律基础”，主要进行社会主义道德教育和法治教育，帮助大学生增强社会主义法治观念、提高思想道德素质，解决大学生成长成才过程中遇到的实际问题。

依据“05 方案”的要求，“基础”以引导大学生学习和践行社会主义核心价值体系为主线；以大学生入学后的思想实际和大学生普遍关心的问题为切入点；以帮助大学生树立高尚的理想情操和养成良好的道德品质，提高思想道德素质，增强社会主义法治观念和法律意识，树立体现中华民族优秀传统和时代精神的价值标准和行为规范为重点；以把大学生培养和塑造为有理想、有道德、有文化、有纪律的社会主义合格建设者和可靠接班人为目标，把世界观、价值观、人生观、道德观和法治观教育贯穿到教材的各个章节的内容之中，并集中体现在思想教育、道德教育和法治教育三大板块。

首先，走向新生活。“基础”教材绪论部分的讲授，主要帮助大学生尽快认识大学生活的新特点，尽快适应人生新阶段，明确当代大学生的历史使命和成才目标，塑造当代大学生的崭新形象，并引导大学生学习和践行社会主义核心价值观，逐步认识到良好的思想道德素质和法律素质对于大学生成长成才的重要意义。这部分内容以大学生入学后的思想实际和大学生普遍关心的问题为教学大纲逻辑主线的起点，从大学生的成长起步，从大学生的成才着眼，体现了对大学生的关爱，符合思想道德教育规律和法律教育规律的要求，有助于增强课程的针对性、实效性。

其次，树立正确的价值观和人生观。一是对大学生进行理想信念教育，旨在使大学生树立崇高的理想信念，在建设中国特色社会主义和实现中华民族伟大复兴的实践中，成长为理想远大、信念坚定的社会主义合格建设者和可靠接班人。二是对大学生进行爱国主义教育，旨在引导大学生将弘扬以爱国主义为核心的民族精神、以改革创新为核心的时代精神与大学生成长成才紧密联系起来，在报效祖国、为国奉献中实现人生价值。三是对大学生进行人生价值观教育，旨在引导大学生领悟人生真谛、创造人生价值。

再次，加强道德修养。这一部分集中阐述道德观教育的有关问题。一是对大学生进行社会主义道德观教育，旨在帮助大学生认识社会主义道德的核心、原则、基本要求，认识公民基本道德规范，掌握提升道德修养的基本方法，在实践中形成良好道德品质。二是阐述社会主义道德观在公共生活、职业生活、家庭生活等主要社会生活领域中的具体要求或规定，有针对性地帮助大学生明确道德意识，促使其在社会生活中遵守最基本的道德规范。

最后，增强法律意识。这一部分主要对大学生进行法治观教育，旨在帮助大学生领会社会主义法律精神，认识社会主义法律制度，增强社会主义法治观念，培养自觉守法、积极用法、依法办事、依法治国的思维方式和行为习惯。

此外，“基础”教材还阐述了青年一代成长为社会主义“四有”新人的必要条件，激励大学生学习和践行社会主义核心价值体系，牢记党和人民的重托，自觉担负起时代的重任，努力成为理想远大、信念坚定的新一代，品德高尚、意志顽强的新一代，视野开阔、知识丰富的新一代，开拓进取、艰苦创业的新一代。

（五）“形势与政策”

根据“05方案”，对本科、专科学生都要开设“形势与政策”课，本科2学分，专科1学分。有关具体要求按照《中共中央宣传部 教育部关于进一步加强高等学校学生形势与政策教育的通知》规定执行。

形势与政策教育是思想政治教育的基本方式之一，也是高校思想政治理论课程的重要组成部分，是对学生进行形势与政策教育的主渠道、主阵地，是每个学生的必修课程，在大学生思想政治教育中担负着重要使命，具有不可替代的重要作用。新中国成立以后，我国就有在高校进行形势与政策教育的要求和做法。20 世纪 80 年代初，结合加强高校的思想品德课建设的要求，国家又提出进行形势与政策教育的问题。1987 年，原国家教委下发了《关于高等学校思想教育课程建设的意见》，规定在高校开设“形势与政策”课。1988 年 5 月，原国家教委又下发了《关于高等学校开设〈形势与政策〉课的实施意见》，对“形势与政策”课的教学内容、教学原则、教学安排、师资、教材、经费等，作出了相应的规定。1997 年，教育部决定进一步加强“形势与政策”课建设，每年在寒暑假培训“形势与政策”课骨干教师，每年印发两次“形势与政策”课教育教学要点。2004 年，《中共中央宣传部 教育部关于进一步加强高等学校学生形势与政策教育的通知》下发，对“形势与政策”课进一步作出一系列新的规定，使形势与政策教育从最初的不确定、不成熟、不完善，达到了今天比较确定、比较成熟和相对完善的状况。

形势与政策教育要坚持以马克思列宁主义、毛泽东思想、邓小平理论、“三个代表”重要思想、科学发展观、习近平新时代中国特色社会主义思想为指导，紧密结合中国特色社会主义事业建设的实际，针对学生关注的热点问题，针对学生的思想特点，帮助学生认清国内外形势，教育和引导学生全面准确地理解党的路线、方针和政策，坚定在中国共产党领导下走中国特色社会主义道路的信心和决心，积极投身改革开放和现代化建设伟大事业。

课程的基本内容根据新世纪新阶段面临的新情况新问题，加强形势与政策教育教学的针对性。当前和今后一个时期，课程要着重进行党的基本理论、基本路线、基本纲领和基本经验的教育；进行我国改革开放和社会主义现代化建设的形势、任务和发展成就的教育；进行党和国家重大方针政策、重大活动和重大改革措施的教育；进行当前国际形势与国际关系的状况和发展趋势以及我国的对外政策，世界重大事件以及我国政府的原则立场的教育；进行马克思主义形势观、政策观的教育。

为开设好这门课程，教育部根据中宣部关于形势与政策教育的部署，加强高等学校“形势与政策”课教材和教学资料的建设。教育部每年制定两期“形势与政策”课教育教学要点，于春、秋两季学期开学前印发给全国各地教育行政部门和高等学校，作为教学参考资料。教育部还组织编写制作及时反映国内外形势最新动态的《时事报告》(大学生版)和《时事》VCD 作为学生学习辅导资料，并把《时事报告》作为教师教学必备参考资料。

(六)“当代世界经济与政治”

“05 方案”实施后，“98 方案”中只对文科生开设的“当代世界经济与政治”

改为选修课。“05 方案”没有对该课程作相关说明，各高校基本上仍按 2003 年教育部社政司对“当代世界经济与政治”课的教学要求与说明进行授课。

该课程以第二次世界大战后的世界经济、政治与国际关系的发展变化为主线，对当代世界经济、世界政治、时代主题与国际秩序进行宏观概括和综合分析，对发达资本主义国家、发展中国家、社会主义国家等不同类型国家的经济、政治和对外战略进行分类介绍和分析，对中国的国际地位、对外战略思想以及对外关系进行重点分析。目的是对学生进行关于党对当今国际问题的重要论述和我国外交政策的教育，使学生能够正确地运用这些理论、观点和方法观察世界，了解和把握当代世界经济、世界政治与国际关系的演变、发展趋势、特点，以及面临的主要问题；了解和认识主要国际力量在世界经济、世界政治中的地位和作用以及它们的对外战略；了解和认识苏联、东欧国家兴衰存亡的经验教训；全面认识中国在外交上的战略、方针、政策，以及中国的国际地位和作用，树立为国家富强和民族振兴、为人类的共同繁荣与进步而奋斗的信念。

由于课时的限制，无法按照原来大纲和教材的内容讲授，各学校对教学内容进行了相应调整，目的在于更好地给大学生展现当今世界发展变化的主要方面，以利于他们对这个紧张、动荡、复杂、多变的国际社会有一个比较清晰的认识。教学内容主要包括：当代世界经济的发展变化与基本趋势、当代世界政治的发展变化与基本趋势、当今时代主题与建立国际新秩序、战后发达资本主义国家的经济与政治、战后发展中国家的经济与政治、战后社会主义国家的经济与政治、独联体成员国与冷战后东欧国家的经济与政治、中国的对外关系及其在世界上的地位和作用。

二、研究生层次的思想政治理论课程课程体系

研究生层次的思想政治理论课程是根据“05 方案”的要求，在“05 方案”有效实施的基础上，于 2010 年最终确立的对研究生进行系统的马克思主义理论教育的公共理论课，旨在贯彻党的教育方针，培养德才兼备、全面发展的高层次创新人才。

(一)研究生思想政治理论课程“10 方案”的由来

新时期正式提出开设研究生思想政治理论课程的文件是 1987 年 6 月原国家教委颁布的《关于高等学校研究生马克思主义理论课(公共课)教学的若干规定》，即“87 方案”。这个方案提出，面向所有硕士研究生开设“科学社会主义的

理论与实践”(课内安排36学时)，此外，面向文科硕士研究生开设“马克思主义经典著作选读”(课内安排70学时)，面向理工农医科硕士研究生开设“自然辩证法概论”(课内安排54学时)。课程由两部分组成：学生自学该方案规定的马克思主义原著、科学社会主义理论文献，特别是党的十一届三中全会以来的重要文献；教师进行专题辅导讲授。就博士研究生而言，“87方案”提出，针对文科、理科开设不同的课程，面向文科各专业的博士研究生开设“马克思主义与当代社会思潮”，面向理工农医科各专业的博士研究生开设“现代科学技术革命与马克思主义”。它要求在学生自己学习马克思列宁主义有关原著和选读当代社会科学名著的基础上，进行专题研讨，并由教师进行专题讲授，其中教师讲授和集体讨论应不少于50学时。经过学习和研讨，在教师指导下，学生根据马克思主义基本观点，结合本专业的特点撰写一篇课程论文。“87方案”确立后，研究生思想政治理论课程设置相对稳定，没有随着本科“98方案”和“05方案”进行调整。20多年来，“87方案”在帮助研究生学习马克思主义基本原理，理解科学社会主义理论与实践，特别是掌握中国特色社会主义理论体系和建设实践方面起到了重要作用。

然而，20多年来，无论研究生的培养制度还是马克思主义创新发展的社会实际都发生了巨大的变化，对原有课程作出调整已经成为研究生培养，特别是研究生思想政治教育培养的现实要求。进入21世纪以来，中国特色社会主义事业进入新的发展阶段，研究生教育也进入了以提高人才培养质量为核心的发展阶段。研究生对于国家的各方面建设都有着直接的重要作用，对他们进行系统的马克思主义理论教育，特别是当代中国马克思主义理论教育更是十分必要。针对研究生，以对中国特色社会主义理论与实践的重大问题的研究为主题进行思想政治教育，能够满足培养高层次创新人才的新需要，有利于巩固马克思主义在意识形态领域的指导地位。从2005年开始，高校本科生思想政治理论课程的课程体系和教学内容进行了大调整，其中有些教学内容与研究生阶段的教学内容交叉重复，这就需要形成从本科生到研究生的思想政治理论课程系统的、相互衔接的新课程体系，以达到思想政治理论教育的螺旋式上升，以适应“05方案”的整体需要。随着研究生教育的发展，一些学校的研究生学制从以往3年为主逐渐转变成2年为主，并且成为一种趋势。这样，从研究生培养方案到课程设置、培养过程，从教学内容到教学方法、学分安排等，都发生了显著变化。这就向研究生思想政治理论课程设置提出了要“精”也要“管用”的新要求，既要少占用课时，又能有效达到教育目标；既要少开设课程，又能体现马克思主义中国化的思想精髓和根本方法。

基于此，2010 年 8 月 6 日，《中共中央宣传部 教育部关于高等学校研究生思想政治理论课课程设置调整的意见》颁布，从必要性、原则、内容、工作安排、组织领导等方面对研究生思想政治理论课程的课程体系进行阐述，形成了针对硕士、博士研究生的“10 方案”的基本框架。到 2012 年，研究生思想政治理论课程的新课程体系全面推开，在全国各高校实行。

(二)硕士研究生的思想政治理论课程课程体系

按照新课程方案，硕士研究生开设一门必修课——“中国特色社会主义理论与实践研究”(2 学分，36 学时)；开设一门选修课，从“自然辩证法概论”“马克思主义与社会科学方法论”中任选一门。

1. **硕士研究生必修课——“中国特色社会主义理论与实践研究”**

方案规定，该课程主要是在当代世界和当代中国背景下，分专题研究和介绍当前中国特色社会主义实践中的重大问题，使学生深化和拓展本科阶段思想政治理论课程的学习，进一步掌握中国特色社会主义理论体系，坚定中国特色社会主义信念。

根据方案目标要求，在马克思主义理论研究和建设工程的有关领导和专家的指导下，《中国特色社会主义理论与实践研究》教学大纲被编写并出版，从而确立了研究生必修课讲授的具体内容和重点难点。

首先，中国特色社会主义理论与实践概述。课程的“导论”重点阐明什么是马克思主义、怎样对待马克思主义，建设什么样的社会主义、怎样建设社会主义，建设什么样的党、怎样建设党，实现什么样的发展、怎样发展等基本问题，进而分析理论体系、制度和道路以及统一于中国特色社会主义旗帜的“三位一体”关系。目的在于从整体上阐明什么是中国特色社会主义这一核心问题。

其次，当代中国的基本国情和发展实际。国情是一个常讲常新的问题，时代发展了，社会变迁了，国情也随着变化，这是中国特色社会主义的理论前提和实践基础。因而，不了解国情，就无法理解，也无法解决中国特色社会主义的理论与实践问题。只有建立在当代中国国情的基础上，我们才能办好社会主义初级阶段应该办的事情。为此，第一讲重点讲坚持科学发展是建立在当代中国国情基础上的战略问题，是符合当代中国发展阶段性特征的，是有利于我们在重要战略机遇期不断取得新成就的。

再次，“五位一体”和党的建设。大纲的第二讲至第七讲，分别阐述中国特色社会主义经济建设、政治建设、文化建设、社会建设、生态文明建设和党的建设各方面，是对中国特色社会主义理论与实践概述中基本问题的具体分析。

其中，“中国的经济发展”和“经济全球化条件下的中国对外开放”，“中国特色社会主义政治发展道路”和“积极稳妥推进政治体制改革”，“推进社会主义核心价值体系建设”和“提高国家文化软实力”，“统筹协调社会利益关系”，“建设资源节约型、环境友好型社会”，“党的建设面临的新课题新考验”，这些直面社会的热点问题、难点问题是讲授的重点内容。

最后，当代中国与世界。第八讲专门阐述世界形势以及中国与世界的关系，旨在开阔学生的视野，使学生从国际大趋势中认识中国特色社会主义理论与实践的时代条件。其中，“中国的国际战略与对外方针政策”和“中国的和平发展道路”是讲授的重点内容。

总体上看，课程一开始的“导论”，是对中国特色社会主义理论和实践问题的总的概述。第一讲“当代中国的基本国情和发展实际”，讲了当代中国所面临的基本国情，这是我们理解中国特色社会主义理论与实践问题的基本前提。之后，第二讲至第七讲介绍国情的具体方面，最后第八讲是“当代中国与世界”。一个“导论”加上八讲，结构简洁，逻辑严密。《中国特色社会主义理论与实践研究》教学大纲，并没有打算把中国特色社会主义理论与实践的所有问题都囊括其中，而只是列出一些重要的和主要的问题。这些问题搞清楚了，其他的问题也就容易理解了。

2. **硕士研究生选修课——“自然辩证法概论”**

方案规定，该课程“主要进行马克思主义自然辩证法理论的教育，帮助硕士生掌握辩证唯物主义的自然观、科学观、技术观，了解自然界发展和科学技术发展的一般规律，认识科学技术在社会发展中的作用，培养硕士生的创新精神和创新能力”。

根据方案的要求，《自然辩证法概论》教学大纲主要规定了以下讲授内容。

第一，马克思主义自然观。这部分内容通过介绍马克思主义自然观的形成和发展进程，阐明马克思主义自然观是自然辩证法的重要理论基础，朴素唯物主义自然观、机械唯物主义自然观是马克思主义自然观形成的思想渊源，辩证唯物主义自然观是自然观的高级形态，系统自然观、生态自然观是马克思主义自然观的当代形态。

第二，马克思主义科学技术观。这部分内容在总结马克思恩格斯的科学技术思想的历史形成和基本内容的基础上，分析科学技术的本质特征和体系结构，揭示科学的发展模式和技术的发展动力，进而概括科学技术的发展规律。

第三，马克思主义科学技术方法论。它从辩证唯物主义立场出发，总结出分析与综合、归纳与演绎、从抽象到具体、历史和逻辑的统一等辩证思维形式，并且吸取具体科学技术研究中的创新思维方法，对其进行概括和升华，形成具有普遍指导意义的方法论。这部分内容阐明马克思主义科学技术方法论是马克思主义科学技术论的重要组成部分，指出这一方法论体现和贯彻在科学家、工程师的具体科学技术研究中。

第四，马克思主义科学技术社会论。它通过分析科学技术与社会发展的关系，探讨社会中科学技术的发展规律，以及科学技术的社会建制、科学技术的社会运行等普遍规律。这部分内容阐明有关科学技术的社会经济发展、异化、伦理、社会运行、文化等方面的观点和内容，指出马克思主义科学技术社会论是马克思主义科学技术论的重要组成部分。

第五，中国马克思主义科学技术观。它通过概括和总结中国马克思主义的科学技术思想，包括科学技术的功能观、战略观、人才观、和谐观和创新观的基本内容，体现出时代性、实践性、科学性、创新性、自主性等特征。这部分内容阐明建设中国特色创新型国家，是中国马克思主义科学技术观的具体体现；中国马克思主义科学技术观，是马克思主义科学技术观与中国具体科学技术实践相结合的产物，是马克思主义科学技术论的重要组成部分。

3. **硕士研究生选修课——“马克思主义与社会科学方法论”**

方案规定，该课程“主要进行马克思主义社会科学方法论教育，通过深入学习马克思主义观察和分析社会历史的立场、观点和方法，培养硕士生的理论思维能力，帮助硕士生掌握学习和研究哲学社会科学的科学方法”。

依据方案的要求，教育部组织马克思主义理论研究和建设工程专家组编写了《马克思主义与社会科学方法论》，主要内容如下。

第一，马克思主义方法论与社会科学的关系。这部分内容重点讲解马克思主义的社会认识方法在何种意义上使社会历史学说成为真正的科学，马克思主义方法论与社会科学方法论之间的一般与特殊的辩证关系，马克思主义在社会科学研究中的地位和作用。它通过分析自然科学、人文科学、社会科学，凸显社会科学的性质及特点，凸显社会科学方法论的性质、特点、层次，凸显马克思主义方法论的内涵等，帮助学生认识方法和方法论对于社会科学研究的意义，认识理论和方法论的关系。

第二，马克思主义关于社会历史的基本理论和方法论。这部分内容主要阐述马克思主义关于社会历史认识的基本观点，以及支撑这些观点据以论证的视角、理念等方法论内容。它们构成课程的主体内容，具体包括：实践基础、辩证思维、矛盾运动、主体活动四个方面。一是实践的世界观意义和马克思的实践思维方式对社会历史研究的贯穿。这一方面突出马克思主义从实践角度理解社会生活，从实践角度理解人，从实践角度把握人类社会历史和人自身的发展的社会历史认识的基本观点。二是社会历史的本质与历史唯物主义认识社会历史的原则。这一方面阐明生产力决定生产关系，经济基础决定上层建筑，是马克思主义社会历史认识的唯物主义基础。马克思主义对社会的认识首先遵循了辩证唯物主义原则，立足于对现存社会的解剖，是一种宏观分析、定性认识。三是社会历史矛盾运动机制及矛盾研究方法。这一方面阐明马克思主义运用辩证思维原则分析社会发展的内在机理，阐明马克思主义强调在对立中把握同一与在同一中把握对立的矛盾方法论及其运用。四是社会历史主体理论及马克思主义的社会历史认识立场和价值评价。这一方面阐明马克思主义的群众观蕴含的方法论原则和社会科学研究基本路径，即从人民群众的实践活动着眼研究社会发展规律，从人民群众的利益诉求着眼研究社会发展趋势，从人民群众与历史人物的辩证关系着眼研究历史进程。

第三，马克思主义关于社会科学的世界视野。这部分内容主要涉及三个方面。一是对马克思的“世界历史理论”的科学内涵、基本内容和形成发展的历史过程进行科学概括，阐明马克思的“世界历史理论”是经济全球化和市场经济全球性展开的理论根据。二是把马克思的“世界历史理论”同他创立的唯物史观和剩余价值理论紧密结合起来，并运用于对近代以来世界经济及相应的社会发展趋势的分析和研究。具体做法是，深入地分析经济全球化背景下的内在矛盾，特别是国际性剥削造成的两极分化的矛盾，以及一些西方国家为了自身的战略利益而干预发展中国家内部事务、制造地区冲突的行径，深刻地指出只有通过生产力的充分发展，扬弃现有的生产方式，消除造成阶级之间、民族国家之间利益矛盾的根源，方能从根本上消除经济全球化所固有的内在矛盾。三是深刻地揭示马克思“世界历史理论”所蕴含的广阔的全球视野、深邃的历史眼光、求真务实的科学态度和解放全人类的远大情怀，并将其作为认识和研究方法，深入地分析当今世界在社会发展中出现的诸如统一性与多样性、社会主义与资本主义等重大关系问题，对我国社会主义建设新时期坚持改革开放、坚持中国特色社会主义作出深刻的理论阐发。

（三）博士研究生的思想政治理论课程课程体系

针对博士研究生开设必修课“中国马克思主义与当代”（2学分，36学时）和选修课“马克思主义经典著作选读”。

1. 博士研究生必修课——“中国马克思主义与当代”

按照“10方案”的要求，该课程“主要运用当代中国马克思主义的基本观点，深入分析当代世界重大社会问题和国际经济政治热点问题、当代科学技术前沿问题和科技社会问题、当代重大社会思潮和理论热点等，帮助博士生进一步提高运用马克思主义立场观点方法分析和解决问题的能力”。

根据“10方案”的要求，教育部组织马克思主义理论研究和建设工程专家将“87方案”中的“马克思主义与当代社会思潮”(文科)、“现代科学技术革命与马克思主义”(理科)两门课的主要内容整合，重新编写了《中国马克思主义与当代》教学大纲，确立了该课程的讲授内容。

首先，“中国马克思主义与当代”导论。这部分内容通过分析20世纪人类社会的成就和问题、面临的机遇和挑战，阐明马克思主义的历史地位和理论内涵以及如何运用当代中国马克思主义来分析中国和世界，并系统地阐述学习该课程的目的、意义和方法。它旨在帮助博士生了解当代人类社会的基本特点和发展趋势，使其总体把握当代中国马克思主义的科学体系和主要观点，进而学习、掌握当代中国马克思主义观察和分析问题的基本的立场、观点和方法。

其次，当代人类社会面临的主要问题分析。这部分内容主要涉及六个方面。一是关于当代世界经济政治格局，主要是分析当代世界经济政治的主要变化，为博士生认识当代人类面临的问题、明确中国的定位提供基本背景。二是关于当代发展问题。和平与发展是当今时代的两大主题，发展问题是人类面临的一个极为重大的理论和实践问题。马克思主义的发展理论为把握当代发展问题提供了科学的世界观与方法论。三是关于当代社会建设，主要是揭示当代社会问题产生的根源和解决社会问题的基本途径，为博士生认识和解决当代社会问题、推进社会建设提供重要的理论指导。四是关于当代生态环境问题，主要是介绍马克思主义关于环境问题的思想，分析当代生态环境问题及造成全球环境问题的历史原因和现实原因。五是关于当代社会思潮，主要是分析社会思潮的基本特点、产生原因及其社会影响，揭示当代西方资本主义价值观的本质及其对我国主流社会思潮的影响，重点剖析新自由主义、民主社会主义、历史虚无主义等社会思潮，重点阐明用社会主义核心价值体系引领社会思潮的意义和途径。六是关于当代科学技术，主要是阐明马克思主义关于科学技术革命的基本思想，阐明当代新科技革命对世界产生的深刻影响以及当代新科技革命的主要特征、基本趋势和前沿动态，阐明走中国特色自主创新道路和建设创新型国家的基本内涵和战略要求。

最后，人类发展道路和模式分析。这部分内容主要是分析当代资本主义的新变化和当代社会主义的新发展，揭示资本主义的基本矛盾以及社会主义的发展和未来。一是分析当代资本主义的新变化，使博士生通过了解当代资本主义的新变化和新发展，认识当代资本主义世界的矛盾冲突，从而掌握马克思主义关于资本主义历史趋势的论断，正确认识当代资本主义发展的历史趋势。二是分析当代社会主义的新发展，使博士生通过了解社会主义在 20 世纪的发展历程及其对人类历史的巨大贡献，认识中国特色社会主义理论和实践的重大意义，认识当代世界社会主义发展的新特点，理解“两个必然”与“两个决不会”的辩证统一，坚定中国特色社会主义理想信念。

2. 博士研究生选修课——“马克思主义经典著作选读”

根据方案要求，该课程主要选取马克思主义经典作家代表性的著作，通过对经典著作的研读和教师的讲授，帮助博士生学习马克思主义基本原理，使其深化对当代中国马克思主义的理解和掌握。

在课程教学大纲编写过程中，经中央马克思主义理论研究和建设工程办公室同意，教学大纲的名称调整为《马克思恩格斯列宁经典著作选读》。依照充分体现马克思主义思想的发展历程，深刻揭示马克思主义的真理性价值及其当代意义的目标，大纲选取了 11 篇马克思主义经典作家代表性著作，作为博士研究生思想政治理论课程选修课的教学内容，即马克思的《1844 年经济学哲学手稿》(节选)、《关于费尔巴哈的提纲》、《〈政治经济学批判〉导言》、《资本论》(第 1 卷)(节选)；马克思恩格斯的《德意志意识形态》(节选)、《共产党宣言》、《马克思恩格斯书信精选》；恩格斯的《社会主义从空想到科学的发展》、《路德维希·费尔巴哈和德国古典哲学的终结》(节选)；列宁的《帝国主义是资本主义的最高阶段》、《论我国革命》。每篇著作分别按照“写作背景”“主要内容”“历史地位与当代价值”三个方面进行解读，之后给出“延伸阅读”的文献，最后以“思考题”的形式提出问题，以便通过历史与现实的结合、理论与实践的结合、文本与阐释的结合，使课程教学贴近博士生的思想认识和学习实际，提高其分析问题和解决问题的能力。

第二节　“05 方案”思想政治理论课程的定位和基本任务

高校开设思想政治理论课程，用马克思主义理论武装当代大学生，是党的教育方针的重要体现，是社会主义大学的本质特征。进入新世纪新阶段之后，教育环境、教育对象发生了很大变化，思想政治理论课程也面临着不适应时代要求的问题，“05 方案”就是针对这些变化而作出的调整。我们只有准确把握新课程的定位和基本任务，才能实现课程的教育目标，也才能使思想政治理论课程成为大学生真心喜爱、终身受益的课程，从而实现“05 方案”的总的预期。

一、本科思想政治理论课程的定位及其整体性功能

本科必修思想政治理论课程，各自以不同的内容、不同的定位，完成不同的基本任务，而在整体上有史、有论、有运用，以便于学生在掌握马克思主义基本理论的基础上，在历史、理论到现实应用的有机结合中，全面地掌握科学的世界观和方法论。

(一)本科思想政治理论课程的定位

依据“05 方案”，在本科思想政治理论课程的课程体系中，各门课程都有自己的特殊定位和基本任务。

“马克思主义基本原理”在课程体系中具有基础性作用，它以什么是马克思主义、为什么要始终坚持马克思主义、怎样坚持和发展马克思主义为主题，以认识人类社会发展的基本规律为主线，以阐述马克思主义的世界观和方法论为重点，旨在帮助学生从整体上把握马克思主义的世界观和方法论，从整体上把握马克思主义，正确认识人类社会的发展规律。因而，上述的“一个主题”“一条主线”“一个重点”就是“原理”的定位和基本任务。

“毛泽东思想和中国特色社会主义理论体系概论”在课程体系中处于核心位置。它以创新马克思主义为主题，以马克思主义中国化为主线，以中国特色社会主义道路、理论、制度、文化为重点，旨在帮助学生了解马克思主义基本原理与中国实际相结合的历史进程和理论成果，以坚定中国特色社会主义的信念。因而，上述的“一个主题”“一条主线”“一个重点”就是“概论”的定位和任务。

“中国近现代史纲要”在课程体系中承担着对学生进行历史教育的独特功能，它以实现民族独立与人民解放、国家富强与人民富裕为主题，以 1840 年以来的国史国情为主要内容，以历史和人民如何选择马克思主义、选择中国共产党、选择社会主义、选择改革开放为出发点和基本任务，旨在帮助学生了解国史国情，了解中华民族争取实现民族复兴的伟大进程，认识到“四个选择”的历史必然性。因而，上述的“一个主题”“四个选择”就是“纲要”的定位和基本任务。

“思想道德修养与法律基础”是高校思想政治理论课程的重要组成部分，在课程体系中起着直接指导学生适应新生活的作用，具有突出的应用性特征。它以道德教育和法治教育为主体，以社会主义核心价值观为主线，以理想信念教育为核心，以爱国主义为重点，旨在帮助学生增强社会主义法治观念，提高思

想道德素质，解决成长成才过程中遇到的实际问题。因此，上述的“一个主体”“一条主线”“一个核心”“一个重点”就是“基础”的定位和基本任务。

（二）本科思想政治理论课程的整体性功能

本科各门思想政治理论课程虽然有各自不同的定位和基本任务，但都围绕着培养中国特色社会主义事业合格建设者和可靠接班人这一目标而设立。各门课程的定位和基本任务结合起来是一个具有整体性的逻辑结构。

“原理”从基本理论角度帮助学生弄清楚什么是马克思主义、为什么要始终坚持马克思主义、怎样坚持和发展马克思主义，掌握马克思主义的世界观和方法论，从整体上把握马克思主义的科学内涵和精神实质，解决马克思主义基本原理的认识问题。之所以要开设“原理”，是因为马克思主义是我们党和国家的根本指导思想，我们办的是社会主义大学。通过对马克思主义基本原理的讲授，我们要让学生掌握马克思主义的基本观点、基本立场和基本方法。

“概论”从马克思主义基本原理与中国革命、建设和改革的实际相结合的理论成果角度，帮助学生弄清楚为什么马克思主义要中国化、什么是中国化的马克思主义。如果只讲马克思主义基本原理而不讲毛泽东思想、邓小平理论、“三个代表”重要思想、科学发展观、习近平新时代中国特色社会主义思想，就不能阐明马克思主义与时俱进的理论品质。只有把马克思主义基本原理与中国革命、建设、改革的具体实践相结合，才能推进中国现代化事业的不断发展。毛泽东思想、邓小平理论、“三个代表”重要思想、科学发展观、习近平新时代中国特色社会主义思想，对中国革命、建设和改革，对实现中华民族伟大复兴的中国梦具有重要意义。

“纲要”从中国人民救亡图存的历史纵深处，阐明马克思主义进入中国的社会历史条件，阐明历史选择中国共产党的多重因素，阐明20世纪50年代中国进入社会主义的历史必然性和改革开放的时代要求。这门课要通过历史事实讲清楚，“没有中国共产党，就没有社会主义新中国”，“只有社会主义道路才能救中国，只有社会主义才能发展中国”。这不仅是一个理论论断，更是一个历史事实。如果说前面两门课所给予学生的主要是理论教育的话，那么，“纲要”这门课就是要讲清楚中国今天坚持马克思主义指导，坚持共产党领导和走社会主义道路，不是理论的推演，而是中国历史发展的选择和必然。

“基础”则主要进行社会主义道德和法治教育，解决学生成长成才过程中遇到的实际问题。这门课可以为前面三门理论性较强的课程找到一个坚实的立足点，即帮助学生把所学的理论及时应用于良好的思想道德修养与法治素养的形成过程中，来指导学习、生活与工作。

总之，各门课程都帮助学生树立社会主义核心价值观，引导他们坚信马克思主义指导思想，坚定对中国特色社会主义的道路自信、理论自信、制度自信和文化自信。各门课程结合起来是一个结构合理、功能互补、相对稳定的有机整体，在实现各自的教育目标和完成基本任务的基础上，又能够合力实现培育当代大学生思想政治素质的整体功能。

(三)本科思想政治理论课程的实现目标

在大学阶段开设思想政治理论课程根本上是为了学生的成长成才，这就要帮助学生树立正确的世界观、价值观和人生观。只有以学生为本，才能使课程贴近学生的实际；只有尊重学生成长成才的规律，才能使思想政治理论课程成为学生真心喜爱、终身受益的课程。具体地看，每一门课程的目标都是针对培育学生的思想政治素质而设定的。

第一，引导学生树立科学的世界观、价值观和人生观。崇尚理想、追求真理是青年人的天性和特点，每个青年人都渴望真知，都有自己的理想和抱负。大学时代是青年人世界观、价值观和人生观形成与确立的关键时期。但是，正确的理想信念来源于科学理论的武装，来源于对社会历史发展规律和人生价值的清醒认识和正确把握。当代大学生所处的社会空前复杂。国际上，世界多极化和经济全球化的趋势愈演愈烈，各种思想文化相互激荡，大学生面临着大量西方思想文化和价值观念的冲击；在国内，社会主义市场经济深入发展，我国社会经济成分、利益关系和分配方式日益多样化，人们思想活动的独立性、选择性、多变性和差异性日益增强。同时，在信息技术空前发达的今天，所有思想纷争、价值观念、利益诉求统统摆放在互联网上，不分主次，不辨优劣。这使当代大学生比任何时候都更需要一个认识世界的科学的思想方法，更需要一个选择和鉴别信息的思想基础。马克思、恩格斯站在人类大多数的立场上考察人类社会的发展，创立了马克思主义。尽管今天，资本主义国家和社会主义国家都发生了许多重大变化，但所有这些变化都没有脱离马克思主义关于生产力和生产关系矛盾运动的规律，都没有脱离唯物史观的解释框架。事实上，第二次世界大战以来资本主义的新发展，是它部分地吸纳了马克思主义、用马克思主义的药方对症下药的结果。这时期国际共产主义运动的曲折与衰落，则是一些无产阶级政党和一部分社会主义国家的领导人违背了马克思主义以及不能根据资本主义社会的新变化灵活地运用马克思主义的结果。应该说，马克思主义诞生以来的历史已经用它自身发展的结果，证明了马克思主义的科学性和真理性。20 世纪初，以毛泽东为代表的五四青年站在革命的立场上选择马克思主义即看到了它的真理性。今天，马克思主义仍闪耀着时代的光芒。它的辩证唯物主义和历史唯物主义的世界观、方法论，为解放全人类而奋斗、为大多数人谋利益的价值观、人生观，充满了智慧的魅力和人性的关怀。无论过去、现在还是将来，它都是指导我们正确认识世界和改造世界的强大思想武器。思想政治理论课程教育学生认同并树立马克思主义世界观、价值观和人生观，就是要帮助他们找到在纷繁的世界中辨别正确方向的思想方法和认识基础，使他们能够深刻认识社会发展的基本规律，正确看待当今世界社会主义运动的暂时挫折和资本主义社会发展的当下优势，增强抵制错误思潮的能力，增强抵制拜金主义、享乐主义、极端个人主义等腐朽思想的能力。

第二，帮助学生正确认识中国的国情和独特发展路径。一个对社会有贡献的人，既能仰望天空，也能脚踏实地。对于大学时代的青年人来说，仅仅有理想还不够，要实现理想，必须把自己的理想同现实的需要结合起来，同国家的前途、民族的命运结合起来。换句话说，一个有作为的青年人，不仅要热爱自己的国家，而且要懂得自己的国家。中华民族是世界民族之林中的一朵奇葩，她的每一个叶片都透着独特奇异的光芒，因而在人类文明中独树一帜。近代以来她走向世界的历程充满了曲折与艰辛。没有任何一个现成的发展模式适合她，也没有任何一个拿来的主义适应她。她有自身的生命律动，有自身的性格特点，只有懂得她的人，才能深刻地认识她、顺应她、推动她，进而改造她。古今中外多少事实说明，热爱国家并了解国家的人，才能推进国家的发展；有理想并能融入社会的人，才能实现目标。大学生是怀才不遇，愤世嫉俗；还是正视社会现实，找准自己的社会定位，关系着其自身的成长，也牵动着千万个家庭。思想政治理论课程通过介绍中国革命、建设、改革的历史进程，介绍党的基本理论、基本纲领、基本经验，使大学生正确认识现阶段中国存在的问题、发展的目标和发展的道路，使他们能够认同国家的各项制度、方针、政策，自觉融入改革开放的伟大时代。了解国情是认同现实的基础，是融入社会的前提。大学生能够正确认识社会现实问题，就能够以健康的心态步入社会，适应社会。大学生懂得国家的发展、时代的需要，就能够把自己的命运和国家的前途、民族的未来结合起来。“青春只有在为祖国和人民的真诚奉献中才能更加绚丽多彩，人生只有融入国家和民族的伟大事业才能闪闪发光。”①大学生

---

①　胡锦涛：《进一步加强和改进大学生思想政治教育工作 大力培养造就社会主义事业建设者和接班人》，载《人民日报》，2005 年 1 月 19 日。

是国家的未来，是今后各项事业的中坚力量。教育大学生明确识别中国的历史基因，正确把握中国的发展脉络，是大学教育必须具备的功能。

第三，教育学生认同党的领导，自觉维护党的领导。大学校园聚集着一代青年的精华，他们是未来社会各行各业的主管、骨干、担纲者和领军人。若干年后，中国政治、经济、文化的实际状况，与他们的政治理念、模式选择和文化认同密切相关。当年，中国共产党的缔造者也是那个时代的精华，他们为民族独立和人民解放而献身的精神，赢得了全中国人民的拥护，赢得了新中国的成立和共产党的执政地位。今天，党内特别是党的干部队伍中出现了一些蛀虫，严重败坏了党的形象，影响了党在人民心中的威望。大学生痛恨这些人，特别是当这样的人多起来的时候也极大地影响了他们对共产党的感情和认同度。通过思想政治理论课程让大学生懂得，中国共产党的名字是与民族的独立、人民的解放、国家的富强、人民的幸福联系在一起的，这是党从诞生之日起就写在自己的旗帜上的。近一百年来，一代代中华民族的优秀儿女不断地用生命、鲜血、智慧、辛劳捍卫着、书写着这面旗帜，从而使“中国共产党”这一称谓凝结了太多的历史内涵。没有任何一个人、一部分人甚至一批人可以绝对地代表党。腐败分子损毁了党的形象、玷污了党的光辉，正是因为他们背离了党的宗旨和目标。因此，否定中国共产党的历史地位和现实领导，是对历史的割裂，是对无数先人的伤害。任何一个有历史责任感的人，都应该延续党的理念、推进党的发展，而不是看着它被曲解和玷污。近代以来中华民族经历了太多的屈辱与苦难，走向现代的步伐无比艰难。先是来自国人的对于现代化的巨大抵制，使每一点进步都要付出沉重的代价。到辛亥革命，先进的中国人开始自觉地选择现代化道路，但是资产阶级共和国的梦想很快破灭了。蒋介石主政时期，中国些许有了实现现代化的机遇，但深重的民族灾难又使之失之交臂。直到新中国成立，我国才又一次获得这个机会。然而，建设社会主义的道路又出现了曲折。回望1840年以来的中国历史，今天的成就是何其不易！任何一个对民族和国家负责任的人都应该自觉地维护这一成就，并使这一成就能够在稳定的政治环境中、在统一而有力的领导下持续发展。思想政治理论课程要让大学生认识到，中国共产党长期执政是中国政治稳定的保证，是中华民族长治久安的前提，是中国现代化的希望。目前，中国共产党的队伍中仍然聚集着中华民族最优秀的分子，它的主体是好的，中国的发展和进步还要依靠这个主体，中华民族的复兴大业也要靠这个主体的领导去实现。因此，教育我们优秀的青年认同中国共产党的领导并自觉地成为维护党的宗旨的新生力量，实质上就是维护国家的长治久安，维护民族的复兴希望。正是在这个意义上，胡锦涛在2005年全国加强和改进大学生思想政治教育工作会议上说：“培养什么人、如何培养人，是我国社会主义教育事业发展中必须解决好的根本问题。大学生是国家宝贵的人才资源，是民族的希望、祖国的未来。要使大学生成长为中国特色社会主义事业的合格建设者和可靠接班人，不仅要大力提高他们的科学文化素质，更要大力提高他们的思想政治素质。只有真正把这项工作做好了，才能确保党和人民的事业代代相传、长治久安。”①这段话高度概括了思想政治理论课程的教育目标，也体现了“05方案”设置的初衷。

二、研究生思想政治理论课程的定位

研究生思想政治理论课程是对研究生进行系统的马克思主义理论教育的公共必修课。为更好地与本科生思想政治理论课程相衔接，推进构建完整的高校思想政治理论课程课程体系和教学体系，研究生思想政治理论课程的课程设置的基本原则是坚持课程的导向性、层次性和实效性，以实现培养德才兼备的高层次创新人才和巩固马克思主义在意识形态领域指导地位的目标。

(一)以坚定中国特色社会主义理想信念为基本导向

“05方案”以中国化马克思主义理论为核心内容构建了高校专科生、本科生、研究生思想政治理论课程课程体系，目标是培养中国特色社会主义事业的合格建设者和可靠接班人。在这一总目标的指导下，研究生课程的导向性定位是“坚持以当代中国马克思主义为指导，坚持马克思主义的立场、观点和方法，贴近研究生思想和学习实际，帮助他们树立正确的世界观、价值观、人生观，坚定中国特色社会主义理想和信念”。具体地说，“中国特色社会主义理论与实践研究”这一课程要使学生坚定中国特色社会主义理想和信念。一是让学生理解中国特色社会主义道路。它立足于中国的基本国情，既坚持了科学社会主义的基本原则，又根据中国实际和时代特征富有鲜明的中国特色。在当代中国，坚持中国特色社会主义道路，就是真正坚持社会主义。二是让学生懂得中国特色社会主义理论体系。它是马克思主义基本原理同中国社会主义初级阶段实际相结合的产物，是在改革开放实践过程中形成的。在当代中国，坚持中国特色社会主义理论体系，就是真正坚持马克思主义。三是让学生认识到中国改革开放以来的发展和取得的巨大成就，源于中国特色社会主义道路伟大实践和中国

① 胡锦涛：《进一步加强和改进大学生思想政治教育工作 大力培养造就社会主义事业建设者和接班人》，载《人民日报》，2005年1月19日。

特色社会主义理论体系。实现全面建成小康社会和中国梦的目标，必须全面贯彻落实科学发展观和推进马克思主义创新。“中国马克思主义与当代”则侧重运用当代中国马克思主义的理论视野去分析关乎人类命运的发展问题、环境问题、科技问题、社会建设、社会思潮、国际政治经济的新变化、当代资本主义、当代社会主义等重大问题，以展示中国马克思主义的现实解释力，从而使学生在扩大理论视野、增加多学科知识的同时，增强用马克思主义科学的世界观和方法论独立分析问题的能力。硕士生、博士生课程虽然程度不同，但都是要用改革开放以来中国发展所取得的巨大变化，验证中国特色社会主义道路和理论体系的正确性、科学性，引导学生坚定对中国特色社会主义的理想和信念。

(二)以体现与本科课程的层次不同为支撑点

课程的层次性定位，就是着力构建高校思想政治理论课程教学体系，形成本科生、硕士生、博士生思想政治理论课程基本内容相衔接、层次要求有区别的课程设置和教学体系。从教学内容上看，本科生的“马克思主义基本原理”“毛泽东思想和中国特色社会主义理论体系概论”等课程主要讲授马克思主义的基本原理和中国化马克思主义的基本理论，一般按照教材体系进行教学，注重的是理论教学内容的全面性、系统性；硕士生的“中国特色社会主义理论与实践研究”等课程主要是让学生进一步掌握中国特色社会主义理论体系，并分析当代中国发展和实践中的重大问题；博士生的“中国马克思主义与当代”课程则主要是让学生学会运用当代中国马克思主义的基本观点，分析当代人类社会发展和当代世界的重大问题。这些调整都采取专题教学方式，注重的不是教学内容的系统性、完整性，而是对问题的研究性，把教学的着力点放在对理论和实践中重大问题的研究和探讨上，在教学内容上不要求面面俱到，而力求通过深入分析，从理论上讲清楚“为什么”的问题。只有以本科生的“原理”和“概论”为基础，我们才能使研究生的课程获得支撑，才能形成本科生、研究生的思想政治理论课程基本内容的相互衔接，也才能实现研究生思想政治理论课程在层次上的进一步提高。

(三)以提高教学实效性为基本落脚点

课程的实效性定位，就是紧密联系研究生思想实际和学校教学实际，合理设置和安排有关课程，形成有针对性、实效性的教学方法和方式。1987 年第一次提出开设研究生思想政治理论课程时，原国家教委在相关文件中就对教学方法和方式的改革提出过指导性意见，强调要自始至终贯彻理论联系实际的方针，专题讲授要采取启发式、研究式等方式，避免简单灌输抽象理论或单纯注释；强调对于有争论的或正在探索的理论问题和实际问题，教师应当在坚持四项基本原则的前提下，用严谨、科学的态度介绍不同的学术观点，并和学生一起探讨；强调要把研究生马克思主义理论课教学同参加社会调查、社会实践活动结合起来，采取有效措施鼓励和支持研究生在接触社会实际的过程中，学习和运用马克思主义。“10 方案”再次把实效性作为研究生思想政治理论课程设置的基本原则，可见正确的方式方法对于加强研究生思想政治理论课程的重要性。研究生阶段已经进入到二级学科领域，研究性学习已经成为这一阶段学生学习的特点，因而突出教学的研究性应当成为研究生思想政治理论课程提高实效性的落脚点。一是在教学内容上避免与本科阶段重复，凡是本科阶段教材上有的内容，都不应该重复去讲，而应该突出问题视域，把学生关注的重大理论与实践问题的研究作为教学内容的主体。二是避免对概念和理论的一般解读，即避免从概念、体系出发，只是介绍性地讲述课程内容的教学方式，而应该突出问题导向的教学方式，以问题的引导来启发研究生的思考，以对问题的思考引发对问题的深入研究。三是把研究生的主动参与和讨论，以及师生的互动作为教学的基本方法，充分利用研究生的特点，使教学过程更好地满足研究生的理论需求。研究生思想政治理论课程实效性目标的实现，关键在于教学内容的选择和教学方法的适当。研究生思想政治理论课程以研究作为载体，以研究促进学习，以应用促进认识进一步深化，着力培育研究生在社会科学研究中运用马克思主义方法论的意识和能力。

第三节　高校思想政治理论课程“05 方案”课程体系的特征

“05 方案”在接续和发扬“98 方案”优长的基础上，结合时代需要和马克思主义在实践中的新发展，构建了覆盖高校专科生、本科生、研究生的思想政治理论课程新课程体系，形成了课程体系的整体性、课程内容的互补性、课程主题的贯通性、课程层次的递进性等特征，为进一步加强和改进大学生思想政治教育创造了前提、奠定了基础，有利于大学生在系统学习马克思主义理论基础上，从历史与现实应用的有机结合中，全面地掌握科学的世界观和方法论。

一、课程体系的整体性特征

“05 方案”课程体系的整体性，既有结构层次的整体性，又有逻辑层次的整体性，前者是指高校本科、硕士、博士等各层次的思想政治理论课程构成了整体的高校思想政治理论课程课程体系，后者指本科各门思想政治理论课程构成了一个逻辑整体。

(一)本科生、硕士生、博士生的思想政治理论课程是一个统一整体

对高校青年学生，从专科生、本科生到硕士生、博士生，普遍进行马克思主义思想政治理论教育，是我国社会主义教育的本质特征，是我国社会主义现代化建设人才培养的根本要求，也是青年学生自身健康成长成才的内在需要。然而，高校中不同学历层次的思想政治理论课程的教学内容如何根据学生的实际情况和需要加以必要的区分和界定，则是深化高校思想政治理论课程教学改革中需要着力研究和解决的一个重大课题。在全国高校思想政治理论课程实施“05 方案”，对专科生和本科生进行新一轮课程设置改革的基础上，2010 年 8 月 6 日《中共中央宣传部 教育部关于高等学校研究生思想政治理论课课程设置调整的意见》颁布，构建了硕士生、博士生思想政治理论课程课程体系，进而与“05 方案”一起，形成了本科生、硕士生、博士生不同层次的课程相互衔接、梯次推进的完整的高校思想政治理论课程课程体系。在这个体系中，包含着三个层级的课程。最基础的是本科生课程，有五门必修课，一门选修课；中间是硕士生课程，有一门必修课，两门选修课；最上一层是博士生课程，有一门必修课，一门选修课。各层次的课程在内容上相互衔接，层层递进，从而整体构建了高校思想政治理论课程课程体系。

(二)整合“98 方案”多门课程构成一个新整体

“05 方案”对“98 方案”规定的本科生课程进行了有机整合。当然这里的整合不是相关内容的简单合并，而是依据课程内容的内在联系、各门课程之间的逻辑关系以及时代发展的内在要求，整体构建而形成新的课程体系。其目的不是减少课程门数，或单纯压缩课程学时数，而是进一步提高大学生思想政治理论教育的针对性和实效性。一是整合马克思主义的三个组成部分，形成“马克思主义基本原理”。“05 方案”把“98 方案”中的“马克思主义哲学原理”和“马克思主义政治经济学原理”进行合并，并把科学社会主义方面的内容有机融入其中，使之综合为一门新课——“马克思主义基本原理”。这种整合不是两门课程

的简单合并或组合，也不是对“85 方案”的历史回归，而是对其理论体系进行创新性构建，从而彰显马克思主义理论本来的整体性特征，也有利于大学生从总体上把握马克思主义基本原理。二是整合马克思主义中国化的理论成果，形成“毛泽东思想、邓小平理论和‘三个代表’重要思想概论”。中国共产党领导中国人民进行革命、建设和改革的历史过程，事实上就是马克思主义基本原理与中国实际相结合的过程，毛泽东思想、邓小平理论、“三个代表”重要思想都是马克思主义中国化的理论成果。为了适应加强当代中国化的马克思主义理论教育的时代要求，“05 方案”把“98 方案”中的“毛泽东思想概论”和“邓小平理论和‘三个代表’重要思想概论”合并为“毛泽东思想、邓小平理论和‘三个代表’重要思想概论”，不但更好地突出了马克思主义中国化的理论创新，而且随着时代发展，该课程还能及时兼容在改革开放和社会主义现代化建设过程中不断发展的党的理论创新。正是在这一基础上，党的十七大后，该课程顺理成章地改称“毛泽东思想和中国特色社会主义理论体系概论”。三是整合对大学生进行思想道德教育和法治教育的功能，把“98 方案”中的“思想道德修养”和“法律基础”两门课有机综合成“思想道德修养与法律基础”。这一整合着眼于加强对大学生思想道德修养、法律规范意识养成等思想行为的综合教育，使之形成内在联系，以体现马克思主义关于人的全面发展理论，顺应新时期大学生成长成才的全面发展规律。在“基础”中，法治教育与思想道德教育的内容，通过联系改革开放、发展社会主义市场经济、社会主义现代化建设的实际，联系社会主义民主政治建设和社会主义精神文明建设特别是法治建设和思想道德建设的实际，着力回答大学生普遍关心、经常思考和需要解决的法律问题和思想道德问题，帮助大学生释疑解惑，提高法律素质、思想道德素质以及实践能力水平，帮助他们顺利完成大学学业，从而为他们进一步健康成长成才打下坚实的法律基础与思想道德基础。这三门课程再加上新开设的“中国近现代史纲要”，就构成了本科生课程新课程体系——一个对大学生进行马克思主义与思想政治教育的逻辑整体。

（三）各门课程构成了对大学生进行思想政治教育的逻辑整体

“05 方案”的课程体系中各门课程之间存在着相互联系的逻辑关系，使课程体系特别是本科生的必修课成为一个逻辑整体。一般说来，“马克思主义基本原理”是基础，“毛泽东思想和中国特色社会主义理论体系概论”是核心，“中国近现代史纲要”是纽带，“思想道德修养与法律基础”是出发点也是落脚点，如此形成了有机的课程体系，构建了整体性的思想政治理论课程课程框架。具体地说，“原理”是基础，是指“原理”所进行的马克思主义立场、观点、方法教育，可以为其他三门课程的学习奠定坚实的理论基础，提供科学的世界观和方法论指导。“概论”是核心，是因为“概论”的教学内容是马克思主义普遍原理同中国不同时期社会实际相结合产生的理论成果，这些与时俱进的马克思主义理论成果是中国特色社会主义现代化建设的具体的、直接的指导思想。大学生对这门课程的掌握程度，不仅关系到大学生对党的方针政策和社会现实问题的理解和判断，而且关系到大学生对坚持中国特色社会主义的道路自信、理论自信、制度自信、文化自信。所以，“概论”成为新课程体系的核心，6 个学分的规定也在一定程度上反映了这层意思。“纲要”是纽带，是说“纲要”在主要教学内容的安排上以历史为线索，勾画出近现代中国人民选择马列主义、选择中国共产党、选择社会主义、选择改革开放的历史根源的主线。这门课程立足于帮助学生理解，中国特殊的国情和历史主题使马克思主义必须中国化才能够解决中国在革命、建设、改革中面临的问题。“基础”是出发点，是指它承担着引领大学生进入新生活的功能。大多数高校都首先开设这门课程。“基础”又是落脚点，是说“基础”立足于帮助大学生树立正确的人生观、价值观、道德观和法治观，致力于培养德智体美全面发展的社会主义合格建设者和可靠接班人。这一目标也是全部思想政治理论课程的落脚点。不过，这里所说的逻辑整体，是就课程内容之间的逻辑关系和课程内容所具有的教育功能而言的，并不是指课程开设的先后一定要按照这个逻辑顺序进行。各门课程虽然具有不同的地位和作用，但相互关联，相互印证，最终都落实至大学生的全面发展这一目标上。

二、课程内容的互补性特征

“05 方案”在内容体系上具有明显的互补性特征，一方面，本科阶段开设的课程，分别从理论、现实、历史和成长实践角度阐明马克思主义及其创新成果的科学性、必然性、理想性，实现了内容构成上的综合性互补；另一方面，各门课程在完成自身教育目标的同时又与其他课程相互照应印证，从而实现了课程内容在各有侧重的基础上相互补充，并作用于同一教育主题。

(一)课程内容构成上的综合性互补

“05 方案”的一个重大突破是开设了“中国近现代史纲要”。中国人历来坚信，人生于历史之中、成长于历史之中、作为于历史之中，并最终归于历史之中，人生成败自有历史评说。历史教育是中国故有传统，中华文化的精神和理念都寓于历史教育之中。新中国成立以后，加强对大学生的历史教育也是马克思主义理论教育的重要内容。仅从新时期看，“85 方案”开设“中国革命史”，注重革命史观的教育；“98 方案”没有开设专门的历史课程，但“毛泽东思想概论”“邓小平理论概论”也是一种理论发展史的呈现。“05 方案”的突破在于它扬弃了上述两个方案，以国史国情教育为目标，把中国近现代社会历史的发展和马克思主义中国化理论的发展统一起来，形成了课程体系中与其他内容相关照的历史教育部分。相比“85 方案”中的“中国革命史”，“纲要”站位更宽广，它首先说明了近现代中国的特殊国情及其注定的历史主题，再从中国走向现代化的全方位视野，说明中国发展的目标和实现目标的道路选择，说明“四个选择”和中国特色社会主义道路的历史由来。相比“98 方案”的理论发展史脉络，“纲要”更加突出了近现代中国的历史主题，即民族独立与人民解放、国家富强与人民富裕，中国共产党人正是在运用马克思主义完成这两大任务的过程中，实现了马克思主义与中国革命、建设、改革实际相结合的历史性飞跃，从而实现了马克思主义中国化。从“05 方案”课程体系的整体性看，“纲要”是连接“原理”和“概论”的载体和纽带，因为正是直面中国的国情和历史任务的需要使得马克思主义在中国的运用中发生了创造性转换，从而在不同历史时期产生了毛泽东思想、邓小平理论、“三个代表”重要思想、科学发展观等中国化马克思主义理论成果。从“05 方案”的内容体系看，增设“中国近现代史纲要”，高校思想政治理论课程在内容上就能够针对当代大学生的生活实际、学习实际、思想实际和成长成才实际，使课程体系具有更为强烈的时代感，也更为鲜明地凸显课程体系的科学性。它使整个思想政治理论教育的内容有理论、有实践、有历史、有运用，从而在教育功能上实现综合性互补，进一步增强理论的系统性和全面性。

（二）各门课程之间的印证性互补

“05 方案”的每一门课程都有其特定的功能和基本任务，单独对应一个学科，自成一个独立的科学体系。但是，联系起来看，每一门课程又与其他几门课程存在着相互照应、相互印证的关系。“原理”主要阐明马克思主义的世界观和方法论，帮助大学生从整体上把握马克思主义，正确认识和掌握自然界、人类社会和人类思维发展的基本规律。不但如此，“原理”还深刻揭示了马克思主义是随着实践发展而不断发展的理论，是发展的科学和开放的科学体系，具有与时俱进的理论品质。这表明对马克思主义真理性的学习和掌握的最终目的，不是为理论而理论，而是要教育和引导学生用马克思主义的基本立场、基本观点和基本方法分析各种社会问题，认识复杂的社会现象，解决实践中的问题。这就为“概论”运用和发展马克思主义，“基础”应用马克思主义的世界观、方法论准备了基础和前提。“概论”主要阐发马克思主义中国化的两大理论成果，即毛泽东思想和中国特色社会主义理论体系的基本内容、基本观点、历史地位和指导意义，以及马克思主义中国化的基本规律与基本经验，这恰好是对马克思主义实践性、开放性和与时俱进理论品质的验证。这样，“原理”的内容就在“概论”的语境中得到生动演绎，两者相互补充、相得益彰。“概论”对马克思主义基本原理与中国实际相结合的历史进程的阐述，对中国共产党领导的革命、建设和改革开放所取得的成就的阐述，对中国的基本国情和社会主义建设规律等的阐述，都与“纲要”相互补充与印证。“纲要”主要阐明近现代中国社会发展和革命发展的历史进程及其内在规律性，帮助学生了解国史国情，了解“四个选择”产生的必然性。“纲要”的内容与其他课程的内容也是相互联系、相互补充的。“纲要”除了为“概论”介绍相关的历史背景和历史发展进程外，它必然运用“原理”中的唯物史观和科学方法论分析历史问题，这是对马克思主义理论的逻辑力量的充分展示，从而阐明近现代中国历史和中国人民选择中国共产党和马克思主义的必然性，选择走社会主义道路的历史必然性和正确性。就“基础”而言，它是整个新内容体系的落脚点，不仅要自觉地以马克思主义理论特别是人的全面发展理论为指导，而且要把马克思主义世界观、价值观和人生观等内容作为课程主要组成部分，同样也要把马克思主义中国化理论成果教育、国史国情教育有机地融于其内容之中，使自身与其他三门思想政治理论课程在高度综合的基础上相互联系、相互补充，体现新课程体系的互补性特征。

(三)针对教育目标的一致性互补

马克思主义本是一个整体的理论体系，四门课程只是从不同的角度来阐释它，并共同致力于形成大学生整体的马克思主义观。各门课程围绕这个总的教育目标相互补充，以更好地实现这个总的教育目标。“原理”，旨在深入开展马克思主义立场、观点、方法教育，帮助大学生掌握马克思主义的世界观和方法论，从整体上弄清马克思主义的科学内容和精神实质，为大学生理解和把握马克思主义中国化的成果、历程以及运用等奠定理论基础。“概论”，旨在开展党的基本理论、基本路线、基本纲领和基本经验教育，开展科学发展观教育，帮助大学生进一步掌握马克思主义与时俱进的理论发展成果，是一门侧重阐述马克思主义理论发展历史的课程。“纲要”，旨在开展中国革命、建设和改革开放的历史教育，帮助大学生了解国史国情，特别是我们党和国家选择与坚持马克思主义的历史背景、历史必然和历史逻辑，确立并增强大学生对马克思主义的信念，是一门侧重阐述马克思主义社会发展历史的课程。“基础”，旨在开展马克思主义价值观、人生观、道德观和法治观的教育，引导大学生形成高尚的理想情操和养成良好的道德品质，树立体现中华民族优秀传统和时代精神的价值标准和行为规范，是一门侧重阐述马克思主义具体运用的课程。四门课程从不同的角度，以不同的内容阐明马克思主义的基本原理是什么，什么是当代中国的马克思主义，为什么必须坚持和发展当代中国的马克思主义，以及怎样运用马克思主义，从而相互作用、相互补充，共同致力于帮助大学生形成整体的马克思主义观。

三、课程主题的贯通性特征

“05 方案”课程体系的整体性逻辑结构，是由“马克思主义及其在中国的发展和应用”这一贯通性主题联结而成的。它使课程在内容上层次分明，具有纵深感，实现了理论、发展、运用的有机统一。也就是说，“原理”阐明什么是马克思主义，“纲要”和“概论”阐明马克思主义在中国国情下的实践发展情况，这些最终落实到“基础”阐明如何运用马克思主义认识客观世界、改造主观世界上，各门课程也就在“马克思主义及其在中国的发展和应用”这一主题下层次分明地贯通联系起来。

(一)以阐释马克思主义基本原理为内核

“原理”是新课程体系进行马克思主义理论教育的基础。其基本任务是阐明马克思主义不仅是科学的世界观和方法论，是认识和改造主客观世界的最锐利思想武器，而且是我国社会主义各项建设事业和意识形态工作发展的指导思想；阐明马克思主义科学地揭示了资本主义社会的发展规律和整个人类社会的发展规律，科学地揭示了人类社会如何从必然王国向自由王国飞跃。与此同时，新课程体系对马克思主义基本原理的阐述方式和教育教学方式进行了显著改进，对其予以整体性设计和纲要性编写。众所周知，整体性是马克思主义理论体系的根本特征，马克思主义的本质、要义和精神实质皆通过其整体性表现出来。因此，“05 方案”在内容体系设置上贯彻这一基本原则，即依照基本原理、基本原理发展以及基本原理运用的逻辑思路进行整体设计，从而使马克思主义及其在中国的发展和应用成为贯通性主线。“原理”阐述的马克思主义基本原理，包括马克思主义哲学原理、马克思主义政治经济学原理和科学社会主义基本原理等。这些基本原理是高校思想政治理论课程的理论渊源和指针，不但构成思想政治理论课程的理论基石，而且其理论精髓始终贯穿于除“原理”之外的其他思想政治理论课程之中，指导和统摄其他思想政治理论课程的建设和发展。因此，“原理”是新体系的基础和内核。

(二)以马克思主义在中国的发展为纵深脉络

“概论”和“纲要”以“论”和“史”相结合的方式，从不同视角和层面阐明了马克思主义基本原理在中国的运用与发展。从新课程体系的设计安排来看，马克思主义中国化理论成果的教育处于整个课程体系的中心。这是由中国共产党的历史地位和马克思主义中国化理论的指导地位决定的。党在中国革命、建设和改革的各个历史时期，坚持马克思主义基本原理与中国具体实际相结合，不断进行重大理论创新，开辟了马克思主义理论发展的新境界，不断推进了我国社会主义事业的新发展。基于此，把马克思主义中国化理论成果的教育置于新课程体系的中心是历史发展的必然和现实的根本要求。更重要的是，加强马克思主义中国化理论成果的教育，要强调马克思主义不仅是一门科学，而且是一门发展着的科学；学习马克思主义基本原理，不仅要学习马克思主义科学原理，同时更要把握马克思主义与时俱进的理论品质。马克思主义在中国的发展就理论形态而言即为中国化的马克思主义，其是对马克思主义基本原理的发展，是与马克思主义一脉相承的科学理论体系。“概论”和“纲要”通过“论”和“史”相结合的方式，阐发了基本原理的发展和基本原理发展的必然性，从历史视界阐明了马克思主义中国化的历史必然性和历史过程，彰显了中国共产党在马克思主义中国化过程中独特的理论创造和理论贡献，从而深刻表明马克思主义不仅是科学的理论，而且具有与时俱进的理论品质，永葆不断创造的理论活力。

(三)以树立马克思主义世界观、价值观和人生观为最终归宿

高校思想政治理论课程教育的根本目标是让大学生能够正确运用马克思主义基本原理认识和改造主客观世界。这以“基础”为主，涵盖“形势与政策”和“当代世界经济与政治”等课程的定位和主要任务，也是新课程体系的最终目标。马克思主义是科学理论和科学精神，对其进行理解和掌握，最终还是要落实到如何运用马克思主义理论认识客观世界和改造主观世界的问题上。基本原理的运用，主要是指运用马克思主义基本原理来认识客观世界、改造主观世界，认识当代世界经济与政治，加强大学生的思想道德修养和法律素质修养，提高大学生的思想道德素质和法律素质，促进大学生的全面发展和社会的全面进步。基本原理的运用，必须理论联系实际，结合大学生成长成才的实际，结合当前我国社会深刻变化发展的实际和当代世界形势发展新特点的实际，结合马克思主义理论现时代发展的实际，从而指导社会实践，并在社会实践中发展

创新，深刻反映马克思主义理论的实践性特征。各门课程在整体上提高大学生的思想觉悟和道德水平，引导大学生"树立正确的历史观、民族观、国家观、文化观"①。

四、课程层次的递进性特征

"05方案"构建的高校思想政治理论课程课程体系是广义上的，包括专科、本科、研究生多个层次。从教学目标上看，本科、硕士、博士的思想政治理论课程，都着眼于帮助学生掌握马克思主义的世界观和方法论，坚定走中国特色社会主义道路的理想信念，但在教育内容上，硕士、博士的思想政治理论课程要进一步精深化和专门化，从而形成本科、硕士、博士三级思想政治理论课程纵向衔接和递进的关系。

(一)在理论上层层深入

"05方案"规定的本科课程，注重思想政治理论课程的系统性。通过对课程的学习，学生能够对马克思主义的基本原理及马克思主义中国化的理论成果有一个较为全面的认识，初步具备运用马克思主义的立场、观点、方法分析和解决问题的能力。研究生阶段主要帮助学生对中国特色社会主义理论体系有一个更系统、更深入的认识，更好地运用马克思主义理论武器观察分析当代世界重要社会问题和国际经济政治热点问题、当代科学技术前沿问题和科技社会问题、当代重大社会思潮和理论热点等，这是对本科课程目标任务的一个提升。马克思主义的真理性在于它的现实解释力，即通过回答实际问题而体现出科学性和说服力。通过本科阶段的学习，学生已经对马克思主义特别是当代中国马克思主义有了一个比较系统、深入的认识，这就为其在研究生阶段认识、分析和回答当今时代重大问题，奠定了较为充分的思想理论基础。应该说，马克思主义的作用和魅力就在于直面问题并给予科学的回答。相应地，增强问题意识，加强对当今时代重大问题的研究，进一步提高运用马克思主义的立场、观点、方法分析和解决问题的能力，是学生在研究生阶段提升理论水平的重要突破口。

---

①　习近平：《决胜全面建成小康社会 夺取新时代中国特色社会主义伟大胜利——在中国共产党第十九次全国代表大会上的报告》，人民出版社2017年版，第47页。

(二)在教学上专题拓展

从课程层次来看，本科课程是基础，梯次递进主要体现在研究生课程中，为此研究生课程采用了教学大纲的方式，分专题教学。以“中国特色社会主义理论与实践研究”为例，中国特色社会主义理论与实践问题是一个在现实中不断变化和发展的富有时代性的重大课题，不管是其中的理论问题或实践问题，还是理论与实践相结合的问题，都不是一成不变的而是与时俱进的。用教学大纲的方式，把中国特色社会主义理论与实践研究中的主要问题或重要问题概要地列出来，把其中的主要理论和基本观点进行概要阐述，从而形成一个拓展教学内容的广阔空间，以彰显教师教学的积极性和创造性，以发挥研究生学习和思考的主动性和创新性，这既有利于课程的建设，也符合研究生培养特点。专题教学便于针对研究生的理论需求和思想实际，重点深化教学内容，明确问题，从对问题的分析中导出理解和解决问题的视野和视角，其间，特别注重运用《中国特色社会主义理论与实践研究》教学大纲各单元中的理论观点，理论和实践相互结合，知与行融汇一体，对当前中国特色社会主义理论和实践中的重大问题作出深入的探索和研究。

第四节　高校思想政治理论课程“05 方案”实施的基本经验

高校思想政治理论课程“05 方案”是由党中央主导构建的，集学科、教材、师资、课程协同推进的思想政治理论教育模式。方案实施以来，在党中央的高度重视和关怀下，思想政治理论课程在学科、教学、教师队伍的建设方面取得了前所未有的成绩，特别是教学内容和教学方法的改革与时俱进，极大地促进了思想政治理论课程教育教学水平的提升，为今后进一步促进高校思想政治教育的发展和大学生的成长成才积累了宝贵的经验。

一、“05 方案”的实施

“05 方案”在党中央的高度重视下，以马克思主义理论研究与建设工程为依托，从教材编写、新课程运行、教师培训、学科建设等方面协同推进实施，并不断追踪中国化马克思主义的创新理论和大学生的思想实际，推进课程内容的改革和教学方法的创新，从而创造了良好的教育教学效果。

（一）以强烈的政治责任感和使命感推进“05 方案”的实施

高校思想政治理论课程，承担着对大学生进行系统的马克思主义理论教育的任务，是各层次、各科类大学生的必修课程，是对大学生进行思想政治教育的主渠道；是帮助大学生坚定理想信念，树立正确的世界观、价值观和人生观的重要途径；是社会主义高等教育的本质特征。中国共产党历来高度重视高校思想政治理论课程，党的领导人历来高度重视以科学理论武装来促进大学生健康成长。党中央直接指导高校思想政治理论课程新课程体系的建构。2004 年 3 月，胡锦涛明确提出了力争在几年内使高校思想政治理论课程教育教学状况有明显改善的要求。他审议通过的《中共中央宣传部 教育部关于进一步加强和改进高等学校思想政治理论课的意见》要求，必须充分认识新形势下加强和改进高校思想政治理论课程的重要性；必须全面把握加强和改进高校思想政治理论课程的指导思想和总体要求；必须大力推进高校思想政治理论课程的学科建设；必须不断完善高校思想政治理论课程的课程体系；必须抓紧组织编写高校思想政治理论课程教材；必须切实改进高校思想政治理论课程教育教学的方式和方法；必须努力造就一支高素质的高校思想政治理论课程教师队伍；必须切实加强和改进党对高等学校思想政治理论课程的领导。这“八个必须”成为构建新课程体系的核心和灵魂。2005 年 1 月，他主持中央政治局常委会会议，专门研究部署了高校思想政治理论课程工作，讨论通过了新课程方案；同年 9 月，他和中央政治局常委还亲自审定了四门高校思想政治理论课程的教材编写提纲。为了落实“05 方案”，2006 年 6 月，时任教育部副部长的李卫红在全国高校思想政治理论课管理工作会议上指出要统一思想，明确任务，扎实工作，高质量实施高校思想政治理论课程新课程方案；部署了新方案的落实任务。各地各高校高度重视，积极贯彻“05 方案”精神，深入推进新方案的执行工作。

（二）以马克思主义理论研究和建设工程为依托抓教材编写，为“05 方案”的实施奠定基础

教材是课程之本，是教育教学的依据，只有编写出高质量的教材，才能高质量地落实和实施新课程方案。党中央高度重视高校思想政治理论课程教材建设，其中的一项重大决策，是把教材编写纳入中央实施的马克思主义理论研究和建设工程，作为重大项目集中全国教学科研力量组织落实。中宣部、教育部联合成立高等学校思想政治理论课教材编写领导小组，由其负责教材编写的组织领导工作；还组建了由多方面专家组成的高校思想政治理论课教材编审委员

会。自教材编写工作启动以来，中宣部领导对编写指导思想、编写总体思路、教材框架多次提出重要的指导意见。高校思想政治理论课教材编写领导小组多次听取教材编写工作汇报，及时解决编写工作中出现的问题。领导小组在全国高校采用公开招标的方式，从几百位专家申报的提纲中，选出三个提纲，再进一步吸收三个提纲各自的优点，综合成一个提纲。领导小组围绕这个提纲，确定了首席专家，组建了四个教材编写组。编写组在首席专家召集人主持下，在深入调研、广泛听取意见、集中开展学术攻关的基础上形成了编写提纲初稿。四门课程的大纲先经过高校思想政治理论课教材编审委员会、教育部党组、马克思主义理论研究和建设工程咨询委员会、中央宣传思想工作领导小组会议分别审议，后经中央政治局常委审定。党中央领导人在极其繁忙的工作中，亲自审批了四门高校思想政治理论课程的编写提纲，为确定教材编写思路和框架指明了方向，给予教材编写工作以极大的关怀和鼓励。在中央重视、各部门组织、各首席专家为首的编写组努力下，各门课程的教材及时出版发行，这为各高校按中央的部署开设新课赢得了时间，创造了重要的前提条件。新教材为贯彻落实中央的部署，把思想认识统一到中央关于编写教材的决策上来，统一到经中央审定的教材基本精神上来，为高质量实施新课程方案奠定了坚实基础。

（三）教师培训与教法改革同时并举，高质量地推进“05 方案”的实施

根据“05 方案”的要求，各高校于 2006 年秋季开设新课。为了使新课程体系高质量、有效力地落实，中宣部、教育部重点抓了两方面的工作。一是全面开展教师培训工作。教师是新课程方案高质量落实和实施的关键。理解中央落实新方案的要义，吃透新教材的精神，让思想政治理论课程变成大学生真心喜爱、终身受益的课程，关键在教师。为此，中宣部、教育部在教育部、省级两个层面进行教育培训。重点是统一广大思想政治理论课教师的思想认识，增强其工作的责任感、使命感。这要求通过新教材首席专家的讲授和试点学校的经验交流，以吃透吃准新教材基本精神和教学基本要求为目标，帮助任课教师尽快熟悉和掌握相关课程的教学目的、教学基本要求，尽快熟悉和掌握新教材的编写原则、编写思路、主题主线和应被把握的主要内容以及教学重点难点热点，切实保证新课程开课质量。同时，这要求广泛听取教师对新教材送审稿的意见和建议，集中全国高校思想理论界的智慧和经验进一步修改完善，确保教材质量，使中央满意、教师满意、学生满意。二是大力推进教学方法改革。高质量实施高校思想政治理论课程新课程方案，必须大力推进教学方法改革，切实抓好课堂讲授这一基本教学环节，用启发式、参与式、研究式和案例式等教

学方式，提升教学的吸引力。为此，教育部组织教师积极探索适应新课程方案的专题教学方法，制作“精彩一门课”全程教学示范片等，使既适应新课程体系又被广泛认可的好的教学形式能够随着新课程方案的实施推广开来。同时，教育部组织全国的专家学者，根据形势的发展和教学的需要，定期或不定期地就高校思想政治理论课程新课程教学实践中经常遇到的教学重点、社会热点、理论难点、思想疑点等问题进行集体攻关，编写出版《高校思想政治理论课教育教学热点难点问题解析》，帮助广大任课教师把有关理论和实践问题讲深讲透、讲明白讲清楚，以后又陆续出版了学生辅学读本、教学案例解析等辅助材料，使落实新课程方案有了多方面的保证。

(四)设立马克思主义理论一级学科，为“05 方案”的全面实施提供学科平台

《中共中央宣传部 教育部关于进一步加强和改进高等学校思想政治理论课的意见》强调，学科建设是加强和改进思想政治理论课程的基础，思想政治理论课程教育教学所依托的学科是我国特有的一门政治性、科学性和实践性很强的学科，只能加强，不能削弱。根据这一要求，“05 方案”规定：“高等学校要加强‘马克思主义理论与思想政治教育’硕士点和博士点的建设。要积极开展马克思主义理论体系研究，开展马克思主义发展史、马克思主义中国化研究，开展中国近现代史研究，开展思想政治教育研究”。随着新课程方案的推进，各二级学科纷纷设立，到 2008 年“中国近现代史基本问题研究”专业设立，新课程体系的四门必修课都有了相应的学科平台，从而为广大思想政治理论课教师提供了学科基础和科研领域，也为教师队伍稳定以及教学和科研相互促进提供了保障。

二、“05 方案”的成就

自“05 方案”实施以来，高校思想政治理论课程以教材建设和学科建设为基础，以师资队伍建设为重点，以教学方法创新为关键环节，不断促进教育教学的改革，深化对加强思想政治理论课程建设的规律性认识，取得了令人注目的成就。

(一)具有科学性、时代性、权威性和严肃性的教材体系顺利形成

自“05 方案”实施以来，高校思想政治理论课程教材建设顺利推进，具有科学性、时代性、权威性和严肃性的教材体系顺利形成。一是新教材体系比较充

分地反映了马克思主义中国化的理论成果，比较充分地反映了党领导人民建设中国特色社会主义的生动实践和基本经验，比较充分地反映了本学科领域的最新研究成果。二是新教材体系在充分体现马克思主义的立场、观点和方法上下功夫，在充分体现人类社会发展规律、社会主义建设规律和人才成长规律上下功夫，力求更好地承担起对大学生进行系统的马克思主义理论教育的任务，突出思想政治理论课程的思想政治教育功能。三是新教材体系坚持科学性与针对性的统一，坚持准确性与可读性的统一，在此基础上，紧密联系改革开放和现代化建设的实践，紧密联系大学生的思想实际，着力从正面回答大学生关心的问题，比较贴近大学生的需求。教材在体例上也有一定创新，文字鲜活简明，运用了许多新的表现元素，适宜大学生学习。新教材的编写在党中央的亲切关怀和直接指导下，举全国之力用两年多时间完成；在工作的重视程度、投入力量、成果质量等方面都是前所未有的，都是高水平的。而且，在编写的工作模式、组织方式、工作程序等方面创造的有益经验，也将成为我们的一笔宝贵财富。各高校在实施教学过程中，以教材内容为基础，将教材中的基本理论紧密结合社会现实和大学生实际，围绕社会热点问题帮助大学生提高理论修养，提高分析问题、解决问题的能力。各高校根据马克思主义研究的最新理论成果及时补充教学内容，让大学生接受最新理论，始终站在时代最前沿。教师在讲授教材的每一章内容时突出重点，结合大学生特别关注又容易产生疑惑的问题重点讲述，用马克思主义理论"活的灵魂"武装大学生的头脑，以关于社会现实的热点难点问题和大学生成长中的实际思想问题为出发点，用马克思主义的立场、观点和方法帮助大学生提高分析问题、解决问题的能力。

(二)思想政治理论课程教师队伍的水平有了明显提升

自"05方案"实施以来，我国高校在思想政治理论课程教师队伍建设方面取得了前所未有的成就。一是教育部在全国通过连续5年开设思想政治理论课教师硕士学位班，使得全国思想政治理论课教师的学位水平得到总体提升。二是增设马克思主义理论一级学科，使得部分思想政治理论课教师进入博士学位攻读阶段。三是中宣部、教育部通过国家教育行政学院、中央党校等开展培训，培养出一批思想政治理论课骨干教师和学术带头人。此外，中宣部、教育部组织了高校思想政治理论课骨干教师培训班，对高校思想政治理论课负责人在中共中央党校普遍进行为期半年的轮训，通过集体备课不断提高教师把教材体系向教学体系转化的水平和能力，并且，通过"精彩一课""多媒体课件"评比等多种手段，大大提高和推进了思想政治理论课教师的教学水平和运用现代化手段进行教学的能力。从 2008 年起，教育部拨出专项资金，并且要求各高校配套相应的资金，落实高校思想政治理论课教师暑期社会实践考察，还要求写出考察报告。实践证明，加大教师专项考察经费投入，为教师深入实际、了解国情、提高理论结合实际的能力、提高综合业务素质提供了切实可行的途径。

(三)教学方法更加多样化，有效提升了教学的吸引力和实效性

“05 方案”的一个突出特点是整体性和综合性强，各门课程的内容都是高度整合的。为适应课程教学的要求，思想政治理论课教师不断调整知识结构，改进教学方法，经过长时间的教学实践，创造了许多好的经验，如专题式教学，案例式教学，启发式教学，参与式教学，研究式教学，大班上课和小班辅导相结合，重点讲授和一般讲授相结合，科学性和趣味性相结合，教师讲授和学生讨论相结合，课堂讲授和课外自习相结合，演讲法，实验实践法，案例分析法，交流答疑法，等等。有些高校加强集体备课，统一制作教案和教学课件，以老带新，集体合作攻关，也取得了很好的效果。通过充分运用各种教学方法，普遍利用多媒体进行教学，思想政治理论课程增强了吸引力和感染力，提高了教学质量和教学效果。与此同时，实践教学成为各高校普遍采用的实现理论与实际相结合、深化对马克思主义理论的理解、强化学生能力培养的有效形式。随着“05 方案”的深入推进，实践教学已纳入教学计划和教育教学评估体系，对学生参加社会实践提出了明确的时间、任务要求，并促进了社会实践形式的多样化，如开展社会调查、公益活动、生产劳动、志愿服务等课外实践活动，以及结合传统节庆日和重大历史事件纪念日开展特色鲜明、吸引力强的主题教育活动等；寓教育教学于课外实践和校园文化活动之中；采用研究性实践教学模式和服务性教学模式等。自“05 方案”实施以来，广大教师坚持理论联系实际，贴近社会、贴近生活、贴近学生，坚持开拓创新，不断改进思想政治理论课程教学的内容、形式和方法，使得高校思想政治理论课程教学状况有了较大改善。

(四)马克思主义理论学科建设大力推进，思想政治理论课程获得了稳定的平台支撑

马克思主义理论一级学科及六个二级学科的确立，是学科体系建设的一个重大突破，极大地促进了学科体系的创新。广大思想政治理论课教师抓住这一机遇，不辱使命，积极建设和充分利用这一平台，在凝练学科方向上下功夫，在强化马克思主义综合性和整体性研究上下功夫，努力把学科建设同实施“05

方案”紧密结合起来，为增强高校思想政治理论课程的针对性实效性和吸引力感染力服务；努力把学科建设同科学研究紧密结合起来，为不断地推出研究成果，解决教学中的难点服务；努力把学科建设同教师队伍建设紧密结合起来，为培养和造就一批中青年学科带头人和骨干教师服务。长期以来，马克思主义理论学科不断总结学科发展经验，探索马克思主义理论学科发展的规律，防止学科发展的边缘化和泛化倾向，深入开展马克思主义综合性研究和整体性研究，努力建设一个研究对象明确、功能定位科学的学科体系，努力为加强和改进大学生思想政治教育及思想政治理论课程提供学科上的有力支撑。

经过长期的推进和建设，高校思想政治理论课程确实有了明显的改进，但改革永远在路上。我们应进一步提高对“05 方案”重要性的认识，扎实推进思想政治理论课程建设，积极创新内容形式、方法手段、体制机制，增强思想政治理论课程的吸引力和感染力，努力使思想政治理论课程的教育教学体现时代性、把握规律性、富于创造性。创新内容形式，就是要根据党的理论创新成果和马克思主义理论研究的最新成果，积极创新教育教学内容形式，确保教育教学内容形式的针对性、科学性、权威性和与时俱进性。创新方法手段，就是要针对不同专业和学段，采取切实有效的教育教学方式，改进教学方法，创新教学艺术，提高思想政治理论课程的说服力和感染力。创新体制机制，就是要全面探索长效机制建设，进一步建立健全学科建设带动课程建设、名师带动教学骨干、教学骨干带动中青年教师的机制，使高校思想政治理论课程成为大师、大家的摇篮，把思想政治理论课程建设成为大学生真心喜爱、终身受益的优秀课程。

三、“05 方案”的基本经验

在党中央的正确领导下，思想政治理论课程在改进中加强、在创新中发展，既取得了重要的阶段性成果，又在实践中深化了我们对加强思想政治理论课程建设的规律性认识，使我们积累了关于思想政治理论课程建设的宝贵经验。

(一)坚持用马克思主义中国化的最新成果教育学生

“05 方案”确立的新课程体系是一个具有时代性和开放性的课程体系，使高校思想政治理论课程的教育教学始终与时代的发展和中国化马克思主义的理论创新相结合。新课程体系始终坚持把什么是马克思主义、如何坚持和发展马克思主义作为教育的灵魂；始终坚持把什么是社会主义、怎样建设社会主义作为教育的主题；始终坚持把建设一个什么样的党、怎样建设党作为教育的核心；始终把实现什么样的发展、怎样发展作为教育的根本。灵魂、主题、核心、根本，是对大学生进行思想政治教育的历史主线和基本内容，具体表现在关于马克思列宁主义、毛泽东思想、中国特色社会主义理论体系等的教育中，表现在弄清“六个为什么”和划清“四个界限”的教育中，因而使大学生思想政治教育始终具有明确的方向性和针对性、敏锐性和鲜明性，突出地体现了以马克思主义为指导的社会主义意识形态的本质特征。这也就是我们坚持用马克思主义中国化的最新成果武装大学生的根本政治意义。

（二）坚持以人为本，使教育教学贴近学生的思想实际、生活实际，解决学生关注的理论和现实问题

以人为本，在“05 方案”中至少有两个方面的含义：一是教育大计，教师为本。高校思想政治理论课程的教育教学必须高度重视教师队伍的建设，必须充分发挥和调动教师的积极性和创造性，大力提升这支队伍的教育教学水平。二是从思想政治理论课程教育教学的对象来看，显然要以学生为本，以学生德智体美的全面发展为本。这两个“为本”角度不同，不能以一个来否定或取代另一个。“05 方案”在实施中特别强调学生的主体地位。一方面，上好思想政治理论课从根本上说是为了学生的成长，为了学生的成人成才，为了帮助学生树立正确的世界观、价值观和人生观；另一方面，就是要使思想政治理论课程的教育教学，贴近实际、贴近生活、贴近学生，使学习思想政治理论课程成为学生的内在需求。只有努力使思想政治理论课程成为学生真心喜爱、终身受益的课程，才能体现出思想政治理论课程的以人为本。为此，新课程体系实施以来，广大教师把教书、育人结合起来，在增强亲和力方面下功夫，对待学生既尽心动之以情，以情感人，又努力晓之以理，以理服人，力求做到入情入理、情理交融；在发挥教育合力方面下功夫，努力坚持教育与自我教育相结合，既发挥学校的教育引导作用，又调动学生学习的积极性、主动性。广大教师在实践中按照“三贴近”的要求，努力实现在观念、内容、方法、体制上的创新。贴近实际，就是立足于社会主义初级阶段这个最大的实际，紧跟时代步伐，把回答和解决学生关注的理论问题和现实问题作为思想政治理论课程教育教学的中心任务。贴近生活，就是深入到社会经济、政治、文化生活和人民群众的日常生活中去，反映客观现实，把握社会主流，使思想政治理论课程教育教学工作更加入情入理。贴近学生，就是深深扎根于学生之中，想学生之所想，满足学生需求，把握学生脉搏，为学生提供想听爱看、健康向上的精神食粮。贴近学生，

就要多联系学生身边的事例，多运用学生熟悉的语言，多用学生喜闻乐见的方式进行授课。贴近学生，就要力戒照本宣科、刻板说教，真正做到关心学生、理解学生、尊重学生、服务学生、引导学生、提高学生。“三贴近”体现了辩证唯物主义和历史唯物主义的世界观和方法论，体现了理论联系实际的根本原则，是思想政治理论课程教育教学必须长期坚持的宝贵经验。

（三）坚持统筹推进学科体系、教材体系和教师队伍建设，既注重学理支撑，又注重人才保证

“05 方案”的实施统筹兼顾教材、教法、教师、学科、保障各个方面，整体推进课程建设和改革，取得了一系列的突出成果。主要体现在：以课程改革和建设为中心，建立了以国家重点教材为主体的立体化、网络化的教材体系；突出学生主体地位，建立了以强化能力培养为目标的理论与实践相结合的教学体系；坚持以教师为本，建立了以提高素质为根本的教师队伍建设制度体系；发挥学科优势，建立了以科学研究为基础的思想政治理论课程支撑体系；加强党的领导，建立了以科学、创新、有效为根本价值取向的思想政治理论课程宏观指导机制体系。这一系列的体系化建设，从整体上把思想政治理论课程的教材、教法、教师、学科、保障等方面的改革推进到了新的高度，既为思想政治理论课程的建设和改革提供了有力的学理支撑，又为人才的培养奠定了坚实的基础。

思考题：

1. 简述思想政治理论课程“05 方案”课程体系的构成。
2. 阐述本科各门思想政治理论课程的定位和功能。
3. 思想政治理论课程“05 方案”课程体系如何体现整体性特征？
4. 简述“05 方案”实施以来，思想政治理论课程建设取得的主要成就。
5. “05 方案”实施以来，思想政治理论课程建设积累了哪些经验？

第四章　高校思想政治理论课程教材建设与研究

就教材而言，一方面，实施“05 方案”的成绩之一是全国统一使用教育部组织编写的教材，思想政治理论课程的课程建设和教材建设进一步标准化规范化；另一方面，自“05 方案”实施以来，面对不断变化的形势，面对层次各异的学校，面对具有特殊性和复杂性的教学对象，使用整齐划一的教材又带来新的教学问题。为此，2015 年 7 月，中宣部、教育部印发了《普通高校思想政治理论课建设体系创新计划》。《创新计划》的重点建设内容之一是教材建设。并且，它对思想政治理论课程教材建设提出了新要求，即以统编教材为基础，建设思想性、科学性和可读性统一的思想政治理论课程立体化教材体系，包括编写充分反映马克思主义中国化最新成果、教师好用学生爱读的系列教材，编写教师参考用书、学生辅学读本、教学指导资料和理论普及读物等教学系列用书，构建面向教师和学生等不同对象，辐射专科生、本科生、研究生各个层次，涵盖纸质和数字化等多种载体，体现思想性、科学性和可读性统一的立体化教材体系。2017 年 5 月 11 日，教育部社科司负责人就《2017 年高校思想政治理论课教学质量年专项工作总体方案》答记者问中，再次提出“教材攻坚”的总要求。

“05 方案”和《创新计划》对教材建设的原则性要求，是我们研究高校思想政治理论课程教材建设的基本依据。在我们看来，教材的统一与立体化教材体系的建设既无法回避宏观层面的建设问题，其主体是教育主管部门和部分教学专家；也离不开在高校思想政治理论课程教材建设上真正具有主体能动性的位于教学第一线的广大教师。因此，本章所要研究的既有宏观层面的教材建设问题；也包括而且重点是广大思想政治理论课教师如何研究开发教材，在课堂上用好教材，解决好教学内容的问题。

我们不难达成这样的共识，即便使用同一本思想政治理论课程教材，教授同样的内容，由不同的教师来上课效果会有很大的差别。这是为什么？原因可能有多种，但是追根究底，还是教师在教材的分析处理上有差异。有些教师上课效果不理想，主要是因为讲课时照本宣科，对教材内容缺乏分析，因而把握不住所教内容的本质及它们之间的联系，抓不住教材的重点。把课讲好的关键是组织好教学内容，体现在文字上就是写出好的教案或者教学设计。组织教学内容的第一步就是做好教材分析，它是备课的重要一环，是做好教学设计、写好教案的前提。高校思想政治理论课程教学是教师以教材为媒介对学生施以影响，学生在教师的影响下通过教材获得一定的知识、品德和思想政治素质的教育行为。教材是连接教育者和教育对象的一种媒介。教材建设是高校思想政治理论课程内容建设的核心，教材研究是高校思想政治理论课程教学建设的基本内容。

目前，对教材有狭义和广义两种基本理解：狭义上的教材是指教科书。所谓教材是指根据一定学科的任务，经过编选和组织形成的具有一定范围和深度的知识体系。在这个意义上，教材分析、教材研究等，主要是指对教科书的研究分析。因为在教育史上教科书曾经是课堂教学的唯一依据。广义上的教材是指教师指导学生学习的一切教学材料。它包括教科书、讲义、讲授提纲、参考书刊、辅导材料等，也就是以教科书为核心，包含一切教学材料的教学媒体。教材具有知识的系统性、科学性、教育性等特征。以教辅材料为补充，以教科书为核心，教材体系得以构成。

教材是实现课程目标的载体，是提高高校科学教学水平的关键。从一般意义上说，课程主要体现社会与学科这两方面知识和教学的要求，任何课程都蕴含清晰的教学目标，而教材则是课程得以实施的具体保证，是课程的“物化形态”。

从功能上看，教材是人们按照一定的教学目标、遵循相应的教学规律组织起来的，并且发展着的科学理论的知识系统。教材作为教学资源尤其是学习资源而存在。教材是系统地、有计划地、大规模地进行社会教化和思想道德教育的重要工具及主要内容。从教材发展史可知，教材自产生起，就具有社会教化和人才培养的双重任务，教材文化影响教师更影响学生。课程建设在很大程度上依靠教材建设的成就。所以，教材建设对课程建设而言是一项非常具体的基础建设，如果缺乏教材建设的保证，课程建设与学科建设只能是空想而已。

本章所涉及的高校思想政治理论课程教材是指广义的教材体系，即以高校思想政治理论课程统编教材与辅助教材建设相结合的立体化教材体系，主要包括教科书、指导教师教学的参考书、指导学生自学的辅导书、补充读物等教学媒体。高校思想政治理论课程教材体系是当代中国马克思主义理论体系发展的最新成果和转化载体。高校思想政治理论课程教材承载着国家意志，体现了党的意识形态工作、党的宣传思想工作的基本方向和基本要求。因此，党和国家一直高度重视高校思想政治理论课程教材建设。

第一节　“05 方案”实施以来的高校思想政治理论课程教材建设

认识和把握高校思想政治理论课程教材建设的重要性和特殊性是进行高校思想政治理论课程教材研究的背景条件。高校思想政治理论课程的建设关系到社会主义大学的办学方向，其成效关系到能否为中国特色社会主义事业培养出可靠的接班人。由此，高校使用什么样的教材，就不仅仅是个教育问题，归根结底是培养什么样的人、拥有什么样的接班人的政治问题，关系中国特色社会主义的前途命运，关系当代中国和中华民族的兴衰成败。如果传播西方价值观念的教材进入大学，势必造成对社会主义价值观培养的侵蚀和消解。如果体现国家意志的高校思想政治理论课程教材缺乏有效规范和管理，多本化、个性化，就会出现“一千个读者眼中有一千个哈姆雷特”的问题，这也将会从根本上削弱高校思想政治理论课程的导向性和权威性，甚至发生误导学生的情况。因此，高校思想政治理论课程的教材建设呈现出其特殊性，我们必须保证其与国家根本政治方向的一致，不能出现偏差。自“05 方案”实施以来，党中央从战略高度对高校思想政治理论课程教材建设进行高屋建瓴的顶层设计，采取一系列有效举措，举全党全国之力，集中攻关编写高水准的教材。

一、思想政治理论课程教材编写纳入马克思主义理论研究和建设工程

高度重视思想政治理论课程教材建设是中国社会主义高等教育的优良传统和基本经验，而探索编写与高校思想政治理论课程相配套的教材是实行改革开放以来国家从文化自觉的高度一直致力于解决的一个重要问题。1985 年，国家决定成立全国马克思主义思想理论课教材编审委员会，要求编写出几套适应社会主义现代化建设需要的、具有高水平的教材。1986 年，国家决定在高等学校比较集中的省、市，由高教厅(局)统一组织以马克思主义理论教师为骨干的编写组，进行新教材的编写工作，并对“中国革命史”“中国社会主义建设”“马克思主义原理”课程分段试点，编写教材与教学参考大纲。1988 年，国家又规定，在高等学校教学改革中逐步开设的马克思主义理论课程，所需教材的编写、出版审批工作由原国家教委政教司统一规划管理；高等学校马克思主义理论课程的全国通用教材，仅限原国家教委直接组织编写、审定，并由原国家教委向全

国推荐使用。其他有关教材原则上均作为各地教材、校内教材或校际交流教材使用。同时，国家规范了高校思想政治教育课程教材的编写，即由专门部门负责，由专职人员编写。“98 方案”实施时，教育部印发了《教育部办公厅关于加强普通高等学校马克思主义理论课和思想品德课(公共课)教材建设及管理问题的通知》，确定实施高校思想政治理论课程教材的二级(教育部和省级教育主管部门)建设和管理体制。教育部负责制定颁布教学大纲、教学基本要求，将之作为全国高校思想政治理论课程教材编写和教学的基本规范和依据。省级教育主管部门在教育部组织编写的各门课程示范教材的基础上，组织编写推荐教材。到 2003 年，我国基本形成了在统一教学大纲规范下，不同类型、不同层次、不同载体的高校思想政治理论课程教材体系。“05 方案”实施后，教育部办公厅于 2006 年下发《关于进一步加强高等学校思想政治理论课教材编写管理、规范教材使用的通知》，决定将教材建设列为马克思主义理论研究和建设工程重点内容，并由中宣部、教育部组织教材编写和出版。文件同时规定，未经中宣部、教育部、原新闻出版总署批准，各省份及各高校不得自行组织编写各种名义的高校思想政治理论课程教材。此次高校思想政治理论课程教材建设和管理体制改革后，各省份的教材建设和管理的重点调整为以对统编教材使用情况的督导检查为主。

“05 方案”颁布后，为提升高校思想政治理论课程教材编写的政治性、权威性和科学性，党和国家作出把思想政治理论课程教材编写纳入马克思主义理论研究和建设工程的重要举措。党中央如此重视教材的编写在历史上是空前的。实施马克思主义理论研究和建设工程是党中央面对新形势，立足新实践，提出的一项巩固社会主义意识形态主导地位的具有全局性和战略性的新任务。马克思主义理论研究和建设工程作为一项任务提到了全党面前。2004 年 3 月，胡锦涛明确要求，高校思想政治理论课程要在加强教材建设、加强教师队伍建设、推进教学方法改革及改进宏观管理等方面下功夫，力争在几年内使高校思想政治理论课程教学状况明显改善。党中央实施的马克思主义理论研究和建设工程在党执政的历史上是一项具有重大现实意义和深远历史意义的创举，也是我们党实施的一项具有深远影响的思想理论建设工程。

为落实上述精神，党中央召开了实施马克思主义理论研究和建设工程的一系列工作会议，及时地就有关事项作出部署。党中央对编写新教材的要求，可以概括为“三个充分体现”和“一个有针对性”。“三个充分体现”就是充分体现马克思主义中国化的最新成果，充分体现中国特色社会主义的最新经验，充分体现马克思主义理论研究的最新进展。“一个有针对性”就是有针对性地回答大学生关心的重大问题。这是对编写马克思主义理论研究和建设工程教材的要求，也是我们认识和研究新时期高校思想政治理论课程教材应把握的基本原则。

高校思想政治理论课程教材建设的新发展可以通过马克思主义理论研究和建设工程对自身目标与任务的阐释得到反映。2004 年底，马克思主义理论研究和建设工程明确提出了自己的工作目标和主要任务，即把马克思主义中国化理论成果作为研究重点，以重大现实问题为主攻方向，把马克思主义在中国发展的最新理论成果贯穿到哲学社会科学的学科体系和教材体系建设中，进一步加强马克思主义理论队伍建设，力争用 10 年左右时间，形成充分反映当代中国马克思主义最新理论成果的学科体系和教材体系，形成一支老中青三结合的进行马克思主义理论研究和教学的骨干队伍。

具体工作在五个方面展开：一是加强对马克思主义中国化理论创新成果和重大现实问题的研究；二是加强对马克思主义经典著作的编译和研究；三是建设具有时代特征的马克思主义基础理论和哲学社会科学学科体系；四是编写体现当代中国马克思主义最新理论成果的思想政治理论课程教材，编写哲学、政治经济学、科学社会主义、政治学、社会学、法学、史学、新闻学和文学等重点学科教材，形成哲学社会科学教材体系；五是建设一支老中青三结合的进行马克思主义理论研究和教学的骨干队伍。

马克思主义理论研究和建设工程自 2004 年提出和实施以来，通过编译经典作家文集、开展重大问题研究、编写高校教材、出版学术著作、发表学术论文、召开学术研讨会等多种形式，推进了马克思主义中国化、时代化、大众化，进而也推进了中国特色社会主义的伟大事业。

二、组建教材编审委员会

可行的教学大纲和教材是实施新课程方案的基础和前提。中宣部、教育部作为落实和督导高校思想政治理论课程教材建设的中层组织，于 2005 年 3 月印发了《〈中共中央宣传部 教育部关于进一步加强和改进高等学校思想政治理论课的意见〉实施方案》。文件明确规定：要加强对教学大纲和教材的编写工作的领导和管理。高等学校思想政治理论课程教学大纲和教材的编写纳入马克思主义理论研究和建设工程，作为重大项目集中全国教学科研力量组织落实。中宣部、教育部联合成立高等学校思想政治理论课教材编写领导小组。组建由多方面专家组成的高等学校思想政治理论课教材编审委员会。按课程组建教学大纲和教材编写组，编写组实行首席专家负责制。按照定向申报、择优遴选、集中编写的方式，编写教学大纲和试用教材。经教材编审委员会审议后上报审定。

具体的工作机制如下。

首先，由中宣部、教育部联合成立高等学校思想政治理论课教材编写领导小组，负责教学大纲和教材编写的组织领导工作。领导小组在教育部社政司下设办公室，负责有关具体工作。其次，确定教材编审委员会委员的构成原则。中宣部、教育部牵头成立教材编审委员会，负责各课题组人员构成、教学大纲和教材审议工作。教材编审委员会成员由马克思主义理论研究和建设工程课题组首席专家，教育部普通高等学校马克思主义理论课和思想品德课教学指导委员会主任、副主任，教育部哲学社会科学委员会主任、副主任，以及教育部社政司主要负责人组成。

马克思主义理论研究和建设工程实施以后，随之成立了马克思主义理论研究和建设工程咨询委员会，由其肩负起为工程顺利实施把关助力的责任。咨询委员会由几十位德高望重、资深学丰的马克思主义各个领域的著名理论家组成。我们从马克思主义理论研究和建设工程咨询委员会的基本职责着眼，可以透视新版高校思想政治理论课程教材的基本定位和编写宗旨。

马克思主义理论研究和建设工程咨询委员会的委员肩负把好教材质量关的重任。他们强调“政治关重在正确，学术关贵在科学”。在政治方面，注意把握“三个正确”：一是政治立场正确，要求书稿必须坚定地站在马克思主义的立场上，站在无产阶级和广大人民群众的立场上；二是政治观点正确，书稿必须符合马克思主义的基本观点，符合党的理论和路线方针政策；三是政治导向正确，书稿必须有利于改革发展稳定，有利于统一思想、凝聚人心，有利于坚持和发展中国特色社会主义。在学术方面，注意把握“三个科学”：一是论述科学，要求书稿立论正确，阐述有理，符合马克思主义的世界观和方法论；二是结构科学，要求书稿的整体架构在科学思维的指导下，符合事物的规律，符合发展的逻辑，符合阅读的习惯；三是选材科学，书稿中的文字、案例等要科学合理、真实可靠、准确规范。同时，委员还从是否创新这个问题出发对教材进行评价。新教材一定要反映马克思主义理论创新的最新成果；一定要把学习、研究、宣传中国特色社会主义理论体系放在突出位置，给予其系统、全面、正确、深刻的阐述；一定要把理论创新建立在研究新实践、总结新经验、形成新认识的基础上，一定要充分反映理论创新和学术创新的新成果。

三、组建教学大纲和教材编写组

可行的教学大纲和教材是实施新课程方案的基础和前提条件。做好教学大纲和教材的具体编写工作关键在落实。为保证教学大纲和教材的科学性、权威性、严肃性，充分发挥省级教育主管部门以及高校和社会各界有关专家学者、研究人员的积极性、主动性、创造性，集思广益，根据“05方案”，教学大纲和教材的编写采取“定向申报，择优遴选，集中编写”的方式进行。定向申报，即既不指定，也不面向全国广泛发动，而是请省级教育主管部门申报，组织本省份内高校知名专家、最具丰富经验的教师作为首席专家组成全国性的课题组，主要成员可以跨地区互相参与。若干申报的省级教育主管部门可按四门必修课，组织四个课题组；也可根据本省份实际，组织一门、二门、三门课程的课题组。不具有条件的省级教育主管部门，可以不组织。择优遴选，即经教材编审委员会、教材编写领导小组审定，从省级教育主管部门申报的编写组中选择若干优秀的编写组。集中编写，即集中力量、集中时间，编写大纲和教材。

最终，确定了以课程为单位组成的教学大纲和教材编写课题组，课题组实行首席专家负责制。首席专家和课题组主要成员要吸收高等学校、中国社会科学院、中共中央党校等的学科专家和理论研究人员，高校思想政治理论课教师，中央有关实际工作部门的同志，中学思想政治课教学大纲和教材的编写专家。

从教材提纲的征求意见和修改审定，到教材初稿的撰写、审议审看和统稿修改，再到上报中央审批以及编辑出版，进入马克思主义理论研究和建设工程的高校思想政治理论课程教材编写确立了科学、严格、规范的工作机制。

国家不仅对教材编写凝心聚力，而且为保证教材的与时俱进，建立了定期对教材进行修订的思想政治理论课程教材科学化建设长效机制。自“05方案”实施以来，国家基本每年都对教材进行修订。教材修订工作面广、幅度大，既涉及新理论、新成果的有机融入，也涉及框架结构的优化；既涉及教材内容的完善深化，也涉及文字表述和篇幅的调整。从修订过程看，教学大纲和教材的修订经历了专门研究、收集意见、撰写修改、征求意见、专家和一线教师审议、中央或教育部审定等严格的程序。其中，意见的整理与反馈、相关会议的组织与协调、课题组专家的联络与情况汇报等，都要求有关工作人员能够操办会务、认真记录，提供高效、周到的服务。例如，为了组织好高校思想政治理论课程教材和教学大纲的修订工作，充分听取一线师生对教材和教学大纲的意见建议，教育部社科司配合中央马克思主义理论研究和建设工程办公室在北京、上海、哈尔滨、广州、成都等地，召开了教材和教学大纲征求意见系列调研座谈会。根据日程安排，调研座谈会后，中宣部、教育部和教材编写组专家要集中讨论师生的意见建议，以形成教材修订的具体意见。在集中讨论之前，有关工作人员要按照思想观点、体例结构、文字表述等分类整理师生的意见建议，以提高会议讨论的效率。

这样一个严格的程序本身，体现了思想政治理论课程教材修订工作的严肃性、重要性。从修订内容讲，无论是新理论新成果的有机充实，还是框架结构的调整优化，甚至是一些不仔细研读可能不会发现的很细小的、很具体的字句和标点的修订，都是精益求精的结果，都是尊重师生意见的体现，都贯彻了党中央的精神和要求。

四、规定全国普通高校统一使用马克思主义理论研究和建设工程重点教材

为确保高校思想政治理论课程教材的科学性、权威性和严肃性，2006 年 2 月，中宣部、教育部、原新闻出版总署联合印发了《关于加强高校思想政治理论课教材出版管理的通知》，明确要求，未经中宣部、教育部、原新闻出版总署批准，任何部门、单位和个人不得再自行组织编写、出版发行各种名义的高校思想政治理论课程教材。省级教育主管部门和各高校严格按照要求，加强了对教材编写的管理。为进一步加强对高校思想政治理论课程教材的管理，规范教材的使用，该文件作出了如下明确要求。

第一，高校思想政治理论课程教材的编写和使用是一项政治性很强的工作。省级教育主管部门和各高校要高度重视，严肃对待，要深刻认识党中央将高校思想政治理论课程教材编写纳入马克思主义理论研究和建设工程的重大意义，深刻认识党中央关于教材编写的总体要求，深刻认识由中宣部、教育部统一组织集中编写一套思想政治理论课程必修课教材的重要性和必要性，把思想认识统一到党中央的决策上来，切实加强对高校思想政治理论课程教材编写的管理，规范教材的使用。

第二，从 2006 级新生入学开始，全国普通高校统一使用由中宣部和教育部组织编写的、由高等教育出版社出版的马克思主义理论研究和建设工程重点教材，即《马克思主义基本原理概论》、《毛泽东思想、邓小平理论和“三个代表”重要思想概论》(后改为《毛泽东思想和中国特色社会主义理论体系概论》)、《中国近现代史纲要》、《思想道德修养与法律基础》。

第三，未经中宣部、教育部、原新闻出版总署批准，省级教育主管部门、高校及教师不得自行组织编写各种名义的高校思想政治理论课程教材。高校及教师编写的校内讲义，只限本校使用，不得公开出版、上市销售。

第四，省级教育主管部门和各高校要把高校思想政治理论课程教材编写的管理和使用纳入新课程方案实施的管理，加强督导检查，组织好新教材的征订

和使用工作，确保新课程方案高质量实施。

《关于加强高校思想政治理论课教材出版管理的通知》还要求，省级教育主管部门和各高校要及时研究与解决新教材使用中出现的新情况、新问题，重大情况要报中宣部、教育部。

自2006年秋季开始，四门高校思想政治理论课程的新教材《马克思主义基本原理概论》《毛泽东思想、邓小平理论和“三个代表”重要思想概论》《中国近现代史纲要》《思想道德修养与法律基础》，陆续在全国各高校投入使用。

总之，在众多的课程资源中，思想政治理论课程教材具有非常特殊的地位。高校思想政治理论课程教材建设从主体角度看，党中央直接关注和部署，中宣部、教育部具体组织落实，乃至设置高校思想政治理论课教材编审委员会、教学大纲和教材编写组，由专家们精心编写，最终由中央政治局讨论通过，可以说集中了全党全国的力量。教材比较全面系统地反映了高校思想政治理论课程的目标，在一定程度上确定了思想政治理论课程教学内容的深度和广度，提供了基本的教学流程和教学进度。教材具有其他课程资源所不能替代的作用，是我们开展教学的基本材料。从层次上说，把高校思想政治理论课程教材编写纳入马克思主义理论研究和建设工程，表明了党和国家致力于把高校思想政治理论课程教材编成具有科学性、权威性、严肃性和针对性的优秀教材、优秀哲学社会科学成果的决心。从重要性上看，高校思想政治理论课程教材建设不应当被仅仅当作一般的课程教材建设，而应当从赢得青年、赢得未来的战略高度来看待：它是关系到进入21世纪的中国共产党如何认知、理解马克思主义，坚持什么样的马克思主义的重大政治问题。它不仅影响中国人的马克思主义观和社会主义观，而且，影响整个世界的共产党对马克思主义的认识。规定全国统一使用马克思主义理论研究和建设工程重点教材，对于坚持主导意识形态的统一性意义重大，在指导思想的意义上，马克思主义只能有一个，而不是多个。

教材建设首先是教材编写，而用好教材的前提是做好教材分析。在“05方案”的课程体系中，“用教材”的过程就是教师对教材进行分析和“再创造”的过程。在这一过程中，教师要研究发现教材各个部分之间的逻辑联系，发现教材所呈现的历史与现实生活之间的关联，利用多种课程资源创设历史情境，千方百计地提升教学效果。“用教材”的起点是教材分析，终点是思想政治理论课程教学目标的实现。

第二节　高校思想政治理论课程新教材体系的理论逻辑和特征分析

一、高校思想政治理论课程新教材体系的理论逻辑

研究高校思想政治理论课程教材体系，首先应当对四本教材的宗旨或总体逻辑有一个正确全面的认识。四本教材在总体逻辑上构成一个严密的理论整体，具有同向同心的教育目标。

“05 方案”对课程体系设置的基本思路和框架结构可以概括为“一个中心”和“三个开展”。“一个中心”，就是思想政治理论课程课程体系的设置和构建要以马克思主义中国化的理论成果为中心，这是课程体系的灵魂和支柱。“三个开展”，即开展马克思主义人生观、价值观、道德观和法治观的教育，开展中国近现代史的教育，开展党的路线、方针和政策的教育，形成合力完成提高大学生思想政治素质的任务。“05 方案”的四本教材从理论逻辑上是一个严密的逻辑整体，其教育目标具有一致性、综合性、整体性的要求，特点是通过历史逻辑与理论逻辑的结合、理论与实践的统一、历史与现实的对接，使大学生在对中国近代以来社会历史发展的认知中、在对马克思主义理论的认知中，以及在对二者关系的认知中，坚定对马克思主义的信仰、对中国特色社会主义的信念、对改革开放和社会主义现代化的信心、对党和政府的信任。这种总体逻辑可以从多方面加以把握。四门新课程都是帮助大学生坚定理想信念的核心课程、主干课程。帮助大学生树立正确的理想信念，最根本的一条是用科学理论武装大学生，把马克思主义的科学真理教授给大学生。“原理”、“概论”、“纲要”和“基础”四门新课程，分别从理论、现实、历史和成长实践的角度，帮助大学生深刻认识到马克思主义是伟大的科学真理，已经为时间、实践和历史所检验。也就是说，“原理”、“概论”、“纲要”和“基础”四门新课程的开设都是为了帮助大学生树立马克思主义信念。

教材在服务于总目标和总布局中又有不同侧重、不同分工以及相互配合。研究思想政治理论课程教材首先应从总体站位的高度去认识和把握各门课程教材的旨意，这样才能为各门课程的教材研究正确定位。所以，研究高校思想政治理论课程教材要从认识新教材体系的整体逻辑开始，并在总体性的视域下领会每本教材的理论逻辑。

(一)四本教材的总体逻辑

四本教材之间蕴含着一种紧密的内在逻辑演绎关系，形成了空间上并存与相互支撑的逻辑关系。这种逻辑关系是由课程的整体性决定的。四门思想政治理论课程各有侧重，结构合理、功能互补。“原理”是基础，“概论”是中心，“纲要”是主线，“基础”是落脚点。“原理”是基础，是指“原理”所进行的马克思主义立场、观点、方法的理论教育，可以帮助大学生掌握马克思主义的世界观和方法论，从整体上弄清马克思主义的科学内容和精神实质，从人类社会发展规律和趋势的高度认识和把握“两个必然”理论的科学性，为理解和把握马克思主义中国化的成果、历程以及运用，尤其为坚定中国特色社会主义信念而树立“理论自信”奠定理论基础，为实现“理论坚定”提供支撑。由此，“原理”教材的内容主要侧重阐述马克思主义基本原理。“概论”是中心，“概论”旨在开展党的基本理论、基本路线、基本纲领和基本经验教育，开展科学发展观教育等，帮助大学生进一步掌握马克思主义与时俱进的理论发展成果，是一门侧重阐述马克思主义理论发展历史的课程。由此，“概论”教材的内容是马克思主义普遍原理同中国不同时期社会实际相结合产生的理论成果的集中呈现，这些与时俱进的马克思主义理论成果是中国特色社会主义现代化建设的具体的、直接的指导思想。教材主要阐述马克思主义中国化的成果，坚定中国特色社会主义道路自信、理论自信、制度自信、文化自信的缘由，中国特色社会主义的总体布局等。大学生对“概论”教材内容的掌握程度，不仅关系到大学生对党的方针政策和社会现实问题的理解和判断能力；而且关系到大学生对实现中华民族伟大复兴中国梦的信心，对党和国家的信任。所以，“概论”教材成为新教材体系的中心。“纲要”是主线，是说“纲要”旨在开展关于中国革命、建设和改革的历史教育，帮助大学生了解国史国情，特别是我们党和国家选择和坚持马克思主义的历史背景、历史必然和历史逻辑，使大学生确立并增强对马克思主义的信念，是一门侧重阐述马克思主义社会发展历史的课程。由此，从主要教学内容来看，“纲要”教材以历史为线索，勾画出近现代中国人民选择马列主义、选择中国共产党、选择社会主义、选择改革开放的历史根源的主线。“纲要”教材所作的历史铺垫是“原理”教材展开的历史前提。“基础”是落脚点，是说“基础”旨在开展马克思主义价值观、人生观、道德观和法治观的教育，引导大学生树立高尚的理想情操和养成良好的道德品质，树立体现中华民族优秀传统和时代精神的价值标准和行为规范，是一门侧重阐述马克思主义具体运用的课程。由此，“基础”教材要立足于帮助大学生树立正确的价值观、人生观、道德观和法制观，培养德智体美全面发展的社会主义合格建设者和可靠接班人。这一目标也是全部思想政治理论课程的落脚点。综上所述，四门课程的教材可以说是“各有侧重，功能互补”，每本教材都具有不同的地位和作用，但是不能替换，缺一不可。可见，这四门课程的教材之间蕴含着一种紧密的内在逻辑演绎关系，形成了总教育目标下空间上相互支撑的并存关系。

同时，教材使用上的顺序安排内含着时间继起的总体逻辑和由这一总体逻辑所决定的内容递进关系。四门思想政治理论课程在教学环节中的排课顺序似乎是约定俗成的，即“基础”—“纲要”—“原理”—“概论”，实质上，教材作为课程的内容决定和预设了课程在时间顺序上的继起关系和时间上的顺序性。排课顺序体现和实现着四本教材的整体逻辑，实现和保证了教育的合力目标，也符合大学生由浅入深、由具体到抽象地接受知识的认知规律。“基础”更侧重联系大学生的生活实际，解开其生活中的各种思想疑惑，具有较强的实践性和应用性。良好的道德情操是立身之本，自觉的法律意识是成才基础。“基础”就是要帮助大学生养成现代中国公民应当具备的基本道德素质和法律素质。有了做人的基本素质，一个人也就有了探索真理和遵守社会规范的基础。这也就为后继的思想政治理论课程学习奠定了基础。“纲要”更侧重对中国近现代国史国情的介绍，具有较强的经验性。旨在对大学生进行中国近现代国史国情教育的“纲要”，可以使大学生对“四个选择”的正确性和历史必然性有一个更深入的理解，这有利于后续“原理”和“概论”的学习，有助于大学生理解马克思主义理论及其三大理论成果的形成过程、发展过程和客观必然性，有助于大学生从历史的角度理解和相信马克思主义理论及其三大理论成果的真理性和历史正当性。“基础”和“纲要”这两门课程相对比较具体；阐述马克思主义基本理论及其阶段性理论成果的“原理”和“概论”则相对比较抽象，理论性较强。“原理”安排在“概论”之前，也是因为“原理”可以为大学生了解和把握马克思主义中国化的三大理论成果奠定理论基础，有助于大学生进一步理解马克思主义中国化的三大理论成果是党运用辩证唯物主义和历史唯物主义进行革命和建设并结合国际环境和时代特征进行理论创新的结果，从而使其更加坚定对马克思主义的信仰、对社会主义的信念，增强对改革开放和现代化建设的信心、对党和政府的信任，为积极投身中国特色社会主义的伟大实践而储备知识、努力学习。总之，这样的排课顺序有利于各门课程前后衔接，做到前面的教学内容为后面的教学内容奠定基础，后面的教学内容能够深化和提高对前面的教学内容的认识，即教材间由浅入深、层层推进的前后联系通过课程排序得以实现。

（二）每本教材的具体逻辑

高校思想政治理论课程教材研究不仅要研究教材的总体逻辑，而且要研究每本教材自身具体的理论逻辑，毕竟，这涉及四门不同的课程，每门课程有自身的特点。应当说，每本教材的理论逻辑各有侧重。“原理”教材侧重的是“理论”的角度，而其他三门课程的教材分别侧重的是“现实、历史和成长实践”的角度。

“原理”是“98 方案”中的“马克思主义哲学原理”、“马克思主义政治经济学原理”与“科学社会主义”有机整合的产物。整体性是“原理”教材的突出特点，也是教师在研究教材中要用心体会和着力把握的。如果在教材研究中，仍然把“原理”教材的内容理解为“马克思主义的三个组成部分”，碎片化“原理”教材，找不到贯通“原理”的主线逻辑，也就很难说把握了教材。可以说，在新教材体系中，“原理”的理论性、学理性是最强的，教材整体性的逻辑也是最难把握的。“原理”的目标和定位是从理论层面坚定当代大学生对马克思主义的信心。从内容上看，“原理”所要回答的不是那些表层的、现象的、当前的和具体的问题，而是关于世界特别是关于社会和历史领域的深层的、本质的、长远的和根本的问题。“原理”要着重讲授马克思主义的世界观和方法论，帮助学生从整体上把握马克思主义，正确认识人类社会发展的基本规律。具体说，这可以概括为“三个一”，即把握“一个主题”，贯穿“一条主线”，突出“一个重点”。也就是说，“原理”以什么是马克思主义、为什么要始终坚持马克思主义、怎样坚持和发展马克思主义为主题，以认识人类社会发展的基本规律为主线，以阐述马克思主义的世界观和方法论为重点，并把这“三个一”有机地贯通起来。“概论”实际上是“98 方案”中的“毛泽东思想概论”与“邓小平理论概论”两门课程的优化整合。“概论”教材是对当代中国的马克思主义即马克思主义中国化的两大理论成果的反映和体现，其特点在于可以使大学生对马克思主义中国化的两大理论成果形成一个连贯的、整体性的认识，坚定在党的领导下走中国特色社会主义道路的理想信念。“概论”教材主要是让大学生掌握马克思主义中国化的两大理论成果，更为重要的是帮助其深刻理解为什么中国问题只有中国化的马克思主义才能解决，进而在理论与实际联系的进程中，提升大学生分析社会现象与解决现实问题的能力，引导大学生坚定在中国共产党的领导下走中国特色社会主义道路的理想信念，最终实现“道路认同”和“道路自信”。“纲要”是新开设的一门课程，主要讲授中国近代以来抵御外来侵略、争取民族独立、推翻反动统治、实现人民解放的历史，帮助学生了解国史国情，深刻领会历史和人民是怎样选择了马克思主义，选择了中国共产党，选择了社会主义道路，选择了改革开放。与大学历史专业课以及高中历史课不同的是，“纲要”的理论逻辑是大历史逻辑，或者说大历史视野，它之所以被设置为高校的思想政治理论课程，其教学目标不是培养历史学研究者，而是培育大学生正确的历史观和价值观。“纲要”教材旨在通过对中国近现代历史演进过程的叙述与反思，实现对中国特色社会主义道路、理论、制度、文化的来源和历史依据的充分说明和揭示，使学生深刻理解中国特色社会主义道路选择的历史因由，增强“四个自信”，增强建设中国特色社会主义的责任感和使命感。“纲要”教材在大历史视野下通过宏观的历史唯物主义方法突出中国近现代的基本国史国情，梳理出历史演进的逻辑主线，明确地说明中国近现代史发展的基本经验与基本规律。“基础”是对“98方案”中的“思想道德修养”和“法律基础”两门课的有机整合。“基础”主要进行社会主义道德观教育和法治观教育，帮助学生增强社会主义法治观念，提高思想道德素质，解决成长成才过程中遇到的实际问题。

二、高校思想政治理论课程新教材体系的特征

新教材体系从特征上看，整体性特征突出，力求准确全面地阐述马克思主义的基本理论、根本立场、基本观点和基本方法。新教材体系有四个基本特征：一是做到了“三个充分体现”，即充分体现马克思主义中国化的最新成果，充分体现中国特色社会主义实践的最新经验，充分体现马克思主义研究的最新进展。二是突出了教育的重点，充分反映马克思主义的立场、观点和方法，充分反映人类社会发展规律、社会主义建设规律和人才成长规律，对大学生进行系统的马克思主义理论教育，突出思想政治教育的任务。三是具有时代性。新教材体系力求站在21世纪历史的高度，反映时代和实践的发展要求，结合时代和实践的发展要求深入阐述马克思主义。思想政治理论课程新教材集思想性、政治性、知识性与应用性于一体，贴近实际、贴近生活、贴近大学生。四是具有较强的现实性、针对性和可读性，紧密结合大学生的思想实际、生活实际，在内容和体例上有较大创新。

第三节　高校思想政治理论课程教材研究的任务

教材编写完成并投入使用后，教材优势转化为教学优势，高校思想政治理论课教师研究、解读和吃透教材精神，成为教材发挥作用的关键节点。

高校思想政治理论课教师教材研究的主要任务是自觉地认识到教材体系向教学体系转化的必要性，建构有利于实现思想政治理论课程教学效果提升的教学体系。《中共中央宣传部 教育部关于进一步加强高等学校思想政治理论课教师队伍建设的意见》明确指出："思想政治理论课教师要以教材为教学基本遵循，在教材体系向教学体系转化上下功夫，真正做到融会贯通、熟练驾驭、精辟讲解。"那么，在教材体系建设完成后，为什么要提出教材体系向教学体系转化的问题？这归因于教材体系与教学体系的区别。教材体系主要偏重理论建构，供给对象是教师和学生，主要针对教师；教学体系偏重教学实践，面对的是学生，重点要解决教材内容如何"入耳、入脑、入心"的接受问题。教材体系对应如何编教材，而教学体系对应如何讲课，教师可以根据具体情况作出自己的选择和规定，既不拘泥于马克思主义理论本身的体系，也不拘泥于教材的体系，具有很大的灵活性。教材体系与教学体系之间的矛盾关系决定了前者向后者转化的必然性。

一、高校思想政治理论课程教材体系向教学体系转化的必要性

教材是思想政治理论课程教学的蓝本，然而教学不能简单机械地照搬教材。教学既要依托教材，又要反映学生思想状况、现实重大问题，还要考虑教学学时安排，即要对影响教学的各种因素加以综合，有选择、有重点、有针对性地实施教学，其间既存在对教材内容的取舍和增加，又包含对教学方法的选择和对教学手段的运用，也就是有一个由教材体系向教学体系转化的问题。

（一）教材体系与教学体系的区别

教学论对教材体系一般本质的认知，对于我们理解思想政治理论课程教材体系的本质具有指导意义和方法论价值。在教学论的视域中，教材体系是课程目标和课程内容的载体，是课程的本质和基本要求的具体体现。教材体系具有自身的特殊规定性：一是内容的全面性要求。教材体系是围绕教学目标以完整地表述和建构学科知识（理论）体系为目的的，因此，教材必须体现学科理论的全面性和科学性，在内容的客观科学性、概念定义的简明准确性、观点结论推演的逻辑严密性等方面都遵循严格的要求和标准。教材应当达到学术的权威性、理论的科学性、表述的准确性、逻辑的严谨性"四性"的高度统一。这里要特别强调的是，教材体系的内容是具有预成性的，即它是从人类已有知识中择取的精华，是学科成果的集中体现，不是由教师和学生根据自己的兴趣、愿望所决定的，而是根据教学目的事先预设的。高校思想政治理论课程的教材内容

是国家主流意识形态的基本理论，是国家意志的表达，它不以任何人的意志为转移，具有法定形态。二是教材体系在结构安排上有其自身的编排逻辑并具有稳定性的特点。教材编排逻辑是指，在规范性上教材内容的排列首先要符合学科自身科学知识的逻辑，要考虑结构的逻辑严谨性、章节的均衡性、层次的清晰性、前后的呼应性等。稳定性是说，进入教材的内容应当是学科知识体系中本质层次、规律层面的基础性知识，是经过检验的、没有争议的、没有异议的正确理论，其基本逻辑具有相对稳定性。稳定性与发展性显然存在着矛盾，如果教材内容总是变化尤其是添加，教材的科学性就要受到怀疑，教材的内容容量就会无限膨胀，从根本上也不利于学生掌握知识。同时，教材体系的结构安排也要考虑符合学生身心发展的逻辑。

“教材体系的功能在于，根据教学的目的和教学大纲，按照一定的范式，给教学提供比较全面、准确、严谨的逻辑和知识体系，成为教学所应遵循的基本蓝本。教材体系不仅是教师教学活动的依据，也是学生准确掌握理论知识的依据。”①

教学体系是一个比教材体系要复杂得多的系统存在，教学体系的特点在于：在内容选择上具有问题的针对性、重点的突出性、难点的深入性和素材的跟进性；在教学实施中具有方法的灵活性、手段的多样性，实践性强；等等。教学体系是由教学内容、教学方法、教学过程和教学结果评价等若干要素构成的统一整体，这些要素又各司其职、紧密联系。

在教学体系中，教材作为教学内容成为教学体系的一个组成部分，是教师所教、学生所学的依据。教学体系的功能在于，通过教师讲授与学生学习的共同活动，不仅使学生获得理论知识和操作技能，而且发展他们的认识能力、思考能力、判断能力、自学能力和创造能力，同时培养他们良好的思想品德。对于思想政治理论课程而言，教材体系的功能应该是全面而严谨地阐述科学的政治理论观点；教学体系的功能则是保证学生正确地理解其中的重要理论知识，运用所掌握的理论知识解决现实问题。

教材体系与教学体系之间存在多方面的差异。教材体系以完整表述知识理论体系为目的，所以它在教材结构的合理性、内容的客观科学性、概念定义的简明准确性、观点结论推演的逻辑严密性等方面都有着严格的要求和标准，它的关注重心是理论本身，具有普遍性。教学体系则以让学生理解和掌握所学知

---

① 卢黎歌：《试论高校思想政治理论课教材体系向教学体系的转化》，载《教学与研究》，2009 年第 11 期。

识理论并解决相应的问题为目的，它关注的重心是学生，尤其是学生的主体性，必须解决针对性问题，所以一切教学活动都要围绕这样的目的进行。教学活动需要以教材为基本遵循，但是不能完全按照教材的体系进行，必须遵循教学规律，遵循学生的学习接受规律。①

之所以存在思想政治理论课程教材体系向教学体系转化的问题，既是因为上述教材体系与教学体系之间有区别，同时也因为思想政治理论课程具有特殊性。2004 年，中共中央、国务院在《关于进一步加强和改进大学生思想政治教育的意见》中指出，高等学校思想政治理论课程是大学生思想政治教育的主渠道。这就明确了思想政治理论课程的特性：思想政治理论课程不仅是以传授知识为目的的课；而且是以进行思想政治教育，提高大学生思想政治道德心理素质为主要目的的课。单纯传授知识可以按照教材的体系进行，而思想政治理论课程如果也按照知识论模式教学，必然只能使学生接触一堆定义、范畴、观点、结论，而难以达到真正解开思想疑惑之目的。所以，思想政治理论课程必须采取不同于教材体系的另一种体系进行教学，以消化吸收教材体系中的主要精神并将其转化为大学生的思想和价值观。思想政治理论课程教材体系向教学体系转化的问题也缘于思想政治理论课程时效性和针对性的要求。人的思想是与社会实际、个人的生活实际密切相关的，是复杂多变的；教材则是比较固定的，其中的理论揭示的是基本的和一般的东西，只能大体上概括实际生活中的复杂情况。所以，我们应当通过思想政治理论课程教材体系向教学体系的转化，解决理论的相对稳定性和抽象性与实际问题的变化性和具体性之间的矛盾。② 素材的跟进性或者与时俱进性就是要把教材内容的稳定性和教学的变化性有机统一起来。例如，党的十九大召开后，有许多新提法与教材的原有提法不同，教师必须及时跟进，把新提法融入教学体系之中。可见，教学是以教材为基础的一门教育艺术，首先是对教材的再理解、再加工、再创造。课堂教学应当在教材与学生之间架起一座由此达彼的桥梁，努力实现二者的接轨和融通。

教材体系向教学体系转化的必要性还在于，教材内容要转化为大学生的认知体系和价值体系面临着一系列要解决的问题。

首先，教材内容无法直接转化为大学生的知识和价值观。从教材体系的认

---

① 卢黎歌：《试论高校思想政治理论课教材体系向教学体系的转化》，载《教学与研究》，2009 年第 11 期。

② 卢黎歌：《试论高校思想政治理论课教材体系向教学体系的转化》，载《教学与研究》，2009 年第 11 期。

知角度看，它是一种反映客观世界本质和规律的知识体系，而知识体系着力解决“是什么”的问题。从自在的意义上，高校思想政治理论课程教材因自身理论性、抽象性和非实用性的特点而缺少针对性。如何使思想政治理论课程教材内容与社会实际相联系，使抽象的教材内容得以展开和具体化，能够与大学生已有的知识体系对接，激发大学生的学习兴趣，是建构教学体系首先要解决的。

其次，从价值性上看，教材体系的教学目标是预设的，它集中体现了国家意志。但是，教材体系的教学目标的这种预设性不可避免地会有缺陷，其单向性的缺点导致对大学生的需要的忽略。教材体系的预成性和生成性的问题，国家意志与大学生需要的协调和融合的问题，需要教学体系来弥补。

再次，教材体系只有目标而缺少实现目标的手段和途径，这也需要教学体系来解决。

最后，教材的稳定性所具有的惰性使得教材的内容总是与现实的社会生活有一定距离甚至脱节，教学内容与社会生活相结合的问题也要通过教学体系的与时俱进性来平衡，等等。

(二)教材体系与教学体系的关联

教材体系主要解决教什么的问题。教材体系是课程目标和课程内容的载体，是为实现课程标准服务的。但它的作用和功能是潜在的，它本身不能自发地实现作用和功能。教材体系的作用和功能必须依靠教学体系来发挥。教材体系作为知识体系，是教学应遵循的基本内容。教材体系是为了教学而计划的行动系统，教学体系是使计划成为行动的执行系统。执行是教学的关键。教材体系是教学的基础，教学体系是教学的落实。因而，思想政治理论课程教材体系向教学体系的转化是关键。

在现代教学论中，有一种代表性观点是，教学不是教教材，而是用教材教。教材通过教师解释和编制后才会被用于教学过程中。这表明，教材本身不是最终目的，它不过是达成某种教育目的的手段和媒介。因此，教材一旦进入教学过程中，它就成为教学实践系统中有待开发的一部分。那么，教材的作用能否充分发挥首先取决于怎样理解和能否建构出科学的教学体系。

在理论上，教学是“教师把知识、技能传授给学生的过程”。教学是由种种教学要素构成的动力性过程。教学的结构在宏观上通常被视为由三大要素——教师、学生、教材(教学媒体)构成。就教学操作而言，教学体系是一个由密切联系、相互渗透和相互支撑的更为细化且极其复杂的教学要素组成的系统，是一个由教学设计和教学实施组成的整体化运作过程。一般而言，教学操作体系包含六方面教学要素：教学主体(教师与学生)、教学目标和内容、教材与其他教学资源、教学活动、教学评价与反馈、教学制度与管理。现代教材体系向教学体系转化，是指将教材体系转化为由以上六方面教学要素组成的教学动态有机系统。因而，教学体系是指为了达到教学目的，以教材为基本遵循，由教学活动中采用的各种教学要素形成的一个整体。教学活动需要以教材为基本遵循，但是不能完全按照教材的体系进行，必须遵循教学规律，遵循学生的学习接受规律。教学体系的特点在于：在内容的选择上具有针对性，突出重点，深入难点；在教学实施中注重方法的灵活性、手段的多样性。

二、高校思想政治理论课程教材体系向教学体系转化的主要环节

思想政治理论课程教材体系向教学体系的转化是关键，而解决好这个问题既要借助教学论的一般理论，又要考虑思想政治理论课程的特殊性。原因在于：思想政治理论课程不是单纯的知识教育而是思想政治道德教育。因此，思想政治理论课程的教材体系向教学体系转化必须与其根本的教学追求(教材体系最终要向大学生认知体系和价值体系转化)相联结，进而进行统一的设计、组织和再创造。所以，从本质上看，思想政治理论课程的教材体系向教学体系转化是使教材由最初的教师的教材转化为教学实践中适应学生学习的“学材”，即从质的侧面去改造或者设计学科知识内容的结构，以便适应学生的认知结构，促进学生学习兴趣的提升。

教学体系作为联结教材与教学、教师与学生的中介，它在建构过程或者说转化过程中所要做的就是破解转化中的问题。具体来说包括：第一，解决内容问题，推动教材内容向教学内容转化。其中，涉及三个主体——教材编写者、教师、学生；要实现两个理解——教材编写者的意图转化为教师的教学理解，教师的教学目的转化为学生的认知理解。第二，解决方法问题，找到实现教材体系向教学体系转化的途径和方法，促进教材的统一性向教学的针对性转化。教学体系的设计，必须充分考虑如何发挥教师和学生两个方面积极性、两个方面创造性的问题。当然，思想政治理论课程的特殊性并不影响它在教材体系向教学体系转化中对教学论的一般理论的遵循。对教学论的一般理论的遵循，决定了高校思想政治理论课程教材体系向教学体系转化中的基本环节和步骤。

(一)重塑教学内容，实现内容上的转化

所谓教材研究，就是教师领会、编纂、组织教材，以便促进教学展开的一

种实践活动。教师钻研教材是头等重要的事情，因为教材研究主要解决的是教师根据课程方案和课程教学目标，依据一定的标准选择和确定适当的具体教学内容的问题。教学内容是教师和学生共同活动的对象，是教学活动不可或缺的要素，是实现教学功能、展开教学的基础和依托。

教学内容是需要专门设计和加工改造的教育材料。教材是以知识体系、规范体系存在的，不一定能够被学生直接理解和掌握，这就要求教师依据教学目的和教学对象身心发展规律，从总体上进行加工改造，使其转化为适合学生学习的具体“学材”，使其真正成为学生学习的“对象”。教学内容的结构、难度、质量对学生发展具有重要影响，学生在教学中获得发展，主要是通过教学内容的获得和转化实现的。

重塑教学内容首先要求教师进行教材研究，真正吃透教材。教学以教材为基本遵循，因此，教师研究教材是其从事教学的必要准备和基本功。我们通常说的备课首先就是备教材，是教师收集信息进而深入钻研教材、再创造教学内容的过程。教师研究教材要努力做到“懂”“透”“创”。“懂”即在学科知识理解和掌握的意义上没有困难，熟悉教材全部内容。“透”即把握教材的结构、内在联系，能够提炼出重点，分辨出难点，娴熟驾驭教材。“创”即既能够依据教材，又能够调动自己的知识储备，结合教育对象设计出新的教学内容，形成教案。

考虑到教学内容在整个教学体系中的重要性，这里我们要对构建新教学内容的策略作细致的阐释，其中有几个关键性环节和步骤。

第一个环节和步骤：要求教师做到“懂”教材。在对教材内容“懂”的基础上作出再解释、再改造和再开发，选择确定相应内容作为教材的“基本”和“重点”成为教学内容重塑的第一步。具体而言，这要求教师认真研究“透”教材的内容和要求，明确哪些内容是应该详细展开、重点阐释，以帮助学生深入理解的；哪些部分是可以略讲，或者可以让学生通过自学了解的。突出教学重点不仅有利于帮助学生从整体上理解马克思主义，而且是缓解课时少和内容多之间矛盾的现实需要。梳理和确定教学重点通常要考虑三方面因素：马克思主义理论教学的目的和要求；某一原理或观点在整个马克思主义科学体系中所处的地位；某一原理或观点具有的方法论意义，即从中可以引申出的具有理论指导意义或实践指导意义的重要结论。这三方面因素的交汇点即可确定为教学重点。

“基本”和“重点”教学内容的确定也要能够在教学过程中与学生的生活经验、知识基础和理解能力相联结。教材内容能否成为学生的认识对象，相当程度上取决于教师对教材及学生的状况是否了解。选择确定“基本”和“重点”就是为了找到教学内容和学生需求间的结合点，这是教师完成教材体系向教学体系转化的首要任务。教师应从学科和学理的高度对教材进行研究、加工、创造。教师在深入解读、理解、吃透教材基本内容的基础上，对教学内容进行设计，厘清课程知识体系及其蕴含的道理，解决课程的目标和内容体系的问题。

确定“基本”和“重点”后，教学内容的重塑还要求教师及时增加学科理论前沿内容，补充必要的课外材料，丰富教学内容，使教学内容时代化、生活化和丰富化。

第二个环节和步骤：要求教师在“透”和“创”上下功夫。教师在重塑教学内容时要努力使教材的知识体系向教学的认知、活化和思想转化的方向深化。教材内容是“静态的”，教师要努力将其活化。问题激发和问题解决是活化的目的，一方面，要将教材内容隐含的或没有明示的东西呈现出来；另一方面，要将教材所表达的内容与学生的生活经验联系起来。例如，就《马克思主义基本原理概论》的绪论部分而言，“如何理解什么是马克思主义”是教学的重点，而对知识层面的“是什么”的认识理解是显性的，学生掌握并不困难。把教材体系中的内容转化为教学体系中的内容，尤其是从教学目标和学生接受的意义上，“深化”什么是马克思主义，挖掘、拓展和提升教材知识点背后的马克思主义思想和精神，揭示出马克思主义与中国社会近代以来“中国道路”选择的内在关联，阐释清楚马克思主义与社会主义制度的关系等，既是转化的任务也是转化的关键。

在教学设计上，为了达到教学效果，教师在充分研究教材的基础上要以教学体系对教材体系进行一种“颠倒性”的创造和转换。教材的内容是抽象的，且大多数是以结论的方式表述，这需要教师将其转化为有利于学生接受的内容。具体来说包括两方面：一是对实践问题与理论逻辑的先后顺序进行颠倒。教材体系是一种系统的理性逻辑和抽象结论，原则概念在先，通过逻辑推理形成原理结论，隐去了具体。教学体系则必须还原书本逻辑于生活，实现问题在先、原则概念形成于后，这种转化可称为从知识体系向问题体系的转化。二是实现叙述顺序上的颠倒和转换。教材体系遵循的是概念的逻辑演绎的叙述方法，即抽象—具体—抽象，而教学体系采取的应是具体—抽象—具体的叙述顺序。就人的思维习惯而言，人的认识过程是一个从感性认识上升到理性认识的过程，即“从生动的直观到抽象的思维，并从抽象的思维到实践，这就是认识真理、认识客观实在的辩证途径”①。抽象的概念和理论不是我们研究认识事物的出发点，不能直接作为我们理解把握事物的根据。教材体系不经转换很难与人的

① 《列宁全集》第 55 卷，人民出版社 1990 年版，第 142 页。

思维习惯直接对接，这正是教学体系要解决的症结性问题。教学体系的叙事应从感性逻辑开始，逐渐提升到理性逻辑，而不是相反。依事说理，突出案例式教学，精选教学案例作为课眼进行案例分析和理论透析，阐释、总结并深入讲解涉及的概念和理论，拓展所涉及理论的历史价值和现实影响。这样才能提升人们对实践问题的理论分析能力，使人们掌握分析问题的方法。案例式教学被推崇，其理论支撑点之一在于它既是问题式教学也符合人的思维特点和习惯。

第三个环节和步骤：为重组的教学内容创设载体、设计教案，研究教材内容的最佳呈现形式。重组教学内容，意味着不再严格按照教材已有的章节目进行教学，因此，重组的教学内容必须借助新的载体按照一定的逻辑系统进行再建构，如采用专题式教学、主题调研式教学、慕课式教学等。

根据对教材的研究，改变教材章节目的逻辑顺序，创设专题式教学，重组教材内容，是目前高校思想政治理论课程改革的重要探索之一。专题式教学所针对的，是高校思想政治理论课程内容较多但课时有限的矛盾，以及教学针对性、吸引力不强等问题。例如，东北师范大学积极探索以"问题为导向"的专题式教学模式，在尊重教材精神的基础上对教学内容体系进行创造性再建构，促进了教材体系向教学体系的转化，以及教学体系向大学生认知—价值体系的转化。

教师要强化问题导向，合理设置专题。问题是激发大学生对思想政治理论课程兴趣的导向标，问题是激活思想政治理论课程教学活力的关节点。专题设计是指依据课程教学目标，在研读、理解教材和教学要点的基础上，充分领会课程精神，根据课程中的基本理论，提炼出理论的重点和难点，紧密联系当前社会热点问题、理论难点问题、学生思想疑点问题，结合当前经济全球化、社会信息化等时代特征，以问题为导向进行专题设置。问题即话题，抓什么样的问题作为话题在一定程度上决定了课程质量，创新思想政治理论课程话语体系首先要解决话语主题、话语内容的问题。思想政治理论课程的话题要有现实针对性、强烈的问题意识，应包括理论热点难点问题。只有设置师生共同关切的问题，讲好中国自己的故事，才能提升思想政治理论课程的教学效果。在现有的思想政治理论课程教学中，教师设置的话题大多以教材理论体系为本。在话题设置中，教师缺少创造，缺少价值吸引，难有真正的话语权。

例如，在"马克思主义基本原理"中，绪论部分的理论讲授重点是"什么是马克思主义"，社会热点和学生的思想疑点是"马克思主义是否过时了""马克思主义对于中国人的意义何在""大学生学习马克思主义有何用"等问题。依此，我们可以设置"马克思主义与青年大学生成长"专题。我们以问题为导引，首先，追问马克思主义是为解决什么时代问题而产生的。在问题的牵引下、在问题的思考中以及在问题的破解中，“什么是马克思主义”这一问题得到解答。其次，追问马克思主义何以与中国发生关联。我们以叙事方式描述了马克思主义作为一种思潮传入中国，经过同各种主义的较量，最终成为中国人民的选择，成为中国共产党和中国社会主义的指导思想，成为中国特色社会主义建设事业的理论基础的历史过程。最后，继续追问大学生为什么要信仰马克思主义。破解这个问题的关键在于：讲清楚在近代中国的探索过程中马克思主义发挥了怎样的引领作用，讲清楚为什么要把马克思主义作为当代坚持中国特色社会主义道路和进行中国特色社会主义制度建设的指导思想。理论教育的问题化和问题思考的理论化牵动着大学生的思想，在不知不觉中，马克思主义走进了大学生年轻的心灵。问题导向式的专题式教学实现了由照本宣科型向解疑释惑引领型的转换。

专题设置要体现多元设计。思想政治理论课程应形成整体的教育合力，但是，各门课程又有不同的侧重，每门课程应根据不同教学目的设置具有自身特点的专题。例如，“思想道德修养与法律基础”着重从大学生在日常学习生活中碰到的实际问题、其成长成才过程中遇到的困难着眼，贴近其生活设置专题，诸如大学生择业观、大学生恋爱观、经济全球化与爱国主义等专题的设置使大学生爱上了这门课；“马克思主义基本原理”从重在夯实中国特色社会主义道路、制度、理论、文化的根基出发设置专题，已设置了“马克思主义与青年大学生成长”“世界观与人的存在方式”“历史发展规律与人类社会历史趋势”等多个专题，使大学生从人类社会发展规律的高度坚定了马克思主义信念和社会主义信念。

专题设置要坚持政治性、思想性和科学性相统一。一是坚持政治性。思想政治理论课程的政治性或意识形态性是其本质所在，政治性更多地体现在思想政治理论课程为现实服务方面，专题式教学设置是为了更好地实现思想政治理论课程对中国特色社会主义道路自信、理论自信、制度自信、文化自信的阐释、引导和引领作用，传播正能量，以正确理论武装大学生。二是坚持思想性。思想性与政治性本质上是一致的，但思想性更多地侧重课程理论本身蕴含的思想与逻辑。它是思想政治理论课程的灵魂和生命力所在，是思想政治理论课程社会价值的内在根据。它始终决定着思想政治理论课程为什么而讲，为什么而学，为谁服务，对这些问题丝毫不含糊。思想政治理论课程应引领思想潮头、启人心智，以思想性引导大学生的社会价值取向、政治立场。三是坚持科学性。思想政治理论课程是有知识性和学理性的，它具有系统的知识体系和逻辑体系。科学性是思想政治理论课程的基础，政治诉求要通过思想实现科学表达。政治性是方向，思想性是逻辑，科学性是基础。作为本质属性的思想性和政治性处于决定和支配地位，科学性则处于从属地位。例如，“原理”中的资本主义的形成及其本质这部分内容，其政治性是以对资本主义的形成及其本质的分析阐明资本主义制度的弊端和必然被否定的命运，以坚定社会主义信念；其思想性是资本主义的内在矛盾及资本主义被社会主义代替的必然逻辑；其科学性是马克思对资本主义商品经济及资本主义社会基本矛盾性质的分析。设置专题时只有将三者有机结合，教育教学目标才能实现。

不同性质的专题要求采取不同的教学方法。我们在设置专题的基础上，又把每门课的专题细分为精讲专题、研讨专题、自主学习专题、社会调研专题等，使单一的文本课程呈现出鲜活的面貌。以“原理”为例，理论难度高、容易产生误解的专题以教师精讲为主，以夯实课程的理论基础；资本主义部分的专题以学生研讨为主，在这一部分，学生认识误区多，那么设置问题，发动学生收集资料，小组讨论，小组代表汇报讨论成果，小组间进行观点交锋和辩论，有利于学生澄清认识，形成主流价值共识；认识论部分以学生的自学自讲为主，以锻炼学生的思辨能力；社会主义部分的专题现实性和实践性强，我们则以社会调研辅助教学目标的实现和落实，学生通过对自己家乡的发展变化、对新中国成立以来社会进步的情况的调研，结合自身的体验，充分考虑国情特点，活化和深化对社会主义的认识。

（二）寻求教材体系向教学体系转化的途径方法

教师要寻求教材体系向教学体系转化的途径方法，创设能够使学生的思想实际与教学内容有效对接的教学方法，促进教材的统一性向教学的针对性转化。根据教师的个人知识和学生的特点进行教学方法设计与实施，将科学的立场、观点与方法转化为学生认识人生与社会的理论思维能力与社会行动能力，是教材体系向教学体系转化的又一个重要环节。这一环节的任务是解决怎么教、怎么学及怎么将教材目标与教材内容转化为学生的知识体系和价值体系的问题。思想政治理论课程必须实现由重“教”到重“学”的转变。教师要从教学方法上研究基于“学”基础上的有效教学方法体系，研究从传统的单向灌输式教学模式向参与互动式、探究式为主的多样化教学方法体系的转变。

例如，在教学方法上，东北师范大学设立了自主学习专题，即学生自学自讲。众所周知，思想政治理论课程长久以来较为注重教师的教，且教学方法单一，以灌输式的讲授为主，学习投入激励机制缺失，使学生参与度不高，影响教学效果。思想不是给予的，给结论式的教学必然收效甚微，只有经过理性的慎思，思想的交流和碰撞，多元的比较和选择，学生才能形成思想和价值观。我们以激发学生学习兴趣，提高其学习投入为目标，在学生学习方法上进行了大力度的改革，主要是强化自主探究的学习方法。开学初，我们把大班分成若干 10 人一组的协作学习小组，选出组长。在自学自讲专题，教师布置学习任务，补充学习资源，之后把学习权利交给学生，由组长负责组织小组学习、讨论，小组成员共同完成学习任务。组长负责成员作业收集及批改，之后统一发送给教师。教师以小组为单位验收学习成效，小组派代表汇报学习成果，由各个学院的学生代表组成成绩评议组打分，这一方式使学生学习、研究的积极性被唤醒和激发。主题调研法则指，教师在开学初设计若干与教师专题讲授有关的调研题目，将小组选择和教师调配结合，并确定每个题目的具体任务、完成时间及验收要求，让每组自行设计问卷并展开问卷调查，收集数据，统计数据，撰写调研报告。数据是自己收集的，结论是讨论得出的，更加令人信服。演讲辩论法是指，对于一些容易使人产生片面认识的理论采取正方和反方辩论的方式予以阐明。例如，在展开“认识的真理性和价值性统一”专题时，我们设置了正方——“当代中国社会需要科学精神”，反方——“当代中国社会需要人文精神”。双方进行对垒，通过各自的陈述，让对方揭露出问题，以达到对立统一的整合。不仅如此，学生在学习辩论中自己设计出“我要提问”的环节，把讨论中发现的问题整理出来，期待在教师的讲解中得到释疑。

教师拓展提升。在学生自学并提出问题的基础上教师进行拓展和提升。学生的学习往往停留在知识层面，且难以深入。因此，教师的拓展是以问题为导引，把学理讲深、讲透；提升则是发掘知识背后的思想和灵魂，激活知识。例如，在展开“马克思主义与青年大学生成长”专题时，学生自学能够做到从多方面了解什么是马克思主义，同时也提出许多问题。例如，现时代还有无产阶级吗，如果没有无产阶级，那么，关于无产阶级解放学说的马克思主义还有意义吗？教师进行拓展就是在这一基础上，从马克思主义作为立场、主义而与制度和道路统一的角度拓展学生的认知。教师进行提升，就是要讲清楚如下观点：马克思主义所说的无产阶级在本质上是产业工人，产业工人是现代社会财富的创造者，是社会历史前进的推动力量，而他们在资本主义制度下是被剥削阶级和无产阶级；解放无产阶级就是解放生产力，这是社会进步的必然要求；社会主义取代资本主义是产业工人获得解放的政治条件。现代社会条件下，无产阶级包括体力劳动者和脑力劳动者，但劳动者正逐渐由体力劳动者为主转变为脑力劳动者为主。在社会主义条件下，人民群众的解放问题依然存在。社会主义制度的建立解决了人民群众的政治解放问题，但使其从自然中、从经济上、从旧观念中获得进一步解放还任重道远。教师进行的拓展和提升充分展示了思想政治理论课程的思想性、政治性和科学性，使大学生对马克思主义有了亲近感。

网络平台助力。为了使学生的自主学习更有效率，教师在给学生布置自主学习任务时，除了加强组织和引导外，还为学生配备一定的“学材”。教师利用BB平台(Blackboard平台，一种数字化教学平台)，在平台上补充学习资源，主要是教科书之外的学习资料，为学生自主性学习、扩展性学习和个性化学习提供“学材”。例如，在“人的存在方式 世界观与人类生存质量”专题中，补充了“爱因斯坦的世界观”、孙正聿的学术报告《解放思想与变革世界观》等材料。BB平台也有效解决了大班授课中师生交流困难的问题。它通过点对点，实现了一对一的交流。学生可以把遇到的各类问题通过平台及时提交给教师，自学期间，遇到问题可以随时提问。在平台上提交作业，教师批改后可以多次与学生交流。在平台上还可以设置多个论坛，师生、生生通过论坛展开交流。

教学方法创新也包括思想政治理论课程要自觉转换表达方式。高校思想政治理论课程教材的编写有其特定的要求和考虑，这在一定程度上规定了其对话语系统的选择，要较多地运用学术语言、文件语言、书面语言。课堂教学直接面对青年学生，可以而且应该运用更多样、更新颖、更生活化的语言表达形式，以贴近丰富多彩的社会生活，贴近青年学生的思维方式、接受方式，这就回应了表达方式的转换问题。转换表达方式，还要善于吸纳新的理论术语。随着社会生活的变化和理论研究的深入，会不断产生一些新的理论术语，用以概括不断涌现的新现象、新思想。马克思主义理论教育应该对现实生活中涌现的新概念、新术语保持足够的敏感，注意将它们运用到课堂教学中来。

1. 教学理念从注重教向注重学、激发学转变

教材体系向教学体系转化的基本立场是学生立场。高校思想政治理论课程，必须围绕人这个中心，做到以人为本、立德树人。只有围绕学生、关照学生、服务学生，在解疑释惑、凝聚共识中不断给学生以思想启迪和文化滋养，才能培育出德才兼备、全面发展的人才。

实现转变，教师应从“以教师为中心”或“以学生为中心”的单极思维向“以教师为主导”和“以学生为主体”相结合的研究型教学理念转变，确立以引导、发展、民主和关怀为特征的研究型教学观。

解决“教”与“学”之间种种复杂的矛盾关系，需要抓住四个要点，即把握教材体系的重点，了解学生思想的难点，突出教师学术的强点，回应社会的热点，才能提升转化的有效性。教材体系向教学体系转化要求教师在“备教材”后转向“备学生”，做到“备教材”与“备学生”的统一。只有贴近学生，针对学生的所思所惑，就学生关心的重要问题、深层次问题进行深入分析，使之与课堂讲授的理论观点结合起来，在释疑解惑中传递教材的教育价值，在传递知识和价值中解开学生的心结，才能实现思想政治理论课程让学生真心喜爱并终身受益的目标。面对大学生日益增强的主体意识，只有充分调动和激发他们自主学习的积极性，提倡独立思考、深刻追问、平等对话和真诚讨论，才能达成“意义”的建构、“存在”的澄明和价值的生成。思想政治理论课程要针对问题进行教学设计，而作为教学方法的课堂教学策略，也应当在培养学生发现问题、自主学习、独立思考、创造性地解决问题的态度、能力和素质上下功夫。自主学习能力表现为对事物的关心和问题意识，有逻辑的思考力，多角度的探究能力和反省能力等。因此，教学过程中，学生的体验和参与更重要。没有知、情、意的共同参与，真正属于学生心灵的东西是不会形成的。这意味着对单向灌输式的“教”和放任自主式的“学”的教学方式的否定。

2. **破解评价方式的困境**

如何考往往决定着如何教和如何学，教学体系建构的目的是促进思想政治理论课程教学目标的全面实现。思想政治理论课程所实施的是一种典型的“教育性教学”，从价值取向上看，其评价应为学生主体取向的评价和过程取向的评价。学生主体取向的评价，即评价教学成功与否的标准应当是教学方法是否有利于培养学生自主学习和探究性学习的能力，是否是适应学生的方法和学生喜欢的方法。自主学习把学生作为学习的主体，让学生独立地分析、探索、实践、质疑、形成认识，来实现学习目标。它让学生动手、动口、动脑，使学生积极参与教学活动，对课程内容真学、真懂、真信、真爱。过程取向的评价，即评价应当是一个过程，重在过程，并以多种方式完成，以取代一次考试评定学生的情况。

建构教学体系动态有机系统，主要是为了形成教学合力。“实现课程标准必须使教学体系的诸要素在空间上保持一致性，在时间上保持连续性。教学要素的协同是教学有效的必要条件。”①每个教学要素均具有特定的功能，都是必不可少的。如果各教学要素在空间上保持一致性和在时间上保持连续性，则能够形成强大的教学合力，并且这种一致性和连续性保持得越好，教学合力越大，教学效果越显著。

---

① 陈秉公：《试论思想政治理论课教材体系向教学体系转化的规律性》，载《思想理论教育导刊》，2008年第9期。

三、注重思想政治理论课程教材语言向教学语言话语方式的转变

思想政治理论教育要获得话语权不仅要重视“说什么”，更要重视“如何说”。思想政治理论课程作为一种“言教”方式，话语体系是其实现教育目标的主要工具和媒介。创新思想政治理论课程的话语体系是思想政治理论课程教学方法创新不可忽视的维度。

高校思想政治理论课程话语体系是围绕实现教学目标，由教师主导的，包含话语内容、话语方式、话语质量等中介性要素，以追求话语权、实现话语权、获得话语权为标志的复杂体系。思想政治理论课程话语体系主要研究思想政治理论课教师的话语体系。

首先，思想政治理论课程话语内容在思想政治理论课程话语体系中具有基础性特征，它由教材决定。思想政治理论课程话语体系以其政治性或国家意识形态性为主要特征。思想政治理论课程的内容具有规定性，每门课程都有其基本概念、原理和体系框架。但是，思想政治理论课程教学不是简单的“照本宣科”，思想政治理论课程话语内容需要依据教材进行话题设置。思想政治理论课程话语内容中，话题是最主要的构成要素，因为任何话语都不是纯粹的思想表达形式，而是经过选择和包装的思想内容。话题是话语议题，是对思想政治理论课程教材内容的凝练和创造性建构，首先解决思想政治理论课程“说什么”的问题。话题及其政治性内容承载思想政治理论课程的实质或意义，是思想政治理论课程话语体系的灵魂。

其次，思想政治理论课程话语方式或曰“话术”是其话语体系中的基本要素。思想政治理论课程话语方式包括话语范式、话语特征和话语形式。研究话语方式的目的在于改进思想政治理论课程的话语技巧，倡导生动活泼而又朴实亲切、柔性优美而又通俗易懂、情理交融而又深入浅出的话语表达，以增强思想政治理论课程话语的感染力。

思想政治理论课程话语方式具有强烈的政治性或意识形态性。但是，如果思想政治理论课程话语方式只是固守政治辩护，而淡化了思想政治理论课程的学科性和科学性，那将使思想政治理论课程获得话语权的能力受到极大的制约。

现有的思想政治理论课程话语方式一定程度上存在着生、冷、硬的问题，导致入耳难。过度使用政治话语、宣传话语、政策话语的习惯造成话语困境，反思这种困境，原因固然复杂，但是，好的道理没有讲好是必须正视的一个原

因。过于抽象的话语影响的是思想政治理论课程话语体系的吸引力、影响力和感染力，影响的是思想政治理论课程的形象。

最后，从效果上看，思想政治理论课程的话语质量、话语权是其话语体系的最具有价值的要素。注重话语质量最终是为了获得话语权。罗宾·洛克夫(Robin Lakoff)曾指出："语言控制权实际上是一切权力的核心基础。"思想政治理论课程的话语质量决定于其话题与话题表达形式之间的结合，以及建制关系中产生的逻辑力量和说服力。思想政治理论课程的话语要"言之有物"，话题要具有吸引力，话语叙事要具有客观性和科学性，同时话语的质量也取决于其逻辑力量，因为思想政治理论课程重在"晓之以理"。正如马克思所说："理论只要说服人，就能掌握群众；而理论只要彻底，就能说服人。"①此外，话语质量还取决于话语系统使用的概念，以及话语系统中话语的创新能力和个性特征。

思想政治理论课程话语体系创新，追求的是积极把握思想政治理论课程话语主导权。与我们国家在思想政治理论课程建设上的投入相比，思想政治理论课程还没有获得被期待的话语权。我们还缺少话语独立意识、话语自主能力，缺少理论传播意识、理论自卫能力，客观制约与主观忽视导致思想政治理论课程话语权还不够强。

话语权直接关系到思想政治理论课程的效果和其存在的价值。思想政治理论课程的话语权直接关系到国家意识形态的安全和政治合法性的获得，我们要有以我为主的立场、鲜明的主体意识、寸言必争的斗争意识，在吸引力、影响力和感染力上获得优势，提升思想政治理论课程的话语权，这样才有可能在"包装在话语背后的意识形态之争"中胜出，实现思想政治理论课程被期待的效果。

创新思想政治理论课程话语体系要针对其目前薄弱处着力，对理论的抽象与枯燥进行恰当的处理，实现思想政治理论课程话语体系"接地气"。这包括如下方面。

第一，联系国情讲中国话。思想政治理论课程聚焦的话题应与中国实际紧密联结，只有贴近国情，回应中国问题，思想政治理论课程的作用才能进一步显现。思想政治理论课程作为一种思想理论教育，一方面，理论自身的逻辑性、严谨性及其对现实的超越性，容易给人造成远离现实的"无用感"；另一方面，政治范式话语、宣传式话语的滥用容易造成学生的"逆反感"。联系国情讲中国话，就是要从话语内容上增强思想政治理论课程与中国实际的结合，从"话术"上增强思想政治理论课程叙事话语的分量。加强陈述的真实性，内隐教

① 《马克思恩格斯选集》第1卷，人民出版社2012年版，第9～10页。

育者的观点、立场和价值观，以此实现隐性渗透式教育和灌输式教育相结合。完全脱离现实，会使理论空泛；完全依附于现实，会使理论失去其超越性与引导力。联系国情讲中国话，就是要把说理话语与叙事话语统一起来。理论联系实际，更要关注时代变迁和中国社会发展，关注大学生学习生活，关注大学生思想，让理论理性在生活实践中获得新的张力和活力。思想政治理论课程无论说什么，以及怎样说，都“要以我国改革开放和现代化建设的实际问题、以我们正在做的事情为中心，着眼于马克思主义理论的运用，着眼于对实际问题的理论思考，着眼于新的实践和新的发展。离开本国实际和时代发展来谈马克思主义，没有意义。静止地孤立地研究马克思主义，把马克思主义同它在现实生活中的生动发展割裂开来、对立起来，没有出路”①。这是联系国情讲中国话的价值旨意。

第二，开展理论教育讲通俗话。这解决的是思想政治理论课程教学中理论抽象性与具象性的矛盾。列宁曾说，最高限度的马克思主义等于最高限度的通俗化。哈贝马斯把“表达的可领会性”作为言语的有效性原则之一。我们知道，每门思想政治理论课程都有其既定的理论体系，有其专有范畴、原理和方法。大学生的知识水平虽高，但他们毕竟不是马克思主义理论专业出身的，其专业话语系统与思想政治理论课程话语系统差异较大，为了达到思想政治理论课程教学的理想效果就必须使理论表述和理论解读通俗化、形象化，便于大学生接受。通俗化过程是在遵循和领会理论本质的前提下把抽象理论转译为生动、有趣和对象能听得懂的语言的过程，目的在于使学生喜闻乐见。

第三，面向对象讲需要的话。所谓讲需要的话，要解决的是国家意志与个体意志的统一问题。讲需要的话是一个泛指，其旨趣是指思想政治理论课程既要体现国家立场，又要有个体关怀维度，用大学生的思维方式引导大学生，用大学生乐于并易于接受的方式帮助大学生精神成长、政治成熟。

如果话语是交流工具的话，那么，受众的知识状况、思想状况、环境等因素都会参与话语权的塑造。只有贴近大学生的思想，以大学生为本，尊重和熟悉他们的思维方式和话语习惯，读懂他们，才能加强思想政治理论课程话语的价值引导力，实现思想政治理论的影响力和教育力。正确的道理是说给学生听的，只有贴近他们成长的社会背景，只有针对他们的心理状况、疑惑所在、情感所需、利益所求等，话语权的行使才能深入人心、获得认同、形成共鸣，收到最佳效果。

① 《十五大以来重要文献选编》(上)，人民出版社2000年版，第13页。

第四，紧跟时代讲现代话。语境不同，语言的含义和影响也不同，话语要随社会的发展与时俱进。思想政治理论课程话语体系的境遇和场域问题更多的是指时代的变迁。任何时代都有其时代特征和语境，实践在发展，理论要创新，每一次理论创新都必然伴随话语体系的创新。当前，思想政治理论课程话语体系既要有国际视野也要有中国特色，既要遵循基本理论也要紧跟学术前沿，不断创新话语体系，凝练出有感召力的时代话语，与时俱进地增强话语魅力。

上述努力，目的是提升话语质量，实现思想政治理论课程政治诉求的科学表达，最终赢得思想政治教育话语权。思想政治理论课教师要有政治定力，坚持正确导向；也要基于学生立场，创新思想政治理论课程的话语体系。思想政治理论课教师要努力实现国家意志、社会期待与大学生需求的有机结合，掌握话语权，既要及时发声，也要有效发声。这就需要我们不断创新思想政治理论课程的话语方式，创新传播理念、话语体系和方式方法，主动设置议题，贴近大学生需求，及时回应大学生关切的重大问题，坚持以理服人、以情感人，多讲能够产生认同、引起共鸣的事实，通过话语质量的提升促进思想政治理论课程教学实效的提升。

思想政治理论课程话语体系创新是有原则的，为此，要处理和平衡好以下几对主要关系。

首先，要协调好理论规范性和话语通俗性的关系。高校思想政治理论课程重在“说理”，目的在于达到“理论坚定”。通俗化是指使理论表达浅显易懂又不损害理论原意，实质是理论的“科普”工作。通俗是为了普及，普及是为了提高。思想政治理论要被大学生接受，首先要使思想政治理论本身通俗化生动化，理论讲授要联系实际、有的放矢。同时，通俗化的表达意味着让人听得懂，不能脱离理论本意“失真”，更不能“走板和歪曲”而随意化。通俗化的成效最终还要以是否有利于理论的掌握为检验标准，这是对思想政治理论课教师理论功底、实践经验及语言文字表达能力的综合考验。

通俗不是庸俗，通俗从表面上看是如何用准确、鲜明、优美、趣味的语言表达抽象理论的问题，更深层次上是如何使思想政治理论课程话语体系表达的“可经验性”成为一般原则的问题，避免话语体系的超验推论方法。而且，通俗是为了有利于把握理论，而不是消解思想政治理论课程的理论性，要平衡好“深入浅出”和“浅入深出”的关系。所以，我们要处理好理论规范性与话语通俗性的关系。我们说的讲学生话实质是要化解这种紧张，找到融通二者立场的交点。个人利益与国家利益有交集也有内在差异，为了满足这两方面的需要，思想政治理论课程就要追求国家利益和大学生利益的兼容，并在国家立足点上使之融为一体。从国家立场看，思想政治理论课程是一种主流价值观的教化活动；从学生立场看，教化要与启蒙互动，教化要通过启蒙来实现，启蒙是为了教化。创新思想政治理论课程话语体系，一要以国家意志为话语体系创新依据；二要充分尊重大学生成长成才的需要和思维特点，找到合适的途径使师生最终达致对话的共鸣、问题的共解、思想的共识。

其次，要处理好中国特色话语体系和西方话语体系的关系。世界多极化、经济全球化、文化多元化是思想政治理论课程话语创新的大背景，西方文化的话语体系理应被纳入思想政治理论课程话语体系创新的研究视野。但在意识形态立场、观点等不同的前提下，对于如何借鉴要有自觉的主体意识、“为我”的立场，既不能生搬硬套也不能封闭自语。尽管不同的意识形态不可能共用一套话语体系，不同意识形态的对立和斗争在某种意义上是一种话语权的争夺，但与不同话语体系的比较与竞争是当前思想政治理论课程话语体系创新不能忽略的问题。经济全球化时代，话语权是在异质环境和不同文化空间中获得的。

最后，思想政治理论课程话语创新还要协调好继承和创新的关系。

总之，思想政治理论课程的实施过程是教材体系、教学体系与学生素质体系的三元联立、相互促进的有机整体性过程，教材体系向教学体系转化是教学实践的前提性要求，教学体系向学生认知体系和价值体系转化是一切教学活动的出发点和归宿。教材体系、教学体系与学生认知—价值体系内在地形成制约关系。教材体系是教学体系形成的基础和依据，是学生能力与素质形成发展的知识基础；教学体系是教师对教材体系个性化的再创造和再生产，是教师教学主导地位的体现，是学生能力、素质形成的外在动力与源泉。学生认知—价值体系是教材体系确定的价值目标，是教师教学体系是否合理与完善的试金石。

在由教材体系向教学体系转化的过程中，我们要正确处理一系列转化难题，坚持合理的度。我们首先要正确处理“标准与适应的关系”这一转化难题。这主要指正确解决坚持课程导向与满足学生需要的关系问题，使所建立的教学体系成为遵循课程标准与适应学生的有机统一。坚持“科学转化”，既坚持课程标准，又做到适应对象，从学生的实际出发，使课程标准与适应学生有机统一起来。这要求我们在坚持课程标准的前提下，针对不同层次、不同类型大学的不同教学对象建立教学体系，并使教学体系真正成为遵循课程标准与适应学生的有机统一。只有这种态度和方法才是科学的、有效的。①

① 陈秉公：《试论思想政治理论课教材体系向教学体系转化的规律性》，载《思想理论教育导刊》，2008 年第 9 期。

四、高校思想政治理论课程教材体系向教学体系转化的主体实现条件

思想政治理论课教师应树立一种自觉的教学体系建构意识，自觉地承担起其建构责任。思想政治理论课程教材体系向教学体系转化的主体是广大的思想政治理论课教师，教学体系是根据社会环境和学生实际对教材的深入解读与再创造，其建构情况决定着课程目标和内容体系被学生接受的程度。教学体系要面对每一个大学生，面对可能随时改变的环境以及实践和理论的发展变化，它的内容体系是既定的又是开放的，因而，教学体系的建构是更为复杂和艰难的创造。大学教学的学术性要求大学教师把“在教学中进行研究，在研究中进行教学”作为教学工作的一种基本状态，全面推进教学科研改革，优化教学内容，坚持教学与科研相结合，努力探索攻克教学难关，强化马克思主义理论学科和科研对教学的支撑作用。教学体系建构意识应当被强化并成为新时期高校思想政治理论课教师的自觉共识，还要成为高校思想政治理论课教师的一种“所想”“目的”“追求”“动力”。建构科学合理的教学体系是好的教学的必要条件。只有这一共识达成，并成为一种自觉的强烈意识，思想政治理论课程教学才能成为一种积极有效和教师真正投入的事业，教学质量才可能不断地获得提升。

思想政治理论课程教学不是简单的重复性教学，而是以教材研究、大学生思想研究、教学方法不断创新为支撑的持续创新的研究工作。教学教研应当成为思想政治理论课教师科研的重要组成。从提升教学效果的意义上，懂得如何“用”教材是高校思想政治理论课教师教学研究的第一要务。教师要努力理解和领会教材的设计理念及教学思想，把握其特点。使教材潜藏的资源得到较好的挖掘本身就是一个不轻松的研究过程，在此基础上教师应根据本地、本校的情况，对教材的利用、重组等进行“二度开发”。这实质上是要使研究以成果的方式对象化呈现。教材再好，也只能根据一般情况为“教”提供一个思路或设计，不可能符合每个学校乃至每个学生的具体学习情况，也就是说，总是存在这样或那样、或多或少不适用的问题。因此，教师既可以使用教材中的全部内容，也可以选用其中的一部分；可以运用本地的资源，对教学内容进行改造，使之更贴近学生的生活；可以依据自己对课程标准的理解，对教材内容加以整合，设计新的教学方案。

当然，教材体系向教学体系转化也是有原则的，即要万变不离其宗，转化不能背离教材精神，而是要更好地实现教材宗旨。就现实而言，教师如何对待教材一般存在三种情况：第一种情况是照本宣科地“教教材”而不作任何转化。

也就是说，教师依据教学大纲，忠实地讲授教材。在这种模式下，教师要就教材知识进行“滴水不漏”的传授，教材的观点是不容置疑的“真理”“权威”。尽管不少教师在教学中也穿插一些启发、讨论，但当学生的见解与教材的观点、定论不一致时，他们只会以教材的解释为“标准答案”，甚至文字表达都要与教材亦步亦趋，不敢越雷池一步。第二种情况是“用教材教”，对教材实现科学转化。“用教材教”是教师依据课程标准，根据自身的实践与研究，自主地领会、探讨课程与教学，把教材作为一种重要的“中介”加以利用的教学行为。教师的作用不仅在于钻研教学方法；而且包括对教材的“深加工”，对教材的理解与创造。教材只是为教学活动提供一种知识上的线索，为学生学习提供导引和参考，而教师的理解、处理、驾驭和超越教材的能力，某种程度上决定了学生学习的效果。第三种情况是借用转化之名，“不用教材教”的“随意转化”。脱离、更改或放弃课程标准，教师能讲什么就讲什么、喜欢讲什么就讲什么，或学生喜欢听什么就讲什么。这种态度和做法显然背离了课程标准，背离了思想政治理论课程的基本要求，必然导致教学的随意和放任。显然，我们倡导第二种情况，摒弃第一种和第三种情况。

思想政治理论课教师应积极承担转化的责任。教材体系的作用和功能必须依靠教学体系来发挥。教材体系的作用、功能的发挥，主要取决于教学体系的设计和运作，即取决于课程实施过程的第二次转化和飞跃。教学体系的设计，必须充分考虑如何发挥教师的积极性、创造性的问题。教师的教学内容转化的担当责任落实，无疑是“有效教学”实现的必要条件与关键性保障。有了转化的自觉意识，而教材体系向教学体系转化又是好教学的必备条件，所以，积极承担转化的责任即是教师“应尽的责任”，是教师的教学责任，是教师在教学中应该做的分内之事。教师的责任之一，是把教学与社会生活相结合。教学体系是师生深入解读、理解教材体系的基本途径和基本方式。一般而言，仅有教材体系而没有科学完备的教学体系，无法实现教材体系的作用和功能。这往往表现为课程实施过程的中断或对课程标准的偏离。教师提升教学责任能力是要进一步增强课程与社会实际、学生生活及已有经验的联系，但是，教学内容又不直接等同社会问题，必须对社会问题作学术化处理，必须进行提升和概括，以保证教学内容的系统性和理论化。此外，教师要加强教学研究，在尊重教学的情境性与生成性基础上努力提升教学智慧，在教学与社会生活的联系中，使抽象的教学内容得以展开和具体化。

思想政治理论课教师应努力提升教材体系向教学体系转化的水平。教师对教材内容的重组和改造是好的教学所必需的。与中学教学相比，大学教学的最大不同在于它具有学术性。这里所说的学术，不仅指科研学术，也包括教学学术。“学术意味着通过研究来发现新的知识。但是，我们也应该意识到，学术还意味着通过课程的发展来综合知识。我们还应该意识到，有一种应用知识的学术，即发现一定的方法去把知识和当代的问题联系起来。此外，还有一种通过咨询或教学来传授知识的学术。”①教学的学术性意味着教师不仅传授知识，而且创生和扩展知识；教师教学既在培养学生，又在造就学者。“大学教师的教学需要探究、分析教学和学习的性质，需要整合不同的学科知识来理解和应对课堂教学情境，需要在教学和学习的过程中应用已知的关于学生学习的知识，需要在教学中不仅仅是传递知识，更重要的是改造和扩展知识。”②可见，教师的教学不是简单地复述教材知识，也不是简单地给予结论和思想，而是思想的精神生产和创造。从逻辑和实践上讲，教师首先要有学科专业知识能力，知道“教什么”。同时，教师要保证教学质量和效率，还必须知道“如何教”。教师的素质，尤其是教师在教学中的主体意识、创新精神及努力程度，制约着课堂教学的质量及发展。教师，唯有教师，才是赋予教材及教材研究以生命活力的关键要素。我们创建的教学体系应当有助于促进学生主动地、积极地展开学习。思想政治理论课程教学的目的是使学生不仅获得作为结论的知识，而且获得思想政治素质和能力，所以，在对教材进行选择的基础上，教师还要深化对教材的组织和创造。把握教材体系的重点，既要重视教材中的知识重点，又要重视知识中蕴含的价值意义，更要明确其中的相互关系——知识如何表达价值以及价值怎样规定知识，在教学体系中准确阐述教材中的是什么、为什么和怎么做的问题。最后，要把握课程讲授的重点。这需要教师在通览教材的基础上，根据各门课程的重点和学生知识的“前识”情况对课程讲授内容进行详略处理，做到重点突出、难点讲透、有的放矢。思想政治理论课程教材的知识点比较多，而教学课时相对不足，教材的全部内容很难在规定的课时内讲完。解决这个矛盾，不同的学校可能有不同的方式和方法。但是，无论采用什么方式和方法，都必须坚持两条基本原则：一是必须坚持课程标准；二是必须坚持教学的实效性。也就是说，所设计的教学体系要能够使教学过程比较充分地展开，并在计划的时间内完成，使学生充分接受。一般而言，所设计的教学体系达到了这两条基本原则的要求，就能够比较好地解决教学内容多与教学课时相对不

---

① ［美］欧内斯特·L. 博耶：《关于美国教育改革的演讲》，教育科学出版社 2002 年版，第 65 页。

② M. Healey, “Developing the scholarship of teaching geography in higher education,” http://www.chelt.ac.uk/ gdn/ confpub/bost.htm，2016 年 1 月 8 日。

足的矛盾，正确地处理多与少的关系。

总之，“读懂学生”“用教材教”是新课程改革提倡的重要理念。它的理论基础为建构主义教学观和范例教学理论。它意味着教材仅是“范例”，是可供人们解读的“文本”。教师要帮助学生成为“知识的建构者”，引导学生，使之与教材展开“对话”。教师要注重对教材进行“二度开发”“深加工”，发挥各种课程资源对于促进学生发展的作用。“用教材教”是一个动态生成的教学过程，它立足于学生的认知与发展，体现了“以人为本”的本质特征。它突出教师学术的强点。教师无疑是教材体系向教学体系转化中最具能动性的主体。这种能动性不仅影响着教材体系向教学体系的转化，而且影响着教学体系从静态准备向动态授课的转化。因此，教师能动性发挥的程度决定了转化的质量和水平，从而影响着教学的实效性。一个好的理论可以因不同的实践者而有完全不同的实践结果；一本好的教材也可以因不同的使用者而有迥然各异的教学效果。与以前的方案相比，思想政治理论课程“05 方案”的最大特点是强调以学科为支撑，这就对思想政治理论课教师的科研提出了新任务、新要求，要求教师努力把教学上升到学术的高度。而现状是，由于主客观的原因，思想政治理论课教师的科研相对薄弱。这是当前亟待解决的制约教学质量、影响队伍水平的瓶颈问题。教师要在提升科研水平上下功夫。教师要利用好马克思主义理论研究和建设工程重点教材对学科建设的推动作用，深化中国特色社会主义理论体系研究，深化重大理论和现实问题研究，大力提升学科科研水平，推出更多高质量的研究成果。

思考题：

1. 为什么高校思想政治理论课程教材的编写要确立如此科学、严格、规范的工作机制？这对于我们理解思想政治理论课程教材有何启示？

2. 如何理解高校思想政治理论课程教材体系的作用和功能必须依靠教学体系来发挥？

3. 简述高校思想政治理论课程教材体系向教学体系转化的关键性环节和步骤。

4. 如何理解高校思想政治理论课教师在教材体系向教学体系转化中的主体责任？

5. 高校思想政治理论课程教材使用中的主要问题是什么？请谈谈你对解决此问题的看法。

第五章　高校思想政治理论课程教学方法创新研究

教学方法改革是高校思想政治理论课程建设的重要环节，也是提高思想政治理论课程教学质量的关键环节。任何教学目标的实现和教学活动的开展，都离不开一定的教学方法。方法是实现目标的载体，合理使用方法才能有效达到目标。没有方法的教学活动是不存在的。采用什么样的手段和方法能够高效完成思想政治理论课程教学任务，是高校思想政治理论课教师最为关注的问题之一。

教学方法是在教学过程中，教师和学生为实现教学目的、完成教学任务而采取的教与学相互作用的活动方式的总称。教学方法作为联结教学过程诸种要素的教学组织方式和工具，是教师实现教学目标的中介，也是教学活动得以有效开展的重要条件，其在实现思想政治理论课程教学目标中处于举足轻重的地位。

毫无疑问，教材和教学二者的内容体系建设是思想政治理论课程建设的核心和主要工作，直接关系到课程性质和课程定位。同时，教学方法的恰当与否，在相当程度上决定了能否实现教学目的、完成教学任务。以何种教学方法使教学内容“入耳、入脑、入心”也将成为影响教学效果的重要问题。正如列宁所说：“方法也就是工具，是在主体方面的某个手段，主体方面通过这个手段和客体相联系”①。毛泽东曾经形象地指出：“我们不但要提出任务，而且要解决完成任务的方法问题。我们的任务是过河，但是没有桥或没有船就不能过。不解决桥或船的问题，过河就是一句空话。”②思想政治理论课程的教学内容改革和教学方法改革创新是保证思想政治理论课程教学发展的两大支点，二者之间具有相互制约的联动关系，缺一不可。而且，思想政治理论课程课程结构的调整、教材体系的变化客观上要求教学方法的改革创新必须同步跟进。

当前，思想政治理论课程教材建设和教学内容改革得到高度重视并取得重

---

① 《列宁全集》第 55 卷，人民出版社 1990 年版，第 189 页。

② 《毛泽东选集》第 1 卷，人民出版社 1991 年版，第 139 页。

大进展，而在有了好的教材和内容后，采取何种教学方法实现内容、贯彻内容已经成为实现教学效果的又一关节点。高校思想政治理论课程的教学方法是实施思想政治理论课程教学内容，完成思想政治理论课程教学目标，提高思想政治理论课程教学效果的核心和关键环节。加强思想政治理论课程教学方法创新研究，不仅具有理论意义，而且是思想政治理论课程提高教学效果的实践需要。

对高校思想政治理论课程教学方法展开研究，目的在于在继承传统的基础上不断创新。因为，在不同的历史条件下，教学方法的运用是有差异的，而且，随着时代的发展，教学方法的现代化、科学化与人文化水平也在不断提高。教学方法创新的实质是，通过先进理念的引导，通过教学手段、教学方式的改进，提升教学效果。教学方法创新并不是对传统教学方法的全盘否定，而是调整多种教学方法的平衡点、侧重点，增加新的教学手段和教学方式。

思想政治理论课程教学方法的本质是师生互动交往方式和科学方法的统一，也是教学方法的对象特点与学科特点的统一。高校思想政治理论课程教学方法是在教学过程中，为了实现教学目标，由师生进行的有序的、相互联系的活动涉及的种种方式所构成的程序系统，它包括教师教的方法和学生学的方法及其相互间的有机联系。从特点上看，教学方法在整个教学系统中通过内容指向教学目标；教学方法是为了达到教学目标所采取的必要途径、策略手段和工具。教学方法是否得当，在相当程度上决定了教学内容能否得以有效贯彻及教学质量的优劣。

我们力图从历史、理论、现实三者密切结合的角度研究高校思想政治理论课程教学方法建设和创新的问题。我们既要考察高校思想政治理论课程教学方法改革的演变、发展的进程，又要从理论的角度分析高校思想政治理论课程教学方法创新的理念、结构和功能，还要从实践的角度分析高校思想政治理论课程教学方法改革面临的机遇和挑战，总结“05 方案”实施以来高校思想政治理论课程教学方法改革创新的成果，以及在领会中宣部、教育部发布的《普通高校思想政治理论课建设体系创新计划》对教学方法创新的新要求基础上，捕捉思想政治理论课程教学方法发展的新走向和新趋势。

第一节　高校思想政治理论课程教学方法历史发展中积淀的优良传统

中国共产党诞生以后，在把马克思主义基本原理同中国革命具体实践相结合的探索进程中，马克思主义理论的传播、学习、宣传和教育工作也相应开展。但是，以学校为依托，正式地、规范地系统开设马克思主义理论教育课程，是新中国成立以后的事情。因此，我们把中华人民共和国的成立，作为高校思想政治理论课程发展的历史起点，对高校思想政治理论课程教学方法的研究也以此为开端。新中国成立以来，伴随着高校思想政治理论课程课程设置体系的改革、调整、变化、发展和完善，高校思想政治理论课程教学方法也在不断地变化发展，尤其是“05 方案”实施以来，高校思想政治理论课程教学方法改革方兴未艾，取得丰硕成果，教学方法创新取得质的飞跃。为了便于研究和为一线教师认识、选择教学方法提供借鉴，我们以“05 方案”为界，对高校思想政治理论课程教学方法的历史和现实进行概括和概览式的阐释，需要说明的是，这种历史梳理不是严格意义上的历史分期式总结，而是一种宏观划分和基本勾勒。

一、高校思想政治理论课程教学方法原则

(一)新中国成立初期，理论与实际相结合教学方法总原则的提出

新中国成立后，党和政府十分重视对青年学生的马克思主义理论教育，重视在高等学校开设马克思主义理论课的工作。1949 年 9 月 29 日中国人民政治协商会议第一届全体会议通过的《中国人民政治协商会议共同纲领》，不仅对人民政府的文化教育工作的任务给予了明确的规定，而且对进行教育的方法也有非常具体的要求。根据《共同纲领》的规定，人民政府应有计划有步骤地改革旧的教育制度、教育内容和教学方法，提倡理论与实际一致的教育方法，给青年知识分子和旧知识分子以革命的政治教育，以适应革命工作和国家建设工作的广泛需要。这一规定，是针对整个文化教育事业的，因而也可以看作新中国成立后，对马克思主义理论课教学的基本原则和基本方法的第一次明确规定。

教育部在 1950 年暑期召开的政治理论课教学工作会议上，针对当时教学中存在的教条主义等问题，对教学方法提出了明确的要求：第一，政治教育、思想教育应根据理论与实际一致的教学方法，启发学生分析自己的思想，搜集、整理、研究各种思想，然后针对主要问题，有的放矢地用系统理论知识有重点地加以解决，使理论学习成为改造思想的武器，改造思想成为理论学习的目的。第二，革命政治理论学习应在教师引导下，多用自学和集体讨论的方法。在讨论中应注重自由思考、追求真理、改正错误，正确运用批评和自我批评的武器，使学生通过思考和讨论，逐步地克服自身不正确的思想，巩固与提

高自身比较正确的思想。第三，理论学习还要在可能的情形下，酌量配合实际行动(不宜太多)，如参加劳动生产，使感性认识与理论知识相印证，取得巩固提高的效果。第四，随着意识形态领域的斗争日趋激烈，高等学校的政治理论课也开展了对资产阶级唯心主义的批判，强调在批判错误的东西的过程中，加强对马克思主义理论的学习。与此同时，原高等教育部于1956年8月专门下发了《关于高等学校政治理论课考试评分问题的意见》，针对有些学校的考试评分不能真正反映学生政治理论学习的实际成绩的情况，明确指出，结合学生平时的思想行为、道德品质和学习态度的实际表现来评分，是不恰当的。必须确定正确的评分标准，实事求是地衡量学生政治理论课的学习成绩。只有正确地评定学生的学习成绩，才能够既最大限度地调动学生学习的积极性，又进一步端正学生的学习态度并提高其改造思想、加强品德修养的自觉性。

《关于高等学校政治理论课考试评分问题的意见》指出：正确的考试方法和正确的学习方法一样，必须贯彻理论联系实际的方针。学习马列主义理论，不是为了对书本上的各项原则进行死记与背诵，而是为了领会马列主义的实质。必须使学生善于应用马列主义的实质于中国的具体环境，正确地应用这种理论去解决中国革命的实际问题，而抛开一切形式的空洞的学习。

同时，高等学校必须把政治理论教育与改造学生思想结合起来，政治理论教育要起到改造思想的作用。这对于学生来说，是具有现实意义的不可忽视的重要方面。因此，对于加强政治理论课的思想性、战斗性，必须予以足够的重视。为此，教师在出题及口试中提补充问题时，要注意测验学生理解和运用理论原理的能力。根据这种正确的考试结果来评定成绩，考试评分的不合理现象基本上可以被克服。

(二)全面建设社会主义时期，启发式教学方法原则的普遍推广

在全面建设社会主义时期，高校思想政治理论课程教学方法在继续强调坚持理论联系实际的原则和方法的同时，主张安排学生参加实际的社会主义教育运动，提倡在实践中学习马克思列宁主义、毛泽东思想；进一步强调在批判错误思想的过程中学习马克思列宁主义、毛泽东思想，提高学生识别“鲜花”和“毒草”的能力。除此之外，一个突出的特点就是强调要坚持启发式教学方法。

这一时期，高校思想政治理论课程教学方法改革的标志性事件，就是1964年《中共中央宣传部、高等教育部党组、教育部临时党组关于改进高等学校、

中等学校政治理论课的意见》的发布。① 这一文件，专门就启发式教学方法作了详细的规定。文件指出，政治理论课教学必须坚持启发式，废止注入式。毛泽东历来就重视启发式教学方法。贯彻启发式教学方法，教师必须认真了解学生的活思想，随时掌握学生的思想动向。

文件着重阐明了贯彻执行启发式教学方法的步骤和要求，指出：高等学校的政治理论课教学，可考虑采取以下四个步骤。第一，启发报告。教师提出问题，指出要解决的矛盾，指定阅读的教材或讲授提纲，调动学生学习的主动性、自觉性。第二，读书。在教师的引导下，学生自己带着问题去读书、思考，养成认真读书、钻研问题的习惯。第三，讨论。学生在认真读书和独立思考的基础上，开展自由讨论。教师要引导学生敢于敞开思想、表达自己的见解。讨论的题目，要从学生中来。第四，总结或解答。教师根据学生在学习过程中提出的问题和在讨论中争论的问题，经过研究，结合基本理论，作出有分析性的总结或解答，提高学生的认识水平。上述教学方法的四个步骤，是就每门课程的重点问题和主要内容而说的。实行这个办法，主要目的是把政治理论课教活，培养师生独立思考的能力和习惯。实行这个办法，切忌把这四个步骤变成死板不变的“四个环节”，应当允许教师适当地灵活运用。文件还指出：实行上述教学方法以后，原来规定的共同政治理论课学习时间，仍旧不变。但今后的上课时数，应当用于讲授(指启发报告，读书和讨论，总结或解答，这三项活动的时间分配比例大体为 2∶1∶2)。自习时间可以用来阅读教材、写读书笔记和准备讨论会。

文件还对政治理论课的考试方法的弊端进行了分析，提出今后政治理论课的考试，应引导学生密切联系世情国情和自己的思想改造，坚决反对背诵条文。考试前应当把试题发给学生，使学生有充分的时间思考和准备。也可以由学生自选题目，用写学习心得、思想小结来代替考试。

上述方法，虽然在实际执行过程中有一些简单化和“左”的倾向，但是就其主要方面来说，是应当肯定的。对于启发式教学讲得如此具体，这还是第一次。

(三)改革开放以来，“要精、要管用”的教学方法原则的发展

1992 年初，邓小平在视察南方的重要谈话中，明确提出“学马列要精，要

---

① 全国普通高校“两课”教育教学调研工作领导小组：《普通高校思想政治教育课程文献选编(1949—2003)》，中国人民大学出版社 2003 年版，第 50 页。

管用的”的指示精神。这一指示精神，是对过去所提出的理论联系实际思想的新概括、新发展。它阐明了学习马列主义方法的根本所在，也是对高校思想政治理论课程教学方法提出的根本要求。根据这一指导思想，原国家教委在1995年颁布的《中国普通高等学校德育大纲》中，明确提出了高校德育工作的基本原则，主要有：方向性原则；理论联系实际的原则；继承和创新的原则；整体性原则；层次性原则；正面教育为主的原则；教育与管理相结合的原则；严格要求与热情关怀相结合的原则；教育与自我教育相结合的原则；等等。这些原则，既是德育工作规律的具体体现，又是进行德育教育的根本准则和根本方法。江泽民提出的“一个中心，三个着眼于”的学风思想，是对邓小平提出的“学马列要精，要管用的”思想的深化和发展，是对全党学习马克思列宁主义、毛泽东思想、邓小平理论的根本要求，也是新时期搞好思想政治理论课程教学的根本方法。思想政治理论课程教学内容和教学方法的改革，要以我国改革开放和现代化建设中的实际问题、以我们正在做的事情为中心，着眼于马克思主义理论的运用，着眼于对实际问题的理论思考，着眼于新的实践和新的发展。

1998年6月，高校思想政治理论课程课程新方案(“98方案”)提出：要认真贯彻理论联系实际和“学马列要精，要管用的”的原则，积极采用读书、讲课、研讨和运用相结合的方式进行教学，大力推动“两课”教学内容和教学方法的改革。要全面地反映中国实际和时代发展，着力于提高“两课”教育教学效果。

高校思想政治理论课程教学方法演变发展的历史表明：新中国成立以来，特别是改革开放以来，高校思想政治理论课程教学方法的改革发展和变化一直在推进。纵观高校思想政治理论课程教学方法演变发展的全过程，可以得出一些规律性的认识和诸多历史启示。科学合理的高校思想政治理论课程课程设置，以及教学方法的选择和运用，是加强和改进思想政治理论课程教育教学的前提条件和基本环节。以马克思主义中国化的理论成果为中心内容，完善思想政治理论课程课程体系和教学方法，是新中国成立以来高校思想政治理论课程历次改革的根本主旨。理论联系实际则是历次改革的根本原则。一切从实际出发，理论联系实际，为实事求是思想路线的主要内容。邓小平所强调的学习马克思主义的这一原则方法，是党的实事求是的思想路线在高校思想政治理论课程教育教学中的集中体现，也是我们在教学中必须遵循的根本原则和根本方法。

实践证明，高校思想政治理论课程教学方法是在继承和发展的张力中不断创新的。每一个历史发展阶段，都创造出具有其特色和稳定性的典型教学方法。前后不同历史阶段的教学方法构成“辩证的否定”关系，“前方法”构成“后方法”的发展基础和超越对象，现代的教学方法是在原有教学基础上的充实、拓深、发展和跃迁，正是历史的积累和现代的反思使思想政治理论课程教学方法逐渐摆脱单一性而发展为今天的丰富的教学方法体系。理论与实际相结合的教学方法作为高校思想政治理论课程教学方法的理念和原则成为一种优良的教学方法传统，一直延续下来并持久地发挥着不可或缺的作用。启发式教学方法关注教育对象的思想，注重“教”引起“学”与“思”的方向性关照，与现代教育发展的时代性有不谋而合之处。“要精、要管用”的教学原则在教学方法上引进了教学效果的维度，使教学方法发展与改革的视域得到进一步的扩展。它启发我们，不论是高校思想政治理论课程课程体系的设置，还是教学内容的改革；也不管是高校思想政治理论课程教学方法的改革，还是教学手段的采用，都必须围绕育人的实效性来展开。

二、高校思想政治理论课程一般教学方法

理念层次的教学方法属于教学方法观，或者教学的指导思想、原则。理念不是一种具体的教学方法，而是任何一种教学方法在具体运用时都自觉或不自觉坚持的指导思想。在教学方法的选择和创新过程中，教学理念是先导，它是教师内心的教学信念，支配着教师对教学方法的选择、使用和创新。教学方法理念是在对一般教学方法和课堂具体教学方法进行选择时的规则与框架体系，它本身不提供可以操作的一般教学方法和课堂具体教学方法。这就需要教师自觉地在教学方法理念的指导下，在框架原则范围内以智慧的方式进行细节上的补充和落实。教师的这种智慧是其个体人格、学识、理论等与实际教学情境有机融合的一种素质和能力。高校思想政治理论课程一般教学方法与教育学在教学方法上的一般分类有相似性。所谓高校思想政治理论课程的一般教学方法属于教学方法理念的下位概念，它是高校所有思想政治理论课程共有的教学方法，也是贯穿于自新中国成立以来的高校思想政治理论课程历史的传统教学方法。综合来看，有两类教学方法较为常规和常见。

（一）语言教学方法

相当长的一段历史时期，受社会发展条件制约，以及教学条件限制，高校思想政治理论课程的教学方法基本是语言教学方法。以语言传递信息为主的教学方法，是指教师运用口头语言向学生传授知识、技能，以及学生独立阅读、师生交流、生生交流为主的教学方法。在整个教学的进行中，以教师语言传递

信息为主。辅助性教学手段稀少。思想政治理论课教师的角色是“教书匠”，他们是知识的传授者、教学的表演者、课堂教学的主宰者。

语言教学方法的主要形式是讲授法。讲授法是教师通过口头语言系统连贯地向学生传授文化科学知识的方法。其中，通过讲述、讲解和讲读等环节来完成教学任务。教师的讲授要有科学性、思想性、系统性和启发性。教师讲授时语言要清晰、准确、精练、生动。

语言教学方法对高校思想政治理论课教师有很高的要求：要科学地组织教学内容。教师在课前要认真钻研教材，合理地组织教学内容，力求做到系统性强、概念明确、条理清楚、重点突出、难易适度，符合思想性的要求。教师要善于把教材上的书面语言转化为适合于教学的口头语言，清晰、准确、精练、生动地把内容传达给学生。同时，教师要使语言富有启发性和感染力，组织和引导学生不断深入领会和掌握教学内容。教师要根据教学的需要和教材内容的特点，精心设计富有启发性和思考价值的问题，并根据学生知识与能力的发展情况，使这些问题明确具体、难易适度，以便充分调动学生的积极性。

（二）实践教学方法

纵观新中国成立以来高校思想政治理论课程教学方法的发展，实践教学方法得到高度重视，并被在广义和狭义两个层次的实践教学上使用。首先，课堂内学生广泛参与教学的狭义实践教学方法得到采用。例如，1964 年发布的《中共中央宣传部、高等教育部党组、教育部临时党组关于改进高等学校、中等学校政治理论课的意见》强调，在高等学校的政治理论课教学中，可由教师提出问题，指出要解决的矛盾，指定阅读的教材或讲授提纲，调动学生学习的主动性、自觉性，引导学生自己带着问题去读书、思考，使学生养成认真读书、钻研问题的习惯，等等。这实际明确了学生参与课堂教学实践的重要性。同时，我国高校思想政治理论课程实践教学方法也在广义实践上得到明确和落实。例如，新中国成立初期强调，理论学习要在可能的情形下，酌量配合实际行动（不宜太多），如参加劳动生产、社会活动等，使感性认识与理论知识相印证，取得巩固提高的效果。在全面建设社会主义时期，高校思想政治理论课程安排学生参加实际的社会主义教育运动，提倡在实践中学习马克思列宁主义、毛泽东思想；进一步强调在批判错误思想的过程中学习马克思列宁主义、毛泽东思想，提高学生识别“鲜花”和“毒草”的能力。除此之外，“文化大革命”中还有一种接触实际、接触群众的所谓“开门办学”的方法。学校把课堂搬到工农兵群众当中去，让学生与工农兵群众一起学习马列著作和毛泽东著作。这种方法，抛开其过“左”的倾向，从一般意义上说，也是可取的，是必要的。

三、高校思想政治理论课程课堂具体教学方法

可以说，从新中国成立一直到“05 方案”实施，我国高校中最常用的、最普遍的思想政治理论课程课堂教学方法是灌输式的讲授方法。1964 年，中央有关文件指出，政治理论课教学必须坚持启发式，废止注入式。这一要求，一定程度上从问题的角度反映出我国高校思想政治理论课程的教学方法常态——讲授法。

课堂讲授法是古今中外教学活动中最常用的教学方法，也是高校思想政治理论课程教育教学中最基本的教学方法。课堂讲授法是教师运用语言向学生系统而连贯地传授科学文化知识的方法，又称口述法、系统讲授法等。根据教学内容及讲授方式的不同，讲授法可以分为讲述、讲解、讲读、讲演等方式。讲授是教师作为主导者，通过语言来传递和学习知识。

课堂讲授法最早可以追溯到雅典剧院的兴起和柏拉图的学园。即便是在信息化高度发达的今天，讲授法仍然是课堂教学中使用得最频繁、最普遍的教学方法。课堂讲授法之所以能够拥有这样旺盛的生命力，从古代一直延续至今，是因为讲授法具备“把普遍的学问传授给普遍的人”这一其他教学方法所不具备的独特优势。第一，传授知识容量大。讲授法可以有计划、有目的地借助各种教学手段在较短的时间内传授给学生较多的知识信息，教学效率相对较高。第二，教学成本低。讲授法主要靠教师对学生的口语相传实现，基本不受教学条件的限制，省时省力，教学成本较低。第三，有利于教师对课堂的把控。在讲授法教学中，教师是课堂的主导者。教师合乎逻辑的分析、论证，生动形象的描绘，有利于发展学生的智力和对学生进行思想教育，能充分发挥教师的主导作用。第四，系统性强。教师可以通过系统地讲授知识来解决大多数学生面临的疑难问题，还可以通过增加或删减其中的某些内容来适应教材或学生的变化。第五，适用范围极其广泛。不管是在现代化信息技术高度发达的城市学校，还是在偏远落后的山区学校，教师都可以利用现有的条件进行较为有效的讲授。因此，讲授技能是教师运用教学方法的基本功，也是其提高课堂教学质量的重要手段。

当然，课堂讲授法也存在着许多缺点和不足：第一，不利于发挥学生的学习主动性。在讲授法教学中，教师占主导地位，他们对课堂有极强的控制力，学生很容易处于被动的地位。所以，教师与学生、学生与教材、学生与学生之间的交流极少，不利于发挥学生的学习主动性。第二，不利于学生的个性发

展。教师运用讲授法教学，面向全体学生，较难照顾学生的个别差异。所以，这也不利于学生的个性发展。第三，操作不当容易走向注入式教学的误区。讲授法和注入式教学有共同的地方，即教学过程都是教师讲，学生听。如果教师没能很好地把握讲授技巧，很容易造成机械性地讲授，久而久之，导致学生丧失学习的主动性，依赖于教师传授，满足于简单记背。

第二节 高校思想政治理论课程教学方法创新的理论澄清

目前，高校思想政治理论课程教学方法改革方兴未艾，但是，思想政治理论课程教学方法改革的深入推进需要理论前提上的进一步澄明，需要解决经验层面上的随意性盲目性。也就是说，要在宏观或哲学层面的教学方法观、教育学层面的一般教学方法、分科意义上的具体教学方法等多层面进行总体改革，要使“教法”改革与“学法”改革相互贯通。思想政治理论课程教学方法改革要直面问题，以破解问题为牵引，着力于“基于学”而“设计教”的教师教学方法改革，重点是改革学生的“学法”，以激发学生的学习兴趣，培养学生独立自主学习的热情和能力。思想政治理论课程教学方法改革应锁定“入耳、入脑、入心”这一关节点。

教学方法是指为了完成一定的教学任务和实现一定的教学目标，教师和学生在互动的教学活动中采用的手段和方式的总称。针对教学活动是师生的双边活动这一特点，针对我们现有的教学方法忽视“学法”这一弊端，在研究教学方法时应当特别强调教学方法包括教师“教”的方法和学生“学”的方法。教学方法不是“教法”和“学法”的简单组合，而是教师讲授方法与学生学习方法的融会贯通和有机结合。从“教”必须引起“学”才能被视为有效教学的意义上，讲授方法必须依据学习方法，否则便会因缺乏针对性和可行性而不能有效地达到预期的教学目的。因而，教学方法改革不仅指教师“教法”的改革，而且包括学生“学法”的改革。比较而言，在“教法”与“学法”中，“教法”的变革处于主导地位，怎么“教”往往决定着怎么“学”。

现有的思想政治理论课程教学方法研究缺乏应有的理论定位和学科视界融合能力，致使思想政治理论课程教学方法的分类原则不清，使思想政治理论课程教学方法研究与教育学科教学方法研究、思想政治理论课程教学方法的一般原则(指导思想)与具体教学方法相混淆。学科视界的狭窄遮蔽了思想政治理论课程对我国教育发展成果的积极借鉴，思想政治理论课程教学方法研究落后于世界课程改革的先进水平，甚至落后于国内其他学科教学方法研究的已有水平。思想政治理论课程教学方法改革缺乏应有的学科宽度。思想政治理论课程教学有其特殊性的一面，但是，仅仅看到特殊而看不到普遍和一般也是思想政治理论课程改革所要破除的狭隘性。只有善于借鉴和学习世界先进的教学方法，借鉴和学习国内教育学教学方法变革的最新成果，甚至包括传播学的方法等，才能使思想政治理论课程教学方法改革研究站在一个较高起点上。思想政治理论课程教学是教育的一种形态，思想政治理论课程教学方法改革理应遵从教育学一般教学方法原理，同时兼顾思想政治理论课程自身的学科特殊性。因此，现代意义上的思想政治理论课程教学方法改革需要有学科视界融合的意识和能力，从而占领思想政治理论课程教学方法改革的制高点。

进行教学方法改革，首先要进入理论层面，真正了解教学方法的不同层次和多维含义。这是保证教学方法改革沿着正确方向自觉推进的前提。

教学方法从理论上进行分类至少包括三个基本层次：一是宏观或哲学层面的教学方法观，即方法论意义上的教学方法。方法论意义上的教学方法是指教学方法的指导思想、理念、原则等，如前面提到的理论联系实际的方法、“要精、要管用”的原则等。二是教育学层面的一般教学方法，即教学方法一般。它研究的是各科教学的共同规律、方法，如启发式方法、实践教学方法。三是分科意义上的具体教学方法。它研究的是某一个学科的教学基本原理和方法等。讨论高校思想政治理论课程教学方法改革问题，应当对教学方法分类有所自觉并在这三个层面展开和拓展对教学方法创新的讨论。

一、正确的教学方法观的确定和导引

就教学方法三个层面的关系而言，教学方法观最具有基础性和宏观性，它是教学方法选择、教学方法改革的总开关和“总导演”，是自觉的教学方法改革的理论依据和精神所在，决定教学方法改革的走向、基本思路、层级和水平，解决的是“为什么”的问题。它的特点是宏观，且带有“观念性”特征。它是思想政治理论课程教学方法改革的灵魂。高校思想政治理论课程教学方法改革必须首先解决教学方法观的自觉和与时俱进问题。

可以说，思想政治理论课程教学方法的改革一直都是进行时。由于没有自觉的教育理念指导，一些思想政治理论课程教学方法的改革局限于个人教学技艺改善的层次，而对思想政治理论课程教学方法改革的趋势、走向及精神实质缺乏自觉认识，使得教学方法改革难以成为主流制度安排下的课程改革行动。例如，在中国教育整体现代化的框架下，在世界课程改革趋势潮流下，对于指向思想政治理论课程教学现代化方向的教学方法改革应当怎样进行，其改革的理论依据是什么等问题，我们没有站在应有的高度给予清晰的理论回答。

当前思想政治理论课程教学方法研究存在的主要问题说明，思想政治理论课程教学方法研究只有首先在宏观层面解决改革的基础理论问题，教学方法改革才能沿着正确方向进行。现有的思想政治理论课程教学方法改革应在其高度提升、深度加强和宽度拓展上有所突破，应首先从理论深度上为教学方法创新提供理念意义上的思想依据。现代教育理念是思想政治理论课程教学方法改革的“总导演”，教育理念的转变是教学方法改革的思想基础。

思想政治理论课程现代教学方法观首要的是要确立“以生为本”的理念。现代教育理念集中到一点就是凸显主体意识或主体性，自觉性、自主性、独立性、创造性等被视为人的主体性的基本内涵。当前教育主体性问题主要是指学习者长期被遮蔽的主体性的确认和澄清问题，即学习者不再是被动的学习对象，而应当成为自觉的学习主人。学习者的思想不再是单纯地被给予，而是通过思辨和考量的理性方式获得，因而，思想政治理论课程教学方法应为实现这一目的而变革，即思想政治理论课程遵从的基本教育理念是“以生为本”，强调从以教师为中心的“重教轻学”的教学观念转到“基于学”而“设计教”的方式上来，注重挖掘以主体性发挥为特征的大学生自主学习能力和学习热情。只有自觉认识大学生的主体性和千方百计激发这种主体性，才能为思想政治理论课程教学方法改革找到方向。

从现代教育理念视角上反观思想政治理论课程教学方法改革，应充分考虑大学生主体性增强和接受效果这一维度，以服务大学生的健康成长成才为最高目标，以开放的和民主的态度建立新型的平等的师生关系。教师在与大学生的交流互动中，在对诸多思想的比较中，要坚持主导价值观的理性立场，采用互动式教学方法，使教学方法表现出更大的创造性、灵活性和个性化。现代教育视野有助于我们进一步明确思想政治理论课程教学方法改革的必然性和价值追求。

思想政治理论课程教学方法改革要努力促进教学的参与主体由单向性走向多向性。现有思想政治理论课程教学方法过多注重教师的“教法”而忽视学生的“学法”，注重教师单向主体性的发挥而忽视学生作为学习主体的主体性发挥。学生学习中的客体地位和学习动力的不足严重制约了教学效果的实现。教育学原理强调，“教”是为了“学”，不能引起“学”的“教”是无效教学。所以，思想政治理论课教师课堂教学方法改革的原则是，要千方百计地激发学生对思想政治理论课程的学习兴趣，提高学生对教学的参与度，以“教法”变革推动“学法”改革，创建适合大学生学习习惯和思维习惯的教法与学法，实现互动式教学，从而使教学成为教师与学生、学生与学生共同参与的多边互动活动，使教师的教学主导作用与大学生的学习主体作用有机结合为一体。

在“基于学”而“设计教”的教学原则统摄下，可以设计多种具体灵活的教学方法。在思想政治理论课程教学中，除了一些重点问题和难点问题必须由教师讲授外，更多的教学内容应当由教师作好教学设计，提出学习任务，给予必要的参考资料，让学生通过学习小组亲自参与、协作完成。学生自己形成学习结论，这样其印象更深刻，对于结论也更容易信服。

“以生为本”要求思想政治理论课程教学方法改革对学生的学习方法予以关注和研究，把培养学生学习能力放在突出地位。教学方法改革应着力于唤醒和激发学生的学习能动性，使学生学会学习，使其积极主动地自主学习、探究学习。教学方法改革的重点是提升学生独立自主学习的热情和能力。激发学生学习能动性，兴趣是起点，现代教学平台支持是关键。思想政治理论课程作为文本课程，具有高度的理论性、抽象性，而充分利用现代多媒体教学技术，符合大学生学习习惯，能够激发大学生自主学习的热情和能力。

总之，思想政治理论课程教学方法改革创新的现代理念，表明思想政治理论课程教学方法改革要在广泛的时空维度上，确立一种以生为本的现代化思维和先进的教育理念。教学方法改革是服务于教学效果提升这一根本任务的。实现教学内容必须借助教学方法，教学方法是“桥”和“船”。教学内容决定教学方法，但是，我们在进行教学方法改革时还要从教学体系各要素之间更广阔的关系中考虑问题，其中，教学目标与教学方法关系密切。教学的起点和归宿都受制于教学目标，所以教学方法改革的基点不是内容而是目标。在这个大系统中，教学内容是实现目标的素材。

综上所述，思想政治理论课程教学方法改革只有教学理念先进，才能在一般教学方法和具体教学方法上层层改革和推进，同时还要根据教学目标、教学内容和学生实际进行设计。

二、教育学意义上的一般教学方法借鉴

教育学意义上的教学方法一般对于思想政治理论课程的教学方法建设具有普遍的指导意义，它与思想政治理论课程教学方法之间是一般与个别、普遍与特殊的关系。因为思想政治理论课程作为教育类中的一类课程毫无疑问应当遵循教学的一般规律。教育学中的教学方法研究成果是一定教育理念的具体化，其教学方法分类具有总体性和全局性特点，一般代表着当前教学方法所能达到

的水平。它在整个教学方法系统中属于中观层面，对于思想政治理论课程教学方法的改革具有最切近的指导意义。

例如，教育学中列举了多种教学方法分类，其中，依据教师与学生交流的媒介和手段，可把教学方法分为四大类：一是教师中心的方法，主要包括讲授、提问、论证等方法。二是相互作用的方法，包括全班讨论、小组讨论、同伴教学、小组设计等方法。三是个体化的方法，如程序教学、独立设计、多媒体教学等。四是实践教学方法。这四类方法基本概括了目前各科教学方法的基本存在形式。

又如，教育学中对课堂教学方法也有清晰的分类。讲授式教学方法包括：教授方法、谈话教学方法、讨论教学方法、讲读教学方法、讲演教学方法等。问题探究式教学方法包括：问题教学法、探究教学法、发现教学法等。基于现代信息技术的教学方法包括：视觉媒体运用、听觉媒体运用、视听媒体运用、交互媒体运用等。

之所以说教育学意义上的教学方法为一般教学方法，是因为这些方法适用于所有的教育教学。教师无论采用哪种方法教学，都能在教育学的教学方法分类中找到其归属。而具体选择哪种教学方法，一般取决于教师的教学理念和具体的教学对象的特点等因素。在思想政治理论课程(包括其他类课程)课堂中教师使用的具体教学方法，大体上属于教学方法的第三个层次，属于微观层面。微观层面的教学方法，是教育学层面上的教学方法分类在各科教学中的具体运用和进一步细化。例如，讨论式教学方法可以细化为指导性讨论、辩论式讨论，等等。

三、高校思想政治理论课程教学方法的历史传统分析

从历史沿革的意义上看，新中国成立以后，高校思想政治理论课程在教学方法上沿袭立足于课堂的讲授式教学方法传统。所谓理论联系实际、启发式、“要精、要管用”等，更多地还是在教师“如何讲”方面提出的要求。从历史主义的态度看，注重教师的讲以实现教育效果在一定的历史时期发挥了不可或缺的作用。但是，随着时代的发展，单一的讲授式教学方法也成为当前高校思想政治理论课程教学方法改革要破解的主要问题。聚焦问题，才能为思想政治理论课程教学方法改革找到方向。

目前，思想政治理论课程教学方法基本或者主要还是讲授式方法。讲授式方法导致了两方面的主要问题。

第一，教师的教学方法观落后。这是根本问题。在传统讲授式教学中，教

师是中心，教师主宰整个教学，讲授式教学方法成为主要教学方法。毫无疑问，在传统社会中，由于社会的封闭性、信息渠道的单一性，讲授式教学方法曾经发挥了重要作用。但是，现代社会是开放社会，信息渠道日益多元化，大学生的主体性和选择性不断增强，继续坚持单一的讲授式教学方法已经难以适应今天的教育对象。社会转型深刻地改变了包括思想政治教育在内的教育的形成形态、传播形态和消费形态，冲击和挑战着传统的以教师为中心的单一的讲授式教学方法，其导致的后果是，单一的讲授式教学方法使思想政治理论课程教学成为教师的“独白”或“自说自话”，为“教”而教，“教”无法引起有效的“学”，教学效果难以实现。针对教学效果弱化问题，思想政治理论课教师也在努力探索解决之道，但大多数教师仍然更多地关注“教法”变革，注重“教好”，忽略“学法”，教学无法走进大学生的心灵，武装其头脑。根本症结是教师的教学方法观仍然是“教师中心观”。

为此，教师角色应当有新的发展。正如联合国教科文组织明确指出的，教育的根本改革就是改变教师的任务，即教师要由知识传授的“演员”转变为学生学习的“导演”，由教学管理的“保姆”转变为平等的“伙伴”，由教学计划的“执行者”转变为课程体系的“建构者”，由学生成绩的“裁判者”转变为学生发展的“设计者”。①

第二，学生缺少学习兴趣和参与教学的积极性。传统教学是“你讲我听”，现代课堂却是“你讲你的，我做我的，两不相干”。学生对课程没兴趣，甚至逆反。如何激发起大学生对思想政治理论课程的学习兴趣和热情；如何改变大学生在学习中的被动状态，使学习成为他们的内在需要，是思想政治理论课程教学方法改革必须破解的难题。

高校思想政治理论课程面临的种种问题引发了理论上的关注和探讨。改革开放以来，尤其是“05 方案”实施后，关于思想政治理论课程教学方法的研究取得了积极的成果，这对于提升思想政治理论课程教学效果起到了推动作用。有学者曾经总结指出，目前思想政治理论课程教学方法的研究和实践运用概括起来有五种类型：问题型、互动型、情感型、研究型、信息技术型。这些教学方法运用于思想政治理论课程教学，一定程度上改善了思想政治理论课程长期以来教学形式比较单一、教学手段比较落后的局面。新的教学方法在注重调动大学生的学习兴趣、运用多媒体技术上都取得了一定的进展。

---

① 联合国教科文组织国际教育发展委员会：《学会生存 教育世界的今天和明天》，上海译文出版社 1979 年版，第 118～119 页。

但是，从总体上看，思想政治理论课程教学方法的理论研究和实践运用是滞后于思想政治理论课程教材建设和教学内容建设的，已经取得的研究成果在某种程度上存在着理论研究与实际应用脱节的状况。

当前思想政治理论课程教学方法实践中和理论研究中存在的问题说明，思想政治理论课程教学方法改革研究只有首先在宏观层面解决改革的理论基础问题，教学方法改革才能沿着正确方向进行。现有思想政治理论课程教学方法改革在其高度提升、深度加强和宽度拓展上都需作出努力。

在思想政治理论课程教学方法改革中，还应处理好几种关系，即教师的“导”与学生的“学”之间的辩证关系，课堂教学与网络辅助教学之间的关系，教学内容与教学方法之间的匹配关系。最后，需要强调的是，教学方法的改革和教学方法的选择要遵循教学基本规律，做到教学有法，要关注学情，策略得当；教学方法又不能模式化，正所谓教无定法，创新是教学方法改革的灵魂，也即贵在得法。

第三节　新时期高校思想政治理论课程改革创新下的教学方法谱系

改革开放以来，尤其是“05 方案”实施后，我国掀起了思想政治理论课程教学方法改革的新热潮，关于思想政治理论课程教学方法的研究取得了积极的成果，这对于提升思想政治理论课程教学效果起到了推动作用。2005 年 2 月，中宣部、教育部在《中共中央宣传部 教育部关于进一步加强和改进高等学校思想政治理论课的意见》中特别指出，要切实改进高等学校思想政治理论课程教育教学的方式和方法，要充分发挥教师的主导作用和学生学习的主体作用。教学方式和方法要努力贴近学生实际，符合教育教学规律和学生学习特点，提倡启发式、参与式、研究式教学。改进教学方式和方法，要研究分析社会热点。要多用通俗易懂的语言、生动鲜活的事例、新颖活泼的形式，活跃教学气氛，启发学生思考，增强教学效果。要精心设计和组织教学活动，认真探索专题式教学、案例式教学等多种教学方法，大力推进多媒体和网络技术的广泛应用，实现教学手段现代化。要加强实践教学。高等学校各门思想政治理论课程要加强实践环节，把实践教学与社会调查、志愿服务、公益活动、专业课实习等结合起来，通过形式多样的实践教学活动，提高学生的思想政治素质及其观察分析社会现象的能力，深化教育教学的效果。要改进和完善考试方法，采取多种方式，综合考核学生对所学内容的理解和实际表现，力求全面、客观地反映大学生的马克思主义理论素养和道德品质。《中共中央宣传部 教育部关于进一步加强和改进高等学校思想政治理论课的意见》对“05 方案”实施后教学方法改革的方向在广度和深度上都作出了明确指导。高校思想政治理论课程教学方法研究作为制度安排得到落实，标志是 2013 年教育部社科司推进的高校思想政治理论课程教学方法改革项目“择优推广计划”的实施方案的发布。“择优推广计划”的建设目标是用 5 年左右的时间，遴选和培育 100 项教学方法新、教学效果好、受学生欢迎的优秀思想政治理论课程教学方法改革项目。通过这些项目，培养一批创新教学方法的优秀教师典型和教学团队，深入推动高校思想政治理论课程教师队伍树立先进教学理念，增强改革创新意识，提高教学创新能力，切实增强思想政治理论课程的吸引力、感染力，使之成为大学生真心喜爱、终身受益、毕生难忘的优秀课程。“择优推广计划”进一步推动了高校思想政治理论课程教学方法改革，使“05 方案”以来的思想政治理论课程教学方法实现了多样化，对提升思想政治理论课程教学效果起到了积极的推动作用。

我们从高校思想政治理论课程课堂教学是主渠道、课堂教学方法的实践操作和借鉴更重要的意义上，从高校思想政治理论课程教育教学的具体方法层面上，简要阐释“05 方案”实施后高校思想政治理论课程普遍运用的、对教学效果提升有较为显著作用的教学方法谱系的主要内容。

一、专题式教学及其理念

高校实施思想政治理论课程“05 方案”以来，如何实现从教学体系向大学生的认知体系、价值体系转化成为更好落实“05 方案”精神的关键问题。其中，专题式教学得到普遍认可和实践。

我们要深刻把握专题式教学的内涵和设计原则。专题式教学是指教师改变按章按节进行授课的习惯，立足于实际，从学生的思想实际和社会的现实问题着眼去提炼和确立教学专题进行讲授。专题式教学是在理解教材和教学要点的基础上，充分领会课程精神，提炼出课程的基本理论、重点和难点，以问题为核心，精练教材内容后整合成的主题式教学方式。专题式教学设计是在尊重教材的基础上对教材进行再创造。其基本途径是：分解课程整体教学目标的具体教育目标，设定问题(实现教学目标在学生思想层面存在的理论困难、现实疑惑)，确立相对独立的理论主题等。专题式教学的优点是，主题鲜明、重点突出，教学针对性强。

专题式教学是实施新时期思想政治理论课程教学改革的重要载体，离不开正确理念的引导。

第一，坚持整体性原则。树立四门课程一体化的整体意识，形成既有分工又协调统一的大专题式教学体系设置特色，以解决重复和教育力量分散问题，有效协同各门课程力量形成教育合力。每门课程的专题要自成系列，又与其他三门课程有效衔接。同时，每门课程的专题设计要体现整体性，在四门课程总体目标关照下研究各门课程的核心性思想、基本脉络、重点和难点。虽然具体专题的设置可以打破教材的时间顺序和空间范围，围绕某一理论主题，采取纵向跳跃、横向截取的方法，选取典型案例，进行深入的阐述和具有示范性的探究，并构建起问题式的教学框架，但是，专题与专题间应当存在逻辑关系，对实现教学目标起到协同作用。

第二，强化问题意识。现代心理学认为，一切思维都是从问题开始的。问题是思想政治理论课程教学体系的起点和生命，解决问题的程度如何直接影响其教育教学效果。找到“真问题”，确认“真问题”，与教育对象有价值相关性，可以满足教育对象的成长需要。任何目标，如果它只是国家的意志、学校的期望，而尚未与学生自己的活动联系并成为学生心中的目标，那虽然叫作目标但只是外在的。目标只有经过内生才能内在。教师要使教学与学生产生关联，通过问题设定使课程对学生有吸引力。有吸引力，才可能入脑入心，解决教学的内在性。吸引力是产生感染力、影响力和说服力的前提。这种方法与理论加事例的方法是根本不同的。

第三，注重教育的理念，立足于教育的实效性、发展性原则。教师要研究和把握立足于“教育立场”的思想政治理论课程的矛盾特殊性，遵循思想政治教育的规律性。也就是说，教师要认识和把握思想政治理论课程与一般人文社会科学教育的不同、与专业课程的不同、与中学常识性政治课程的差别。

第四，追求“政治诉求的科学表达”。从战略高度充分认识和理解“05 方案”依托于独立的马克思主义理论一级学科内蕴的学理性支撑所具有的重大意义，体现以学科建设为支撑的现代思想政治理论课程的国家意志承载、文化底蕴和人文关怀，展示思想政治理论课程蕴含的本质性、深刻性和思想逻辑性所具有的理论力量与学理魅力，改变长期以来思想政治理论课程就是空洞的政治说教的形象和面貌。

第五，确立以引导、发展、民主和关怀为特征的研究型教学观。面对大学生日益提高的主体意识，只有充分调动和激发大学生自主学习的积极性，提倡独立思考、深刻追问、平等对话和真诚讨论，才能达成“意义”的建构、“存在”的澄明和价值的生成。

二、案例式教学及其理念

案例式教学以教学案例为基础，以学生在课堂内外对真实事件和真实情境的分析、思辨为重点，以提升学生应用理论创新性地解决实际问题的能力为目的。案例式教学初创于哈佛商学院。1910年，科普兰(Copeland)博士最先在哈佛商学院使用讨论法进行工商管理教学。当时有许多工商管理人员走进课堂，向学生展示自己在管理中遇到的各种各样的问题，并写出了案例分析和解决问题的诸多方法。1921年，在当时的校长多汉姆(Donham)的建议和鼓励下，科普兰出版了一本案例集，由此推动了该校教师运用案例法进行教学。

案例式教学区别于传统教学方法的地方在于，其所涉及的教学内容有着独特的来源、性质、编排体系，教学方法不仅指向教师，而且要求教师和学生都要有相当大的行为变化。由于案例式教学是针对实际的案例问题展开的学习与讨论，因此，它的着眼点在于学生的创造力及其实际解决问题能力的发展，而不仅仅是使其获得一些固定的原理和规则。案例式教学的独特性在于：第一，明确的目的性。第二，客观真实性。第三，较强的综合性。第四，深刻的启发性。第五，突出的实践性。

近年来，如何把思想政治理论课程案例式教学的潜在优势转化成实实在在的教学效果，是思想政治理论课教师普遍关心的一个现实问题。在许多场合下，教师往往将“例子”“案例”“案例式教学”三个概念混用。不少人所说的“案例”，实际上就是“例子”。而一些人声称的“案例式教学”，也无非是在课堂上多举几个例子或组织学生进行一场讨论而已。严格地讲，“案例”和“例子”、“例证式教学”和“案例式教学”既有联系又有区别。“案例”是有一定情节的事实，它包含真实性、问题性、目的性、典型性和陈述性五个构成要件。“案例”重在“选编”，着眼于让学生体验实践的理论意义。① “思想政治理论课程教学案例”既包括一般教学案例的共性，又与其他学科教学案例有所区别。它主要包括三个构成要件：一是体现社会主流意识形态的内在要求，具有政治导向性。这是思想政治理论课程教学案例的特质。二是坚持服务于马克思主义立场、观点、方法的教育原则，具有思想教育性，并力求以正面引导为主。当然，如果反面案例更能说明问题，未尝不可用，问题的关键在于如何恰当地对大学生进行正确的思想政治理论引导，以达到思想政治理论课程的教育目的。

---

① 杨慧民：《高校思想政治理论课案例教学操作模式探析——以“一切从实际出发”教学内容为课例》，载《思想理论教育导刊》，2010年第11期。

三是具有现实针对性。教学案例要针对当前大学生思想疑惑、思想疑虑比较集中的问题，针对大学生普遍关注的社会热点、焦点问题，针对社会生活实践中意义重大的现实问题，针对社会上和大学生中流行的资产阶级自由化观点和各种错误思潮进行选材，让大学生在理论体系与现实社会的交汇处、在受教过程中感受到现实生活中时代精神精华的影响，将马克思主义所倡导的价值观念、价值取向、价值目标等内化为一种文化自觉。①

案例式教学的理念主要体现为如下四点。

第一，坚持学生学习的主体性原则。案例式教学是让学生自己通过质疑、探究、讨论或辩论，自主地对所学内容进行概括总结，对在学习中需要了解和掌握的热点、重点、难点问题进行抉择，其目的就在于充分体现学生在学习中的主体地位。激发学生的学习兴趣，保持学生的学习动力，这样，学生在学习中不再处于被动地位，而是成为学习的主体。

第二，坚持理论联系实际的原则。理论联系实际的原则是学习思想政治理论课程需要坚持的最主要的原则。政治理论来源于实践，又必须指导实践，解决实际问题。因此，在实施案例式教学的过程中，所选取的案例必须紧扣现实生活，这样所进行的探究才有理论依托和现实意义。

第三，坚持突出教学主题的原则。案例式教学是完成教学工作的一种新模式、新载体，所选取的案例是为完成教学任务、突出教学主题服务的。因此，在实施案例式教学的过程中，必须坚持突出教学主题的原则，紧扣教学主题来选取案例，以便突出教学重点，突破教学难点，完成教学任务。

第四，遵循时效性原则，体现思想政治理论课程的学科特点。思想政治理论课程是时代性很强的课程，与经济、政治现象紧密相连，并随着社会经济生活的发展而不断更新。思想政治理论课程如能结合时事政治材料进行教学，不仅可以调动学生的学习兴趣，使政治课堂教学任务顺利完成；而且可以在学生中形成“家事、国事、天下事，事事关心”的良好氛围，强化课堂教学效果。

三、实践教学及其理念

实践教学是思想政治理论课程教学的重要组成部分，对深化理论教学，提升教学针对性和实效性具有不可替代的作用。深入探讨思想政治理论课程实践教学的发展方向和发展趋势，推动实践教学的改革创新，探索实践育人的新途

---

① 杨慧民：《高校思想政治理论课案例教学操作模式探析——以“一切从实际出发”教学内容为课例》，载《思想理论教育导刊》，2010 年第 11 期。

径和新方法，提高思想政治理论课程的教学质量和教学水平，是实践教学的价值所在。

实践教学在高校思想政治理论课程教学中的定位。2005 年 2 月，《中宣部 中央文明办 教育部 共青团中央关于进一步加强和改进大学生社会实践的意见》(简称《意见》)发布，明确指出要进一步加强以教学实践、专业实习为主要内容的实践教学。要把实践教学作为课堂教学的重要组成部分和巩固理论教学成果的重要环节，使大学生在参与实践教学的过程中，深刻体会蕴含在各门课程中反映人类文明成果、弘扬民族精神、体现科学精神、揭示事物本质规律的内容，培养大学生的创新精神和实践能力。要把实践教学的要求落实到每一个部门、每一门课程和每一位教师，体现在专业培养计划、课程教学大纲和教师的岗位职责中。要着重解决好实践教学经费投入、实验教学资源、实习教学质量、毕业设计质量、实践教学管理等方面存在的问题和不足。2015 年 7 月，《中央宣传部 教育部关于印发〈普通高校思想政治理论课建设体系创新计划〉的通知》(简称《通知》)，进一步强化了高校思想政治理论课程建设视域下的实践教学问题。文件指出，要整合资源，强化实践教学。制定印发《高校思想政治理论课实践教学大纲》，进一步规范实践教学。推动思想政治理论课程实践教学与大学生社会实践活动有机结合，整合思想政治理论课程教师和辅导员队伍，使他们共同参与组织指导实践教学。各高校要健全组织管理方式，逐步形成学校思想政治理论课程教学科研机构、宣传部、教务处、学工部、团委等部门协调配合的实践教学工作机制。积极争取社会各方面支持，整合实践教学资源，拓展实践教学形式，建设一批相对稳定的实践教学基地。注重总结实践教学成果，把优秀调研报告等作为课堂教学的补充材料。可以说，虽然大体上相隔 10 年，但《意见》和《通知》都强调了实践教学的重要性。不同的是，《意见》更侧重对实践教学落实的条件创设进行规定，有关实践教学的规定适用于高校所有的专业和大学生日常思想政治教育工作；《通知》则在此基础上，针对高校思想政治理论课程的实践教学，在下一步的创新体系建设中对实践教学的教学大纲制定、实践教学的途径、实践教学的工作机制、实践教学的基地、课堂教学与实践教学的相互支撑等作出具体规定。它们对于切实加强高校思想政治理论课程的实践教学是纲领性的指导文件，需要认真解读和切实贯彻。

实践教学的内涵。所谓实践，相对于理论而言，就是人们能动地改造和探索现实世界的一切社会性的客观物质活动。思想政治理论课程实践教学实质上是一种力图实现思想政治理论课程总体教学目标的“科学实验”性质的教学形式。它以其鲜明的学生参与性、学生体验性特征与传统课堂讲授式——以学生聆听为主的教学形式产生区别。对于大学生来讲，获取知识和思想有两个途径：一是从书本中获取间接知识，二是从实践中获得直接知识。从一切知识来源于实践的终极意义上，实践教学的重要性理应得到认同。从思想政治理论课程教学所指的社会生活现实的意义上，大学生也应当通过社会实践面向实际、联系实际、思考实际，把对实际的省察提升到理论高度。实践教学是把理论与实际、课堂与社会、学习与研究紧密联系起来的，培养学生联系实际思考问题、运用理论分析问题、自主研究解决问题等实践能力的多种教学方式的总和。就目前状况看，高校思想政治理论课程实践环节的教育教学中，实践育人特别是实践教学，依然是高校思想政治理论课程的薄弱环节。这与我们在理论认识上对高校思想政治理论课程定位不准、定性不清有一定的关系。正确认识高校思想政治理论课程实践教学的含义十分必要。

思想政治理论课程实践教学的实践形式是广义上的，它包括两个层次的社会实践教学形式：一是组织学生到企事业单位、农村、市场进行调研考察；到爱国主义基地了解革命烈士和英雄人物的事迹；结合假期"三下乡"等大学生社会实践活动开展社会调查；到教学实践基地实地参加多种形式的生产劳动或社会工作。此外，还请各条战线上的先进人物到学校给学生介绍改革、发展的实际情况，谈工作体会、生活体会，并与师生开展直接交流和研讨。二是高校思想政治理论课程的课堂实践、科研实践等多种形式。一般意义上的实践教学包括实验、实习、社会实践、课程设计、学年论文研究、毕业论文(设计)研究等，不同类型的实践教学环节在教学计划中的地位、顺序、时间分配等要符合培养目标的要求，要和相关课程相匹配。

相对于一般课程，思想政治理论课程是关于马克思主义理论与思想政治教育的一个课程集合体，是各个专业学生必修的公共理论课，其最主要的特点：一是面对的人多，包括所有专业的学生，且涉及的内容广，涵盖了政治、经济、文化各个方面。二是思想政治理论课程不是纯知识类的课程，它需要从知识跃迁为思想和价值观，需要理论武装，而理论武装是为了更好地认识世情、国情、民情和党情，这又不是仅仅靠理论就能够彻底做到的，还需要通过实践深入实际。实践可以充实理论，发展理论；实践是检验真理的唯一标准。运用理论分析实际，无疑是提升高校思想政治理论课程教学实效的基本途径。这样，高校思想政治理论课程，不仅可以通过深入社会，而且可以通过学生积极参与课堂教学、校内主题调研和小组协作学习，以及通过报刊查阅、网络检索、专业书刊阅读等完成主题论文来实现实践教学的目标。

就思想政治理论课程实践教学的特殊性来说，在积极解决第一个层面的社会实践问题的基础上，也要重视课堂实践教学。从这个意义上讲，一切学生可以广泛参与的教学形式都应当纳入思想政治理论课程的实践教学中来，课堂讨论、主题论文研究、自学作业研究、自学自讲、调研报告研究等等，一切有助于调动学生学习积极性的、有助于提高教学实效性的学生参与形式都应当被看作一般意义上的实践教学。由此，按照思想政治理论课程实践教学的内涵，其形式应包括社会实践、课堂实践、科研实践这三种最基本、最主要的形式。其中，社会实践贴近社会生活，课堂实践方便学生参与，科研实践训练学生运用理论分析问题、解决问题的能力，三者密切结合，共同构成思想政治理论课程实践教学的大系统。

特别需要强调的是，思想政治理论课程的实践教学是培养学生运用理论观察社会、认识社会、思考人生这一实践能力的一个重要环节，它与其他大学课程一样需要科学的计划和系统的培养。作为大学生的必修课，思想政治理论课程的一切教学目标、教学方式都必须适合或不超越大学教育规律、教育体制本身，它的政治功能必然是在规范的教育功能实现的基础上才能得以实现。如同每个专业有一个课程体系，各门思想政治理论课程也构成了一个相互关联的课程体系，共同实现对学生进行马克思主义理论教育与思想政治教育的目标。那么，培养学生运用理论分析问题、解决问题的实践能力，也就像学生的实验、实习、学年论文研究、毕业论文研究一样，是检验培养目标的一个重要环节。当然，要实现这一环节，必须使思想政治理论课程与专业课程一样拥有大学课程的待遇，而不是被特殊化。①

要解决高校思想政治理论课程实践教学的薄弱问题，我们应当充分认识到高校思想政治理论课程的实践教学是完整教学体系中的重要组成部分。探索实践教学模式直接关系到人才培养质量，并不是可有可无的。要切实加强实践教学，就要从注重教与学、思结合，理论联系实际，知行统一的角度，结合各校的实际情况，使思想政治理论课程教学内容与社会实践有机结合起来。要立足于课堂实践教学和校内外调研的可普及、参与度高的实践教学形式，同时，以探索更加多样的实践育人方法途径为基础，以加强实践育人基地建设为依托，以加大实践育人经费投入为保障，积极调动整合社会各方面资源，形成实践育人合力，着力构建长效机制，推动高校思想政治理论课程实践育人取得新成效、开创新局面。

---

① 刘世华、吴绍禹：《思想政治理论课实践教学的认识局限及对策论析》，载《教学与研究》，2008 年第 4 期。

高校思想政治理论课程实践教学的理念指向主要包括：首先，实践教学强化了“实践出真知，实践长才干”的观念。求知可以改进人的品性，而经验又可以改进知识本身。学问虽然指引方向，但往往流于浅泛，必须依靠经验才能扎下根基。这与“做中学”“教育即生活”的教育思想在价值取向上是一致的。这一观念也是对目前高校思想政治理论课程存在的教学实践机会匮乏、“知行脱节”等现实问题的补正。由于高校思想政治理论课程有注重课堂教学、理论知识教学的传统，占主导地位的是理论教学，因此，教学过程以知识传授为主，课堂以教师为中心，教学内容被极其详细地分析和解释，教学效果评价以“学生是否听懂、教师讲解得是否详细”为评价标准。总体上说，高校思想政治理论课程教学走的是一条“书本至上”“重知轻行”的道路。大学生的实践机会匮乏，或者实践只是作为理论知识教学的辅助手段，而不是作为大学生发展的一个基本途径和基本手段。大学生的实践活动很大程度上只是作为学校的特色和点缀。教育与生活之间的真实而密切的联系，给了实践教育很好的启示，即不能仅仅重视理论教学，社会实践也是非常重要的。教育的最终目的是培养既有理论功底又具备实践能力的人才。

其次，实践教学强化了“以生为本”的教育宗旨。以生为本就是要突出学生在思想政治理论课程教学中的主体地位及主体作用，即在实践学习中应充分发挥学生自身的能动性，应强调学生主体之间的相互合作。实践活动是学生发展的重要途径，应引导学生注意掌握理论知识，科学地开展实践学习活动，避免盲目蛮干。同时，学生的主体活动也是学生自身发展的机制，它不仅强调学生的外部活动，也强调学生的内部活动，主张通过多种多样的活动促进学生的发展。总之，改革教学方法，创新教学艺术，倡导集体备课和名师引领，强化问题意识和团队攻关，注重发挥教与学两个积极性，形成第一课堂与第二课堂、理论教学与实践教学、课堂教学与网络教学相互支撑，理念手段先进、方式方法多样、组织管理高效的思想政治理论课程教学体系。

四、多媒体教学及其理念

多媒体时代的到来，极大地冲击了传统思想政治理论课程教学，无论是时代大环境，还是思想政治理论课程教学对象的变化都促使我们必须作出改变。运用多媒体等技术进行思想政治理论课程教学方法和大学生学习方法的改革，激发大学生自主学习的兴趣和能力，对于实现思想政治理论课程教学目标将起到明显推动作用。多媒体是一个相对的概念，它是以数字信息技术为基础，以互动传播、鲜明的个性化、方便快捷为特点的创新形态的媒体。美国《连线》杂志对多媒体的定义是："所有人对所有人的传播。"联合国教科文组织给多媒体下的定义是："以数字技术为基础，以网络为载体进行信息传播的媒介。"

多媒体的优势是它能对大众同时提供个性化的内容，使传播者和接受者成为对等的交流者，而无数的交流者相互间可以同时进行个性化的交流。

多媒体教学方法是以多媒体计算机、多媒体制作软件、投影仪和音响为主体教学工具，在教学过程中通过教学设计，运用多媒体计算机处理文本、图形、视频和音频等多种教学信息，把教学内容有机整合起来的一种现代化教育方法。多媒体与思想政治理论课程相结合的思想政治理论课程新课程形态包括慕课、翻转课堂、微课等。运用现代科技手段于思想政治理论课程教学，是当前高校思想政治理论课程教学方式方法改革的新途径，是思想政治理论课程主动适应社会发展需要、迎接信息时代挑战的重要措施之一。

多媒体教学方法具有其他教学方法无法替代的优势和特点：多媒体教学方法正在逐步改变传统的教学模式，它以强大的技术支持优化了课程资源的配置，使师生进行互动式教学得以实现，使课程评价的过程性设想得以落实。其优势主要表现为如下两点。

第一，多媒体教学方法为思想政治理论课程教学模式现代化提供平台支撑。多媒体教学手段利用多媒体影像客观真实的特点，拓展教学空间，丰富教学内容，扩大知识领域。多媒体教学可以最大限度地调动尽可能多的有用资源，利用视、听、读、写等功能补充文本教材中没有的大量资料信息，把最新的科研成果引入教学过程，从而有效地回避教学内容、资料信息滞后的现象。它可以加强课程虚拟学习环境，丰富教学资源，补充和延伸课堂教学；使教师有效地管理课程、制作教学内容、生成作业；为加强师生协作提供有效载体。

第二，多媒体教学方法运用于思想政治理论课程可以有效地改变和提升学生的"学法"，极大地调动和培养学生的学习兴趣。其最大优势是为培养和开发学生自主学习和探究性学习的能力提供了可能，能够最终实现提高课程教学效果的目标。传统思想政治理论课程教学存在的问题之一是课堂外师生间、生生间交流没有渠道，教育影响的持续性受到限制；多媒体教学平台和技术则为加强师师之间、生生之间以及师生之间的协作提供了有效载体，从而协助教师达到与教学、师生交流、改革课程评价有关的，最终提高课程教学效果的重要目标。多媒体技术可以帮助学生构建一个自主、开放的数字化学习环境。

多媒体教学和网络教学形式的出现，向传统的教学手段、教学方法提出了尖锐的挑战。教学方式的更新迫切需要教学观念的更新。现在，计算机技术被应用于思想政治理论课的课堂教学，对每一位思想政治理论课教师都提出了新的要求。它要求思想政治理论课教师不仅要掌握一定的计算机操作技术，而且必须更新教学观念，即必须改变过去传统的教学方式在头脑中造成的思维定式，以适应教学方式转变的要求。教学方式的更新也迫切要求教师素质的全面提高。

利用多媒体平台进行教学，是对多年来传统教学习惯的挑战。在此平台上建设课程一定程度上加大了教师的工作量，有的教师一段时间内不适应、应用的积极性不高也是可以理解的。但是，从教育发展方向上看，也许利用多媒体进行教学对个体来讲是没有选择性的，它代表着现代的教学潮流，是现代教育本身。这和农民种地拒绝现代农具，工人做工拒绝现代工具，结果其跟不上时代步伐的道理是一样的。所以，改变教师的观念，提高其利用多媒体教学方法的积极性是关键。

它要求思想政治理论课教师必须进一步提高自己的科学文化素质，尽快学会运用和掌握现代化的教学手段，了解、掌握计算机的操作技术和多媒体的特点，并在教学和科研中加以实际运用。

多媒体教学方法蕴含着民主、平等的教学理念。新媒体时代的到来，学生获取信息方式的改变，都促使我们改变以教师讲授为主要方式的单向教学。以平等、民主、互动和交流的方式实现思想政治理论课程教学，是新媒体带给我们的新理念。对于运用何种媒体，可能不同的学校、不同的学生的选择也不必相同。

五、研究式教学及其理念

研究式教学，又称探究法、发现法，是指学生在学习概念和原理时，从学科领域以及现实社会生活中选择和确定研究主题，结合教师在教学中创设的学科研究的情境，通过自主、独立地发现问题，调查，信息搜集与处理，表达与交流等探究活动，获得知识、技能、情感与态度的发展。

美国芝加哥大学教授施瓦布认为，研究式教学是与学生学习活动紧密联系的一种教学活动，它是指这样一种学习活动：学生通过自主地参与知识的获得过程，掌握研究自然所必需的探究能力，同时形成认识自然的基础——科学概念，进而培养探索世界的积极态度。

高校思想政治理论课程研究式教学，首先是一种学生参与教学内容研究的理念；其次为一种教学方式。具体来说它是指以思想政治教育内容及学生思想实际为主线，在教师引导下，学生对思想政治理论课程中的问题进行研究和探讨，并在研究过程中主动地获取知识，解读、应用理论，解开思想疑惑，从而自觉地形成科学的世界观、价值观和人生观的教学过程。这个过程的实质是让学生进入问题研究过程，自己得出结论，从而认同和内化思想政治教育内容。因此，思想政治理论课程研究式教学具有问题性、自主性、开放性、实践性、综合性等特点。

高校思想政治理论课程研究式教学的一般程序为：提出问题—学生自主研究(搜集资料、整理资料、论证)—得出结论—教师分析和评价研究结果。具体包括五个步骤：一是教师依据思想政治理论课的内容，结合学生现实生活中的思想疑惑确定研究选题；二是选题确定后，学生通过图书馆、资料室和互联网等查阅、搜集资料，自主开展研究，对问题形成自己的判断；三是对每个学生的研究成果首先在学术小组内开展研讨，将研究成果进行进一步的修改、论证；四是学生将自己的研究成果在全班范围内进一步展开研讨，进行补充和完善，在思想火花的碰撞中得出对理论和现实问题的正确理解与认识；五是教师对学生的研究成果进行全面评价，介绍和补充相关知识和信息，从而使学生达到对思想政治理论的深刻理解，锻炼学生运用马克思主义基本原理分析现实问题的能力，实现思想政治理论课程的教学目标。

在研究式教学过程中教师必须关注“课堂教学活动主体间性”，切实处理好教与学的辩证关系，充分体现对话的精神，力争确立教师与学生互为主体的教学理念，从传统的主客体关系所导致的教师单纯对“教什么”的关注，转向对学生能“学到什么”的考量；营造民主的新型师生关系，创设科学的互动机制，让课堂充盈着教师的激情、鼓励与期待，充盈着学生的渴望、应答与思索。最终实现“两个期待视野”的融合，即思想政治理论课教师的“期待视野”与大学生在成长成才过程中树立正确的世界观、价值观和人生观的“期待视野”的融合。

研究式教学方法蕴含自主性的教学理念。学生在教师的指导下，根据自己的学习和社会生活自主地选择合作伙伴，自由地选择如何搜集查询资料，如何通过自己的研究方法和研究过程获取知识进而得到自己想要的结果。“一个学生一直保持对变化的科学的兴趣，那他需要发展自主学习的能力和兴趣。”研究式教学也体现着平等性精神。研究式教学是提出问题的过程，是解决问题的过程，是科学探索的过程，因此需要强烈的科学精神和平等意识。

六、分类式教学及其理念

分类式教学是指细化区分教学对象，有针对性地满足不同学生多样化的需求。它包括根据不同院校的不同特点，在坚持思想政治理论课程基本标准的前提下，有针对性地分类进行教育，如理科不同于文科，本科不同于专科等；也包括各高校立足本校积极开展学生问题调研，细化区分教学对象，如文科不同于理科，文科和理科又不同于音乐、体育、美术等；还包括，同一个课堂，按照学生需求，进行不同层次的教学。目的只有一个：有针对性地开展教学，满足学生多样化的需求，实现学生综合素质的提升。

北京师范大学的分众教学是分类式教学的一个代表：它是在把握学生差异、立足学生个性的基础上，将学生划分为不同群体，针对不同学生的不同特点，确定不同的教学目标，采取不同的教育内容和教学手段，有针对性地采取多样化教学方法进行相应的个性化教育教学的方式。具体实施步骤包括如下六个方面。

第一，建立团队。分众教学的团队包含思想政治理论课教师、辅导员队伍和相关学科专家学者三个群体。其中，思想政治理论课教师贯穿教学的各个环节，并通过与辅导员、专家组的配合，完成问题发现、专题分类、小组讨论、实践活动等环节的具体工作；辅导员承担补充完善关于学生思想状态和基本情况的信息、配合开展第二课堂活动的主要职责；专家组承担教学内容的分类与指导任务，以及优秀学生群体的理论思维能力提升工作。三类教育主体分工明确，协同配合，使思想政治理论课程形成一个完整的立体化的教学体系。

第二，发现问题。通过课前、课堂和课下三个环节全面了解学生的实际问题和真实需求。课前环节，采用问卷调查和辅导员座谈两种方式进行。在问卷调查中，设计了两类调查问卷，一类用于了解学生当前的思想实际和知识水平，为课程设计奠定基础；另一类用于了解学生的兴趣点，为下一步的分众搜集资料奠定基础。在辅导员座谈中，注意院系、辅导员梯队选择的搭配，形成辐射文、理学院，涵盖老、中、青三代的教学支持队伍。与一线辅导员交流座谈，可以更加客观全面地掌握当前大学生的思想状态和个性特征。课堂环节，主要指在课堂教学过程中，通过与学生互动获取学生课上反馈的信息，并根据学生反馈发现问题。课下环节，主要采用学生代表座谈与作业分析的方式发现问题。在学生代表座谈中，从所执教的班级中按照不同专业随机抽取学生，开展小范围座谈交流会，通过此方式掌握其所代表群体的实际问题；通过对平时作业的反馈与分析，掌握大学生存在的问题和倾向，并有针对性地设计专题教学的内容。

第三，区分受众。该环节根据教育对象的具体问题以及个体实际，选择不同的教育方法，进行分众分层教育引导。通过对前期问题的发现和整理，考虑不同学生的不同兴趣和能力层次，将学生划分为普遍群体、小众群体以及优秀学生三个层次，针对不同学生的不同特点，确定不同的教学目标，采用相应的个性化教育教学方式。具体来说，普遍群体反映的是大众化的问题，对于他们，可以统一采用专题式教学，最大限度地使用资源，实现知识的最快传播和最大共享。对于小众群体，根据不同的分众类别选取相应的教学方法。小众群体的遴选主要依据前期调研、课堂反馈与课下交流。以“基础”课为例，根据教学内容设计出 6～8 个核心问题，让学生从这些问题中选择 1～2 个感兴趣的话题进行回答，并根据学生的选择和回答进行兴趣分类，形成不同的小众群体。同时，结合学生课上对教学内容的反应程度和课下交流的参与程度，完善小众群体的划分。根据各个小众群体的兴趣、能力、特点，采用小组讨论、课堂展示、实践活动等方式，开展有针对性的教学工作。在此基础上，主要通过平时表现、辅导员推荐和教学参与度等情况遴选优秀学生群体，每班 10 人以内，组成研究团队，配备专家组进行指导，致力于提升他们的思维能力和理论水平，并将学习成果回馈课堂，发挥其榜样示范和引领作用，提升整个思想政治理论课程的氛围和效果。

第四，设计专题。专题设计建立于前期问题发现的基础上，并致力于解决相关问题。首先，在前期的问题发现环节，了解学生的实际情况和学习需求；其次，对搜集到的问题进行分类归纳，划分不同层次，从中找出核心问题；再次，专业课教师与专家组形成专题设计团队，根据教材要求，结合学生实际，有针对性地划分专题，确定专题教学的重点难点，安排教学进度，设计实践教学和相关教育活动；最后，通过专题教学的实施，解开学生实际疑惑，满足学生需求。

第五，开展教学。整个教学的实现过程包括课上和课下两个部分。限于学校的师生比情况，课堂的主体形式依然是大班教学，采取专题教学轮班授课制，教师被分入不同的教学组，分别承担不同的专题，轮流在各班授课；同时，每位教师也定向承担一个大教学班的实践教学、互动教学任务，每学期留出部分课时负责组织本班学生针对专题教学内容进行课堂讨论和实践体验。对于小众群体和优秀学生的培养主要在课下进行。开展专题式教学，教师可以从大量的备课时间中逐步解脱出来，有更多的时间与学生进行课下交流。这样的交流和指导由任课教师组织相关专家、辅导员共同完成，通过午餐会、学术沙龙、网络讨论等形式进行。交流学习的成果会在互动教学的环节通过课堂演示方式回馈课堂。

第六，检验成效。成效的检验主要通过教学评价、实验班与普通班相对照、假期作业评价等获取。教学评价即在教务系统中给学生打分和写评语，以此发现该教学方法的优势以及需要进一步改进的问题；实验班与普通班相对照即设置实验班(全程采用分众化教学)和普通班(采用原有大班授课方式)，开展不同形式的教学活动，继而学期末分别发放调查问卷了解学生对课程及教师的评价，进行数据对照，检验该方法的成效；假期作业评价作为检验成效的方式主要体现在学生能力的提升方面，通过假期作业，观察、分析学生经过一个学期的思想政治理论课程学习在能力和认识方面的提升情况。

分类式教学倡导的教育理念是“因材施教”。因材施教是教学中一项重要的教学方法和教学原则。所谓因材施教，是指教师从学生的实际出发，针对学生的特点进行有区别的教学，使教学的深度、广度、进度适合学生的知识水平和接受能力，同时考虑学生的个性特点和个性差异，使每个学生的才能品行获得最佳的发展。因材施教不但是我国古代教学经验的结晶，还是现代教学必须坚持的一个重要原则，它具有非常丰富的现代价值。教师的教学风格与学生的学习风格相匹配，有利于学生学习效果的提高。教育公平的含义是覆盖，就是要保证所有的人都受到基本的、最低标准的教育。因此，做到因材施教，使学生充分发展，是实现教育公平的一个重要方面。

七、情境式教学及其理念

情境式教学，又称情境教学法，是在思想政治理论课程教学过程中通过创设真实或虚拟的情境，寓教学内容于具体形象的情境之中，让学生亲身参与、感受教学内容，以引起学生一定的态度体验，从而助力学生理解教学内容、助力教学目标有效实现的教学方法。

情绪心理学研究表明：个体的情感对认知活动至少有动力、强化、调节三方面的功能。动力功能是指情感对认知活动所具有的增力或减力的效能，即积极的、健康的情感对认知活动起积极的发动和促进作用，消极的、不健康的情感对认知活动起阻碍和抑制作用。情境式教学就是要在教学过程中引起学生积极的、健康的情感体验，直接提高学生对学习的积极性，使学习成为学生主动进行的、快乐的事情。情感对认知活动的动力功能，对我们解决当前思想政治理论课程教学中普遍存在的学习动力不足的问题予以新的启示。

采用情境式教学可以通过“感知—理解—深化”三个教学阶段来进行。其中，重在创设情境。

【案例】浙江大学在“马克思主义基本原理”这门课的教学中通过历史情境、文献情境、现实情境、团队情境、论争情境五种情境式的方式开展情境式教学，建立了一体化“五层次情境式”教学新模式。各情境的具体使用情况如下。

历史情境。将情境教学法用于马克思主义创始和发展的历史背景中，从学科梳理和学派分析的角度，从与同时代的相关社会思潮、学派的比较分析中，呈现马克思主义的发生、发展的历史过程，引导学生加强甄别、反思、批判的能力；同时，注重马克思主义发展史和全球历史的联系会通，从而凸显马克思主义在经济全球化时代的变迁提升过程，彰显马克思主义开放性、实践性、包容性和发展性的理论品格。例如，讲马克思主义的产生，除讲社会历史条件和三大理论来源外，还安排半小时左右的时间，运用《马克思传》的史料，着重讲授马克思从大学时期，到踏入社会，30 岁时和恩格斯一起发表《共产党宣言》这一段人生经历。马克思的这段经历一方面比较贴近学生的年龄和成长实际，能够满足学生对自己未来人生尤其是事业成功的渴望和需求，易引起学生的共鸣；另一方面，还能够说明马克思个人的努力和实践，对马克思主义产生的意义。此外，据之还可拓展说明，一个人的世界观若要真正确立或转变，积极参与到人民群众的实践中去是唯一的根本的途径。这可以给大学生以人生观、价值观的正确引导。

文献情境。“原理”这门课的理论性和抽象性决定了应该加强学生对马列原著的阅读、学习和分享。目前，浙江大学就“原理”这门课规定的阅读材料有：《共产党宣言》、《关于费尔巴哈的提纲》、《〈政治经济学批判〉序言》、《资本论》第 1 卷、《德意志意识形态》、《在马克思墓前的讲话》、《卡尔·马克思》、《1844 年经济学哲学手稿》、《反杜林论》等，其中前三篇为必读材料。通过马克思主义经典著作阅读、课堂专题讨论、读书报告撰写、班级现场分享读书心得等教学环节，激发学生更好地自主学习，更好地理解教材体系和教学体系。同时，通过读书报告甄选评优、考试考查等多种形式来反馈和强化经典阅读的效果。

现实情境。马克思主义基本原理与当下社会现实情境的结合，既是对教材理论体系的深化理解，也是马克思主义理论联系实际的实践特性的重要体现。现实情境的教学设计主要关注以下几点：一是联系学生学习生活的现实。例如，在讲授辩证法的对立统一规律，尤其是关于矛盾的差异性与同一性的关系时，结合并针对许多大学生在本科阶段谈恋爱，并容易出现各种不良倾向和后果的实际情况，有意识地安排一两个具体案例进行讲解和分析。二是结合浙江大学作为研究型大学所具有的特点和浙江大学的培养目标，主动引导学生学会发现、分析和思考现实问题，鼓励本科生从事或参与科学研究，撰写并发表学术论文，参加社会调查研究，参与国内外的大学生科研大赛等。三是把与中国特色社会主义理论、道路、制度、实践相关的重大现实问题拿到课堂上作马克思主义的理论分析，不仅让学生去关注中国改革开放和现代化建设的现实；而且感受马克思主义的理论魅力和科学价值，特别是体会科学发展观所包含的辩证法思想，对解决我国现实问题的重大指导意义。启发学生学会关切身边现实，学会思考现实问题，给出自己的解决方案。同时，还开展“中国梦”“社会主义核心价值观”“中国特色社会主义在浙江”等现实教学案例的专题讨论。

团队情境。开展团队学习，创设群体学习环境非常重要。做法是根据班级人数，将全班分成若干小组，一般以 6～8 人为一组，由教师布置、组织相关选题，各个团队进行课外准备、分工、整合，在课堂上进行团队展示。团队情境中的选题宜以体现马克思主义基本原理的指导思想、结合大学生实际生活为佳，如“最美现象”研究、大学生英雄价值观研究、大学生宗教信仰现象研究、大学生社会主义道路认同研究、大学精神与价值观建设研究等，在关乎学生生活周遭和现实发展的团队学习中，构建团队力量提升的情境。

论争情境。反思和批判是哲学的基本精神，也是现代大学生非常缺乏的一种素质。在“原理”情境式教学模式中，在每次课程的教学设计中，设计 1～2 个有思辨性、有意义的论争环节，在整门课的教学环节中一共设计 10 个左右。一是在小组讨论和课堂展示的主题安排上，有意识地安排一些辩论性题目，如“是人定胜天，还是天定胜人”“随着电脑和机器人的发展，是否会出现电脑战胜人脑、机器人代替人类的可能”“我能否认识这个世界”“人的心灵是大理石(白板)”“英雄造时势(时势造英雄)”“世界是有限的(世界是无限的)”“马克思主义是否过时”“马克思主义是否是经济决定论”“马克思主义是否是一种暴力学说”等。二是在课堂教学中设计一些与讲课内容直接相关，有助于理解教材相关内容的现场讨论题。例如，通过“奴隶有没有哲学”的讨论，来说明哲学的概念。在认识论中，安排“主体与主观、客体与客观的异同”的讨论等。在历史观的教学中，安排“为什么说是否始终站在人民利益的立场上是区分唯物史观与唯心史观的分水岭，是判断真假马克思主义政党的试金石”的讨论。通过这些议题的论争，帮助学生更准确地理解和把握教材中马克思主义的基本立场、基本观点和基本方法，启发学生要具有一种敢于思考、敢于表达、敢于否定的精神。

情境式教学之所以受到重视，是因为它贯彻了“以情感人”的教学策略。情境式教学通过有效渗透情感态度与价值观的教育，提升思想政治理论课程的教育教学效果。

总之，高校思想政治理论课程教学方法改革的总体走向呈现出如下主要特点。第一，注意调动学生积极性，突出互动教学。各种代表性方法的共性是，高校普遍确立了“以学生为本”的教学理念，从学生的成长规律、行为特点、心理需求等方面的实际情况入手，开展了对学生全面深入的调查研究，整体把握学生成长规律，根据学生的实际需求和不同特征探索思想政治理论课程教学中应采取的策略方法，使思想政治理论课程教学符合学生成长的特点，真正解开学生的思想疑惑，帮助其构建起正确的世界观、价值观和人生观。第二，注重课堂内外结合，系统综合地推进教学方法改革。在现代条件下，任何一种单一的教学方法都无法完成思想政治理论课程的教学目标，需要多种方法的灵活运用，需要在探索多样化课堂教学方式和实践教学方式的基础上，加强课堂内外的结合，实现课上课下、课内课外的衔接。课内外教学的融合是对思想政治理论课程教学方法的认识的跨越式提升。各高校通过采取课堂教学中落实实践环节、职业实训中深化理论教学内容、日常思想政治教育活动与实践教学融合、课堂教学网络化尝试、大班授课与小班讨论相结合等方式，实现了从课堂教学方法到课后学习方法的多方位、递进式、系统化发展。

从发展的意义上，改革教学方法、创新教学艺术任务艰巨，应进一步强化集体备课和名师引领，强化问题意识和团队攻关，注重发挥教与学两个积极性，形成第一课堂与第二课堂、理论教学与实践教学、课堂教学与网络教学相互支撑，理念手段先进、方式方法多样、组织管理高效的思想政治理论课程教学体系。

第四节　高校思想政治理论课程教学方法创新体系的构建

综上所述，高校思想政治理论课程教学方法创新取得了一定成就，但总体上说，考虑思想政治理论课程不断面临的新挑战，其方法的创新也只能是一种“未竟的事业”。《普通高校思想政治理论课建设体系创新计划》从集成和综合推进的意义上为高校思想政治理论课程的纵深改革指明了新方向。集成效应的最优化需要每个体系的创新支撑和实现。教学方法体系创新的重点是要抓好教学方法理念的创新、教学方法体制的创新、教学媒体的创新和课堂教学方法的创新。推进思想政治理论课程教学方法体系创新应有整体性观念，注重教学方法创新的理论研究与实践，以辩证思维推进创新。

一、《创新计划》的特点及其对教学方法创新提出的新要求

与以往的文件相比，《创新计划》的特点之一是，更加强调高校思想政治理论课程建设的集成性、综合性的要求。也就是说，高校思想政治理论课程的纵深改革不是枝节性的、局部性的改革和调整，而是涉及立体化教材体系、教学人才体系、教学方法体系、学科支撑体系、综合评价体系、条件保障体系的综合改革和建设。不仅如此，《创新计划》对每一个分支体系的建设也提出了综合性和系统性的要求。

特点之二是，《创新计划》更加突出实践性，从而使创新更加贴近和体现思想政治理论课程的特质。思想政治理论课程追求的不是纯粹的知识学习，在理论学习中关照现实、触及学生灵魂和思想是其旨归。《创新计划》特别指出，坚持理论与实际相结合是实施高校思想政治理论课程建设体系创新计划的基本原则，注重发挥实践环节的育人功能是《创新计划》的最大亮点。

可以说，《创新计划》追求集成创新后的效应，而集成效应的最优化显然需要每个分支体系创新建设的支撑和实现。这里我们仅就教学方法体系的系统创新问题展开研究。

“05 方案”实施以来，一方面，上级主管部门积极有效引导，思想政治理论课教师努力作为，通过采取一系列重大举措，全面推进了教学科研改革，优化了教学内容，创新了课堂教学形式，推广了一批行之有效的教学方法。思想政治理论课程建设的良好局面已经形成。另一方面，环境的不断变化，社会思想意识更加多元多样多变的现实，也不断给思想政治理论课程教学方法的创新提出新的要求。加之思想政治理论课程建设自身存在许多困难和不足，客观上使思想政治理论课程教学方法创新始终处于“在路上”的未竟状态，可以说，思想政治理论课程教学方法的创新只有进行时，没有完成时。

因此，针对高校思想政治理论课程教学方法的整体现状，《创新计划》提出，实施高校思想政治理论课程建设体系创新计划在教学方法方面的主要任务是：改革教学方法，创新教学艺术，倡导集体备课和名师引领，强化问题意识和团队攻关，注重发挥教与学两个积极性，形成第一课堂与第二课堂、理论教学与实践教学、课堂教学与网络教学相互支撑，理念手段先进、方式方法多样、组织管理高效的思想政治理论课程教学体系。这为下一步思想政治理论课程教学方法改革指出了努力的方向。同时，上述任务的落实指向不同的主体，

包括不同的内容。厘清其层次，努力以思想认识的新飞跃打开思想政治理论课程教学方法改革的新局面是我们要面对的新课题。

根据《创新计划》的精神要求，结合思想政治理论课程多年教学实践经验，我们认为，思想政治理论课程教学方法体系创新，要有鲜明的问题意识，即我们要清楚教学方法创新要解决的重点难点问题到底是什么。重点问题显然是教学内容的接受和认同、多元中求主导的问题，难点是如何找到有效途径解决思想政治理论课程教学内容“入耳、入脑、入心”问题。难点问题的解决需要围绕重点问题在构建创新总体体系框架内着力和下功夫，通过教学方法的系统创新来实现。

二、高校思想政治理论课程教学方法体系创新的基本内容

教学方法创新从实质上说是通过“教”与“学”手段、方式的改变，优化高校思想政治理论课程的教学方法，以提升教学效果的思想观念和实践行为。这里所说的方法是广义的，包括教学组织形式以及教师在课内和课外所使用的各种教学方法、教学手段之和。这些方法有具体的，也有隐性的。教学方法创新是一个多层次、多要素构成的体系结构，其总体框架包括教学方法理念创新、教学方法体制创新、教学媒体创新、课堂教学方法创新等。研究教学方法创新问题，不能仅仅把教学方法当作手段和工具，而要立足于针对如何选择、运用和创新教学方法的理论与实践的双重问题。

(一)教学方法理念创新

教学方法理念是作为高校思想政治理论课程教学方法选择和运用的根据、出发点、标准和尺度而存在的诸种观念，具有前提性、基础性、普遍性的意义和价值。有什么样的教学方法理念，就会有什么样的教学方法。教学方法理念创新是教学方法创新的前提。

思想政治理论课程教学方法理念创新不仅仅是其在整个思想政治理论课程教学中的重要地位所要求的，更为迫切的创新需求源自“传统的思想政治理论课程教学理念已经成为教学方法创新的阻滞因素”这一现实。教学方法理念创新是对原有教学方法理念的改造、转变和更新。概括地说，思想政治理论课程教学方法理念创新就是要用现代教育理念指导高校思想政治理论课程教学方法改革。它包括如下三点。

第一，“以生为本”的理念。长期以来，思想政治理论课程在教学方法上“重教轻学”，其理念基础是“以教师为中心”。毫无疑问，在封闭的环境和信息

渠道狭窄的情况下，这一理念是必要的。但是，在当代文化多元化的环境下，信息渠道的发达和庞杂、大学生接收信息方式的改变、大学生日益增长的主体性等现实因素使思想政治理论课程教学环境更为复杂，原有理念下的单一教学方法受到严峻挑战，教学的接受成为瓶颈性问题，环境的改变要求我们转变观念，新时期思想政治理论课程的教学理念应当置于“以生为本”“基于学而设计教”的现代性视野下。教学活动是为学生组织的，没有学生的存在就没有组织教学活动的必要和可能。学生是学习的主体，学生是教学活动的根本因素，学生学习方式喜好的改变要求教学方法的改变和适应。所以，新时期的思想政治理论课程应在现代文化精神中的理性精神、人本精神和民主态度关照教育教学的走势中汲取智慧。

第二，“教法”与“学法”协同创新的理念。教学活动的特点是双边性，因此，教学方法包括“教法”与“学法”，“教法”引导“学法”。从“教”必须引起“学”才能形成有效教学的意义上，“学法”制约“教法”。教学方法创新应当协同推进，注重发挥“教”与“学”两个积极性。只有在观念上充分认识“教”与“学”的对立统一关系这一教学本质，才会使人们在理论上和实践上进一步研究教的方法及与之相应的学的方法，这有利于教学方法的逐步完善。这在观念上强调教师应注重学生自主学习能力的开发与运用。从“以教师为中心”和“以学生为中心”的单极思维向“以教师为主导”和“以学生为主体”相结合的偏重学生自主学习能力的教学理念转变，确立以引导、发展、民主和关怀为特征的研究型教学观。

第三，开放的“大思政”的教育理念。首先，开放是指在场域上的开放。思想政治理论课程教学方法创新应从课堂的单一空间思考走向更为广阔的舞台构建。经济全球化、社会生活现代化扩展了人们的时空观念，互联网、多媒体使信息海量化，课堂空间的狭小和有限日益凸显，为了使现代环境中的思想政治理论课程与时俱进，必须改变传统的、封闭的教育理念，打破思想政治理论课程仅仅限于课堂、书本的模式，确立开放的“大思政”的教育观念，加强实践教学，探索网络教学，开发思想政治理论在线课程，形成第一课堂与第二课堂、理论教学与实践教学、课堂教学与网络教学相互支撑的完备的教学方法体系。其次，开放是指在学科视野上的开放。思想政治理论课程教学方法创新应从单一学科视野走向多学科视域的融合。思想政治理论课程作为马克思主义理论学科的重要组成，从教学方法上说有其学科特质，但是，思想政治理论课程作为马克思主义理论教育又有教育的一般共性，在开放的社会、开放的时代，融合教育学、传播学与马克思主义理论学科的方法于一体，将是高校思想政治理论课程教学方法创新的趋势。再次，开放是指在方法上的开放。思想政治理论课程教学方法创新应从单一方法走向多样化方法的组合。教学有法，法无定法。思想政治理论课程的教学方法总体上说还是比较单一的，这种单一有总体意义上的单一，也有每位教师对不同对象所用方法的单一，等等。新的形势下，针对不同层次的学校、不同的教育对象，教学方法应当更加灵活和多样，提倡多种教学方法的组合和优化。最后，开放是指在主体上的开放。国家支持高校有关校领导、哲学社会科学教师、辅导员班主任骨干兼任思想政治理论课教师，鼓励、支持、推动主渠道与主阵地两支队伍的有机融合。高校要健全组织管理方式，逐步形成学校思想政治理论课程教学科研机构、宣传部、教务处、学工部、团委等部门协调配合的实践教学工作机制。

(二)教学方法体制创新

教学方法体制是教学的组织方式和管理方式，教学方法体制创新涉及主管思想政治理论课程的领导部门、决策部门从顶层设计的意义上如何决策、组织和管理思想政治理论课程教学方法创新的问题，即从制度设计和规范的意义上，对高校思想政治理论课程的教学活动应当怎样组织，教学的时间和空间怎样有效地配比、有效地加以控制和利用的问题。诸如，思想政治理论课程基本课时的规定，基本课时中理论教学与实践教学的各自比例；班级集体授课制与慕课等新课型的协调；实践教学的内容规定、经费来源；第一课堂与第二课堂衔接后，成绩考核的办法等，这些都需要作出部署。当然，这首先需要一线思想政治理论课教师不断地探索和总结提炼，而最终需要高校思想政治理论课程主管部门的规范性指导。作为教学方法的教学组织形式对思想政治理论课程的具体方法而言是上位的规定，所以，要切实发挥教学方法的作用，就应在制度体制的设计、管理等方面推动教学方法创新，从而使教学方法创新成为制度化的而非个体的随意行为，成为常态化、进行时的而非一时之需、应景而为。

以往，思想政治理论课程教学方法改革的迫切性和重要性问题虽然得到决策部门的高度重视，积极改进的措施也在探索中，但是，教学组织层面的教学方法改进和创新并没有被明确的规范。例如，实践教学作为一种重要的教学组织形式，既没有明确的大纲，也没有经费保证，有的学校也就以存在种种不便为由虚化了实践教学。实践教学的意义也并没有被思想政治理论课教师普遍、自觉地认识。

教学方法体制创新就是要从决策和管理环节创新性地形成体系完善、功能齐全、环节配套的教学方法系统，使教学组织形式向多样化、综合化、规范化方向发展。从系统建构方面看，它包括三个层次。第一层次是咨询、研究、决策系统的建设。这一系统的主体是教育部社科司和各门课程的教学指导委员会，其主要任务是确认与开放式教学、自主性学习方式相适应的教学模式。这需要统筹设计课堂教学、实践教学、网络教学的课时比例，出台实践教学大纲，加强对教学方法改革的分析和研究，择优推广成熟的教学方法。第二层次是实施、执行、协调系统的建设。这一系统的主体是高校领导、马克思主义学院领导、一线思想政治理论课教师，其主要任务是落实、创新思想政治理论课程教学方法，并在教学实践中完善。第三层次是反馈、调节、检测系统的建设。这一系统的主体是学生、教师和主管部门，其主要任务是基于教与学对接效果的意义，巩固、落实、检验和丰富教学方法。只有这三个层面的主体加以协同，才能使教学方法创新有章可循、有制可遵。

(三)教学媒体创新

迄今为止，教学媒体的发展经历了口语、文字、书籍、电子技术媒体等主要阶段，20世纪后，幻灯、电影、播音、网络等进入教学领域。电子技术媒体由于与口语、文字、书籍等媒体相比有不同特性，一般被称为新媒体或现代教学媒体。新媒体是一个相对的概念，它是以数字信息技术为基础，以互动传播、鲜明的个性化、方便快捷为特点的创新形态的媒体。教学媒体创新包括教学物质设备的现代化和音像教材的丰富化。

新媒体的优势是它能对大众同时提供个性化的内容，使传播者和接受者融会成对等的交流者。无数的交流者相互间可以同时进行个性化交流。新媒体教学更为突出的功能是为学生创造良好的自学条件，激发学生的学习兴趣和学习动力，使学生能在比较轻松愉快的学习情境中学习。同时，新媒体还能够扩大教学资源和学习资源，实现资源共享。它是实现新的教学理念不可缺少的手段支撑。

新媒体时代的到来，极大地冲击了传统思想政治理论课程教学方法，无论是时代大环境，还是思想政治理论课程教学对象的变化、思想政治理论文本式课程的抽象性等都促使我们作出改变。从教育发展方向上看，也许利用新媒体进行教学对个体来讲是没有选择性的，它代表着现代教学潮流，是现代教育本身。所以，改变教师的观念，提高其利用新媒体对传统教学方式进行融合和改造的积极性是关键。教师只有充分认识新媒体的利用对于提高教学质量的重要作用，在教学方法上把面授与电授相结合，才能更好地进行现代教学。

新媒体作为现代教学的重要辅助手段，要做到教学上实用、内容上正确、形式上美观新颖、手法上创新，其使用效率的评价必须以有利于教学目标的实现为最终标准。

(四)课堂教学方法创新

课堂教学是大学生思想政治教育的主渠道，课堂教学方法创新是教学方法创新体系中最为具体的层面，是一个关乎落实、实践性很强的问题。方法是由教师来掌握的，因此，在一定的教学方法理念引导下，在一定的管理体制规范下，教师的教学能力水平，对于方法的落实来说，发挥着关键作用。一定意义上，课堂教学方法创新问题，是教学方法的选择与综合运用的问题。

之所以说高校思想政治理论课程课堂教学方法创新问题本质上是思想政治理论课教师对教学方法的选择与综合运用问题，是因为，从世界课程发展趋势看，从教育学的教学方法理论看，古今中外积累的教学方法种类繁多，现代教学方法层出不穷。因而，在课堂教学中，教师对于教学方法有多种选择。实践证明，教师只有按照一定的科学依据，综合考虑教学的各有关因素，选取恰当的教学方法，并合理加以组合，才能实现教学方法的优化。所以，“教学的成败在很大程度上取决于教师是否能妥善地选择教学方法。知识的明确性、具体性、根据性、有效性、可信性有赖于对教学方法的有效利用”①。教师选择教学方法首先要依据教学任务，新、难、重要的教学任务应当以教师讲授为主，学生通过努力和思考能够完成的教学任务就应当以小组协作学习或自学自讲方式完成。同时，教学方法的选择还要考虑教学内容的特点，学生的实际情况，教学的时间，教师的素养，以及教学方法本身的特点和适用条件等。

思想政治理论课程课堂教学方法创新主要针对目前教学方法相对单一的问题，教学方法创新要求思想政治理论课教师在课堂教学方法运用中在以下方面作出改变与调整。一是从单一性转向综合性。目前的教学方法有改革的一面，也保留了传统教学方法单一、呆板和僵化的惯性问题，有些教师还是一法为主或一法到底，严重制约教学效果。所以，如何由知识灌输式教学向师生共同探究式教学转变；如何由教师授业解惑教学向合作式教学转变；如何由单一的课堂讲授向多样化教学方式转变，是教学方法创新的主要问题。由此，教学方法改革要突破“五个局限”：教学局限于教书，教书局限于课程，课程局限于课堂，课堂局限于讲授，讲授局限于教材。② 每类教学方法都有自身的特点和功能，且又有各自的局限性。因此，教师为了更好地完成任务，考虑到教学内容

---

① ［苏联］A. H. 孔德拉秋克：《教学论(中专)》，人民教育出版社 1984 年版，第 57 页。

② 李志义：《对大学教学的“三思”》，载《中国高等教育》，2009 年第 7 期。

的丰富性、教学对象的差异性以及教学目标的多样性，考虑到学生认知、情感、技能的协同达成不可能仅仅通过一种教学方法获得等因素，客观上需要教学方法的多样化。教学方法的多样化即多种教学方法的相互融合，不是把某几种教学方法简单地拼凑在一起，而是将各种教学方法合理地优化组合，以达到最佳的教学效果。教师应当注意多种教学方法的组合作用，坚持教学方法的多样性，充分发挥教学方法体系的整体功能。二是坚持以最优化的教学理念指导教学方法的运用，以增强教学方法选用的科学化水平。教学理念是教学方法选择的上位概念和灵魂。教师要坚持“以生为本”、“教”与“学”互动的现代理念，尊重学生学习主体地位、注重学生“学法”的改善、注重学生思维能力的培养，就必然会选择探究式、实践式等教学方法，充分发挥学生作为学习主体的能动性，拒绝灌输式教学方法。

三、高校思想政治理论课程教学方法体系创新需要注意的问题

第一，解决好局部与整体协调统一的问题。思想政治理论课程教学方法创新涉及决策、管理、实施三个层面的不同主体，涉及框架、结构规划、贯彻落实不同的任务，因此其所涉及的不同层次、不同性质或不同方面的要素应该形成一个完整的体系或结构。思想政治理论课程教学方法创新问题，有比较抽象的，也有比较具体的。其所包括的范围也不同，大之涉及整个思想政治理论课程教学组织方式格局的变革和规范问题，中之涉及一个学校思想政治理论课程教学方法的改革问题，小之可以涉及教师在课堂教学方法上的创新问题等。这些都可以包含在创新的要素含义中。这些不同层面的创新作为一个完整的体系或结构，最终都要有利于、服务于实现教学内容和教学目标。

第二，教学方法改革要始终围绕实现教学内容和教学目的展开，离开教学内容谈教学方法改革是没有意义和价值的。在教学方法改革问题上，应当防止为形式而形式的教学方法“改革”，警惕以牺牲思想政治理论课程的学术性、严肃性为代价的过度注重新奇、过度注重包装的形式主义做法。不表现内容、脱离了内容的“纯粹形式”是违背思想政治理论课程建设初衷的。应当说，体现在每个课堂中的教学方法必须是具体的，但是，这些具体的教学方法的选择和使用一定是在某种自觉的理念指导下作出的，应当有利于实现教学目的。

“教学有法，教无定法”。教师采用何种教学方法并无硬性规定。但教学方法的选择要有所遵从，如依据教学的具体目的与任务，依据教材内容的特点，依据学情，依据教师本身的素养条件，依据各种教学方法的特点和功能，以及

依据教学时间和效率等因素。从总体上看，选择和使用教学方法必须坚持以启发式为基本原则，要善于综合、灵活地运用教学方法。只有如此，教学方法的创新才能体现教学改革发展的方向性，从而避免经验性和随意性。我们通常说，做事情要从高处、长远着眼，从具体事情着手，这一思维同样适合教学方法创新，即宏观理念的创新是我们的着眼之处，具体的教学方法是我们的着手之处。只有宏观没有具体，教学方法创新就无法落实；只有具体没有宏观，忽略大的方向，教学方法创新就会失去规范，变成主观随意的行为。

第三，以加强教学的科学研究和实践来双重推进《创新计划》的实施。目前，关于教学方法的研究相对于学科科研而言比较薄弱，已有的研究也仅限于某些学校、某些个体的自身兴趣，没有成为思想政治理论课教师素质规定的重要内容。各地方的教学方法运用情况差异较大，传统与现代并存，理论研究与教学实践也存在一定的分离，经验层面的教学方法改革还占有相当的比重，具有普遍借鉴意义的教学方法体系构建没有提上日程。相对于其他学科的教学论而言，思想政治理论课程的教学论没有获得其应有地位，甚至有些教师把教学方法改革看成是瞎折腾，因而积极性不高。这与教学方法创新体制不到位有关，与思想政治理论课程教学论的薄弱有关。

第四，以辩证思维来认识《创新计划》视域下的教学方法创新问题。教学方法组织形式创新并不是对传统教学方法进行全盘否定，而是调整多种教学方法的平衡点、侧重点，是完善与发展，是克服与保留的统一。其目标是在完善课堂班级授课制的基础上，推动实现教学组织形式的多样化，加强实践教学，探索最大限度地利用现有技术手段的教学组织形式，提高教学效果。

总之，当前思想政治理论课程教学方法改革要以落实《创新计划》为依据，积极培育和推广优秀教学方法，建设理念科学、形式多样、管理有效的思想政治理论课程课堂教学体系，统筹课堂教学、实践教学、网络教学建设，充分发挥课堂教学的主渠道作用，充分发挥实践教学、网络教学的有效辅助作用，实现线上与线下的有机结合。

思考题：

1. 为什么说教学方法改革是提高高校思想政治理论课程教学质量的关键环节？

2. 如何理解高校思想政治理论课程教学方法与教学内容和教学目标的关系？

3. 如何认识高校思想政治理论课程教学方法的基本分类？

4. 如何认识高校思想政治理论课程教学方法创新中传统教学方法和现代教学方法的关系?

5. 如何认识高校思想政治理论课程教学方法体系创新的基本内容?

6. 试举例说明在高校思想政治理论课程教学中应如何选择和运用教学方法。

第六章　高校思想政治理论课程教学设计

第一节　思想政治理论课程教学设计的概念及相关问题

一、思想政治理论课程教学设计的内涵

1962年，美国格拉泽(Glaser)提出“教学设计”概念并对教学系统进行设计。教学设计兴起于20世纪60年代末，80年代中期传入中国。教学设计是一个含义明确但表述颇多的概念。钟志贤曾归纳了国内外学界的九类定义，并从客观主义理论的角度提出了他自己对于教学设计定义的重构：“教学设计是指解决教学问题的系统方法。其目的是追求教学效果的最优化。”①对于各类定义，其理解分歧主要在于：教学设计的本质在于“过程”还是“结果”。所谓“过程”，是指教师对从熟悉教材，把握教学目的，制订教学计划，收集教学资源信息，设计教学方案和环节，问题的提出、理解与求解，直至达到教学目的的整个过程的系统设计。所谓“结果”，是指设计的教案。② 汪霞认为，“教学设计既不是一种形式化的拟定教案的过程，也不是简单地排定教学内容的过程，教学设计是一项系统设计，它需要遵循一些必要的程序，运用科学的方法，使教学设计理性化、科学化”。她还认为，完整的教学设计应该包括教学目标设计、教学起点设计、教学内容设计、教学方法和媒体设计、教学评价设计、教学结构设计等环节。③ 总之，教学设计是一项系统工程，它涉及教学环节的方方面面。

---

① 钟志贤：《论教学设计定义的重构》，载《电化教育研究》，2007年第7期。

② 卢黎歌等：《抓重带轻：对“基础课”教学重点的研究》，中国社会科学出版社2016年版，第5页。

③ 汪霞：《对教学设计问题的几点思考》，载《教学探索》，2004年第12期。

思想政治理论课程教学设计是教学设计在思想政治理论课程中的展开和运用，即以提高人的思想道德素质为目标，在遵循教育的客观规律和教育对象成长成才客观规律的基础上，用系统的思维方法，建立解决人的思想品德与社会要求之间的矛盾的策略方案。它主要包括教学目标设计、教学内容设计、教学方法设计、教学评价设计；具体到课堂，又可以包括教案编写设计、教学课件设计、教学模式设计和教学资源设计等具体环节。

二、思想政治理论课程教学设计的基本特征

教学设计是"教"与"学"的有机结合，既有以"教"为主的特征，又有以"学"为主的特征。除此之外，思想政治理论课程教学设计除了具有一般教学设计的科学性、整体性、层次性的特征外，还有其自身特有的基本属性。一方面，思想政治理论课程教学设计在不同阶段的特征纷繁复杂而又富于变化，很难找到一个普遍使用的标准来精准地确定和全面地把握；另一方面，思想政治理论课程教学设计在一定历史时期内是作为一个相对稳定的系统存在的，其内在的本质属性总要借助于一定的外在形式呈现出来，因此借助马克思主义的矛盾分析法，不仅可以认识和描述思想政治理论课程教学设计的基本特征，而且可以科学地把握其运行的客观规律和内在条件。为了更加准确地认识和把握思想政治理论课程教学设计的特征，可以以思想政治理论课程教学设计中固有的这种对立统一关系为切入点，以便对思想政治理论课程教学设计特征有一个更全面的把握和界定。

(一)交互性和主体性

交互性首先是指教育者与教育对象在信息传递、知识接收中的作用相互转化，进而其地位发生转换。随着信息技术的快速发展，教育者不再拥有对信息的垄断地位；教育对象可以通过网络、电视、广播等多种平台获得第一手信息，进而经过自己的思维加工在课堂上与教育者进行交流、互动。在此过程中，教育者主体客体化，教育对象客体主体化，教育者和教育对象都是教育主体，平等交流、相互尊重、共同学习。其次，交互性还体现在随着教学改革的发展，教育对象之间通过实践教学、案例式教学、课堂展示、小组讨论等互动式教学方法加强沟通和交流。最后，交互性表现为教学目标、教学内容、教学方法和教学评估各个环节相互影响、相互制约。正是在教育对象与教育者、教学设计各个环节的相互影响的过程中，教育对象的主动参与性和学习自觉性得以激发，其主体地位得以凸显，思想政治理论课程以教师为主导、以学生为主

体的教学模式得以实现，真正做到了以人为本。

（二）系统性和开放性

系统性是指思想政治理论课程教学设计包含教学目标设计、教学内容设计、教学方法设计、教学评价设计，然而这四部分在教学整体设计中各有侧重、地位不同。教学目标决定着教学设计的方向，制约着教学策略与方法，是教学活动的出发点和落脚点。教师开展的一切教学活动均应为实现教学目标服务。教学内容是教学设计的核心部分，是思想政治理论课程教学目标的具体化；教学内容的深浅决定着教育对象的接受程度。教学方法是教学设计的重要组成部分，是沟通教育者和教育对象的桥梁。方法得当，可以使教学内容更好地被教育对象接受；方法不当，则会事倍功半。教学评价是检测教学设计实效性的最终环节，通过教学评价反馈，查找问题，弥补不足。四个环节环环相扣，共同构成了教学设计环节。思想政治理论课程教学设计作为一个系统，是一个开放性的系统。首先，教育者和教育对象都处在开放的信息时代，获取信息数量多、速度快，只有用开放的思维方式，才能取得更好的实效性。其次，教学目标的设定、教学内容的选取、教学方法的运用和教学评价的制定都具有开放性。因此，我们必须坚持开放性的思想政治理论课程教学设计。只有坚持系统性和开放性的统一，才能在整合的基础上进一步促进思想政治理论课程教学设计的完善。

（三）思想性和情感性

思想性意指思想政治理论课程教学设计有深厚的理论基础、科学的环节设定。思想政治理论课程教学设计坚持马克思主义的指导思想，以提高人的思想道德素质为根本目标，在教学内容上体现着先进的世界观、价值观和人生观，具有一定的思想高度。并且，它依托系统论、传播学、教学论等多个学科，将其作为理论基础，遵循教育教学和人才成长的规律，集思想性和科学性于一体，集中表现出当今社会科学类学科发展的方向。情感性是思想政治理论课程教学设计与其他课程教学设计的最大不同。与其他课程为传授知识而设定的教学目标不一样，思想政治理论课程以人为中心，以提高人的思想道德素质、促进人的全面发展为根本目标，坚持“三贴近”原则，时刻关注教育对象的思想动态和心理变化，其教学设计更注重情感性和价值性的实现。

第二节 思想政治理论课程教学设计的基本原则

一、政治性原则

政治性原则是说思想政治理论课程教学设计要始终与国家的要求相一致，坚持正确的政治方向不动摇。这一原则反映了思想政治理论课程教学设计的本质要求和基本规定，是思想政治理论课程教学设计的根本原则，保证我国思想政治理论课程的特色。思想政治理论课程是高校思想政治工作的主渠道，是高校传播意识形态的重要媒介。要发挥主渠道的作用，思想政治理论课程教学设计就必须坚持马克思主义指导思想，坚持党和国家的路线、方针、政策所持的根本立场，进行基本国情教育、党的基本路线教育、爱国主义教育、形势政策教育，确保教育对象更好地理解社会主义初级阶段的基本路线、方针、政策，坚定正确的政治方向。

二、目标性原则

教学设计是目标导向的系列活动，整个教学设计是以达到一定的教学要求和标准为指向的实践活动。思想政治理论课程教学以提高人的思想道德素质，帮助学生树立正确的世界观、价值观和人生观为根本目标，所以思想政治理论课程教学设计要以达成教学目标为根本指向，使每个教学环节紧紧围绕这一根本目标展开，发挥同向作用。

三、人本性原则

人本性原则在思想政治理论课程教学设计中也可称为主体性原则，是指教学设计充分尊重教育对象的主体地位，注重调动其自我教育的积极性，这也是思想政治理论课程的内在特质所要求的。第一，思想政治理论课程教学设计要遵循学生的思想认知发展规律，在教学设计中体现学生的主动性和主体性，着力培养学生自我教育的能力。尤其要建立平等和谐的课堂氛围，以学生的精神需求和兴趣为切入点，注重解开学生的思想理论疑惑和解决学生的人生选择问题，直面围绕大学生的社会现实问题和重大理论问题，使得教学内容贴合学生的精神需求和生活实际。第二，教学方法的设计也要注重对学生的启发、对学生主动性的发挥，让学生敢说、可说。只有充分了解学生真实的思想动态，才能对其进行有针对性的引导和教育。

四、开放性原则

思想政治理论课程的教育对象具有复杂性和多样性，影响学生思想道德水平的外在环境也具有复杂性和多变性，这就要求思想政治理论课程始终面向开放的教学环境和多样的教育对象，在教学设计中充分体现时代性和开放性。教学内容的设计要具有开放性，要面向现实社会、容纳国际视野，要及时传递理论创新成果，要选择具有时代气息的教学内容，而不是仅仅停留于历史和理论；教学方法的设计要具有灵活性和多样性，充分运用现代技术，营造具有开放性和包容性的民主课堂，给学生充分思考、充分表达的空间。

第三节　思想政治理论课程教学设计的基本要求

一、准确把握教学目标

教学目标决定着教学设计的方向，制约着教学策略和方法，是教学活动的出发点和落脚点。党和国家的教育方针，以及大学生自身发展的全面需要，是思想政治理论课程教学目标确立的依据。思想政治理论课程教学的总体目标是，用发展着的马克思主义特别是马克思主义中国化最新理论成果武装全体大学生，不断提高大学生的思想道德素质，使其成为国家需要的“四有”新人。思想政治理论课程教学设计要处理好总体目标和具体目标的关系。根据教学设计的这一要求按层次和阶段划分思想政治理论课程教学的一系列具体目标，使总体目标贯穿始终，具体目标各有侧重，从而实现总体目标与具体目标的统一。

二、深刻掌握教学内容

教学内容的选择是教学设计的中心环节。教学内容的选择和设计要遵循教材，不能脱离教材，同时不应该生搬硬套、照本宣科，应该积极推进教材体系向教学体系的转换，使教学内容更加科学化。首先，要坚持正确的政治方向，坚持以马列主义、毛泽东思想和中国特色社会主义理论体系为指导思想，帮助大学生掌握马克思主义的立场、观点和方法，分清是非、明辨真伪，提高政治鉴别力和观察分析问题的能力，从而抵御西方社会思潮的渗透；同时加强时代性，将紧扣时代的重大事件融入教学的各个章节，对教学内容作出适当补充。

其次，要处理好教学的广度与深度、重点与难点的问题。思想政治理论课程教学包括五门课，五门课中四门有指定教材，讲课内容过多会打乱教学计划，讲课内容过少则不能保证教学质量，因此教师要科学合理地安排教学内容。同时，教师要抓住重点，多讲难点。最后，要坚持系统优化的方法，不断优化教学内容结构。

三、综合运用与创新多种教学方法

教学方法与教学内容的衔接构成教学的各个环节。在以人为本的教学理念的倡导下，各种新式教学方法层出不穷，这也进一步体现了“教学有法，教无定法”的理念。但是，教学方法的选择和运用不是杂乱无章、随心所欲的，始终要坚持一个统一性，那就是要始终围绕着教学目标的达成即提高学生的思想道德水平，提高学生的理论素养和思维能力水平来展开教学。这就要求教学方法的选择和创新不是任意的，而是要始终体现教学目标，围绕着育人来展开。

同时，教学方法设计要努力实现各种教学方法灵活运用和综合运用的创新，要体现启发式、专题研讨式、案例式和多媒体辅助式等各种教学方法的灵活运用和综合运用。并且，教学方法设计要注重拓展思想政治理论课程的第二课堂，将书本知识学习与社会实践相结合，把实践教学与社会调查、志愿服务、公益活动、专业课实习结合起来，引导学生走出校门，到基层去，到工农群众中去，培养学生运用所学理论知识观察、思考、分析现实问题的能力。

四、科学设计教学评价

思想政治理论课程教学评价是教学过程不可或缺的重要组成部分，是根据教学目的和教学原则，利用科学的评价方法和评价技术对思想政治理论课程教学过程及教学效果给予的具体估价，包括所有与思想政治理论课程教学有直接或间接关系的现实把握及价值判断。思想政治理论课程教学评价设计，要坚持方向性、先进性、超前性、可行性和教育性的统一。方向性是指坚持正确的政治方向和价值导向；先进性即反映时代精神，反映最新的教育观念、教学观念；超前性是指要具有引导性，适当高于思想政治理论课程既有的水准；可行性即要充分考虑当前的客观现实，便于实际操作；教育性是指教学评价要有助于激发热情，鼓励研究新情况、解决新问题，推动思想政治理论课程教学工作的顺利解决。①

第四节　思想政治理论课程课堂教学设计的基本环节

一、思想政治理论课程教案编写设计

“教案是教师为顺利而有效地开展教学活动，根据教学大纲、教材要求及学生的实际情况，以课时或章节为单位，对教学内容、教学方法、教学过程等进行具体设计和安排的一种教学文书。它是教师的教学设想和整体构思。”②通过教案的编写设计，教师可以对教学活动的基本过程有整体的把握，可以基于教学背景分析来制定合理的教学目标，有效地组织教学内容，选择恰当的教学策略，进行科学的教学评价，从而保障教学活动的顺利进行，助力于教学实效性的提高。同时，教案的编写设计也是教师提高教学能力、促进自身专业化成长的重要途径。

(一)教学理念：思想政治理论课程教案编写设计的前提

“教学理念是对如何组织教学的指导思想、基本思路的总的看法。确立怎样的教学理念，直接关系到教师的精神状态，决定着如何实施教学的问题……教学理念是‘源’，其他的内容是‘流’。虽然，教学理念比较抽象，但它却是一种灵魂，它对整个教学起着支撑作用。”③教案编写设计是教师组织教学过程的整体构思，没有科学的教学理念，就很难设计出高水平的教案。因此，进行教案的编写设计，首先涉及的是教学理念这一带有原则性和方法论意义的宏观层面问题的根本解决。

就思想政治理论课程而言，其教案编写设计的前提是转变传统教学理念，确立现代教学理念。“传统教学理念认为，知识、技能是客观的，可以传授给学生；学生就是知识、技能的接受者；教学就是向学生传授知识、技能的过

---

①　柳礼泉、黄艳、张红明：《论思想政治理论课教学设计的基本环节与着力点》，载《思想理论教育导刊》，2009 年第 4 期。

②　边和平：《高校思想政治理论课教育教学论》，中国矿业大学出版社 2014 年版，第 161 页。

③　顾钰民：《理念与方法：贯彻实施“05 方案”的着力点》，载《思想理论教育导刊》，2010 年第 7 期。

程。因此，教案的编写就很重视对学生进行封闭式的知识传授和技能训练，突出教师的主导地位，却对学生的主体地位未能予以应有的注重”①。然而，与其他学科教学相比，思想政治理论课程教学有其特殊性，思想政治理论课程教学更强调通过教学引领学生掌握马克思主义的立场、观点和方法，培养良好的思想道德素质，建构社会主义核心价值观。思想政治理论课程教学更是一种价值意义上的引领过程，所有的教学活动都为达成价值引领而服务。因而，思想政治理论课程教学目标的设定、教学内容的展开、教学方法的选择和运用、教学评价的设计都为价值引领而服务，价值引领是思想政治理论课程教学活动的终极追求。基于价值引领这一教学理念的思想政治理论课程教案的编写设计，并非传统意义上的教师“教”的步骤安排，而是凸显学生世界观、价值观和人生观的树立，围绕怎样使学生树立良好的世界观、价值观和人生观这一问题进行的课堂教学设计。

(二)思想政治理论课程教案编写设计的原则

教案是教师对课堂教学行为的事先筹划，是保证教学活动有序、有效进行的必要条件。思想政治理论课程教案的编写设计应遵循以下原则。

第一，系统性原则。教案设计是一项系统工程，旨在“创设一个有效的教学系统”②，它由教学背景分析、教学目标确定、教学策略选择、教学过程设计、教学评价与反思等多个子系统组成。各个子系统既相互独立又相互影响，共同构成一个有机的整体。在整个教案设计系统中，各个子系统均有其特定的地位和功能，其中，教学目标作为教学活动的出发点和归宿，起着统领其他子系统的作用。基于此，思想政治理论课程教案的编写设计应立足于整体规划，以教学目标为导向，在注重对每个子系统进行精心设计的同时，又注意对各个子系统进行最佳组合，实现各个子系统之间的相互协调，以达到教案编写设计的整体优化。

第二，建构性原则。“以价值引领”为主的思想政治理论课程教学理念要求教学活动不仅注重教师的“教”，同时更要注重学生的“学”，注重如何通过“教”促进学生通过“学”而获得价值观上的认同，注重激发以主体性发挥为特征的学生的学习兴趣，进而在教师的引导下，使学生通过师生互动、生生互动实现理

① 王泽龙：《教学设计和传统教案的不同》，载《内蒙古师范大学学报(教育科学版)》，2013年第8期。

② 盛群力等：《教学设计》，高等教育出版社2005年版，第12页。

论与价值观念的内化。这是一场艰难的“教学转化”。因此，思想政治理论课程教案的编写设计要摆脱以教师为中心的重教轻学的传统教学观念的束缚，从强调预设程序的僵化模式中走出来，基于学生的实际情况，在教学过程中创设具有明确价值导向的问题或专题，在师生互动过程中传播价值观念。

第三，可行性原则。教案是教师组织教学活动的提纲性方案，旨在解决教学实施程序及其相关内容的问题，最终要运用于教学实践，因而教案的编写设计要明确指向教学实践，这就要求教案的编写设计充分考虑可行性。“一方面，教案要符合主客观条件。主观条件包括学生的认知特点和接受习惯、现有的知识基础和思想状况，以及教师的教学水平和课堂驾驭能力等；客观条件包括教学时间、教学场地、教学设备、教学媒体等。另一方面，教案要具有可操作性。也就是说，教案的编写设计应体现出其程序的规定性。”①教案的编写设计须基于教学背景的分析，制定教学目标——教学要达到的目标是什么，选择教学策略——怎样有效地组织教学，合理设计教学过程，评价教学效果——是否达到了预期的教学目标。综合考虑以上基本要素，教师才能形成完整的可操作的教学方案。

(三)思想政治理论课程教案编写设计的程序与方法

教案是教师组织教学活动的设想与构思，是“旨在探索解决教学问题的最佳方案而采取的有计划、有组织地分析教学问题，确定教学目标，设计和实施教学方案，对实施结果进行评价，修正教学方案的一系列动态的设计过程”②。因此，思想政治理论课程教案的编写设计不是随心所欲的，而须具备一定的内容要素，按照一定的程序进行，并遵循各个环节的基本要求。

第一，分析教学背景。编写设计思想政治理论课程教案，首先需要进行一系列的教学背景分析。一般来说，教学背景分析包括“课程标准分析”、“教学内容分析”和“学生情况分析”③。其一，课程标准分析。课程标准反映了国家对大学生学习结果的基本要求，是指导思想政治理论课程教学的纲领性文件，也是思想政治理论课程教案编写设计的一个基本依据。思想政治理论课程的课程标准，即《中共中央宣传部 教育部关于进一步加强和改进高等学校思想政治理论课的意见》及其实施方案、各门思想政治理论课程的教学大纲。思想政治

① 边和平：《高校思想政治理论课教育教学论》，中国矿业大学出版社2014年版，第165页。

② 孙华：《教学设计论纲》，重庆大学出版社2013年版，第4页。

③ 曾文婕：《课堂教学设计》，北京师范大学出版社2011年版，第97页。

理论课教师进行教案的编写设计，首先需要研读课程标准，领会课程内容在整个课程标准中的地位和作用，进而较好地把握教学的目标、广度和难度等。其二，教学内容分析。“教学内容是教案编写设计的关键环节和主体部分，其质量高低直接影响着教学活动的成败，因而成为实现教学目标的基本保证。”①教学内容分析主要包括：分析教学内容的前后联系，把握教学内容在整个课程教学体现中的地位和作用；分析教学内容的编写意图；分析教学内容的重点和难点等。其三，学生情况分析。学生的发展水平是教学的出发点，正所谓“以学定教”，实现科学的教案编写设计需要思想政治理论课教师深入分析、真正了解学生，科学而客观地确定教学的起点、深度、广度和速度等，从而增强教案设计的针对性。对学生情况的分析包括：把握学生的认知起点、技能水平和思维特点，了解学生的学习愿望、学习动机、学习兴趣，熟悉学生的学习习惯、学习风格、学习方法等。

第二，确定教学目标。在分析教学背景的基础上，思想政治理论课教师需要确定教学目标。教学目标是教学活动要达到的预期结果，具有层次性。它是由课程教学目标(处于最上层)、若干教学单元(章)目标、课时(节)教学目标、知识点学习目标组成的一个结构体系。就思想政治理论课程教案的编写设计而言，主要是指课时(节)教学目标。它规定着教学活动的方向、进程和预期结果，既是教师进行教学活动、学生进行学习活动的指南，又是评价教学效果的重要依据。因此，科学、准确地确定教学目标是教案编写设计的关键环节。基于教学背景分析所确定的教学目标应是可观察的、可测量的，因此，具体编写教学目标时，需要用明确、具体、详细的行为术语来描述。“一般认为，一个完整、具体、明确的教学目标应包括以下四个部分：一是教学对象(Audience)。在教学中，是针对哪一类学生。二是学生的行为(Behavior)。说明学生在学习后，应获得怎样的知识和能力，态度会有什么变化，应用可观测到的术语来说明学生的行为，以减少教学的不确定性。三是确定行为的条件(Condition)。条件是指能影响学生学习结果所规定的限制或范围。四是程度(Degree)。程度是学生达到教学目标的最低衡量依据，是阐述学习成就的最低水准，程度可从行为的速度(时间)、准确性和质量三个方面来确定。”②

第三，选择教学策略。明确教学目标后，接下来就要解决如何教、如何学

---

① 边和平：《高校思想政治理论课教育教学论》，中国矿业大学出版社 2014 年版，第 166 页。

② 徐英俊：《教学设计》，教育科学出版社 2001 年版，第 127～128 页。

的问题，这就涉及教案设计的策略问题。“所谓教学策略，就是为了实现教学目标，完成教学任务所采用的方法、步骤、媒体和组织形式等教学措施构成的综合性方案。它是实施教学活动的基本依据，是教学设计的中心环节。其主要作用是根据特定的教学条件和需要，制定出向学生提供教学信息、引导其活动的最佳方式、方法和步骤。”①它是实施教学活动的基本依据，是保证课堂教学有效开展的重要手段，是思想政治理论课程教案编写设计的重要环节。教学策略包括多个方面的要素，这里主要阐述教学方法的选择和教学媒体的选择。其一，教学方法的选择。教学方法是完成教学任务的重要保证，是实现教学目标的重要手段。教学方法的选用恰当与否直接关系到课堂教学实际效果的好坏。思想政治理论课程有多种教学方法，如讲授法、案例式教学、专题式教学法、问题式教学法、启发式教学法等。教师在选择教学方法时，须综合考虑以下几个方面：依据教学目标选择教学方法；依据教学内容特点选择教学方法；依据学生实际特点选择教学方法；依据教师自身素质选择教学方法；依据学校实际条件选择教学方法。其二，教学媒体的选择。教学媒体是承载和传递教学信息的工具，是教学内容的载体，既包括黑板、粉笔、图片等传统教学工具，也包括幻灯、音频、视频等现代化教学工具。在现代化教学中，教学媒体发挥着越来越重要的作用。精心选择教学媒体不仅有助于激发学生的学习兴趣，而且有助于促进学生对事物加强理解、加深记忆。思想政治理论课教师在选择教学媒体时须坚持以下基本原则：一是根据教学目标选择教学媒体。教学媒体的选择首先要考虑是否有利于教学目标的达成。二是根据教学内容选择教学媒体。三是根据学生的特点选择教学媒体，即教学媒体的选择须考虑学生的年龄特征、认知水平和接受习惯。四是根据教学媒体的特性和功能进行选择。每一种媒体呈现教学信息的功能和能力不尽相同，要注意对教学媒体进行优化组合和综合利用。五是根据一定的教学条件进行选择，即选择教学媒体时要考虑具体的设备条件、媒体获得和利用成本等因素。

第四，设计教学过程。在确定教学策略后，教师需要通过有效组织教学过程，促进教学活动的有序、有效进行。“所谓教学过程，即是指教学活动的启动、发展、变化和结束在时间上连续展开的程序结构。”②美国教育心理学家罗伯特·米尔斯·加涅(Robert Mills Gagne)将教学过程分为九个步骤：引起注意；告

---

① 鲁献蓉：《从传统教案走向现代教学设计——对新课程理念下的课堂教学设计的思考》，载《课程·教材·教法》，2004年第7期。

② 边和平：《高校思想政治理论课教育教学论》，中国矿业大学出版社2014年版，第168页。

诉学生学习目标；刺激学生对先前学习的记忆；呈现刺激材料；提供学习指导；诱导行为；提供反馈；评定行为；促进知识保持与迁移。在现代教学理念的指导下，思想政治理论课程教学过程的设计应坚持以下原则：首先，要遵循学生的认知规律和学习心理特点。其次，要充分发挥教师的主导作用，尊重和体现学生的主体性。具体来看，教师要通过设计问题、创设情境、讲授理论、组织讨论等方式调动学生的积极性和主动性，培养学生认识问题和解决问题的能力；同时，学生要主动参与教学，独立思考，合作探究。最后，在突出重点和突破难点时，注重教学时间的侧重和教学方法的运用。

第五，进行教学的自我评价与反思。教案编写设计的目的不仅仅在于为教师提供教学的思路和蓝本，还在于促使教师理性地思考教学。如果将思想政治理论课程教案设计看作一个系统，“它是一个在开发、设计、利用和评价四个方面全面研究学习过程与学习资源的‘理论与实践’。在时间上，教案设计分为了三个阶段，即课的准备的设计、课的实施中的再次设计(即兴发挥和创造)、课后的反思性的设计修正”①。因此，思想政治理论课程教案的编写设计除了包括教学背景分析、教学目标确定、教学策略选择和教学过程设计以外，在课堂教学实践结束后，还须对教案设计进行评价与反思，这是教师不可或缺的一项元认知活动。只有经过这样的反思性评价的教案设计，才是一个完整的、成熟的和有效的教案设计。反思教案的编写设计，反思课堂教学过程中的优点与不足，反思思想政治理论课教师在提升自身教学上的理论与实践水平，思想政治理论课程教学目标才能更好地实现。

二、思想政治理论课程教学课件设计

教学课件又称多媒体课件，指“以计算机系统为支撑环境，将文字、声音、图像、图形、视频、动画等元素组合于一体，使多种媒体信息建立逻辑连接，集成一个交互系统的计算机教学软件”②，本质上是一种教学辅助手段。随着现代科学技术的发展，Authorware、Flash、PowerPoint 等教学课件制作工具日益完善和普及，教学课件在高校思想政治理论课程教学领域得到了广泛应用，制作教学课件已经越来越成为高校思想政治理论课教师的基本能力和主要

---

① 鲁献蓉：《从传统教案走向现代教学设计——对新课程理念下的课堂教学设计的思考》，载《课程·教材·教法》，2004 年第 7 期。

② 张涛：《关于高校思想政治理论课多媒体课件制作使用的几点体会》，载《思想理论教育导刊》，2009 年第 1 期。

任务，备课过程已经越来越多地表现为制作教学课件的过程。形象直观、互动便捷、信息量大等特点，使得教学课件受到了广大师生的喜爱，起到了增强思想政治理论课程的课堂吸引力和理论可信度，激发学生学习主动性，提高课堂教学效率，乃至推动思想政治理论课程教学观念、教学方法和教学内容改革的积极作用。

增强思想政治理论课程的实效性，需要积极探索符合教学规律、学生特点和时代特征的教学方法。教学课件的应用，正是高校思想政治理论课程教学改革的趋势和要求。随着教学课件的普及，我们越来越清醒地意识到，教学课件在给高校思想政治理论课程带来新机遇的同时，也因为设计、操作的不当而产生了一些负面影响，导致了教学节奏过快、课堂缺乏交流等问题。因此，准确把握教学课件的设计原则，对于充分发挥教学课件优势，规避其使用误区，提高思想政治理论课程实效性具有重要作用。

(一)思想政治理论课程教学课件设计的基本原则

第一，科学性。思想政治理论课程是大学生的必修课，是帮助大学生树立正确的世界观、价值观和人生观的重要途径，体现了社会主义大学的本质要求。思想政治理论课程是集科学性、思想性、政策性、时效性于一体的意识形态课程。因此，科学性是高校思想政治理论课程教学课件设计应遵循的首要原则。具体表现为：一是内容准确。思想政治理论课程是集知识传授与思想政治教育功能于一身的课程。一方面，作为知识传授课程，课件不能出现知识性错误，必须保证概念、原理准确，保证事实性材料真实可信。其中，概念准确是基础，原理准确是重点，而概念、原理是直接来源于教材的。因此，“多媒体课件研制和应用要以教材为纲，把握好教材的逻辑框架、理论脉络和基本观点，与教材内容相呼应”①，教师在对教材内容进行选择时要准确无误地、规范地表述教材的本意，任何对教材内容的片面解读甚至扭曲理解，都可能对思想政治理论课程教学效果产生根本性的负面影响。而事实性材料来源多样，准确性难以保障，这就需要教师谨慎筛选、小心求证。同时，教师要注意保证材料与教学内容相一致，保证其典型性和说服力，突出课件根本的教育意义。另一方面，作为思想政治教育课程，思想政治理论课程以培养中国特色社会主义事业的合格建设者和可靠接班人为根本目标，其课件不能有方向性错误，要始

① 薛志清：《关于高校思想政治理论课多媒体课件制作使用的探究》，载《电化教育研究》，2014 年第 6 期。

终贯彻社会主义的本质要求。二是符合教学规律。教学的实质是教师借助教学媒体向学生传播教学内容的过程，教师必须采用适合学生认知特点的教学手段和信息传递方式将信息传递给学生，以便于学生顺利地接收信息并将之内化为自己的经验。教学课件本质上是一种教学辅助手段，因此课件的“教学设计及其理念要体现以人为本、符合教育规律”①。例如，关注学生学习生活各方面的真切需要，按照学生的思维逻辑特点设计课件的顺序，根据内容的难易及重要程度调节课件页面的内容体量等。由此做到贴近学生的生活世界与学习特点，有效调动学生学习的兴趣与积极性，促进教学目标的达成。三是符合技术规范。课件的工具属性决定了操作性、便利性也是其科学性的重要表现，为此课件设计就要做到符合技术规范。教师要保障应用软件安装方便，启动快，运行稳定；易操作，界面清晰，指示明确；方便移植，兼容性强，可以在不同的计算机上运行；便于扩展、修改，有利于日后完善补充。

第二，艺术性。教学是科学与艺术的统一。教学课件集文字、声音、图像、视频等表现形式于一体，为增强教学的艺术性提供了广阔的空间。设计思想政治理论课程教学课件，不仅应该遵循科学性的要求，以提升教学的准确性、亲和力与可行性；而且应该注重艺术性原则，用“美”的形式呈现教学内容，以增进学生的理解，愉悦学生的视听，营造良好的课堂氛围，增强教学的感染力。艺术性原则对教学课件的版面设计与内容安排提出了更高的要求，其主要体现在四个方面。其一，课件是精练的艺术。课件源于教材，但不是教材，将大段文字都呈现在页面上的课件会引起学生的视觉疲劳，引发学生的抵触情绪；课件也不是板书，将作为最终结论的标题罗列在页面上的课件不利于引导学生思维。所谓精练，是“力求用最少的数据表达最多的内容和信息”②。课件应该建构完整的、严谨的、简约的知识逻辑体系，既能够提纲挈领，又能够帮助学生准确地把握理论脉络。为此，教师必须熟练掌握教材的全部内容，还要了解学生的思想动态与思维特征，在此基础上把握好教材的理论逻辑和基本观点，确定教学重难点。一些学者建议通过“精练出框架”“精练出要点”“精练出关键词”③，“精练教材体系和教材内容……对同类问题进行归纳、对不同

① 边和平：《高校思想政治理论课“精彩多媒体课件”基本要素探析》，载《思想教育研究》，2012 年第 3 期。

② 肖爱民：《多媒体课件在高校思政课教学中的地位及制作原则》，载《思想教育研究》，2012 年第 2 期。

③ 武星亮、甘霞：《高校思想政治理论课多媒体课件制作的基本原则》，载《思想理论教育导刊》，2011 年第 5 期。

类问题进行比较”①等方式，形象呈现理论逻辑，帮助学生系统地、有条理地、清晰地把握基本内容，抓住理解问题的要点。我们认为，这些处理方式是值得提倡的。同理，在图片、视频等素材的选择上也要做到“少而精”，力求选择增强理论表现力和情感感染力的素材，选择学生关注的社会热点、焦点问题，以提高思想政治理论课程的实效性与针对性。以“多多益善”为标准的素材堆砌，会干扰学生的注意力及其对问题本身的感知与思考。其二，课件是清晰的艺术。精练内容必定会减少课件呈现内容的体量，这为课件的清晰提供了前提，而要想课件达到理想的清晰程度，则需要对精练出的内容进行进一步加工。首先，要合理安排课件内容的布局，包括借助字体、字号、字色等方面的区分使得标题层次分明、结构条理清晰、主次一目了然，以便于学生把握教学内容的连续性与逻辑性。其次，要控制页面的容量，避免过于冗杂的字况设计。以PPT 为例，“幻灯片上只显示标题、重要观点等少量文字，并且字号要大一些，保证每张幻灯片上显示的字不超过 9 行”②。最后，要符合人的视觉需要，保证文本颜色明快简单，背景颜色柔和雅致，且两者有较强的对比度，如黑与白、蓝与白等，以突出主体内容，利于学生观看记录。必要时课件还可以通过较强的视觉冲击刺激学生的大脑，使其对教学内容产生深刻印象，但又不宜过于刺激和反差强烈，以免造成学生视觉疲劳而消解学习的兴趣和热情。③ 其三，课件是丰富的艺术。课件的精练与清晰并不意味着单调与乏味，多媒体是多种形式的信息集成，合理利用多媒体的集成性，有助于充分调动学生的各种感官，使其达到感性体悟和理性认知的有机结合。为此，教师要根据教学需要筛选各种类型的素材，并合理安排它们的比例、顺序和结构，做到图文并茂、动静结合。此外，教师还可以做到在细节中彰显丰富，如适时利用多媒体图文色彩处理功能、闪烁运动功能、交互功能、数据分析功能、模拟工具功能制作课件，避免单一的字体、字号、字色，为特定的内容设置适宜的动画效果等。同时，教师也要意识到“丰富”不是“繁杂”，“花里胡哨”的呈现效果会使学生眼花缭乱，弱化其对实质性内容的理解。因此，对课件内容载体与呈现方式的设计既不能过于单一，也不能过于多样。其四，课件是和谐的艺术。“和谐”意味着统

---

① 薛志清：《关于高校思想政治理论课多媒体课件制作使用的探究》，载《电化教育研究》，2014 年第 6 期。

② 张涛：《关于高校思想政治理论课多媒体课件制作使用的几点体会》，载《思想理论教育导刊》，2009 年第 1 期。

③ 边和平：《高校思想政治理论课“精彩多媒体课件”基本要素探析》，载《思想教育研究》，2012 年第 3 期。

一，拥有和谐之美的课件符合学生的思维习惯，满足学生的视听需要，可给学生协调、舒适之感。这首先表现为意境的和谐。就 PPT 而言，其意境主要体现在母版的风格上，意境的和谐便意味着母版的风格同思想政治理论课程的情感基调相一致，要映衬教学内容。例如，“马克思主义基本原理”宜选取庄重、素雅的母版，“中国近现代史纲要”宜选取有助于体现历史感的母版。其次是色彩的和谐。颜色搭配合理的课件，能给学生带来清新、愉悦的感觉，有助于提高学生的注意力。思想政治理论课程的课程性质决定了其课件的颜色不宜花哨，“就色彩种类而言，应尽量控制在三种色彩以内”①，“活动中的对象与非活动中的对象色彩搭配应有所不同”②，且应生动、活泼而不失严肃。最后是声音的和谐。在重点内容出现时辅以音效可以起到强调的作用，在情感升华时添加相应的音乐具有渲染气氛的功能，可见声音是增强教学内容表现力的重要载体。然而不考虑使用时机，盲目地运用声音则可能打乱教学的节奏，影响学生注意力的集中，让学生产生厌烦之感。因此，在课件的设计中应对声音加以严格控制，充分发挥其画龙点睛的作用。

第三，交互性。教学是一个动态的历程，现代教育理论更是强调，教学是主体间通过对话达成理解的过程。在高校思想政治理论课程教学中，教师的主要任务是通过精心设计、策划、指导和组织学生进行各种创造性活动，激发学生的学习创造动机，培养学生正确的世界观、价值观和人生观。因此，思想政治理论课程教学不仅注重以理服人，更加注重以情感人；思想政治理论课程教学过程不仅是知识传授的过程，更是学生积极参与课堂教学、师生情感互动的过程。故有效生动的思想政治理论课程教学必须充分发挥教师的主导作用和学生的主体作用，实现双主体的积极互动。教学课件作为现代教学过程的重要组成部分，是将教师、学生和教材三者联系起来的纽带，课件的设计也应体现教学主体间的交互作用。因此，教学课件一方面要有助于发挥教师的主导作用，有助于教师对课堂的宏观把控，帮助教师有效进行适应当代大学生需求的现代化教学；另一方面要有助于发挥学生的主体作用。从教学实际情况看，第二个方面是需要着力解决的问题。发挥学生的主体作用主要是强调，学生是学习的主体，教师在教学中应注重发展学生个性、激发学生创新思维。学生的主动性和积极性也只有通过教师的引导才能被激发出来。为此，教师要结合思想政治

---

① 武星亮、甘霞：《高校思想政治理论课多媒体课件制作的基本原则》，载《思想理论教育导刊》，2011 年第 5 期。

② 肖爱民：《多媒体课件在高校思政课教学中的地位及制作原则》，载《思想教育研究》，2012 年第 2 期。

理论课程的特点，积极开发多媒体教学课件的交互性功能。“以图文并茂、视听结合的多媒体语言来营造宽松、互动的课堂教学氛围”①，利用教学课件创设学习情境，综合运用师生对话、专题讨论与辩论、案例分析、演讲等方法开发多种互动渠道，扩大互动空间和互动需求，激发学生的参与意识，积极引导学生的心理活动，培养学生良好的情绪智力，从而拓展教学的时空领域。此外，一个好的多媒体课件，在呈现教学信息的同时，还要接收学习者对指定问题的回答信息，并作出判断和评价，以便提供有针对性的反馈信息。因而教师不仅需要在课件中设定反馈程序；而且在应用教学课件进行教学时，需要密切注意学生的信息反馈，及时调整教学过程，调节教学内容、教学节奏和教学方法，与学生进行交流和沟通，最大限度地给学生提供自学、思考、研究、创新的时间和空间。总之，在应用教学课件进行教学时，教师仍然起着主导作用；学生仍然是主体；教学课件则起着中介作用，是师生教学互动的平台，促进师生教学相长。在教学过程中，只有充分发挥三者的作用并使之协调，才能使思想政治理论课程教学效果达到最优化。

第四，辅助性。教学课件的诸多良好效用并不能改变其作为工具的性质，其本质上是一种教学辅助手段，在教学过程中只能起支持和协助作用。上述交互性原则便诠释了教学课件辅助性的一个层面：从整体教学过程的角度看，教学课件不能取代教师的主导地位和学生的主体作用。教学课件的应用对于课堂教学而言应该是“锦上添花”而不是“顾此失彼”“喧宾夺主”，更不是“取而代之”，不能冲淡或者弱化师生的“教”与“学”。因此，教学课件的作用不能被夸大，教学课件的设计应适可而止，根据教学需要进行。例如，不能以过长的影像、媒体声音取代教师的讲解，不能一味地迎合学生爱看影像的心理而削弱课堂互动。② 总之，教师不能沦为课件的播映员和解说员，学生也不能成为课件纯粹的观看者与记录者，课件设计要为师生在课堂上的交流提供足够的空间。从教学方法和手段的层面看，多媒体教学不论多么现代和时尚，它也只是教学方法之一，不能取代其他教学方法。教学课件只有服从于教学内容，服务于教学方法，才能体现其价值。思想政治理论课程所传授的知识比较复杂，教学目标的层次比较高，不同的教学内容和教学任务要求使用不同的教学方法。教学课件虽然可以在短时间内把大量信息通过文字、声音、图像立体地传递给学

① 边和平：《高校思想政治理论课“精彩多媒体课件”基本要素探析》，载《思想教育研究》，2012 年第 3 期。

② 李梁：《文本语言的多媒体化：路径选择、实践模式和技术支撑——关于研制思想政治理论课多媒体课件的思考》，载《思想理论教育》，2008 年第 3 期。

生，但也容易造成教学节奏过快的问题，且如果使用时间过长、使用频率过高，也会分散学生的注意力，导致学生出现疲劳感，从而降低其学习效果。传统教学媒体主要是指语言、粉笔、黑板、教材等，在互动性和人性化方面依然有较强的优势，有助于知识的详细讲解，且能够使教师的思想观念、语言表达、人格魅力等在潜移默化中渗透到学生内心，不但使学生对课堂内容记忆深刻，还能影响学生的世界观、价值观和人生观。这些是计算机无法复制的，是教学课件无法替代的，对思想政治理论课程教学而言也是极重要的。但传统教学媒体单位时间内传递的信息量小，且形式单一，不能长久地吸引学生的注意力。因此，要合理把控教学节奏，就要将传统媒体教学与现代多媒体教学相结合。授课时，教师应根据教学需要，充分利用多媒体课件生动快捷的优势，并在讲解重难点问题时通过传统教学媒体，利用提问、讨论、表情、手势、板书等引起学生关注，放缓授课进度，给学生留出充足的消化感悟时间。总之，每一种教学方法都有它的长处和不足，教师只有把传统媒体教学与现代多媒体教学结合使用，注意两者在使用过程中的相互协调、优势互补，才能取得最佳的教学效果。

(二)思想政治理论课程教学课件设计的流程

第一，需求分析。在设计多媒体课件这一教学工具之前，首先要对这一工具须完成的任务与其适用的条件进行总体分析，以明确课件系统必须具备哪些功能，这是保障课件的有效性与实用性的必要前提。一是教学类型需求分析。在教学过程中，使用课件进行教学的是教师，教师是课件直接的设计者与使用者，因此教师在设计课件时必然会考虑到自身的教学需求，而这种需求主要表现为教学类型的需求，即教师要开展何种教学就需要设计出与其相匹配的教学课件。教学类型可分为指导型、巩固型和操作型。根据教学类型需求采取不同的设计，可以使教学课件的设计更有针对性，教学效果更加明显。与指导型相匹配的课件要使学生处于“接受指导＋主动参与”的学习状态，其设计要以创设情境，呈现概念、原理等教学内容为主；与巩固型相匹配的课件目的在于巩固和加深学生对某个知识点或观点的认识，帮助学生建立起完整的知识网络，而非要教授学生新的知识内容，其设计要以简洁化、结构化的教学内容呈现为主；与操作型相匹配的课件目的在于让学生学以致用，锻炼学生解决问题的能力，故其主要任务在于创设问题情境，提供可供参考的解决思路。二是学生需求分析。教学课件应用群体是教师与学生，教学课件既要有利于教师的“教”，又要有利于学生的“学”，而且从思想政治理论课程的教学目的看，学生的“学”

更为关键。学生是教学课件信息的接受者，是教学课件运行的直接受益者，是教学课件的“核心用户”，因此，分析学生需求是课件设计前期准备的关键。教师要调查和预测学生的学习动机，充分了解学生的认知水平、心理兴趣和社会背景等，明确学生对教学内容的了解情况及学生学习新知识的能力。只有真正了解学生，才能设计出符合学生需求的多媒体课件。三是课件运行需求分析。教学课件是一种计算机软件，其运行需要多媒体硬件提供设备支持。因此，教师在设计教学课件之前，有必要对其运行设备加以了解。制作教学课件所用的计算机是否安装了完备的制作软件，运行教学课件的计算机设备能否安全运行课件，课件在运行过程中是否流畅、清晰，进行大屏幕投影时是否会出现技术故障等，都是教师应该考虑的问题。除此之外，教师还需要对课件设计的时间进度加以妥善安排。

第二，课件设计与制作。这里指的是狭义层面的课件设计，是广义课件设计中的一个环节，是依据教学设计的意图对整个课件进行的总体性规划，是教学设计的具体体现和开展课件制作的基础。课件设计的功能在于呈现教学内容的组织形式、表现方式，并描述教学内容的相互关系。合理的课件设计有助于建立教学信息的时序和层次，使教学进程合理有序，教学内容错落有致、条理清晰。按照从宏观到微观的顺序，课件设计包括总体结构设计、内容结构设计和脚本设计。总体结构设计一般包括三方面①：一是课件的封面与导言。封面要简洁，生动形象，符合课程特点，其中，标题要简练，紧扣主题，能引起学生的兴趣。导言要阐明教学的目标与要求，呈现课件的基本结构和简要介绍，使学生对对应的教学内容有清晰的、总体的认识。二是课件的菜单。要根据教学设计要求确定各级菜单，菜单可以有不同的表现形式，如目录、思维导图等，要求条理清晰、易于操作，能达到学习内容之间的自由跳转。三是课件的教学内容，在把握教材逻辑体系的基础上进行安排布置即可。内容结构设计是对总体结构设计中的教学内容设计的展开，主要包括四部分：首先，是引入部分，此部分应呈现学生为学习相应教学内容所应具备的知识和相应的学习目标、学习任务，以及主要学习内容概要，旨在使学生对学习目的及内容有整体性的了解，以便顺利过渡到正式教学环节。其次，是学习内容部分，是教学课件的主体部分，不仅要阐明概念、原理等基本内容，突出重难点，而且需要组织教学素材辅助教学，调动学生的学习积极性。再次，是练习部分，通过将抽

---

① 林庭芳：《高校思想政治理论课教育教学现代化研究》，人民出版社2006年版，第301页。

象知识与现实问题相结合培养学生解决问题的能力，帮助学生在巩固知识的基础上锻炼思维、学以致用，进而彰显思想政治理论课程的理论生命力。最后，是扩展部分，思想政治理论课程涉及内容复杂，理论覆盖范围广泛，在课堂的有限时间里，教师很难做到讲解得“面面俱到”，故一个完整的思想政治理论课程课件往往附带有该教学内容的背景知识和辅助资料等。此部分的设计有助于扩展思想政治理论课程发挥作用的时间和空间，扩展学生学习的深度与广度。脚本设计也称为稿本设计，它将课件内容的安排细化至每一页面，是课件制作的直接蓝本和依据，也是课件从设计到制作的过渡阶段。正如有学者所言，“就如同电视剧的拍摄不是直接依据剧本，而是按分镜头脚本进行拍摄一样”①，课件脚本的编写质量直接影响教学课件开发的过程、质量和效果，其设计方法将在下一部分具体展开。

课件制作是让课件从“计划”变为“现实”的步骤，通过选材、制作、加工、整合、布局等环节，将各种形式的素材与教学内容有机结合。教师的多媒体应用技术是否过硬，教师是否遵循上文所述四项设计原则，是课件制作能否成功的关键问题，鉴于前面已有详细解读，在此不再赘述。

第三，课件测试与应用。通常为保证课件达到预定的功能和效果，制作完成的课件在正式投入使用之前要经历一番测试。需要了解的是，我们对课件的测试不一定要在完整的课件形成之后，也可以在课件形成之前，这样做是为了避免当课件内容复杂、篇章数量过多时，教学内容与教学计划相偏离的情况发生。由于教师和学生都可视为课件的使用者，因此严格来说，课件测试的主体应包含教师和学生，然而考虑到学生经验的有限性和教学的生成性，现实教学中的课件测试更多体现为教师对课件的“预演”。在课前，教师应该事先演示教学课件的完整使用过程，并仔细观察，注意文本、图片、声音、动画、链接、版面布局等内容的操作情况，并及时修改发现的问题，直到无差错为止，以免在教学过程中出现知识错误、动画混乱和技术操作失误。预演的过程最好能在授课教室进行，以便查看运行课件的计算机设备是否可以正常使用。

经测试确信稳定无误的课件，在经过整理、过滤、打包后制成光盘或软盘，可以脱离编辑环境独立运行，此时便可投入正式的课堂教学中了。如上所述，为了充分发挥教学课件的作用，运用教学课件的过程中要坚持交互性与辅助性原则，坚持教师为主导、学生为主体，配合其他教学方法，实现教学主体间的相互交流。此外，还有一个细节值得关注，即教师对展示教学媒体的位置

① 王丹：《多媒体教学课件的设计与制作》，载《哈尔滨学院学报》，2001年第5期。

和姿势要有一个较好的选择。选择好展示教学课件的位置和姿势，可以获得良好的教学效果。例如，不能遮挡学生观看课件的视线，播放录音、视频时不能与他人交谈，展示图片时要引导学生观察，使用翻页笔以摆脱操作台的束缚等。教师还需要意识到，课件的设计与制作虽然严格依据教学设计进行，但在具体实践过程中，仍可能产生一些问题。因为课件设计是教学设计的具体化，只是对教学内容、教学目标、教学方法等方面的预设，其对具有生成性的课堂教学可能估计不足。所以应用的过程也是测试的过程，在这一过程中尤其可以感知到的是来自学生的“用户体验”。教师应关注学生对教学课件的反应，根据学生或认同愉悦或困惑无感的表现，找出课件设计中存在的亮点并进一步彰显，找出课件设计中存在的不足并及时改进。只有经历反复修改，才能完成一份优秀的课件。

第四，课件评价与维护。课件评价，是按照一定的标准和原则，通过信息收集与分析，对课件教学效果进行评判的活动。它是改进和完善课件设计的直接动力。综合性是课件评价的基本特征：首先，教学课件的评价指标具有综合性。应从“信息呈现、人机交互、教学过程控制、文档提供”①等方面出发，形成科学可行的评价标准体系，以便于从整体上全面地评判教学课件的水平。其次，教学课件的评价主体具有综合性。教师是教学课件的直接使用者，其在使用课件进行教学的过程中，需要对课件是否能够有效地辅助教学进行评价，为此教师需要仔细体会并记录其在运用课件过程中的一系列感受。学生是教学课件的直接受益者，需要对课件是否帮助其顺利达成学习目标进行评价，因此教师除了细心观察学生的课堂表现之外，还可以在课程结束后主动与学生交流，收集学生的建议。这一环节十分关键，因为应用课件的最终目的是引发学生的积极反应。倾听学生的建议不仅可以检验课件的根本效用；而且可以强化学生的主体意识和参与意识，强化课件给他们带来的感受。技术及教学专家是教学课件的观察者，他们可以从专业角度对课件设计制作的科学性、吸引力和适用性等方面作出客观的评价。教师、学生、技术及教学专家评价的整合保障了评价结果的全面性与深刻性，有助于充分发挥教学课件辅助“教”与“学”的作用。最后，教学课件的评价方法具有综合性。当前评价课件的方法主要有两种：形成性评价与总结性评价。形成性评价，指对课件设计的各个环节进行评价，通过及时向课件的设计者提供反馈信息，帮助他们改进和完善课件。这有助于保证课件设计始终沿着正确的方向前进。总结性评价，是在课件开发制作完成以

① 洪赞云：《计算机辅助教学课件的设计方法》，载《中国成人教育》，2004年第10期。

后，借助评价指标体系对课件的总体价值作出评判，划分课件级别，并结合课件使用实际提出建议。总结性评价具有系统性强、针对性强的突出优势。形成性评价与总结性评价相结合，使得评价覆盖了课件设计与应用的方方面面，从而可以形成细致而不失全面的评价结论。

教学课件是一种计算机软件即虚拟程序，不能实现“一劳永逸”，而日常性维护对课件的可持续使用具有关键性的作用。维护活动通常分为四类，分别是改正性维护、适应性维护、完善性维护和预防性维护。① 一是改正性维护，即对课件使用过程中发现的软件系统错误进行诊断和改正。二是适应性维护，其功能在于增强课件的兼容性。课件使用过程中，会遇到多媒体平台的升级和更新问题。由于课件是通过不同的工具、平台制作的，其移植性和适应性因此会有所不同。所以，当学校更新教学平台和设备时，就需要进行适应性维护，以保证课件能够在新的设备上运行。三是完善性维护，即根据时代的发展、师生需求的变化，改进或充实课件。这对于保证课件的时效性至关重要。四是预防性维护，即修改课件系统，为将来软件的更新和维护预先作好准备。

(三)思想政治理论课程教学课件设计的方法

广义上的教学课件设计是对一整套教学辅助系统的预先规划，是对教学课件整体方案的设想和安排，是具体的规则和蓝图。优秀多媒体课件的制作既需要教师统筹安排，又需要教师抓住设计要点并掌握其正确的设计方法。接下来笔者便针对教学课件设计的四个要点探讨其设计方法。

第一，脚本设计。脚本是课件制作的直接蓝本和依据，在教学课件设计中起着至关重要的作用。从描述内容看，脚本可分为文字脚本和制作脚本。“文字脚本是由教师按照教学要求对课件所要表达的内容所进行的文字描述”②，具体而言，文字脚本由教师根据教学大纲和教学目标的要求，按照每一章节的先后顺序编写完成，文字脚本应明确课件呈现的教学内容的结构安排、表现形式以及教学顺序。因而文字脚本可加强对思想政治理论课程具体知识点的分析和讲解，优化重难点问题，恰当选择教学素材，合理设计学生活动，从而有助于形成有序的思想政治理论课程课件框架。文字脚本的内容包括思想政治理论课程学习目标、教学策略、知识点和教学媒体的选择设计等。文字脚本多以表

---

① 刘锐：《高校思政理论课多媒体课件设计理论与实践——以〈思想道德修养与法律基础〉课为例》，浙江工业大学硕士学位论文，2013 年。

② 王丹：《多媒体教学课件的设计与制作》，载《哈尔滨学院学报》，2001 年第 5 期。

格方式呈现，并按照教学进程安排顺序，要求简洁明了、格式规范、填写方便，具体格式参见表 6-1。制作脚本是在文字脚本的基础上编写的，制作脚本“依据教育学理论和计算机可实现的效果，进行各媒体表现方式的设计，交互方式的设计以及版面布局的设计，将文字脚本进一步改写成适合计算机实现的形式”①，因而制作脚本是制作课件的最直接的依据。所以文字脚本在完成后应立即被改编为制作脚本并反复修改至定稿，从而为课件的制作提供科学合理的材料依据。教学课件的制作脚本一般包括课件结构的说明、单元知识的分析、屏幕的设计和链接关系的描述等。② 课件结构的说明应反映整个课件的主要框架和教学功能。单元知识的分析主要是对思想政治理论课程知识点的设计，一要考虑思想政治理论课程知识点的内容属性和逻辑关系，二要考虑思想政治理论课程采取的教学策略。屏幕的设计一般包括版面设计、显示方式设计、颜色搭配设计和材料设计。链接关系的描述涉及思想政治理论课程的学习内容及其结构、学习流程等，应清晰合理。制作脚本同样多以表格形式呈现，具体格式参见表 6-2。

表 6-1　思想政治理论课程教学课件文字脚本表格

序号		
思想政治理论课程名称		
思想政治理论课程知识点	名称	
	内容	
思想政治理论课程教学媒体	媒体类型	
	呈现方式	

表 6-2　思想政治理论课程教学课件制作脚本表格

序号		
思想政治理论课程名称		
思想政治理论课程知识点	名称	
	内容	
制作要求	学习内容呈现	
	链接关系描述	

① 王丹：《多媒体教学课件的设计与制作》，载《哈尔滨学院学报》，2001 年第 5 期。

② 林庭芳：《高校思想政治理论课教育教学现代化研究》，人民出版社 2006 年版，第 303 页。

第二，屏幕界面设计。课件屏幕的界面是否合理，在一定程度上反映了课件质量的高低，影响着教师的使用感受与学生的观看感受。首先，由于计算机屏幕面积有限，为了清晰呈现教学信息，课件信息窗口应尽量放大，对于内容较多的，可在窗口边缘加入滚动条设置。其次，界面中的提示信息要准确恰当、清晰明了，以有效辅助教师的操作和学生的理解。最后，界面内容的编排应均衡对称、精练简明、整体性强，给人以协调之感。通过观察各种优秀课件，我们不难发现，课件中各类信息内容的呈现都有其相对固定的位置，可以避免使用者每进入下一部分的教学内容时都要花费较多时间去寻找交互点而影响教学。从中我们可以总结出屏幕构成元素的放置规律：标题一般位于屏幕上中部，被给予突出显示，以利于产生对称感；时间、日期等信息，可以在左右两侧放置，以利于屏幕均衡；教学内容主体常占用屏幕上的大部分区域，通常放置在中上部到底部稍上部分；功能键区、按钮区等一般放在屏幕底部；菜单条等则一般放在屏幕顶部。①

第三，交互设计。交互性是课件设计的原则之一，具体表现有两个方面：课件本身的交互性；课件为师生交互提供的条件。这里的交互设计指的是课件本身的交互性的设计。在课件制作中，教师应根据教学内容和学生情况设计良好的交互程序，使课件能对学生的表现作出反馈并提出建议，由此引导学生进行多层次的思考和判断，提高学生的学习能力、思维能力和创新能力。在此过程中，教师应充分考虑“交互界面友好性、交互系统灵活性、交互系统可靠性、交互系统功能性”②等方面。开发友好的人机交互时，一要分析、设计交互界面，二要分析、设计系统交互的具体方式。有学者建议“首先制定屏幕显示信息的内容和次序，然后进行总体布局和交互元素显示结构设计，最后在上述屏幕总体布局和显示结构设计完成的基础上，进行屏幕美观方面的细化设计”③。

第四，导航设计。课件信息量大、结构复杂，可能不便于学生浏览学习，会增加学生的认知负荷。此时，课件导航设计的重要性便显示出来了。导航的设计可以帮助学生了解教学内容的整体结构，为学生指明学习路径，使学生明确学习内容之间的关联以及可以达到的信息领域，引导学生围绕教学目标学

---

① 姜洪臣、王静、汪洋：《CAI课件设计方法与艺术技巧研究》，见《高教科研2006（中册 教学改革）》，黑龙江教育出版社2006年版，第232～241页。

② 林庭芳：《高校思想政治理论课教育教学现代化研究》，人民出版社2006年版，第305页。

③ 姜洪臣、王静、汪洋：《CAI课件设计方法与艺术技巧研究》，见《高教科研2006（中册 教学改革）》，黑龙江教育出版社2006年版，第232～241页。

习，且有助于学生在各种教学信息之间自由跳转，快速而简洁地找到所需的信息，提高学习效率。设计导航时，教师应秉持系统的观点，综合考虑学生情况、学习内容特点以及课件类型等诸多方面的因素，遵循导航明确、易于理解、操作方便等原则。

综上，教学课件能够多角度、多层次地调动学生的学习兴趣，提高课堂学习效果，是优化教学的现代化手段，但其作用的发挥依赖于教师对其进行设计和使用时的考虑与准备。只有从实际出发，遵循教学课件设计原则，才能充分发挥多媒体课件的优势，不断增强高校思想政治理论课程的实效性。

三、思想政治理论课程教学模式设计

(一)思想政治理论课程教学模式设计的含义

模式是现代科学技术中普遍采用的术语，引入到教学活动中，“是指为了实现某个的教学目标，在教学过程中对其各要素间的逻辑结构及教学活动的逻辑流程的运行进行的整体设计而形成的一种操作模式，也可称为操作样式”①。教学模式可以定义为是在一定教学思想或教学理论指导下建立起来的较为稳定的教学活动结构框架和活动程序。从定义出发，思想政治理论课程教学模式是对整个思想政治理论课程教学活动进行理论化总结和概括的结果，因此教学模式的选择与思想政治理论课程教学效果的评价、教育功能的发挥有着直接的关系。

从教育整体上研究各要素之间的关系，得出的是系统整体的结果。这就是当今教育改革与发展从理论上形成的解决现存问题的基本思想和方法。教学模式设计是指运用系统分析的方法解决现存教学模式问题，思想政治理论课程教学模式设计是指从整体上对影响思想政治理论课程教学活动的诸多因素进行系统规划，形成系统设计的能够促进思想政治理论课程教学提高有效性的教学模式。

(二)思想政治理论课程教学模式设计的框架

教学模式是指导教学整个过程的纲领性框架，而思想政治理论课程教学模式设计就是针对思想政治理论课程教学进行指导和设计的活动。它是一个系统

① 张晓荒：《基于“多维一体”的高职思政课实践教学模式与应用》，载《科教导刊(上旬刊)》，2015 年第 12 期。

性的工程，需要对思想政治理论课程教学中构成教学模式的各个因素、各个部分进行整体性的构建。思想政治理论课程教学模式设计的框架要从以下几个方面展开。

一是教学理念清晰化。因为教学模式是一定的教学理论或教学思想的反映，是一定理论指导下的教学行为规范，不同的教学理论下往往形成形态各异的教学模式。思想政治理论课程教学模式设计必须明晰自身的教学理念，为整个思想政治理论课程教学模式设计提供一个合理的理论内核。当前，思想政治理论课程教学理念越来越倾向于对建构主义学习理论的运用。该理论以学生为中心，强调学生对知识的主动探索、主动发现，以及对所学知识意义的主动建构。建构主义理论认为，知识不是通过教师传授得到的，而是学习者在一定的情境即社会文化背景下，借助学习、获取知识的过程中其他人的帮助，利用必要的学习资料，通过意义建构的方式获得的。传统的思想政治理论课程教学理念把学生视为被动的接受者，而建构主义教学理论下的思想政治理论课程教学模式是本着以生为本教学理念的教学模式，把学生看成主动的探索者。

二是教学目标层级化。在教学模式的结构和框架中，教学目标处于核心地位，对其他的因素产生制约作用。这就要求思想政治理论课程设计有效性教学目标，体现层次性。思想政治理论课程教学模式设计通过将知识传授、情感认同、意志培养和实践能力提升作为逐级提高的目标，教学重心从传授知识转移到互动学习、教学相长，在双向交流中还学生学习自由，关注学生学习特点，激发学生学习兴趣，提高思想政治理论课程教学的有效性。

三是教学内容生活化。思想政治理论课程的教学内容若不能跟上时代的变化发展，很容易沦为僵化的思想政治宣传工具，最终被学生厌倦。这就要求思想政治理论课程教师提高理论联系实际的能力，透过与人们息息相关的生活来折射理论存在的魅力。一方面，思想政治理论课教师要努力关注时政事件，赋予教学内容以时代性的特征，增强理论与现实的契合度；另一方面，思想政治理论课程要关注学生生活，以学生生活为中心展开教学内容的设计，增强学生的学习兴趣。

四是教学方法互动化。案例式教学、互动式教学、小组合作探究式教学是目前思想政治理论课程教学探究出的区别于传统灌输式的教学方法。这些教学方法不仅能够培养学生的观察能力，培养学生分析问题和解决问题的能力，更为重要的是它们把学生看成课堂教学不可缺少的极为重要的一部分，强调学生的参与感和存在感，尊重了学生的主体地位。

五是教学评价多元化。教学评价标准应秉持开放性原则。这既要重视对课程教学目标是否达成的考核和评价，也要关注学生的自主发展和人格完善。以学生考试成绩作为评价的唯一性参考标准的评价方式需要转变，教学评价应坚持以下原则：过程性评价和结果性评价相结合、知识性认知和情感性认同相统一、理论评价和实践评价同等重要。评价的内容包括理论与知识的应用能力、合作参与程度、学习态度、情感态度价值观方面的提升等。在实际评价中，每个方面的评价都要围绕学生的情况以及活动的情况展开。

(三)思想政治理论课程教学模式设计的原则

随着科技的进步、社会的发展，思想政治理论课程教学活动对教育者的要求，以及教育对象的动机、能力等都在不断地变化，教学模式的设计也将处在一个不断变化、完善的过程中。在思想政治理论课程教学模式设计的过程中，需要考虑教育者的业务水平、教学能力、科研能力，以及教育对象的学习兴趣、学习动机、学习条件和学习效果等诸多因素。因此，思想政治理论课程教学模式的设计既要考虑教育者的情况，也要了解教育对象的情况。

第一，交互性原则。交互性原则表现为教师与教材、教师与学生、学生与教材这三种关系之间的交互。允许这三种关系之间存在交互是对以往“教材—教师—学生”单线关系的摈弃，但是这并非是随意组合，不顾思想政治理论课程教学目标，而是把教学活动看成师生共同参与下的教与学双边活动。它尊重教师对教材的理解，尊重教师的学术见解；同时也尊重学生的学习能力、学习条件和个人生活际遇，使他们能结合教材和自身的经历，乐于在教学过程中表达想法和观点。这种交互伴随着现实教学活动中出现的教与学之间存在的矛盾的始终，是对传统灌输式“一刀切”教学模式的否定。交互性原则允许教师和学生质疑，并力求在学术讨论、课堂施教过程中释疑，真正激发思想政治理论课程教学走向教师乐教、学生乐学的境界。

第二，因校制宜原则。每个高等院校都有自身的特点，不同地区、不同层次的高等院校教师的素质和学生的素质均存在差异，因此思想政治理论课程教学模式设计要结合高校师生的情况，采用适合思想政治理论课程教学的模式。例如，有些高校深处内陆不发达地区，那么其网络教学模式的实施势必受到网络教学硬件基础设施薄弱、教师网络运用技术不适应等的限制，实施全网络教学模式是很困难而且吃力不讨好的事情。同样，沿海发达地区层次较高的高等院校，与国际教育接轨时间长，机会多，平台广，其网络教学模式的运作要相对成熟，且学生素质较高，对创新性的、灵活化的教学模式更为期待。因此，思想政治理论课程教学模式设计要充分考虑高等院校自身的实际情况，实现因校制宜。

第三，主体性原则。学生是学习的主体，他们在思想政治理论课程教学中的主体地位应该得到尊重和承认。主体性原则强调，教学过程中教师的引导、启发、讲解、点拨，需要通过学生自身的思考、选择和体验才能发挥作用，即实现知识的内化。这就要求思想政治理论课程教学模式设计充分考虑学生的主体地位，以学生为中心设计教学过程，真正贯彻以生为本的教育理念。建构主义学习理论认为知识是学生通过意义建构的方式获得的，强调学生在学习中的主动探索、主动发现以及对知识意义的主动建构。这就强调思想政治理论课程教学模式设计必须考虑到学生个体在内化和建构知识方面的差异性和特殊性。教师要在分析学生的特征和需求之后，对课程进行系统设计。

(四)典型教学模式归纳

第一，启发互动式教学模式。教学活动是由教师和学生共同组成的双边活动。传统课堂教学模式只注重教师的“教”，而忽略了学生的“学”。启发互动式教学模式以培养学生综合素质为宗旨，以培养学生思考和解决问题的能力为核心，培养学生的学习兴趣，提高学生的动手和动脑能力。大学生由于心理发展尚未成熟，生活中很容易受到西方文化思潮的影响，进而对中国选择社会主义道路的必然性存有疑虑。课堂上，只有让学生主动参与教学，将心中疑虑呈现出来，进而在多方互动下，摆事实、讲道理，才能真正让学生明辨是非，从内心深处认识和领会到中国人民选择马克思主义、选择中国共产党、选择社会主义道路的历史必然性。启发互动式教学模式遵循民主、自由、平等、开放的教学原则，师生角色发生变化。启发互动式教学模式可以最大限度地挖掘教师和学生的内在潜力，积极促进知识的学习和情感的交流，实现教学统一、教学沟通、教学相长。一方面，学生的主体地位得到尊重，学生的学习积极性和主动性得到调动，学生真正参与到教学活动当中。另一方面，教师随时关注学生的课堂学习动机和学习态度，有效掌握学生的思想活动状况，就知识难点疑点和相关问题进行诠释并与学生进行交流，让课堂有讲、有议，有争论、有体验，从而激发学生的学习兴趣；而学生的学习兴趣和学习激情又影响教师的情绪，调动教师的教学热情，促进教师自身教育教学业务水平的提高，有利于教师更好地施教，从而达到良好的教学效果。

第二，翻转课堂教学模式。全方位开放式的教学模式是当下思想政治理论课程教学的必然选择。当代大学生个性张扬、渴求表达、主张互动，大学生的主体性诉求体现在课堂教学中便是希望参与和互动，在参与中体现存在的价值感，在表达中把握主体的获得感。翻转课堂教学模式是在对传统教学模式进行否定和反思的基础上发展起来的，意在克服传统教学模式的弊端，实现教学模式的创新。在翻转课堂的模式下，学生可以先在课堂外观看相关课程视频资源，然后在课堂上通过与教师、同学的互动交流消化、巩固知识，实现融会贯通。翻转课堂教学模式由课前自由讨论、课上互助协作、课后反馈优化三个环节组成，是一个师生、生生良性互动的动态学习生态系统。也有另一种三环节说①，即翻转课堂的全过程一般由三个环节构成：问题引导环节、观看视频环节和问题解决环节。翻转课堂作为一种自下而上的教育模式，学生在课前观看视频、阅读文章或运用自己原有的知识来思考问题，然后回顾所学知识，提出问题；教师在课前针对学生提出的问题进行教学设计和开发课堂学习材料；教师在课堂上引导学生讨论、共同解决难题。翻转课堂教学是学生主动进行研究，然后由教师在课堂上组织学生进行讨论的一种互动式教学。这种模式最大的优势是通过网络教学构建双向自由交流的平台，开设网络课程，实现师生之间的沟通与交流。

第三，慕课教学模式。该教学模式在构建全方位的思想政治教育教学环境、加强校际交流与合作、促进课程组织过程改革并优化教学设计、突出学生的主体地位等方面具有重要作用。慕课作为在线教育平台，将大学课程在网络上大规模开放，能够有效地实现教育资源共享。2014 年，清华大学在慕课平台上共享了“马克思主义基本原理”课程，贵州理工学院、三亚学院、云南经济管理学院等地方性学校通过清华大学开放的思政慕课平台，共享了优质课程资源。这为优质课程平台的建设提供了可能，慕课平台的搭建使各高等院校的教师节省了知识传授的时间和精力，从而使教师更加有效率地提供更为个性化和针对性的线下学习指导。高校思想政治理论课程应该以慕课为契机，开发建设高质量在线课程，共享优质课程资源，这将有利于提升高校思想政治理论课程的教学质量，在网上实现最优秀的资源与课程的最大化共享，满足学生对优质教育资源的需求。除了提高授课质量之外，思想政治理论课程教学还应包括后续的讨论、反馈、评价等程序，而慕课教学模式能够解决这些后续问题，它的课程安排具有系统性。慕课对学习的各个环节均进行了系统、合理的安排，课程要素十分完整。慕课的教学过程不仅安排了视频授课、解难答疑、互动交流，而且有课后的作业与练习、课程考试、教学评价、学分获取和证书获取等

① 赵兴龙：《翻转课堂中知识内化过程及教学模式设计》，载《现代远程教育研究》，2014 年第 2 期。

内容。此外，基于互联网技术，慕课还可根据对播放率、回放率、疑问、讨论议题的关键词、答题错误率等的大数据分析，充分了解学生的学习情况，从而动态调整授课内容。慕课教学模式增强了教师与学生的互动交流，学生可以在慕课教学平台上与教师进行互动，使教师及时了解学生的思想动态。慕课教学模式有助于教师根据学生讨论的焦点和其中存在的问题，对学生的思想和行为作出更具针对性的引领。

第四，混合式教学模式。这种模式最初是指线上和线下两种教学模式并行运用。它被一些学者认为是综合了传统教学模式和网络教学模式的优点之后形成的，既发挥了教师的课程主导作用，也调动了学生的学习主动性和积极性。可以看出，它是为有针对性地解决思想政治理论课程教学实践中出现的问题而提出的，线上教学可以最大限度地方便思想政治理论课程教学的知识传递，给予教师和学生较大的时间自由；线下教学则可以使教师面对面地了解学生的思想动态，以弥补线上教学的缺陷，通过课堂面对面的沟通和实践，为学生知识的内化提供机会，实现教学效果的最优化。线上网络教学和线下课堂教学的时间分配，则依据学校的硬件条件，学生的学习条件、学习效果等具体条件而定。在评价方式上，混合式教学模式的评价主要采取网络测评与传统测评相结合的方式。同时，在传统测评体系中，教师要加大平时成绩的比重。这是提高混合式教学模式教学实践效果的重要环节。最后，混合式教学模式思考的是网络教学是否完全适合思想政治理论课程教学的问题。网络作为一种工具性手段，其作用不可过分夸大。高校思想政治理论课程所需的师生间面对面的思想交流、情感传递，是网络替代不了的。因此，在使用混合型教学模式时要特别注意扬长避短。

第五，“课程思政”教学模式。2016 年，上海率先在高校推行“课程思政”改革试点，根据思想政治理论课程、综合素养课程(通识课程)及专业课程三者的功能定位，从内容建设、教学方法改进、师资团队建设乃至互联网手段载体运用等方面着手推进改革，着力实现全课程育人。上海多所高校在通识课程中融入思想政治理论教育，配置优质师资，注重课堂互动，带领学生触摸历史、感知现实。这些课程包括上海大学的“治国理政”“大国方略”“创新中国”、同济大学的“中国道路”、华东政法大学的“法治中国”、上海对外经贸大学的“人文中国”等，坚定学生对中国特色社会主义的理论自信、道路自信、制度自信和文化自信。例如，上海大学的“治国理政”聚焦中国共产党自身治理及其治国理政的理论与实践经验，分为国共两党反腐史鉴、从计划治理到市场治理、文化自信哪里来等 15 个专题。专家搭建课程框架，主讲教师准备教学提纲和完整的教案，本校骨干教师或相关领域校外专家担纲授课。首讲直面学生疑问“为什么治国必先治党”，回顾国共两党治党历史，在二者的对比中得出令人信服的结论。上海大学的“大国方略”，采用“2＋1”师资搭配模式，2名课程主持人负责串场、点评，把握课堂的主流方向；1名授课者为非限定领域的学者、企业家或工程师，其讲述个人科研感想、服务国计民生的历程。“课程思政”教学模式，既对思想政治理论课程在课程设置、教学内容设计、师资配备、资源开发利用上进行了重新安排；又充分发挥了思想政治理论课程以外的其他课程（综合素养课程和专业课程）的隐性育人功能，将隐性课程资源的思想政治教育价值充分发挥出来。“课程思政”为当前思想政治理论课程教学改革探索出了一条新的道路。

四、思想政治理论课程教学资源设计

（一）思想政治理论课程教学资源设计的基本原则

第一，政治性原则。思想政治理论课程教学资源设计作为教学过程的一个重要环节，必然要坚持政治性原则。教师在选择分析教学内容时，要有所取舍，多选择一些符合主流价值观念的教学资源。教师要用马克思主义中国化的最新理论成果武装大学生，使其学习和掌握马克思主义的立场、观点和方法，正确认识我国国情和改革发展稳定的现实问题，在当前各种价值观念共存的情况下，能够保持清醒的头脑，正确分析意识形态领域的种种复杂现象；使大学生在纷繁复杂的环境中增强辨别是非的能力，提高政治鉴别力和增强政治敏锐性，坚定对马克思主义的信仰、对社会主义的信念和为国家为人民服务的社会责任感。①

第二，发展性原则。思想政治理论课程教学资源设计的目的是更好更有效地进行思想政治理论课程教学，从而促进大学生素质的发展和道德的提高。因此，教学资源的设计必须以促进学习者发展为出发点。设计教学资源不能简单地理解为丰富教学内容，改进教学方式。如果只是为了丰富教学实施的形式，不深入考虑教学资源与学习者发展的适应性，而简单地将资源引进教学，那么这类资源不能作为服务教学的资源。发展性目的是为学习者提供贴切的情境刺

① 王志刚、苏博：《简论思想政治理论课教学应遵循的原则》，载《学校党建与思想教育》，2014年第9期。

激与资源，让学习者自主地发展，而不是教师通过课程实施强加给学习者。①

第三，创新性原则。坚持创新性原则，一方面要创新教学内容，使用新颖的案例材料，既反映时代发展潮流、提高学生的学习兴趣，又体现思想政治理论课程对培育大学生思想道德的价值。另一方面要创新思想政治理论课程的教学环境。目前，思想政治理论课程的教学方式大多局限于课堂教学。在设计思想政治理论课程教学资源时，可以创新思想政治理论课程课堂教学的方式，也可以走出课堂，走进大自然，走进博物馆，让学生在不同的教学环境中，亲身体验，自我感悟。再一方面要创新教学媒体。计算机网络技术迅速发展，这也给思想政治理论课程教学资源设计带来了契机。对此，应该将思想政治理论课程教学内容与教学媒体有机结合，充分发挥微信、微博等媒体的作用。

(二)思想政治理论课程教学资源设计的阶段

第一，分析阶段。分析阶段是要分析学习条件、教学内容、教学目标。分析学习条件主要是指了解学习者的学习能力、学习者的学习环境、学习者已经具备的学习技能等；分析教学内容是指设计教学流程，将教学内容分为独立的知识结构；分析教学目标主要是指调查学习者的知识需求，细化教学目标。

第二，设计阶段。这一阶段主要包括设计教学资源构成、设计教学资源策略、组织教学资源情境。设计教学资源构成是指选择具有独立教学功能的学习材料，把教学内容分为相互独立的知识点并对其单独进行设计与开发。开发出来的就是教学资源与思想政治理论关系密切的一个资源体系。设计教学资源策略主要是指根据教学内容的结构关系确立教学资源的框架结构，设计与知识点对应的教学资源使用组织策略。组织教学资源情境是指给学习者建立思想政治理论课程教学资源环境，构建不同教学资源与思想政治理论关系密切的资源体系之间的联系，给学习者提供可供参考的其他资源如参考书或者多媒体资源，为学习者提供交流反馈的工具。

第三，开发阶段。开发阶段是要结合设计结果，按照思想政治理论课程教学科目开发所需的教学资源。思想政治理论课程教学资源丰富多样，开发时要考虑原有的教学资源，如果有满足学习所用的教学资源就不需要重新开发，可以直接使用；如果有相近的教学资源，经过修改后可以进行使用，就需要二次开发；如果当代有富有特色的教学资源，经过与思想政治理论知识体系的结

① 郭亚娜、丁振国、李尚富：《探究“碎片化”教学资源设计原则与建设》，载《科技展望》，2016 年第 35 期。

合，就需要充分使用；如果没有所需的教学资源，就需要进行初始开发。思想政治理论课程在进行教学资源开发时应充分利用现有资源、各地各高校特色资源，这样能避免资源的重复浪费。

第四，评价阶段。对思想政治理论课程教学资源开发过程来说，评价是不可缺少的环节。在评价阶段所要做的主要是检查思想政治理论课程资源应用状况、根据反馈调整设计等。检查资源应用状况主要是查看思想政治理论课程教学内容与选择的教学资源是否匹配、教学资源与大学生的学习社会生活是否贴切、教学资源与当下时事政策社会热点事件是否契合、教学资源与各地各高校历史文化资源的结合是否密切、教学资源在思想政治理论课程教学中的效果如何等，从而不断地进行修改调整，完善高校思想政治理论课程资源建设。

第五，应用阶段。应用阶段是指思想政治理论课程教学资源经过测试、评定后投入使用，主要是将教学资源投入不同院系专业使用，定期更新思想政治理论课程教学资源，维护完善教学资源，为学习者提供咨询服务等。

(三)思想政治理论课程教学资源设计的案例——江南大学“网络教学综合平台”

以江南大学为例，江南大学“网络教学综合平台”运用了清华大学“清华教育在线”系统，该网络教学平台以“课程教学”为核心，支持课程的长期滚动建设，支持教学资源的积累与共享，支持教学过程跟踪统计，实现了教学过程与评价展示相结合。江南大学“e江南”服务信息门户系统网络平台则可以进一步完善网络教学综合平台的功能，是“网络教学综合平台”的有效补充。“e江南”网络平台上可以建立各种协作环境，通过人与人之间的沟通、交换和相互授予，实现知识的积累和汇聚。“e江南”网络平台上还可以建立各门课程的教师课程组，建立课程资源库，实现如教学大纲、教学指导书、教学案例、教学课件、试题库、视频资料等课程资源的共建共享。①

江南大学在思想政治理论课程网络教学资源建设过程中，构建了三个层次的思想政治理论课程教学资源体系。第一个层次：教师个人资源库。该层次充分运用学校“网络教学综合平台”，激发每位教师的积极性，丰富网络教学平台思想政治理论课程的资源内容，建立教师的个人资源库。第二个层次：思想政治理论课各课程组群资源库。该层次充分运用学校的“e江南”服务信息门户

① 张云霞、谢振荣：《高校思想政治理论课教学资源体系和教学新模式构建探讨——基于网络教学平台》，载《广西社会科学》，2013年第12期。

系统，在“e江南”上建立了思想政治理论课各课程组群，基于校园真实人际关系的数字化以及交互式网络社区，开展教学研讨，并进一步整合各类教学资源和教学工具。例如，整合思想政治理论课各课程组各位教师的个人教学资源，使各位教师根据教学需求下载资源，丰富个人的资源库；教师也可以将个人资源库中的教学资源上传至课程组群，组群内的资源由课程组全体教师共同建设、共同分享，实现教师间教学资源的共建共享，促使课程资源库不断更新。第三个层次：跨部门共建资源库。该层次充分运用学校的“e江南”服务信息门户系统，整合校内相关部门资源，构建跨部门的特色教育教学组群，加强思想政治理论课程的资源建设，促进部门间的进一步合作，深化教学改革。

总之，思想政治理论课程教学资源的设计是一项繁重、系统的工程，需要相关理论研究人员和一线教师的不断研究和实践经验总结来进一步完善。要开发出高质量的思想政治理论课程教学资源，就要提高教学资源开发人员的能力和素质，使其根据教学内容和学习者的需要设计开发丰富、便捷的资源，并逐步实现各高校各院系思想政治理论课程教学资源的共享。

第五节　思想政治理论课程教学设计的着力点

思想政治理论课程是巩固马克思主义在高校意识形态领域指导地位，坚持社会主义办学方向的重要阵地；是全面贯彻落实党的教育方针，培养中国特色社会主义事业合格建设者和可靠接班人，落实立德树人根本任务的主干渠道；是进行社会主义核心价值观教育，帮助大学生树立正确世界观价值观人生观的核心课程。①

思想政治理论课程教学设计作为联系教学理论与教学实践的“桥梁”，面对的突出问题是如何将教材体系转化为适合高校办学特点和学生特点的，具有科学性、可操作性的高水平教学体系；如何通过教学体系的实施，使新教材的理论体系和知识体系转化为学生的信仰体系和知识体系。简而言之，思想政治理论课程教学设计是从“为什么学”入手，根据“为什么学”确定“学什么”，通过“如何学”来实现“为什么学”的目标，最后利用“如何评价与调节”完善教学设计。因此对于思想政治理论课程而言，教学设计的着力点就是准确把握

① 中共中央宣传部、教育部：《普通高校思想政治理论课建设体系创新计划》，2015年7月27日。

“为什么学”，合理安排“学什么”，高效利用“如何学”，以及科学组织“如何评价与调节”。

一、准确把握“为什么学”是思想政治理论课程教学设计的方向指导

思想政治理论课程教学设计要从“为什么学”入手，即确定学生的学习需要和学习目标。这是思想政治理论课程教学设计首先要面对和无法回避的问题。

(一)学生的学习需要和学习目标

思想政治理论课程教学设计主要是以促进学习者的学习、提高学习者的能力为根本目的，运用系统方法，将学习理论与教学理论转换成对教学目标、教学内容、教学方法、教学策略、教学评价等环节进行具体规划，创设有效的教与学系统，从而解决教学问题、优化学习的特殊的设计活动。① 学习需要指学习者在学习方面的现状与所期望达到的状况之间的差距，也就是学习者目前的水平与期望达到的水平之间的差距。学生是发展的、有个性差异的人，每个学生都有自身的兴趣、爱好、动机、需要、气质、性格、智能和特长，每个学生以及不同专业和不同年龄段的学生群体在学习需要和学习目标上是存在差异的。正确认识这些个性差异是因材施教、提高教学质量的前提和基础，也是思想政治理论课程教学设计的指导依据。教师只有熟悉学生、了解学生，清楚学生的学习需要和学习目标才能有针对性地选用贴近学生的教学案例，增强教学适应性和针对性，才能理论联系学生实际，避免空洞说教，真正引起学生的情感共鸣，增强教学的吸引力从而形成切实可行的教学设计。因此，教师要及时了解学生的专业特点、思想特点、接受特点、语言特点，尤其应通过各种渠道去了解学生的学习需要和学习目标。由于课程标准、教材都不能完全确定学生具体、准确的学习需要，学习目标的确定要求教师除了依据课程标准认真钻研教材之外，还要寻找教学起始点与终末点之间的差距，对已确定的学生各项学习需要加以筛选、甄别。教师平时要深入学生的生活，加强与学生的交流，注意“看”学生的行为表现，“听”学生的谈话内容和见解，“察”学生平时的思想活动，可以采取问卷调查、与学生谈心、开讨论会等形式，全面了解学生，从而为思想政治理论课程教学设计提供方向指导和设计依据。

---

① 那一沙、袁玫、吴子东：《教学设计研究综述》，载《西南交通大学学报(社会科学版)》，2013 年第 3 期。

(二)教学目标和教学重难点

教学目标是师生通过教学活动预期达到的结果或标准，是对学生在教学活动结束后将能做什么的一种明确的、具体的表述，主要描述学生通过学习后预期产生的行为变化。教学目标具有导向、控制、测度和激励等功能，为教学设计提供依据。① 高校思想政治理论课程教学目标的确立依据是党和国家的教育方针、高等教育的培养目标、大学生自身全面发展的需要等。根据《关于进一步加强和改进大学生思想政治教育的意见》《中共中央宣传部 教育部关于进一步加强和改进高等学校思想政治理论课的意见》等文件精神，思想政治理论课程教学的总体目标是坚持用发展着的马克思主义特别是马克思主义中国化的最新理论成果武装大学生，使大学生在政治、思想、道德、法律、心理等方面的综合素质不断提高，努力成为中国特色社会主义事业的合格建设者和可靠接班人。这一目标决定着教学设计的方向，制约着教学策略与教学方法，是教学活动的出发点和落脚点；教师开展的一切教学活动均应为实现这一目标服务。教学设计要处理好总体目标与各章节教学具体目标的关系，不仅要明确教学的总体目标，而且要明确各相关课程以及各章节教学的具体目标，努力探索如何将各课程和各章节的教学目标分解细化为“知识与能力”“过程与方法”“情感态度价值观”等不同层面的教学具体目标，通过对各章节教学具体目标的逐个实现而达到在总体目标指导下具体目标各有侧重、各有特色，实现总体目标与具体目标的和谐统一，确保教学目标落到实处、教师设计方向正确从而达到提高教学效率的目的。

教学重点即教材中最重要的核心内容；教学要点即满足教学基本要求的相关知识点；教学难点即与学生的思想紧密相连，具有现实意义又不易被学生理解和掌握的内容。思想政治理论课程既有较强的政治性、理论性和说教性，又同学生的社会生活实际密切相关。思想政治理论课程教学设计既要针对中国现实社会生活中的问题和我们正在做的事情，又要针对改革开放和社会主义现代化建设中的重大问题，同时还要针对青年学生的思想实际、心理需求、认知特点以及他们关注的热点难点与所存在的疑点问题。这对思想政治理论课程教学设计提出了更高的要求，既要优化思想政治理论课程教学原则，对于重点内容应多讲、详讲，其他内容可适当少讲、略讲，突出教学重点难点；又要针对学生思想上的“症结”、社会上的“热点”，学中“重点”、理解时的“难点”，释疑解惑。然而这些问题的有

---

① 戴风明：《教学设计：有效教学的关键》，载《教育理论与实践》，2012年第5期。

效解决，有待于创新符合教学规律和适应教学对象要求的教学方法，创新教学路径。

二、合理安排“学什么”是思想政治理论课程教学设计的中心环节

（一）思想政治理论课程教学内容

合理安排教学内容是教学设计的中心环节，是教学实施的载体。① 思想政治理论课程是依据党和国家的方针政策、高等教育的培养目标和大学生自身全面发展的需要而设立的。由于我们党和国家方针政策的与时俱进性以及大学生自身发展需要的日益全面性和个性化，思想政治理论课程教学必须以根据国家方针政策及时变更的新教材为基本遵循，不能脱离教材进行教案设计。但是，这并不意味着对教材内容照本宣科、生搬硬套。正确安排思想政治理论课程教学设计思路是指，将新教材的理论体系和教学实际相结合，将新教材的课堂教学与学生的社会生活实际相结合，针对学校特点和学生特点，对教学内容适当补充、再度创造、合理超越、适度删减，努力将相关最新科研成果应用到教学过程之中，使教学内容更加科学化、更具新颖性。首先要增强问题意识，坚持正确的政治方向，加强教学的针对性。其次要合理处理理论阐述的深度与广度、教学要点与教学重点难点、教学内容与学生社会生活实际的关系。最后要处理好理论教学与教学案例之间的关系。合理安排教学内容，增强思想政治理论课程的说服力和感染力，必须处理好理论教学与教学案例的关系。选择的案例要为理论观点服务，防止案例与理论观点相脱节；选择的案例要真实存在，防止案例与理论观点相冲突；选择的案例要具有典型性，防止与思想政治理论课程相矛盾。对主要教学内容的把握，是思想政治理论课程教学设计的基础环节，更是事关思想政治理论课程教学设计成败的关键。因此，根据课程标准和课程要求，梳理教学内容的基本线索，是把握教学内容的重点。②

（二）思想政治理论课程教学模式与教学过程

思想政治理论课程具有意识形态的灌输性强、教学内容的变化快的特点，

---

① 柳礼泉、黄艳、张红明：《论思想政治理论课教学设计的基本环节与着力点》，载《思想理论教育导刊》，2009 年第 4 期。

② 柳礼泉、黄艳、张红明：《论思想政治理论课教学设计的基本环节与着力点》，载《思想理论教育导刊》，2009 年第 4 期。

当代大学生在思想表露、情感表达和人际沟通方面均呈现网络化的特征。因此，我们要大力推动从传统的现实课堂向现实课堂和虚拟课堂相结合转变，努力提升思想政治理论课程的信息化水平。我们要建立思想政治理论课程专题学习网站，健全从国家教育主管部门到地方高校乃至各个学院、各个专业的网络平台教育基地如官方微博、微信公众号，充分利用现代信息技术，借助多媒体微媒体平台，把课程教学内容、学生的社会实践、用人单位对人才素质的要求、社会热点与焦点问题探析等内容放在网上，打造网络教学平台，突破时空限制，促进师生课内课外交流，拓展和延伸思想政治教育的时间和空间。

思想政治理论课程教学过程是指思想政治理论课程教学活动的启动、发展、变化和结束在时间上持续展开的程序结构。思想政治理论课程教学过程具有使学生学会做人、学会生活、学会求知、学会发展的育人功能，具有促进学生身心全面、健康、和谐和可持续发展的发展功能。教师合理安排和设计思想政治理论课程教学过程，可以有目的有计划地引导学生进行认识活动，使其自觉地调节自己的志趣和情感，循序渐进地掌握思想政治理论课程基本知识和相关技能，由此，思想政治理论课程教学的实效性得到提高。首先，教师要重视新课的导入设计，因为“好的开头是成功的一半”。例如，以社会热点话题或者学生身边真实事件作为课堂导入，这样的导入能够迅速地设计、营造教学所需的氛围和场景，增强课堂的感染力，让学生身临其境。其次，教学过程设计应不拘泥于讲授式、问答式，还可以采取诸如发现法、导学法、启发式、讨论式、探究式等多种教学方法，尤其特别注重案例式教学和实践教学的运用以及教学资源的开发利用，以形成一种师生互动、气氛融洽的课堂氛围。思想政治理论课程应当把一些典型的历史文献和史料引入课堂教学，利用当地特色历史社会资源论证理论的科学性和有效性，让学生运用所学的知识围绕案例和当地社会文化资源进行思考、研究、分析和讨论，更有利于提高学生分析问题、解决问题的能力。此外，恰当的多媒体影像资源、适当的学者名家的学术讲座和事迹报告、良好的双边互动环节、科学合理的教学时间安排、简要而不失准确的教学小结等都是教师在教学过程设计中需要精心谋划和统筹安排的。为了让学生充分了解国史国情，教师还应尽可能地利用本地区的历史文化资源，组织学生进行历史考察和社会调查。

三、高效利用“如何学”是思想政治理论课程教学设计的效果保障

提高教学的实效性，讲究教学策略和教学方法是不可少的。思想政治理论

课程教学设计除了有正确的指导依据和合理的中心环节外，还要讲究切实高效的教学策略与教学方法。思想政治理论课程教学策略与教学方法是新教材的理论体系有效地进课堂，使大学生真正做到入座、入耳、入脑的效果保障。因此要使思想政治理论课程理论体系有效地进课堂、进学生头脑，必须加强思想政治教育教学法研究，着力改进思想政治理论课程教学策略与教学方法。

思想政治理论课程教学设计要体现启发式、专题研讨式、案例式和多媒体辅助式等各种教学方法的灵活运用和综合运用，努力实现各种教学方法灵活运用和综合运用的创新。灵活运用各种形式的启发式教学法，以培养学生能力为出发点，激发学生的兴趣点，鼓励学生独立思考和创新思维。综合运用专题研讨式、案例式、多媒体辅助式等教学方法。只有将二者结合起来，才能达到科学性、系统性和生动性的统一，较好地实现教学目的。同时，在教学设计中，要着力充分利用多媒体辅助式教学方法。当今世界已进入信息化、网络化的时代，运用多媒体辅助教学技术开展教学活动是教育现代化的标志之一。多媒体辅助式教学以其独有的直观性、形象性、趣味性、生动性等特点，日益成为一种有效的教学方法，其实施的关键是精心设计多媒体课件、正确处理不同教学方法之间的关系，善于将多媒体辅助式教学方法与其他教学方法有机地融合在一起，从整体上提高教学的实效性。

四、科学组织“如何评价与调节”是思想政治理论课程教学设计的重要组成部分

思想政治理论课程教学评价是教学设计不可或缺的重要组成部分，是根据教学目的和教学原则，利用科学的评价方法和评价技术对思想政治理论课程教学过程及教学效果给予的具体估价，包括对所有围绕思想政治理论课程教学展开的直接或间接关系的实态把握及价值判断。思想政治理论课程教学设计，不仅是将学习理论与教学理论等原理转换成对教学目标、教学内容、教学方法和教学策略、教学评价等环节进行具体规划，创设有效的教与学的系统的过程或程序；而且是教师对教学进行监控和调节的过程。为了提高教学效率，达到预期的教学目标，教师需要运用各种方法和策略对教学活动的各个方面进行控制和调节。这主要包括：教师对自己教学活动的事先计划、安排和准备；在教学活动中，教师对自己的教学进行有意识的监察、评价和控制；在教学活动完成之后，教师对自己的教学活动进行反馈、修正和补救，以及作进一步的反思和总结。

当代国际著名教学设计专家兰达(Landa)曾说过：“教学设计是使原本‘天

才'能做的事情一般人也能去做。"①对于思想政治理论课程教学而言，我们要使"凡人"能够做"天才"的事情，也只有通过深化思想政治理论课程教学设计的研究和探索，准确把握"为什么"、合理安排"学什么"、高效利用"如何学"和科学组织"如何评价与调节"。如此，我们才能形成具有科学性、可操作性的高水平教学体系，从整体上提高思想政治理论课程教学的实效性和吸引力，使思想政治理论课程真正成为大学生真心喜爱并终身受益的课程。

思考题：

1. 思想政治理论课程教学设计更侧重结果还是过程？为什么？
2. 思想政治理论课程教学设计的基本要求有哪些？
3. 结合思想政治理论课程某一章节，谈谈教学设计的具体环节。
4. 如何理解思想政治理论课程教学设计具有可操作性？
5. 思想政治理论课程教学设计具有哪些新的发展趋势？

① 盛群力：《教学设计的涵义与价值》，载《浙江教育学院学报》，2008年第3期。

第七章　高校思想政治理论课程教师队伍建设与发展

“百年大计，教育为本。教师是立教之本、兴教之源”①。“提高高等学校思想政治理论课教育教学质量和水平，关键在教师。”②事在人为，关键在人。高校思想政治理论课程的学科建设、课程建设、教材建设，以及教学方法改革等一系列工作的成效，最终都取决于高校思想政治理论课程教师队伍的整体素质和能力。高校思想政治理论课程教师队伍建设是整个高校思想政治理论课程建设系统中的“重中之重”。在新的历史发展条件下，认真学习贯彻党的十九大精神，进一步学习领悟习近平关于高校思想政治理论课程建设的重要批示以及在全国高校思想政治工作会议上的讲话精神，坚持在改进中加强，全面深化课程建设综合改革，编好教材，建好队伍，抓好教学，切实办好思想政治理论课程，着力建设好一支“让党放心，让学生满意”，“理想信念坚定、师德高尚、理论功底扎实、教学效果良好的高水平思想政治理论课教师队伍”③，有着十分重要和深远的意义。

第一节　高校思想政治理论课程教师队伍建设的目标

一、政治坚定：“职业”与“事业”相统一

（一）担当起“引路人”的崇高职责

邓小平曾经指出：“一个学校能不能为社会主义建设培养合格的人才，培

---

① 《习近平向全国广大教师致慰问信》，载《人民日报》，2013 年 9 月 10 日。

② 教育部思想政治工作司：《加强和改进大学生思想政治教育重要文献选编(1978—2008)》，中国人民大学出版社 2008 年版，第 231 页。

③ 《中央宣传部 教育部关于印发〈普通高校思想政治理论课建设体系创新计划〉的通知》，http://www. moe. edu. cn/srcsite/A13/moe _ 772/201508/t20150811 _ 199379. html，2016 年 2 月 3 日。

养德智体全面发展、有社会主义觉悟的有文化的劳动者，关键在教师。”①习近平也强调指出：“教师重要，就在于教师的工作是塑造灵魂、塑造生命、塑造人的工作。”②在2016年12月召开的全国高校思想政治工作会议上，他再次明确提出，“教师是人类灵魂的工程师，承担着神圣使命”③。十九届中央全面深化改革领导小组第一次会议审议通过的一批重要文件，其中包括了《全面深化新时代教师队伍建设改革的意见》。该文件明确指出，全面深化新时代教师队伍建设改革，要全面贯彻党的教育方针，坚持社会主义办学方向，遵循教育规律和教师成长发展规律，全面提升教师素质能力，深入推进教师管理体制机制改革，形成优秀人才争相从教、教师人人尽展其才、好教师不断涌现的良好局面。要重视建好建强乡村教师队伍。④ 新时代高校思想政治理论课程教师队伍建设，也应以此为基本遵循，在中央关于新时代教师队伍建设改革的总体要求下，结合实际，不断推进高校思想政治理论课程教师队伍“人人尽展其才、好教师不断涌现的良好局面”。

从广义上说，所有的教师都承担着“要全面贯彻党的教育方针，落实立德树人根本任务，发展素质教育，推进教育公平，培养德智体美全面发展的社会主义建设者和接班人”⑤的崇高职责。因而，教师自身的素质至关重要，而肩负着“党的理论、路线、方针、政策的宣讲者”“大学生健康成长的指导者和引路人”⑥重任的高校思想政治理论课教师，则有着更为凸显的责任和担当。当代青年大学生，是幸运的一代，也是责任重大的一代，他们将见证并参与“两个一百年”目标的胜利实现，他们的整体素质和综合能力无疑具有重要和深远的影响。从一定意义上说，学生的整体素质和综合能力，取决于教师队伍的整体素质和综合能力。正因为如此，不断推进思想政治理论课程教师队伍整体素

① 《邓小平文选》第2卷，人民出版社1994年版，第108页。

② 习近平：《做党和人民满意的好老师——同北京师范大学师生代表座谈时的讲话》，载《人民日报》，2014年9月10日。

③ 张烁：《习近平在全国高校思想政治工作会议上强调 把思想政治工作贯穿教育教学全过程 开创我国高等教育事业发展新局面》，载《人民日报》，2016年12月9日。

④ 《习近平主持召开十九届中央全面深化改革领导小组第一次会议强调 全面贯彻党的十九大精神 坚定不移将改革推向深入》，载《人民日报》，2017年11月21日。

⑤ 习近平：《决胜全面建成小康社会 夺取新时代中国特色社会主义伟大胜利——在中国共产党第十九次全国代表大会上的报告》，人民出版社2017年版，第45页。

⑥ 《中共中央宣传部 教育部关于进一步加强高等学校思想政治理论课教师队伍建设的意见》，http://www.moe.edu.cn/publicfiles/business/htmlfiles/moe/moe_772/201001/xxgk_80380.html，2016年3月5日。

质和水平的提高，无疑是十分紧要和必要的。作为“高等学校教师队伍的-·支重要力量”，高校思想政治理论课程教师队伍建设的目标，既有高等学校教师队伍建设目标的一般要求，也有高校思想政治理论课程教师队伍建设自身的特殊要求，二者之间存在“共性与个性”“一般与个别”“普遍与特殊”的辩证关系。

育人为本，德育为先。社会主义的大学，必须“把坚定理想信念放在首位，始终坚持用中国特色社会主义理论体系武装师生头脑，确保社会主义办学方向”①。习近平明确指出，“我们的高校是党领导下的高校，是中国特色社会主义高校。办好我们的高校，必须坚持以马克思主义为指导，全面贯彻党的教育方针”②。建设一支高水平的思想政治理论课程教师队伍，政治上的坚定性是重要的、首要的前提要求。高校思想政治理论课教师的责任和使命，是要以立德树人为根本任务，积极培育和践行社会主义核心价值观，“要以培养担当民族复兴大任的时代新人为着眼点”③，着力增强当代青年大学生对中国特色社会主义的道路自信、理论自信、制度自信、文化自信，深入推进中国特色社会主义理论体系尤其是习近平新时代中国特色社会主义思想“进教材、进课堂、进头脑”，不断改善思想政治理论课程教学状况，尽心尽力把思想政治理论课程建设成为学生真心喜爱、终身受益、毕生难忘的优秀课程。据此，高校思想政治理论课教师的政治立场、政治方向、政治观点具有十分重要的意义，始终要有“咬定青山不放松，任尔东西南北风”的坚定性，时时刻刻要把强化政治意识、责任意识、阵地意识和底线意识的有机统一，作为加强和改进高校思想政治理论课程教师队伍建设的“压舱石”。

高校思想政治理论课教师的“政治坚定”，不是一句空话、套话，也不是一个标语、口号，而有着严格的要求和明确的内涵。教育部 2015 年 9 月正式颁布的《高等学校思想政治理论课建设标准》着重指出，“思想政治理论课教师应坚持正确的政治方向，有扎实的马克思主义理论基础，在事关政治原则、政治立场和政治方向的问题上与党中央保持一致”④。

---

① 《中共中央办公厅、国务院办公厅印发〈关于进一步加强和改进新形势下高校宣传思想工作的意见〉》，载《人民日报》，2015 年 1 月 20 日。

② 张烁：《习近平在全国高校思想政治工作会议上强调 把思想政治工作贯穿教育教学全过程 开创我国高等教育事业发展新局面》，载《人民日报》，2016 年 12 月 9 日。

③ 习近平：《决胜全面建成小康社会 夺取新时代中国特色社会主义伟大胜利——在中国共产党第十九次全国代表大会上的报告》，人民出版社 2017 年版，第 42 页。

④ 《教育部关于印发〈高等学校思想政治理论课建设标准〉的通知》，http://www.moe.edu.cn/srcsite/A13/moe_772/201509/t20150923_210168.html，2016 年 3 月 5 日。

习近平深刻指出，“选择当老师就选择了责任，就要尽到教书育人、立德树人的责任，并把这种责任体现到平凡、普通、细微的教学管理之中”①。在全国高校思想政治工作会议上，他又语重心长地提出，教师要“努力成为先进思想文化的传播者、党执政的坚定支持者，更好担起学生健康成长指导者和引路人的责任”②。习近平对教师要担当起“引路人”的重任，尤为重视和强调，对于教师当好“引路人”的内涵，作了四个方面的要求，这就是：“广大教师要做学生锤炼品格的引路人，做学生学习知识的引路人，做学生创新思维的引路人，做学生奉献祖国的引路人。”③

强调高校思想政治理论课教师的政治坚定性，注重高校思想政治理论课教师“职业与事业的统一”，并不是要否认从事思想政治理论课程教育教学的职业性。诚然，职业，可从谋生的角度去对待，但更要从事业的角度去追求。在现实生活中，并不能提倡脱离具体的职业而高谈阔论所谓的事业，而是要把日常的职业与崇高的事业有机地统一起来。这样的统一，对于高校思想政治理论课教师来说，就是“思想品德、职业道德、责任意识和敬业精神”的统一，就是“敬业心”和“事业心”的体现。一位伟人，也是一位哲人，如是说：“如果我们选择了最能为人类福利而劳动的职业，那么，重担就不能把我们压倒，因为这是为大家而献身；那时我们所感到的就不是可怜的、有限的、自私的乐趣，我们的幸福将属于千百万人，我们的事业将默默地、但是永恒发挥作用地存在下去，而面对我们的骨灰，高尚的人们将洒下热泪。”④这就是青年马克思在其《青年在选择职业时的考虑》一文中留下的华彩之笔。当下，以传播马克思主义和中国特色社会主义理论体系为已任的高校思想政治理论课教师，“选择了最能为人类福利而劳动的职业”，我们同样将百倍自豪和无上荣光地坚信，“我们的事业将默默地、但是永恒发挥作用地存在下去”。

（二）“做政治上的明白人”

“忠诚党的教育事业”，是对每一位教师的基本要求，而对于高校思想政治

---

① 习近平：《做党和人民满意的好老师——同北京师范大学师生代表座谈时的讲话》，载《人民日报》，2014年9月10日。

② 张烁：《习近平在全国高校思想政治工作会议上强调 把思想政治工作贯穿教育教学全过程 开创我国高等教育事业发展新局面》，载《人民日报》，2016年12月9日。

③ 《习近平在北京市八一学校考察时强调 全面贯彻落实党的教育方针 努力把我国基础教育越办越好》，载《人民日报》，2016年9月10日。

④ 《马克思恩格斯全集》第40卷，人民出版社1982年版，第7页。

理论课教师来说，还蕴含着为党和国家的意识形态进行宣传教育的基本职责。因此，“忠诚党的教育事业”，就必须强调对党的绝对忠诚，始终同党中央在思想上政治上行动上保持高度一致。从这个基本前提出发，习近平对党员领导干部提出“做政治上的明白人”的要求，这对于高校思想政治理论课教师来说，同样是适用的。高校思想政治理论课教师政治坚定的“坚定”，就是要“坚定理想信念，坚守共产党人的精神家园，自觉践行社会主义核心价值观，自觉执行党的纪律和规矩，真正做到头脑始终清醒、立场始终坚定”①。理想信念是从事马克思主义理论宣传教育的思想政治理论课教师的精神之“钙”，对于解决好世界观、价值观和人生观这个“总开关”问题是不可或缺的。因此，高校思想政治理论课教师，必须“坚定理想信念，坚守精神家园”，“干工作搞事业都要靠这一点，这才是‘永动机’，才能练就金刚不坏之身”。②

实践表明，每一位高校思想政治理论课教师的政治原则、政治立场和政治方向，都反映在日常的教学态度和教学活动中，其一言一行，每一个重要理论观点的阐述，每一个教学案例的注解，以及每一种教学方法的采用，都与党的创新理论相关，都与党和国家的大政方针相关，“责任重于泰山”。因此，高校思想政治理论课教师，在日常的教学活动中，要始终“坚持正确政治方向，站稳政治立场，坚定宣传党的理论和路线方针政策，坚定宣传中央重大工作部署，坚定宣传中央关于形势的重大分析判断，坚决同党中央保持高度一致，坚决维护中央权威”③。实践也一再表明，高校思想政治理论课教师对所执教的思想政治理论课程的认识和把握，对课程教学的感染力和吸引力、针对性和实效性，有着至关重要的作用。政治上的坚定，有助于高校思想政治理论课教师对“谋稻粱”的“超越”，“不再是寻寻觅觅‘找饭碗’，而是踏踏实实‘干事业’”。有了为事业奋斗的志向，高校思想政治理论课教师就不再把教师这个岗位仅仅作为一个“养家糊口”的职业，而是能在这个岗位上干得“有滋有味”，干出好成绩。“干一行，爱一行”，以思想政治理论课程教育教学“为业、为荣、为生”，应成为每一位高校思想政治理论课教师的执着追求。

---

① 盛若蔚、李章军：《习近平在会见全国优秀县委书记时要求广大县委书记做政治的明白人发展的开路人群众的贴心人班子的带头人》，载《人民日报》，2015年7月1日。

② 《习近平：为官一任、造福一方》，http://politics.people.com.cn/n/2013/1127/c70731-23670033.html，2016年3月8日。

③ 倪光辉：《习近平在全国宣传思想工作会议上强调 胸怀大局把握大势着眼大事努力把宣传思想工作做得更好》，载《人民日报》，2013年8月21日。

二、双重定位："一岗双能""一身二任"

（一）"一岗双能""一身二任"的基本要求

长期以来，高校思想政治理论课教师普遍存在这样的观念，即自己的主要职责就是搞教学。并且，机械地、简单地、片面地把"教学"等同于"上课"的认识，也是根深蒂固。这样的观念和认识，在相当的程度上，制约着高校思想政治理论课教师队伍高质量、高水平的发展，也影响着高校思想政治理论课程教育教学的实际效果。实践表明，一支没有学科支撑的教师队伍的发展，是难以维系的；一门没有学术积淀的课程的发展，同样是难以可持续的。

值得高校思想政治理论课教师铭记和珍惜的是：2005 年 12 月，国务院学位委员会、教育部颁布了《关于调整增设马克思主义理论一级学科及所属二级学科的通知》，决定在《授予博士、硕士学位和培养研究生的学科、专业目录》中，增设马克思主义理论一级学科及所属二级学科。当时所确立的二级学科共有五个，即马克思主义基本原理、马克思主义发展史、马克思主义中国化研究、国外马克思主义研究、思想政治教育。日后，又增加了一个学科，即中国近现代史基本问题研究。2017 年 2 月，中央又提出，"有条件的高校在马克思主义理论一级学科下设置党的建设二级学科"①。马克思主义理论一级学科的建立，进一步提升了我国高校学科体系的合理性和完整性，是我国学科发展、学科布局中的一件大事，是马克思主义学科发展史上的一次重大突破。这对于加强和改进高校思想政治理论课程建设、推进高校思想政治理论课程教师队伍建设来讲，更是一项具有重要历史意义的重大举措。

马克思主义理论学科是对马克思主义进行整体性研究的学科，是马克思主义学科体系的重要组成部分。这一学科的确立，为的是推进党的思想理论建设、巩固马克思主义在高等学校教育教学中的指导地位、培养各行各业所需要的思想政治教育工作人才队伍。这一学科的确立，是与思想政治教育工作，特别是与高校思想政治理论课程教育教学"直接"相关联的：一是为高校思想政治理论课程教育教学提供强有力的学理支撑；二是为高校思想政治理论课程教师队伍建设搭建广阔而深厚的学术平台。

在明确了马克思主义理论学科"是什么""为什么"以后，紧接着的问题，无

---

① 《中共中央国务院印发〈关于加强和改进新形势下高校思想政治工作的意见〉》，载《人民日报》，2017 年 2 月 28 日。

疑就是“谁来建设”“如何建设”。开展马克思主义理论学科建设，高校思想政治理论课教师既面临着难得的机遇，又将接受严峻的挑战。“思想政治理论课教师是高校马克思主义理论学科队伍的主体。”①关于主体的定位，表明高校思想政治理论课教师既是思想政治理论课程教育教学的主要承担者，又是高校马克思主义理论学科的主要建设者。对于马克思主义理论学科建设，思想政治理论课教师“义不容辞”“责无旁贷”。这引发衍生出对高校思想政治理论课教师“一岗双能”“一身二任”的新的“定位”。“要按照‘一岗双能’、‘一身二任’的要求，努力提高教师自身的理论素养、业务能力和道德修养，不断强化学科意识，积极参与学科建设。”②“一岗双能”“一身二任”，简言之，这“一”，就是强调作为“一名”高校思想政治理论课教师；这“双”和“二”，就是强调既要有搞好教育教学的能力、完成好教学的任务，又要有搞好学科建设的能力、完成好学科建设的任务。

“一岗双能”“一身二任”的新的“定位”，“学科意识”“学科建设”的新的范畴，一改多年以来高校思想政治理论课教师乃纯粹“教书匠”的社会形象，成为高校思想政治理论课教师尤其是中青年教师队伍建设的重要的目标和任务。

确立“一岗双能”“一身二任”的双重定位，就是要克服多年来长期存在的高校思想政治理论课教师教学与科研“两张皮”的现象。现实中“两张皮”的现象主要表现为：一是相当一部分教师只注重完成教学工作量，对学科建设、科学研究“不闻不问”；二是即使参与学科建设和科学研究，但在内容方面，与思想政治理论课程教育教学或马克思主义理论学科研究方向相脱离。因此，不能简单地、随意地把教师划分为“教学型”教师、“科研型”教师，而是要倡导和激励教师在教学工作、学科建设和科研工作上“两手抓”“两手都要硬”，教学科研并重，完美地做到“一岗双能”“一身二任”。

需要指出的是，加强马克思主义理论学科建设，与有没有学科点、是不是担任研究生导师，并没有必然的联系。随着马克思主义理论学科的正式确立，以往思想政治理论课教师“借别人的码头靠岸”的状况将“一去不复返”。所在高校暂时还没有马克思主义理论学科点的教师、暂时还没有担任马克思主义理论学科点研究生导师的教师，都得克服马克思主义理论学科建设“与我无关”“事不关己，高高挂起”的思想观念。每一位高校思想政治理论课教师都应该把自

---

① 国务院学位委员会：《关于进一步加强高校马克思主义理论学科建设的意见》，http://www.edu.cn/zong_he_793/20120625/t20120625_798911_1.shtml，2016年3月10日。

② 国务院学位委员会：《关于进一步加强高校马克思主义理论学科建设的意见》，http://www.edu.cn/zong_he_793/20120625/t20120625_798911_1.shtml，2016年3月10日。

身的工作职责，各自所承担的思想政治理论课程的教育教学工作，纳入马克思主义理论学科的范畴。在体现明确的“归属感”的同时，每一位高校思想政治理论课教师都应该牢固地树立起马克思主义理论学科意识，尽快地从原有的哲学、历史、法学、政治学、教育学等学科背景、学科思维中“走出来”，积极地投入到马克思主义理论学科建设工作中，密切关注这一学科建设的最新走势，及时吸收这一学科建设的最新成果。无论是课题申报、论著撰写，还是教学研究、专题讲授，思想政治理论课教师都应该自觉地适应马克思主义理论学科及其研究方向的要求，切忌“重复昨天的故事”，更要防范“种了别人的田，荒了自己的地”。

(二)“一岗双能”“一身二任”：“大有作为”“大有可为”

马克思主义理论学科是一门“十分年轻”的学科。也正是因为“年轻”，它更需要广大思想政治理论课教师的热情“呵护”和精心“耕耘”；也正是因为“年轻”，它更是广大思想政治理论课教师“大有作为”和“大有可为”的展示平台。各高校要进一步积聚学科力量，整合资源，以项目为纽带，形成老中青结合的学科队伍，结合实际，制定学科队伍建设规划，通过若干年的努力，培养造就一批学贯中西、在国内外有广泛影响力的马克思主义理论学科高层次领军人物，一批马克思主义理论学科带头人和教学名师，一大批高素质的中青年理论骨干和教学骨干，全面提高马克思主义理论学科队伍的总体素质。

确立马克思主义理论学科固然不易，但建设好马克思主义理论学科更为艰难。强化思想政治理论课教师的学科意识，并不是要以“争取”学科授权点、“争当”学科点导师为目的，而是要以主动、自觉地参与建设符合中央要求的马克思主义理论学科为目标。历史和实践都深刻表明，任何一个成熟的学科，都有着长久积累起来的传统和学术水平，其中包括学科研究对象、研究范式、话语体系、学术规范、思想资源、成果的数量和质量等。马克思主义理论作为一门新设置的学科，毋庸置疑，其学术积淀相对较少，学科建设的水平尚待提高，尤其是在提升学科建设质量，凝练学科研究方向，优化人才培养方案，提高学科队伍素质，完善机构设置，促进学科规范化、制度化建设等方面，还有大量的工作要推进。

基于“一岗双能”“一身二任”的双重定位和崇高职责，高校思想政治理论课教师，还应在日常工作中，注重把马克思主义理论学科建设和思想政治理论课程建设有机地结合起来，把遵循马克思主义理论发展规律和思想政治理论课程教育教学规律有机地结合起来；注重马克思主义理论整体性研究，把马克思主义各主要组成部分内在关系，尤其是把马克思列宁主义、毛泽东思想和中国特色社会主义理论体系内在关系的研究和把握有机地结合起来；把以思想理论建设与思想政治理论课程教育教学需求促进学科建设和以学科建设的成果服务思想理论建设与支撑思想政治理论课程教育教学有机地结合起来。经过若干年的努力，马克思主义理论学科要成为我国哲学社会科学领域的优势学科，思想政治理论课程要成为我国高等教育领域的优质课程，思想政治理论课程教师队伍要成为推进我国马克思主义理论学科和大学生思想政治教育发展的重要力量。

三、师德高尚："言传身教""教书育人"

(一)"以德立身、以德立学、以德施教"

习近平历来十分重视"师德"问题，就"师德"建设和要求，作出了许多重要的论断。"合格的老师首先应该是道德上的合格者，好老师首先应该是以德施教、以德立身的楷模。师者为师亦为范，学高为师，德高为范。老师是学生道德修养的镜子。"①在全国高校思想政治工作会议上，他再三强调，广大教师要"以德立身、以德立学、以德施教"②。在教学实践中加强师德师风建设，就是要努力做到"四个相统一"，即"坚持教书和育人相统一，坚持言传和身教相统一，坚持潜心问道和关注社会相统一，坚持学术自由和学术规范相统一"③。在党的十九大报告十分珍贵的篇幅中，习近平再次强调，要"加强师德师风建设，培养高素质教师队伍"④。高校思想政治理论课程教师队伍建设，就是要以师德师风建设为主要和重要的抓手。

十分荣幸和值得自豪的是，我们教师总是被冠以"人类灵魂的工程师"的美誉，承担着"太阳底下"最庄严、最神圣的使命。"大学之道，在明明德，在亲民，在止于至善。""所谓大学者，非谓有大楼之谓也，有大师之谓也。"经典论

---

① 习近平：《做党和人民满意的好老师——同北京师范大学师生代表座谈时的讲话》，载《人民日报》，2014 年 9 月 10 日。

② 张烁：《习近平在全国高校思想政治工作会议上强调 把思想政治工作贯穿教育教学全过程 开创我国高等教育事业发展新局面》，载《人民日报》，2016 年 12 月 9 日。

③ 张烁：《习近平在全国高校思想政治工作会议上强调 把思想政治工作贯穿教育教学全过程 开创我国高等教育事业发展新局面》，载《人民日报》，2016 年 12 月 9 日。

④ 习近平：《决胜全面建成小康社会 夺取新时代中国特色社会主义伟大胜利——在中国共产党第十九次全国代表大会上的报告》，人民出版社 2017 年版，第 46 页。

断，至理名言。何谓“大师”？习近平坦言道：“既是学问之师，又是品行之师。教师要时刻铭记教书育人的使命，甘当人梯，甘当铺路石，以人格魅力引导学生心灵，以学术造诣开启学生的智慧之门。”①各行各业都有切合各自要求的道德规范，作为教师职业规范的“师德”，博大精深，内涵丰富，概括起来讲，言传身教、教书育人是集中的体现。

师德是深厚的知识修养和文化品位的体现。师德需要教育培养，更需要教师自我涵养。广大思想政治理论课教师，应自觉坚守精神家园、坚守人格底线，带头弘扬社会主义道德和中华传统美德，以自己的模范行为影响和带动学生。立德树人，就是要执着于教书育人。在是非、曲直、善恶、义利、得失等方面，思想政治理论课教师“必须率先垂范、以身作则，引导和帮助学生把握好人生方向”②。师德，是教师队伍建设的根本，也是教师队伍建设的“底线”和“红线”，绝不能超越“底线”，也绝不能触碰“红线”。也正是在这个意义上说，“扎实推进师德建设，完善教师职业道德规范，实施师德‘一票否决’”③。

（二）做“四有好老师”

振兴民族的希望在教育，振兴教育的希望在教师。“一个人遇到好老师是人生的幸运，一个学校拥有好老师是学校的光荣，一个民族源源不断涌现出一批又一批好老师则是民族的希望。”④习近平进一步指出，“国家繁荣、民族振兴、教育发展，需要我们大力培养造就一支师德高尚、业务精湛、结构合理、充满活力的高素质专业化教师队伍，需要涌现一大批好老师”⑤。好老师首先应该做到“师德高尚”，进而在以下四个方面作出表率。这就是：要做“有理想信念”的好老师、做“有道德情操”的好老师、做“有扎实学识”的好老师、做“有

---

① 习近平：《青年要自觉践行社会主义核心价值观——在北京大学师生座谈会上的讲话》，载《人民日报》，2014 年 5 月 5 日。

② 习近平：《做党和人民满意的好老师——同北京师范大学师生代表座谈时的讲话》，载《人民日报》，2014 年 9 月 10 日。

③ 《教育部关于印发〈高等学校马克思主义学院建设标准（2017 年本）〉的通知》，http://www.moe.edu.cn/srcsite/A13/s7061/201709/t20170926_315339.html，2017 年 10 月 12 日。

④ 《习近平在北京市八一学校考察时强调 全面贯彻落实党的教育方针 努力把我国基础教育越办越好》，载《人民日报》，2016 年 9 月 10 日。

⑤ 习近平：《做党和人民满意的好老师——同北京师范大学师生代表座谈时的讲话》，载《人民日报》，2014 年 9 月 10 日。

仁爱之心”的好老师。[①] 习近平关于“四有好老师”的要求，对于加强高校思想政治理论课教师师德建设，有着重要的指导意义。

第一，始终坚持“有理想信念”。“人民有信仰，国家有力量，民族有希望。”[②]党的十九大报告全面阐述了加强思想道德建设的深刻内涵，明确指出了“广泛开展理想信念教育”[③]的要求。“革命理想高于天。”[④]高校思想政治理论课教师的教育教学工作，有着明确的价值导向，是为人民服务的，是为中国共产党治国理政服务的，是为巩固和发展中国特色社会主义制度服务的，是为改革开放和社会主义现代化建设服务的。“教育者先受教育”[⑤]。要求学生在课堂上认真学习、深刻领悟中国特色社会主义理论体系，那么教师首先应该不断增强中国特色社会主义的道路自信、理论自信、制度自信、文化自信，积极引导学生热爱祖国、热爱人民、热爱中国共产党。“坚定理想信念，坚守共产党人精神追求，始终是共产党人安身立命的根本。”[⑥]也正是在这个意义上，坚定理想信念，坚守精神追求，始终是思想政治理论课教师“安身立命”的根本。虽说“经师易求，人师难得”，但高校思想政治理论课教师应向“经师”和“人师”统一的目标不懈追求。习近平一再指出，“正确理想信念是教书育人、播种未来的指路明灯。不能想象一个没有正确理想信念的人能够成为好老师”[⑦]。我们应充分认识到，今天的学生就是未来实现中华民族伟大复兴中国梦的主力军，广大教师就是打造这支中华民族“梦之队”的筑梦人。高校思想政治理论课教师作为中国特色社会主义共同理想和中华民族伟大复兴中国梦的积极传播者，应帮助学生“筑梦、追梦、圆梦”，让一代又一代年轻人都成为实现我们民族梦想的正能量。

---

① 习近平：《做党和人民满意的好老师——同北京师范大学师生代表座谈时的讲话》，载《人民日报》，2014 年 9 月 10 日。

② 习近平：《决胜全面建成小康社会 夺取新时代中国特色社会主义伟大胜利——在中国共产党第十九次全国代表大会上的报告》，人民出版社 2017 年版，第 42 页。

③ 习近平：《决胜全面建成小康社会 夺取新时代中国特色社会主义伟大胜利——在中国共产党第十九次全国代表大会上的报告》，人民出版社 2017 年版，第 42～43 页。

④ 习近平：《决胜全面建成小康社会 夺取新时代中国特色社会主义伟大胜利——在中国共产党第十九次全国代表大会上的报告》，人民出版社 2017 年版，第 63 页。

⑤ 张烁：《习近平在全国高校思想政治工作会议上强调 把思想政治工作贯穿教育教学全过程 开创我国高等教育事业发展新局面》，载《人民日报》，2016 年 12 月 9 日。

⑥ 韩庆祥、唐爱军：《坚守共产党人安身立命的根本——学习习近平总书记关于理想信念的重要论述》，载《解放军报》，2017 年 6 月 23 日。

⑦ 习近平：《做党和人民满意的好老师——同北京师范大学师生代表座谈时的讲话》，载《人民日报》，2014 年 9 月 10 日。

第二，始终坚持“有道德情操”。上好思想政治理论课，要求教师有良好的理论素养，也要有良好的语言表达能力，同时，教师的人格力量和人格魅力也是非常重要的。教学实践中不乏类似生动的案例，学生先是“认可”了教师这个人，进而才“认可”思想政治理论课程；学生先是“信服”了教师的为人处世，进而才“信服”教师所传授的思想政治理论基本原理。也正是在这个意义上说，“老师对学生的影响，离不开老师的学识和能力，更离不开老师为人处世、于国于民、于公于私所持的价值观”①。

第三，始终坚持“有扎实学识”。作为一名“传道授业解惑”的教师，必要的知识储备，相应的教学能力、态度、方法自然不可或缺。然而，需要予以高度重视的是，习近平所强调的限定词，不仅仅是一种修饰，更是一种激励和鞭策：知识功底应是“扎实的”；教学能力应是“过硬的”；教学态度应是“勤勉的”；教学方法应是“科学的”。他着重指出，这些都是“老师的基本素质”，“其中知识是根本基础”。当今时代，是信息时代、“知识爆炸”时代。因此，教师所了解、掌握的知识，“必须大大超过要教给学生的范围，不仅要有胜任教学的专业知识，还要有广博的通用知识和宽阔的胸怀视野”②。常言道，要给学生一碗水，教师要有一桶水。现在看，这个要求已经不够了，“应该是要有一潭水”。“一碗水”“一桶水”“一潭水”，这形象的比喻，不仅仅是“量”上的不同衡量要求，其中还包含着深邃的“质”的意蕴。就高校思想政治理论课教师所承担的本专科思想政治理论课程而言，每一门课程都具有专业知识“综合性”的特征，这无疑是对每一位教师学科背景及已有知识积累的重大挑战。例如，“马克思主义基本原理”课程，除了要加强对马克思主义基本原理整体性的把握以外，教师还应全面把握有关哲学、政治经济学、科学社会主义等方面的理论知识；“毛泽东思想和中国特色社会主义理论体系概论”课程，除了要加强对马克思主义中国化历史发展进程及中国共产党的创新理论的把握以外，教师还应全面把握经济建设、政治建设、文化建设、社会建设、生态文明建设，以及党的建设等方面的理论知识；“中国近现代史纲要”课程，除了要加强对“四个选择”（选择马克思主义、选择中国共产党领导、选择社会主义道路、选择改革开放）的把握以外，从课程名称中就可明确了解到，教师还应全面把握中国近代史、现代史及其内在联系；“思想道德修养与法律基础”课程，除了要在教学实践中

① 习近平：《做党和人民满意的好老师——同北京师范大学师生代表座谈时的讲话》，载《人民日报》，2014 年 9 月 10 日。

② 习近平：《做党和人民满意的好老师——同北京师范大学师生代表座谈时的讲话》，载《人民日报》，2014 年 9 月 10 日。

把原先开设的“思想道德修养”与“法律基础”这两门德育课程“打通以外”，教师还应全面把握伦理学、法学等不同学科的发展轨迹。再进一步说，思想政治理论课教师还应该是智慧型的教师，具备学习、处世、生活、育人的智慧，既授人以鱼又授人以渔，能够在诸多方面给予学生帮助和指导。

第四，始终坚持“有仁爱之心”。教育是一门“仁而爱人”的事业，爱是教育的灵魂，没有爱就没有教育。虽然说，“有一千个演员，就会有一千个哈姆雷特”，教育风格可以各显身手，“但爱是永恒的主题”。当前，高校思想政治理论课教师教育教学的重要任务，就是积极推进习近平新时代中国特色社会主义思想“进教材、进课堂、进头脑”。这“落脚点”“归宿点”是进头脑，也就是要真正走进大学生的心灵。思想政治理论课程教学也要始终坚持“围绕学生、关照学生、服务学生”。教师不应是高高在上、盛气凌人的，不应是板起脸说教、训人的，而“应该是充满爱心和信任的，在严爱相济的前提下晓之以理、动之以情，让学生‘亲其师’、‘信其道’”①。教学实践深刻表明，热爱学生与尊重学生是相互统一的。“老师还要具有尊重学生、理解学生、宽容学生的品质。”②受到尊重、得到理解、得到宽容，是身处青春期这一人生重要发展阶段不可缺少的心理需要。高校思想政治理论课教师既应该懂得尊重学生，使学生充满自信、昂首挺胸；又通过言传身教，教育学生学会尊重他人。

教育部 2017 年 9 月印发的《高等学校马克思主义学院建设标准(2017 年本)》，整合了“四有好老师”和“四个相统一”的基本内涵，对思想政治理论课程教师队伍建设作了明确的要求：“思想政治理论课教师要有理想信念、有道德情操、有扎实学识、有仁爱之心，坚持教书和育人相统一、言传和身教相统一、潜心问道和关注社会相统一、学术自由和学术规范相统一，做先进思想文化的传播者、党执政的坚定支持者，更好担起学生健康成长指导者和引路人的责任。”

(三)“真学、真懂、真信、真用”

高尚的师德是一部活的教科书，是一股强大的精神力量，对学生的影响是潜移默化、持续久远的。推进高校思想政治理论课教师师德建设，一个重要的任务，就是把思想政治理论课程教师队伍建设成为“一支对马克思主义理论真

---

① 习近平：《做党和人民满意的好老师——同北京师范大学师生代表座谈时的讲话》，载《人民日报》，2014 年 9 月 10 日。

② 习近平：《做党和人民满意的好老师——同北京师范大学师生代表座谈时的讲话》，载《人民日报》，2014 年 9 月 10 日。

学、真懂、真信、真用的教师队伍”。这是2015年7月中宣部、教育部颁布的《普通高校思想政治理论课建设体系创新计划》中的一个重要内容，是实施高校思想政治理论课建设体系创新计划的目标之一。

“传道者自己首先要明道、信道。”①习近平的这一论断，言简意赅、意蕴深长。“真学、真懂、真信、真用”，是一个有机的整体。真学，就是要静下心来，把学习掌握马克思主义理论当作“看家本领”，下功夫认认真真学，老老实实学；真懂，就是要把马克思主义理论的主要观点和精神实质弄清楚、搞明白；真信，就是在思想观念上、在理性层面、在灵魂深处确立起对马克思主义理论的科学的信仰；真用，就是在真学、真懂、真信的基础上，理论联系实际，善于运用马克思主义理论发现问题、分析问题、解决问题。“对马克思主义理论真学、真懂、真信、真用”，与不断增强对社会主义意识形态的坚定认同是内在相连的。高校思想政治理论课教师在教学实践中，除了在思想认识上对马克思主义的信仰认同以外，还必须不断增强对马克思主义的理论认同、对社会主义核心价值观的价值认同，汇聚中国特色社会主义的利益认同，创新中国特色中国风格中国气魄的话语认同，培育对党的领导和社会主义制度的情感认同，从科学理性的高度，坚定对马克思主义的信仰、对共产主义的信念、对中国特色社会主义的信心、对党和政府的信任，通过自身素质和能力的不断提升，使“教马列、信马列；信马列、讲马列”成为一个“良性循环”。马院（马克思主义学院）姓马（马克思主义），这是思想政治理论课教师队伍建设的旗帜和方向：在马言马、在马研马；在马信马、在马教马；在马爱马、在马为马。让有信仰的人讲信仰，让有理想的人讲理想，真正使“真学、真懂、真信、真用”的普遍要求，进一步演化为高校思想政治理论课教师“真学、真懂、真信、真讲、真做”②的特性要求。

需要明确指出的是，加强师德建设，高校思想政治理论课教师还必须坚持“严谨治学、实事求是、民主求实”的学风，坚持“求真务实、勇于创新、严谨自律”的治学态度和学术精神，坚持“团结合作、协力攻关、共同进步”的团队精神，坚持科学精神，模范遵守学术道德规范，增强社会责任感，提升学术道德修养，坚持做人、做事、做学问相一致，坚决抵制各种不正之风。

---

① 张烁：《习近平在全国高校思想政治工作会议上强调 把思想政治工作贯穿教育教学全过程 开创我国高等教育事业发展新局面》，载《人民日报》，2016年12月9日。

② 王斯敏：《用马克思主义旗帜占领教育阵地——学者热议成仿吾马克思主义理论教育思想》，载《光明日报》，2015年7月23日。

四、结构合理：老中青有机结合、多层次协调发展

(一)高校思想政治理论课程教师队伍结构层次的问题与不足

思想政治理论课程教师队伍建设的整体要求，既要明确政治上、业务上、师德上的基本内涵，也要注重结构上的合理布局。需要指出的是，实现结构合理布局，不仅要关注一般意义上的各年龄段的分布；而且应构建多层次人才的基本框架，也就是既要抓好老中青教师的有机结合，也要抓好基本队伍、骨干队伍，以及学科带头人和领军人物的协调发展。

近年来高校思想政治理论课程教育教学取得明显的成效，这是有目共睹、值得欣慰的。但我们也必须清醒地认识到还存在的问题和不足。概括起来说，这些问题和不足，主要反映为学科建设、课程内容、教材质量、教学方法、教学效果等方面还有待提高，而这些都与教师队伍的质量和水平密切相关。

2005 年，《中共中央宣传部 教育部关于进一步加强和改进高等学校思想政治理论课的意见》指出，面对新的变化和新的情况，高等学校思想政治理论课程教育教学还存在亟待解决的问题。该文件在列举诸多问题的同时，从三个主要方面提出了教师队伍建设中存在的问题：一是数量不足；二是素质有待提高；三是优秀中青年学术带头人缺乏。在新的形势下，认真总结经验，解决存在的问题，进一步加强和改进高等学校思想政治理论课程教育教学，不仅十分重要，而且十分紧要。

2008 年，专门阐述高校思想政治理论课程教师队伍建设的文件——《中共中央宣传部 教育部关于进一步加强高等学校思想政治理论课教师队伍建设的意见》，对高校思想政治理论课教师队伍建设中还存在的问题，作出了如下表述："从总体上看，思想政治理论课教师队伍的状况，还不能很好地适应新形势新任务的需要。特别是一些学校不同程度地存在对思想政治理论课认识不足、重视不够；教师队伍整体素质有待提高，数量不足，优秀中青年学术带头人缺乏；学科支撑薄弱，教学科研组织亟待规范等问题。在思想政治理论课新方案全面实施，教材建设取得突破性进展的情况下，加强教师队伍建设、提高教师队伍的素质和水平，显得尤为迫切。"就有关高校思想政治理论课程教师队伍建设中存在问题的表述而言，文件重申了整体素质问题、数量问题，以及优秀中青年学术带头人问题；在此基础上，又提出了学科支撑问题、教学科研组织问题等。值得高度关注的是，一般情况下，文件、报告在有关"从总体上看"的阐述中，采用的是"肯定"的话语表达方式。但这一文件在"从总体上看"部分，

“严肃”地提出，高校思想政治理论课程教师队伍建设“还不能很好地适应新形势新任务的需要”。“总体上”还不能很好地适应需要，这一基本判断，是很有“分量”的。这并不是对已取得的成效作“全盘否定”，但足以表明中央对高校思想政治理论课程教师队伍建设的深度关切，对高校思想政治理论课程教师队伍建设中存在问题的深刻把握，对改进和提高高校思想政治理论课程教师队伍建设和质量的深情期待。对此，我们要有忧患意识，更要有责任意识。

2015 年，《普通高校思想政治理论课建设体系创新计划》对高校思想政治理论课程建设所面临的形势作了全面系统的分析和研判，明确提出了“两个新”，即“新的挑战”“新的要求”。首先，必须清醒地认识到，世界范围内各种思想文化交流交融交锋更加频繁，如何发挥正能量，增强对重大理论和现实问题的阐释力，在多元中确立主导，“给思想政治理论课提出新的挑战”；其次，必须清醒地认识到，社会思想意识更加多元多样多变，面对各种思潮和复杂的社会现象，如何运用马克思主义的立场观点方法在多样中求得共识，“给思想政治理论课提出新的要求”。应对这样的挑战和要求，归根到底，要依靠高素质高水平的思想政治理论课程教师队伍。

(二)老中青有机结合

通过多年来齐心协力的努力，高校思想政治理论课程教师队伍人员配备“青黄不接”的状况，基本上得到改善。尤其是一大批青年才俊纷纷加盟思想政治理论课程教师队伍，使得这支队伍充满了朝气和活力。从面上来讲，老教师历经思想政治理论课程建设的历史沿革，对思想政治理论课程感情较为深厚，政治观念比较强，教学经验比较丰富。青年教师学历高，思想活跃，科研意识比较强，接受新事物、新技术比较快，对自身的发展比较关注。中年教师肩负着承上启下的重要职责，承担着更为突出的繁重的教学、科研任务，也承受着职务(职称)晋升、赡养长辈和教育子女、改善生活条件等多重压力，其中不少人还承担一定的行政管理工作。因此，各地各高校在关心和关爱思想政治理论课程教师队伍建设的工作思路与举措上，应充分发挥老中青思想政治理论课教师的各自优势和特长，有机结合，共同发展。

赢得了青年，就赢得了未来。在老中青有机结合的过程中，要特别注重对青年思想政治理论课教师的培养。一方面，由于马克思主义理论一级学科建立的时间还不长，因此严格意义上取得马克思主义理论学科学位证书的青年教师还不够多。因而，将拥有各种学术背景的青年教师，尽快地归属到马克思主义理论一级学科及相应的二级学科，无疑是一项十分紧迫的任务。无论是科研选题、课题申报，还是论著撰写，体现马克思主义理论学科的鲜明特征，应成为青年教师的自信和自觉。另一方面，青年教师不仅要能够“站上讲台”，而且要能够“站稳讲台”，更要能够“站好讲台”。教学经验的积累，同样是一项十分紧要的任务。不少高校采取的中老年教师与青年教师“一帮一”“对口结对”的方式，开展和加强集体备课的方式，以及举办教学竞赛的方式等，均取得了良好的效果。《高等学校马克思主义学院建设标准(2017 年本)》也从工作机制上对此作出了要求：建立“传帮带”工作机制，通过培训、访学、教学比赛等多种方式，切实提高教师教学能力。同时，教育部层面、省级教育主管部门层面、高校层面的多向培训，以及多种择优、奖励等举措，也都将有利于青年教师的健康成长。但是，“外因”只是条件，“内因”才是根据。青年教师的发展，并不在于祈求有更多的“照顾”和“支持”，归根到底取决于其自身的不懈努力和刻苦磨炼。

(三)多层次协调发展

如果说，高校思想政治理论课程教师队伍人员配备年龄方面“青黄不接”的现象，基本上得以改善，那么，高校思想政治理论课程教师队伍人员层次结构上的“青黄不接”，则成为一个十分严峻和突出的问题。

从思想政治理论课程教师队伍结构的多层次协调发展来看，主要是要在实际中筑好三个层次“宝塔型”的架构。这也就是中央多次明确的，一是领军人物和学科带头人，二是教学科研骨干，三是高素质的基本队伍。从较为形象的角度说，这三个层次也就是三个“梯队”的架构。第一梯队，主要是理论大家、学科领军人物；第二梯队，主要是坚强的骨干中坚力量；第三梯队，主要是年轻的后备人才。

一支优良的拥有精兵强将的教师队伍，人员层次合理得当，意义尤为深远。其中，“领头羊”“排头兵”，更为重要和紧要。由于年龄的问题，一批德高望重、造诣深厚的思想政治理论课老专家，将陆续离别这长期奋斗甚至一辈子奋斗的工作岗位。谁来“接住”并“接好”这沉甸甸的“接力棒”，是一个刻不容缓的重要议题。这也就表明了为什么中央三番五次地拉响的“警报”——“优秀中青年学术带头人缺乏”，值得引起高度的警觉和重视。

“培养一批马克思主义理论学科带头人，造就一批马克思主义理论教育家”①，成为新形势下应对新的挑战和新的要求的“集结号”。“带头人”“教育家”，是崇高的称谓，更蕴含着艰巨的责任。我们似乎可以从中领略思想政治理论课教师“一岗双能”“一身二任”定位的延续，但更为重要的是意识到，通过“带头人”和“教育家”的引领，推进整个思想政治理论课程教师队伍结构的良性循环和发展。

高校思想政治理论课程教师队伍合理结构的建设，必须要有一种开放的胸怀，一种开阔的视野。以德树人，着力加强马克思主义理论学科建设，着力加强思想政治理论课程建设，绝不能仅仅局限于思想政治理论课教师“自娱自乐”的小圈子，而是要依靠全社会、整个哲学社会科学领域的专家学者协同创新。因此，在思想政治理论课程教师队伍多层次人才架构中，我们应认真谋划“顶层设计”，一是要依托理论大家筹谋发展的科学决策；二是要注重发挥各学科、各专业领军人物的引领作用；三是要培育年轻后备人才，保障可持续发展。对此，《高等学校马克思主义学院建设标准(2017年本)》作出了明确的要求：选聘高水平专家担任特聘教授，统筹好地方党政领导干部、企事业单位负责人、社科理论界专家、各行业先进模范以及高校党委书记校长、院(系)党政负责人、名师大家和专业课骨干教师、日常思想政治教育骨干等八支队伍上思想政治理论课讲台。

高校思想政治理论课程教师队伍建设，不是为建设而建设，而是必须把高校思想政治理论课程教师队伍建设与推进思想政治理论课程改革结合起来，把高校思想政治理论课程教师队伍建设与马克思主义理论学科建设结合起来，把高校思想政治理论课程教师队伍建设与推进马克思主义中国化时代化大众化结合起来，真正建设好一支“政治坚定、业务精湛、师德高尚、结构合理”的教师队伍。

第二节 高校思想政治理论课程教师队伍建设的机制

一、以选聘配备为基础：实行教师任职资格准入制度

高校思想政治理论课教师在任职资格准入上，除了需要符合高校教师的一般要求以外，还需要符合和满足思想政治理论课教师的特定要求。基于高校思

---

① 《中共中央办公厅、国务院办公厅印发〈关于进一步加强和改进新形势下高校宣传思想工作的意见〉》，载《人民日报》，2015年1月20日。

想政治理论课程的重要地位和作用，中央对从事这一课程教育教学的教师的任职资格历来是十分重视的，尤其是改革开放以来，多次就高校思想政治理论课教师的任职条件、主要来源和发展方向，提出了明确的要求和标准。

1984 年 9 月，《中共中央宣传部、教育部关于印发〈关于加强和改进高等院校马列主义理论教育的若干规定〉的通知》提出，马列主义教师必须“在政治上同中央保持一致，全心全意为人民服务，忠诚于社会主义教育事业，作风正派，为人师表；要深谙马列主义理论，具有较广博的中外历史、教育学、伦理学等社会科学知识和自然科学的基础知识；要有一定的实际工作锻炼(包括做学生的思想政治工作)。青年教师要掌握一门外国语言”①。这一基本的任职资格，主要强调了三方面的内容：首先是体现思想政治理论课程本质属性的政治上、师德上的要求；其次是教学科研上的要求；最后则提出了实践能力上，特别是开展大学生思想政治教育实践的要求。这一任职资格的内容，大致勾勒了进入高校思想政治理论课教师行列的“门槛”。日后随着客观形势和任务的变化，这些内容不断地丰富和发展。

继《中共中央宣传部 教育部关于进一步加强和改进高等学校思想政治理论课的意见》颁布 3 年之后，2008 年，中央就高校思想政治理论课程教师队伍建设颁布了专门的文件，即《中共中央宣传部 教育部关于进一步加强高等学校思想政治理论课教师队伍建设的意见》。针对某一课程的教师队伍如何建设问题颁布文件，这在我国教育发展史上至今是绝无仅有的，充分体现了中央对高校思想政治理论课程教师队伍建设的重视和关心。这一文件全面系统地针对新时期加强高校思想政治理论课程教师队伍建设，提出了一系列重要的指导性意见。其中，特别强调了要实行高校思想政治理论课教师的任职资格准入制度，明确提出，高校思想政治理论课教师必须坚持正确的政治方向，热爱马克思主义理论教育事业，具有良好的思想品德，有扎实的马克思主义理论基础，有相应的教学水平、科研能力。在事关政治原则、政治立场和政治方向问题上不能与党中央保持一致的，不得从事思想政治理论课程教学。

需要予以充分认识和高度重视的是，为深刻体现高校思想政治理论课程鲜明的国家意识形态特征，牢牢把握高校思想政治理论课程教学的正确导向，这一文件特别强调了高校思想政治理论课教师与“党中央保持一致”的基本要求，并明确了在这一基本和重大的问题上“一票否决”的重要而深远意义。

---

① 教育部思想政治工作司：《加强和改进大学生思想政治教育重要文献选编(1978—2014)》，知识产权出版社 2015 年版，第 30 页。

同时，为强调高校思想政治理论课教师的政治坚定性，这一文件首次强调指出，“新任教师原则上应是中国共产党党员”。2017年9月，教育部印发的《高等学校马克思主义学院建设标准(2017年本)》，对“新任专职教师原则上是中共党员”的要求，再次作了强调。从执政党的党性高度来规范高校思想政治理论课教师的准入条件，具有十分重要和深远的意义。再则，该文件根据当时的实际情况，再次规定了高校思想政治理论课教师任职资格的学历学位要求，以及参与大学生日常思想政治教育工作的要求，即须“具备相关专业硕士以上学位，工作期间应兼职从事班主任或辅导员工作”。

结合多年来的实践，值得反思的问题是：首先，有关高校思想政治理论课教师的学历学位要求，不仅涉及“层次”的问题，而且有“学科”和“专业”的“归属”要求。《高等学校马克思主义学院建设标准(2017年本)》在对“师资配备”所作的要求中，也指出，“专兼职教师应具有马克思主义理论学科或相关学科背景”。我们要深刻理解文件提出的“相关学科”的含义和用意。马克思主义理论学科确立的时间还不长，完全由这个直接支撑高校思想政治理论课程建设的学科点所培养的专业人才来充实教师队伍，一时间还难以完成。因此，“相关学科”的要求，就有了重要的意义。关键之处，是要注重和分辨哪些是马克思主义理论学科、思想政治理论课程教学的“相关学科”。以“相关学科”背景进入思想政治理论课教师队伍的教师，并不能长期“游离”于马克思主义理论学科和思想政治理论课程教学之外，而是要“华丽转身”，尽快融入。其次，关于高校思想政治理论课教师的学历学位要求，不能进入一个盲目攀比的“怪圈”之中，关键还是看教师本人的真才实学。目前，各高校对于其接纳的新教师，已都要求是博士了。不少高校在博士中还划分“三六九等”，规定了“985”博士、“211”博士、“海外”博士等。一些高校层层加码，“反观”第一学历学位(本科)是否是全国重点高校，并把博士学位看作“过去时”，要求应有博士后(师资)的学习经历。尽管博士后不是学历学位，但诸如此类水涨船高的“比拼”心态，在高校中十分盛行，高校思想政治理论课教师任职资格条件，也难以幸免。最后，对高校思想政治理论课教师任职的内涵作进一步清晰的认识和把握，在当下有着更为重要的意义。在诸多高校崇尚“国际化”办学理念时，教师尤其青年教师必须有一定时期的“海外”求学经历的“杠杆”，“洋博士”高于“土博士”、“海龟”强于“土鳖”的评判标准，就具有特定内涵和要求的高校思想政治理论课程教师队伍的建设而言，无疑都是需要我们冷静思考的。

值得进一步关注的是，深化高校思想政治理论课教师任职资格准入制度，从外延上看，不仅要考虑“小准入”的范畴，也要考虑“大准入”的范畴。前者一般以新进青年教师为指向，后者则以所有加盟(引进)高校思想政治理论课程教师队伍的教师为导向。要克服和避免现实中对于新进青年教师或作为人才引进的高校思想政治理论课教师的任职资格，偏重(或只看重)学历学位、科研成果的倾向，而应予以全面的考量。即使是对学历学位、科研成果有所要求，也必须注重考核教师的专业背景和研究内容与马克思主义理论学科、高校思想政治理论课程教育教学的“相关性”，而不是机械地、粗糙地只考虑学历学位的高低、科研成果数量的多少，以及刊载其论文的期刊的档次和规格。

在《中共中央宣传部 教育部关于进一步加强和改进高等学校思想政治理论课的意见》正式颁布10周年的2015年，《普通高校思想政治理论课建设体系创新计划》正式颁布。这一重要文件，在新的历史发展阶段，就高校思想政治理论课程整体建设作了全面的部署。其中，就“建立思想政治理论课专职教师任职资格制度”，明确提出了相应的要求和规定。文件再次重申，要“把政治立场作为教师聘用的首要标准，严把教师聘用政治关”；文件再次强调，要“严格教师管理，在事关政治原则、政治立场和政治方向上不能与党中央保持一致的，或理论素质、教学水平达不到相应课程要求的，不得继续担任思想政治理论课教师”。值得予以高度关注和重视的是，文件还首次提出，要“建立新进教师宣誓和专任教师定期网络注册制度”。对于新教师“宣誓”和专任教师“网络注册”这两个“新生事物”，应在实践中积极探索和创新，切实落实，避免流于形式。

二、以培养培训为抓手：加强和完善教师队伍的培训和建设体系

(一)不断完善培养培训体系

“学海无涯”“学无止境”。当今时代，正如习近平提出的那样，教师应“始终处于学习状态，站在知识发展前沿，刻苦钻研、严谨笃学，不断充实、拓展、提高自己”①。就高校思想政治理论课教师而言，不断加强教师的培养培训工作，对于增强高校思想政治理论课程教育教学实效性，以及推进教师自身队伍建设，有着更为紧迫、更为重要的作用和意义。一是社会主义现代化建设实践的不断变化发展与党的创新理论的不断与时俱进，要求加强和完善思想政治理论课教师的培养和培训。二是目前专任教师原有的学科背景与马克思主义理论学科的发展要求还存在明显的差距，要求加强和完善思想政治理论课教师的培养和培训。三是现有教师知识储备的“单一性”与思想政治理论课程教学的“综合性”，以及网络信

---

① 习近平：《做党和人民满意的好老师——同北京师范大学师生代表座谈时的讲话》，载《人民日报》，2014年9月10日。

息的飞速发展，同样要求加强和完善思想政治理论课教师的培养和培训。

从总体上讲，加强和完善教师队伍的培训和建设体系，就是要进一步完善教育部、地方、高校三级既分工负责又相互衔接的思想政治理论课教师培养培训体系，以加强师德建设和提高教师业务水平为中心，以提高理论素养为基础，以创新方法为载体，以强化科研能力为支撑，以完善制度措施为保障，以提高教育教学质量为目的，通过全员培训、骨干研修、在职攻读学位、国内考察、国外研修、以项目选人和选人给项目等多种途径，努力造就数百名政治坚定、理论功底扎实、善于联系实际、具有较高教学水平和科研能力的领军人物、中青年学术带头人，培养数千名思想政治理论素质高、业务精湛、具有发展潜力的教学一线骨干教师，培养数万名坚持正确方向、师德高尚、业务熟练的专业化教师，为加强和改进大学生思想政治教育，培养德智体美全面发展的中国特色社会主义事业合格建设者和可靠接班人作出贡献。①

我国幅员辽阔，高校林立，但发展并不平衡，各地各高校思想政治理论课程教师队伍建设，也有一定的差异。因此，各地各高校要从实际出发，开展形式多样的教师培养培训工作，努力提高教师的理论素养、教学水平和科研能力。教师的培训工作要有方案、有规划；要有重点、分层次、多形式；要经常化、制度化。思想政治理论课教师培养培训的重点，是要在实践中不断深化“岗前培训、课程轮训、骨干教师研修和在职培训”。坚持“先培训后上岗”，着力提高新任教师适应岗位要求、胜任本职工作的能力；坚持“先培训后开课”，每次开课前必须开展全员培训和全员辅导。

为加强对高校思想政治理论课程管理体系的考核和督察，教育部颁布的《高等学校思想政治理论课建设标准》，对教师培养培训工作，作出了进一步“量化”的要求。主要包括：第一，新任专职教师必须参加省级岗前培训；所有专职教师应积极参加省级或中宣部、教育部组织的示范培训或课程培训或骨干研修。学校每年对全体教师至少培训一次。第二，学校每学年至少安排 1/4 的专职教师开展学术交流、实践研修和学习考察活动。有条件的学校可以开展国(境)外学术交流和实践研修。第三，学校安排专职教师进行脱产或半脱产进修，每人每 4 年至少一次，等等。

《普通高校思想政治理论课建设体系创新计划》再次从切实提高思想政治理论课专职教师整体素质、建设思想政治理论课教学人才体系的高度，对进一步完善

---

① 教育部：《教育部关于印发〈普通高等学校思想政治理论课教师队伍培养规划(2013—2017 年)〉的通知》，2013 年 6 月 25 日。

思想政治理论课教师培养培训制度作出了部署。一是逐步健全完善国家示范培训、省级分批轮训、学校全员培训紧密衔接、相互补充的三级培训体系。二是统筹规划培训内容，系统设计培训形式，组织编写培训教材，凝练形成满足不同层面需要的菜单式培训方案。三是中宣部、教育部举办骨干教师、新进教师、新修订教材使用、社会实践研修等示范培训。

《普通高校思想政治理论课建设体系创新计划》还进一步提出了具体的要求和相应的举措。第一，强化教学科研骨干培养，推进择优资助及国内高级访学计划，每年培养150名左右骨干。在高校哲学社会科学教学科研骨干研修班中增加思想政治理论课教师培训名额。实施教学科研团队择优支持计划。第二，加强教育部高校思想政治理论课教师社会实践研修基地建设。将思想政治理论课教学科研骨干培养与干部队伍建设结合起来，支持教学科研骨干、马克思主义学院负责人到相关部门挂职或实践锻炼。第三，探索运用网络开展远程培训，运用微信公众账号开展微培训，增强培训的灵活性、时效性，扩大培训的覆盖面。该文件强调，各地各高校要认真贯彻落实《普通高等学校思想政治理论课教师队伍培养规划(2013—2017年)》，研究制订具体实施计划。各高校每年对全体教师至少培训一次。这些要求十分丰富，既全面又具体，需要在实践中认真学习，逐一落实。

为进一步加强和完善教师培养培训制度，认真总结近年来开展的培养培训工作的经验是完全必要的。在充分肯定已取得的成效的基础上，我们应注意到有待日后改进和提高的一些问题。

第一，从全员培训的“内容”方面来讲，还需要进一步的拓展和深化。近年来，高校思想政治理论课教师的培养培训，主要是围绕新课程、新教材(修订版)开展的。必须强调，这方面的培养培训是必须的，是今后应坚持的，但从培养高素质高水平思想政治理论课程教师队伍的“整体”素质、“综合”能力看，这是远远不够的。要由“单向度”培训逐步转向“全方位”培训，即从教材、教学的培训，转向学科、课程、教材、方法、队伍“五位一体”的整体性培训。要进行深入的调研，开展认真的试点，总结经验，增强全员培训的“凝聚力”。

第二，从全员培训的“受众面”来讲，还需要进一步突出重点和搞好平衡。一是对于骨干师资的培训，保送单位一定要对受训人员的确定作认真的考虑，体现“骨干”(以及学科带头人的后备人选等)的深刻含义，而不是简单地、随意地“派”一名“50周岁以下、具有副高及以上职称”的教师参加。当然，骨干师资的培训内容和方式，也应与一般的全员培训有所区别。二是受到体制和机制的影响，中宣部、教育部组织的培训，部属院校参与的机会、人员的比例，远远超过省属、市属地方院校，出现了“一头热、一头冷”的现象。部属院校符合条件的教师，近年来基本上都参加过“轮训”，以至于出现派不出人选的“尴尬”；而省属、市属地方院校因名额受限，许多优秀教师得不到高层次培训的机会。

第三，从全员培训的“总体布局”来讲，还需要进一步发挥各个学校的积极性。从中宣部、教育部层面，省级层面，以及学校层面目前教师培养培训总体布局来看，同样存在“冷热不均”的现象。也就是说，第一、第二层次的培养培训抓得比较紧，活动的频率比较高，而第三层次，也就是各个学校的师资培训，相对来说，开展得还不尽如人意，一些学校连基本的教师集体备课也难以经常化、制度化开展。对此，可以遵循教育学和心理学发展的规律，学习和借鉴“校本岗位培训”的理念，深化思想政治理论课教师的本校培养培训的方式和方法。所谓“校本”，就是立足本校校情，开发和利用本校资源，积极推进教育教学发展。各校有各校的特长和优势，各校学生的培养目标和要求也不尽相同。在遵循基本要求的前提下，各校要结合校情，收集、提炼与思想政治理论课程教育教学相关的“校本资源”，积极开展马克思主义学院(社科部、思政部)以及思想政治理论课程教研室的教师教研活动，以贴近学生，增强思想政治理论课程教育教学的“亲和力”“针对性”。再进一步讲，发挥学校培训的积极性，一个重要的抓手，就是搞好各教研室的“经常性”“日常性”的集体备课活动。各校要以教研室为单位建立严格的新教师试讲制度、集体备课制度、教师听课互评制度、集中命题制度等，组织教师集中研讨提问题，真正做到“集中培训提素质、集中备课提质量”①。

第四，从全员培训的“主体性”来讲，还需要进一步激发和激励教师尤其是青年教师的主动性和积极性。坦率地说，目前的师资培养培训活动，基本上是“自上而下”的“行政”工作布置。思想政治理论课教师大都是“被安排”参与培训的。这种“被动型培训”“完成任务式培训”，往往容易使承担繁重教学任务的教师形成疲惫感和倦怠感，加上较为单一的培训方式，也使教师失去必要的热情和耐心。应充分认识到，每位教师的知识、能力、个性、兴趣不尽相同，每位教师得到的发展机会和树立的人生志向也有所不同。因此，如何进一步激发教师主动、自觉地接受培训和研修的积极性，如何为教师的发展提供更多的时间和空间，如何为不同层次、不同特点的教师提供“个性化”发展的培训“菜单”，如何通过教师的个体发展进而推进教师队伍整体水平的提高，如何不断增强高校思想政治理论课教师培养培训工作的生命力和活力，都是值得深入思考和探索的问题。总之，通过不间断、可持续的培养和培训，推进高校思想政治理论

---

① 《教育部关于印发〈高等学校马克思主义学院建设标准(2017 年本)〉的通知》，http://www.moe.edu.cn/srcsite/A13/s7061/201709/t20170926_315339.html，2017 年 10 月 12 日。

课程教师队伍建设不断出成果、出人才，为“五个一批”建设（重点建好一批马克思主义理论研究和建设创新基地，编写一批马克思主义理论学科研究生核心教材，培养一批马克思主义理论学科带头人，造就一批马克思主义理论教育家，重点建设一批有示范影响的马克思主义学院）①，为进一步稳定高校马克思主义理论教学和研究队伍，为进一步巩固和扩大高校马克思主义思想理论阵地，不断作出新的贡献。

（二）积极开展学习考察和实践研修

“读万卷书，行万里路。”理论联系实际，知行统一。高校思想政治理论课教师的培养培训，既要有理论层面的提升，也要有社会实践的体验。中央十分关心和重视高校思想政治理论课教师的社会实践和学习考察活动，多次提出，各地各高校要积极创造条件，组织教师开展社会实践、学习考察和学术交流活动，使教师进一步了解国情，了解世界，开阔视野，丰富教学素材。大学生需要社会实践的锻炼，思想政治理论课教师同样需要社会实践的锻炼。在多年来实践经验积累的基础上，《普通高校思想政治理论课建设体系创新计划》再次强调，要“坚持理论与实际相结合，注重发挥实践环节的育人功能，创新推动学生实践教学和教师实践研修”；并再次强调，学生与教师都需要加强社会实践的磨炼。近年来，教育部社科司连续在河北省、上海市、江苏省、浙江省、福建省、江西省、山东省、湖南省、广东省、四川省、贵州省、陕西省等地，建立了首批“全国高校思想政治理论课教师社会实践研修基地”，把富于特色的“专题讲座”与“实地考察”有机地结合起来，受到了全国高校思想政治理论课教师的欢迎和好评。需要指出的是，不能把高校思想政治理论课教师利用假期参与社会实践活动，与“公费旅游”“游山玩水”片面地、简单地“等同起来”。教师走出课堂、走出校门，走向基层、走向农村、走向工矿生产一线，增长了见识、拓宽了视野，了解了国情、社情、民情，丰富了亲身经历，优化了知识结构，上课也就有了“底气”。

为了实质性地推行和保障思想政治理论课教师的社会实践活动，国家出台相关文件“明文规定”：“本科院校按在校学生总数每生每年不低于20元、专科院校按在校学生总数每生每年不低于15元的标准提取专项经费用于教师学术交流、考察等，并随着学校经费的增长逐年增加。”至此，“生均20元（15元）”，

---

① 《中共中央办公厅、国务院办公厅印发〈关于进一步加强和改进新形势下高校宣传思想工作的意见〉》，载《人民日报》，2015年1月20日。

成为高校思想政治理论课程教师队伍建设、师资队伍培养培训体系完善的一个“热词”；广大教师也有了“被重视”的切实感受。为了在实际中真正落实教师社会实践的必要经费，教育部又把“生均20元(15元)”列入《高等学校思想政治理论课建设标准》，并明确作为“核心指标”之一。“学校在保障思想政治理论课教学科研机构正常运转的各项经费的同时，本科院校按在校本硕博全部在校生总数每生每年不低于20元，专科院校每生每年不低于15元的标准提取专项经费，用于教师学术交流、实践研修等，并随着学校经费的增长逐年增加。专项经费安排使用明确，专款专用。”2017年9月，教育部印发的《高等学校马克思主义学院建设标准(2017年本)》再次重申：“学校在保障学院正常办公经费的基础上，按在校生总数每生每年不低于20元的标准提取专项经费，用于思想政治理论课教师的学术交流、实践研修等，并随着学校经费的增长逐年增加。专项经费安排使用明确，专款专用。”值得注意的是，中央一系列文件所强调的“生均20元(15元)”，是在“正常的各项经费”之外又另外专门下拨的经费。对学校来讲，是不允许把这项经费抵充“正常运转的各项经费”的。另外，这笔经费是“专项经费”，对马克思主义学院或思想政治理论课程教学和科研管理部门来讲，必须“安排使用明确，专款专用”。

《普通高校思想政治理论课建设体系创新计划》从“加大投入力度，完善体系创新的条件保障”的高度，再次要求“各地各高校要加大思想政治理论课建设专项经费投入，并随学校经费的增长逐年增加”。对于保障思想政治理论课教师社会实践、学术交流等经费的提法是：“本科院校按本硕博全部在校生总数每生每年不低于20元的标准，专科院校按在校生总数每生每年不低于15元的标准列支教师学术交流、实践研修等培养培训费用。”显然，这与《高等学校思想政治理论课建设标准》的提法相同，而有关“生均20元(15元)”的计算方式，更为清晰和明确。以往一些学校在计算“生均数”的对象时，大多只考虑了本专科的“在校生”，“忽略”了研究生这个学生群体。但实际上，高校思想政治理论课程教育教学是“覆盖”本专科、硕士、博士的，因而，文件把“全部在校生”的范围，明确为“本专科、硕士、博士”，是具有十分重要的指导意义的。

三、以学科建设为支撑：提升教师的学科优势和科研能力

习近平指出，“大学是一个研究学问、探索真理的地方”①。加强科学研究

---

① 习近平：《青年要自觉践行社会主义核心价值观——在北京大学师生座谈会上的讲话》，载《人民日报》，2014年5月5日。

是现代大学办学理念的一个重要内容。身处高等学府的思想政治理论课教师，同样应结合实际，加强研究、不断探索。思想政治理论课教师要全面提高思想政治素质和业务素质，切实提高教学水平，加强科研能力的培养。概言之，提高思想政治理论课教师的素质，着重于思想政治素质和业务素质；就业务素质而言，着重于教学的水平和科研的能力。《普通高校思想政治理论课建设体系创新计划》也再次强调，“坚持教学与科研相结合，努力探索攻克教学难关，强化马克思主义理论学科和科研对教学的支撑作用”，并把这一要求作为新形势下高校思想政治理论课程建设体系的基本原则之一。毋庸置疑，高校思想政治理论课教师的教学任务重，课时量大，但其不能由此而成为“上课的机器”。实践表明，良好的教学效果，必须以扎实的科研积淀为基础。教学和科研，好似“车之两轮”“鸟之双翼”，相互联系，相互促进。在马克思主义理论一级学科建立之后，以加强和改进高校思想政治理论课程教师队伍建设的视角，进一步注重教师教学水平和科研能力的提高，则具有了深刻的学科支撑，有着重要而深远的意义。

回顾总结多年来高校思想政治理论课程教育教学经验，在充分肯定已取得的成效的前提下，反思教学状况还不尽如人意的一个深层次原因，就在于从整体上说，思想政治理论课教师的科学研究能力还有待提高。教学是教师的“天职”，科研是教师的“本分”。“没有科研，教师对不起学生；不抓科研，领导对不起教师。”这些肺腑之言，言简意赅、意蕴深长，至今读来，依然回味无穷。

学术研究对教育教学的“反哺”作用，取决于科研能力的提高对师资队伍总体质量提高的那种“潜在的”“隐形的”重要作用。既然不能简单地把教学等同于上课，那么，也不能简单地把科研等同于申报课题、撰写论文。再进一步说，不能把注重和强调科研，全都当作教师晋升职称的“敲门砖”，全都看作“个人”行为，而是要看到在课题研究、论著撰写过程中，教师对从事思想政治理论课程教育教学工作的敬业精神，理论联系实际的良好治学态度，耐得住寂寞、刻苦钻研的科学品质，以及团队合作、协同创新的和洽氛围。随着马克思主义理论学科建设的不断推进，高校思想政治理论课教师凝聚在学科建设实践过程中，使得目标更为清晰，问题更为聚焦。优秀人才、高质量科研成果的竞相涌现，对于推进高校思想政治理论课程教师队伍建设不断跃上新台阶，意义更为深远。

《普通高校思想政治理论课建设体系创新计划》明确把“不断深化教学研究与理论研究”作为“重点建设内容”。值得予以关注的是，从“排序”上看，教学研究先于理论研究。这并不是说，在科研实践中，理论研究不重要，而是凸显了在推进思想政治理论课程建设的过程中，思想政治理论课教师在加强科学研究时，必须高度重视教学研究。这也就是说，我们不能把科研仅仅理解为“坐而论道”“闭门造车”式的“纯学术”研究，而是应紧密结合思想政治理论课程教育教学实际，摒弃教学研究“档次低”、没有“学术含量”等片面观点，花大力气，深入开展教学研究。这其中包括：加强对各门课程教学设计的研究；加强对不同课程之间(大中小学之间)内容衔接的研究；加强对教案编写、课件制作、课堂教学组织的研究，努力形成一批精彩教案、精彩课件，打造一批精彩课堂。也正是在这个意义上，《普通高校思想政治理论课建设体系创新计划》进一步强调，要“坚持教学与科研相结合，努力探索攻克教学难关，强化马克思主义理论学科和科研对教学的支撑作用”。《高等学校马克思主义学院建设标准(2017 年本)》也明确要求，“思想政治理论课专职教师有明确的二级学科归属和研究方向”，要“坚持以思想政治理论课教学为核心的科研导向”。

诚然，注重教学研究，绝对不是要忽略理论研究。就提高思想政治理论课程教育教学质量和师资队伍水平而言，教学研究和理论研究是内在统一的。加强思想政治理论课教师的科研能力，就是要积极鼓励广大教师开展理论研究，不断增强“问题意识”，把教学中的重点难点问题、大学生关心的问题、理论上有争辩的问题以及社会上的热点问题等有机地归纳起来，作好梳理，深入开展研究，推动马克思主义中国化的理论创新，研究和回答重大理论和现实问题。《高等学校马克思主义学院建设标准(2017 年本)》提出的要求是，紧紧围绕马克思主义理论一级学科及其所属二级学科开展科研，从整体上研究马克思主义基本原理和科学体系，深入研究马克思列宁主义、毛泽东思想、邓小平理论、“三个代表”重要思想、科学发展观，深入研究习近平总书记系列重要讲话精神和党中央治国理政新理念新思想新战略①；紧紧围绕发展 21 世纪马克思主义、当代中国马克思主义，深入研究新的历史条件下坚持和发展中国特色社会主义所面临的重大理论和实践问题；紧紧围绕进一步办好高校思想政治理论课程，深入研究思想政治理论课程教学重点难点问题和教学方法改革创新问题。

在新的历史条件下，思想政治理论课教师开展科学研究，采用的不应再全是“个体户”“小作坊”等“单干”的方法，而是可以采取集体攻关方式，统筹各方面资源，建立教学改革智库，开展教学重点问题研究，建立教学热点难点定期搜集解答制度，不断深化教学改革、增强教学效果。从具体措施上讲，思想政

---

① 基于党的十九大胜利召开，这部分的表述后可增加：特别是要深入研究习近平新时代中国特色社会主义思想。

治理论课教师应积极开展集体备课活动，并从制度上予以保障，要纠正把集体备课、教研活动仅仅看作一种中小学教师组织管理方式的片面认识，深入开展多种形式的教学讨论和交流。

需要指出的是，全面推进高校思想政治理论课程教师队伍建设，提升教师的学科意识和科研能力，应牢牢把握“以学科建设为支撑”的理念。近年来的实践充分表明，不仅马克思主义理论学科的确立，是十分重要和必要的；而且马克思主义理论学科对思想政治理论课程建设的“支撑”，也是非常全面和系统的。在实际工作中，将学科支撑“窄化”和“矮化”的片面倾向应被避免和克服。马克思主义理论学科的建立与思想政治理论课程建设之间有着内在的、必然的关联，但不能由此而推论，马克思主义理论学科的建立仅仅是为了支撑思想政治理论课程建设。思想政治理论课程建设，是一个由诸多因素和要件组成的有机整体；思想政治理论课程教学只是其中的一个方面。因此，不能把思想政治理论课程建设局限于教学方面，也不能把马克思主义理论一级学科及其二级学科方向的重要支撑作用，只是机械地与各门思想政治理论课程一一对应起来。更何况，有些二级学科尚无“匹配”的面向广大青年大学生的思想政治理论课程。

同样，加强和改进高校思想政治理论课程教师队伍建设，也需要以马克思主义理论学科为支撑。《中共中央宣传部 教育部关于进一步加强和改进高等学校思想政治理论课的意见》指出，马克思主义理论学科建设，要“为加强高校思想政治理论课建设，培养思想政治教育工作队伍提供有力的学科支撑”。《中共中央宣传部 教育部关于进一步加强高等学校思想政治理论课教师队伍建设的意见》提出，要“大力加强马克思主义理论学科建设”，“为马克思主义理论研究和思想政治理论课教育教学培养高水平的人才”。《普通高校思想政治理论课建设体系创新计划》指出，“加强马克思主义理论学科规范化建设，凝炼学科方向，汇聚学科队伍，扩大学科影响，把马克思主义理论学科建设成为哲学社会科学优势学科，构建以马克思主义理论学科为引领，相关学科为补充，有效支撑思想政治理论课建设的学科体系”。

从以上这些文件的表述和要求中，我们可以清晰地认识到，确立并加强马克思主义理论学科建设，既要注重“课”，也要注重“人”，即既要为思想政治理论课程教育教学提供有力的学术支撑，也要为思想政治教育工作队伍、思想政治理论课程教育教学教师队伍提供有力的学科支撑。对此，我们应该有完整的、全面的认识。“事在人为”“关键在人”。正是从这个意义上说，提高思想政治理论课程教育教学水平和质量，关键在于高水平的思想政治理论课教师，这才是问题的根本。由此可见，不能把学科建设和队伍建设看作“两回事”，而是要以“一回事”来加以谋划。在现实中，既没有“单纯”的学科建设，也没有“单纯”的队伍建设。必须把学科建设融入队伍建设之中，必须在队伍建设实践中加强学科建设的意识和举措。

提高思想政治理论课教师的学科优势和科研能力，必须大力加强马克思主义理论学科建设，必须“为高等学校思想政治理论课教师队伍建设提供学科支撑”，使思想政治理论课教师“工作有条件、干事有平台、发展有空间，增强责任感和归属感”。①

第三节　加强和完善高校思想政治理论课程教师队伍建设的制度保障

一、大力加强高校思想政治理论课程教学科研组织建设

推进高校思想政治理论课程教师队伍建设，必须大力加强适合思想政治理论课教师管理和发展的组织建设。因此，从实际出发，“建立健全教学科研组织机构”，是一项具有十分重要意义的工作。

《中共中央宣传部 教育部关于进一步加强高等学校思想政治理论课教师队伍建设的意见》提出：“各高等学校应当建立独立的、直属学校领导的思想政治理论课教学科研二级机构。该机构是思想政治理论课教学部门和马克思主义理论研究机构，又是马克思主义理论学科点的依托单位。其职责是：统一管理思想政治理论课教师，负责思想政治理论教学、科研、社会服务和相关管理工作；负责马克思主义理论学科建设、人才培养和教学科研梯队建设等工作。”这一明确的要求，既有重要的指导性，又有鲜明的针对性。

高校思想政治理论课程教学科研组织建设问题，中央历来是十分关注和重视的，多次就“直属学校党委领导”“独立的二级机构”等规定，予以重申和强调。1978 年 4 月，教育部办公厅颁布《关于加强高等学校马列主义理论教育的意见》，其中明确要求：“许多高等院校的马列主义教研室，属于系(处)级编制的单位，直属党委领导，这是比较合适的。这样做，理论课教师，特别是其中的党员，对党的方针、政策、指示的精神，可以了解得快些。”1991 年 8 月，原

---

① 中共中央宣传部、教育部：《中共中央宣传部 教育部关于进一步加强高等学校思想政治理论课教师队伍建设的意见》，2008 年 9 月 23 日。

国家教委颁布《国家教育委员会关于加强和改进高等学校马克思主义理论教育的若干意见》，其中也明确提出，“马列教研室(部)是理论课教学的直接组织和实施单位，要充分重视和采取措施加强教研室(部)的建设”。这一文件还明确要求，“高等学校的马列教研室(部)等同于校系级建制，应配备专职工作人员。要加强教研室(部)党政领导班子建设，加强教师思想政治工作”①。诚然，对于强调马列主义教研室的“系(处)级编制”“校系级建制”，不能简单地作“官本位”的评判，而应看到，其充分体现了该组织机构的重要地位及应得到的重视和尊重。

“历史的经验值得注意”。中央再次强调“加强高等学校思想政治理论课教学科研组织建设”“建立健全教学科研组织机构”，是有其历史背景和演进过程的。新中国成立以后到改革开放初期相当长一个历史时期内，各高校负责政治理论课管理的教学科研组织，一般被称为“马列主义教研室”；从事政治理论课教育教学的教师，一般被称为“马列教师”。自 20 世纪 80 年代中后期起，以“社会科学部”(社科部)的称谓逐步取代马列主义教研室的现象日趋普遍，以至于日后已几乎不再有马列主义教研室这一机构。需要说明的是，这绝不是从根本上取消高校的马克思主义理论教育教学，而是原先的马列主义教研室在定位和功能上“悄然”发生变化。对于其中所包含着的不容忽视的历史原因，我们应作具体的分析。概括起来讲，由于我国理工科高校数量较多，在这些高校，政治理论课教师，作为文科教师，还承担了除政治理论课之外的大文科课程的教学工作，开设了一系列人文社会科学的选修课(通识课)。在完成政治理论课这一公共必修课的同时，不少学校的社科部，还陆续开办了一些专业，类似工作“母鸡”和孵化器，培育了不少文科的院系。然而，值得人们深思的是，原先独立设置、直属学校领导的马列主义教研室，由于功能和作用的演化，便不知不觉地“淹没”或“下属”于人文学院、文理学院、文法学院、法政学院了；而一些规模较小的学校，将之划入与外语、数学、语文乃至体育等一起的公共基础部的状况，也是较为普遍的。毋庸置疑，这样的组织架构，对于提高思想政治理论课程教育教学以及思想政治理论课程教师队伍的质量和水平，是有直接影响和负面效应的。

在新形势下，为了加强马克思主义理论学科建设和思想政治理论课程建设，中央提出“大力加强高等学校思想政治理论课教学科研组织建设”。在进一

---

① 教育部社会科学司：《普通高校思想政治理论课文献选编(1949—2008 年)》，中国人民大学出版社 2008 年版，第 142 页。

步加强和改进思想政治理论课程教师队伍建设的总体布局中，强调“建立健全教学科研组织机构”，是十分及时和必要的。其中，有三个方面是需要深刻认识和切实贯彻的。第一，这一组织机构，在人财物等方面，必须是完全独立的(既不能与其他机构藕断丝连，也不能在重大决策上丧失话语权)。第二，这一组织机构，在隶属关系方面，必须是直属学校领导的(没有所谓的中介环节)。第三，这一组织机构，在定位和职责方面，主要涉及两点：一是加强思想政治理论课程教学和马克思主义理论研究，二是加强马克思主义理论学科建设。二者相互联系、相互促进，任何一个方面都不能偏废。

建立健全思想政治理论课程教学科研组织机构，选好用好该组织机构的负责人，都是至关重要的。中央在确定思想政治理论课程教学科研组织机构的同时，提出了“选配好教学科研组织负责人”的明确要求：要将思想政治理论课程教学科研组织负责人遴选配备和培养培训工作，纳入学校干部队伍建设规划。要选拔政治强、业务精、作风正、懂管理的学术带头人和骨干教师，作为思想政治理论课程教学科研组织负责人。

为了使中央的要求在各地各高校得以贯彻落实，教育部颁布的《高等学校思想政治理论课建设标准》，对高校思想政治理论课程的组织管理、教学管理、队伍管理和学科建设等方面作了具体的规范，并要求采取自查和督查等多种方式，予以落实和推进。其中，关于思想政治理论课程教学科研组织机构及其负责人的如下两项内容，是十分突出的指标。第一，再次要求“独立设置直属学校领导的、与学校其他二级院(系)行政同级的思想政治理论课教学科研组织二级机构”，进一步明确“承担全校本、专科学生和研究生思想政治理论课教学任务，统一管理思想政治理论课教师”。这些要求具有明确的考查指向，杜绝相当程度上存在的“上有政策，下有对策”现象。也就是，明确要求这一组织机构，必须独立设置，而不能与其他二级院(系)共用、共享；同时，承担的教学任务，不是通常理解上的仅仅面向本专科学生，而是必须包括研究生在内的思想政治理论课程教学任务，尽可能避免一个学校的思想政治理论课程教学任务“分散”在多个院系，缺乏统一管理。第二，再次要求“配齐机构主要负责人”，机构主要负责人应“从事马克思主义理论学科研究和思想政治理论课教学，不得兼任其他二级院(系)的主要负责人”。这对于思想政治理论课程教学科研组织机构负责人，集中精力、专心致志、尽心尽职地搞好思想政治理论课程建设，有着十分重要的意义；也能够尽可能地避免“一套班子，两块牌子”的现象。2017 年 9 月教育部印发的《高等学校马克思主义学院建设标准(2017 年本)》还对马克思主义学院党政领导班子成员应是中国共产党党员这一点，作出了明确的规定："学院党政领导班子职数合理，配备齐全，团结进取。班子成员是中共党员，长期从事思想政治理论课教学和马克思主义理论学科研究，有奉献精神，开拓进取，群众认可。"

需要指出的是，在《高等学校思想政治理论课建设标准》中的这两项指标，是作为整个建设标准体系核心指标（A*）中的两项重要指标来确定的。按照检查评估要求，核心指标全部达标，是认定为"合格"的前提和基本条件。可见，中央对独立设置直属学校领导的、与学校其他二级院（系）行政同级的思想政治理论课程教学科研组织二级机构，对配齐这一机构的主要负责人，是高度重视和特别强调的。

对于拥有马克思主义理论学科点的高校，教育部也一再强调，思想政治理论课程教学科研机构是马克思主义理论学科点的依托单位，承担马克思主义理论科学研究、学科建设、研究生培养等工作。这就必须明确两个重要问题：一是马克思主义理论学科点设在思想政治理论课程教学科研机构，首要任务是为思想政治理论课程教育教学服务。二是除马克思主义理论学科下属的本科专业外，马克思主义理论学科点不办其他本科专业。这两个重要指标，再次廓清了马克思主义理论学科的"归属"问题，也进一步强调了思想政治理论课程教学科研机构着力搞好思想政治理论课程教学的主要职责。同样需要指出的是，这两项指标，也是作为整个建设标准体系核心指标（A*）中的两项重要指标来确定的，是具有举足轻重的重要意义和地位的。

时过境迁，斗转星移。近年来，不少高校已将原有的思想政治理论课程教学科研组织机构纷纷改名为"马克思主义学院"。名称变了，但基本职责、基本功能是不能变的。围绕组织机构、机构负责人以及学科点归属等重要内容，《普通高校思想政治理论课建设体系创新计划》提出，要"重点建设一批教学科研皆强的马克思主义学院""加强机构建设，建好高校马克思主义学院""建强独立二级机构"，并以此作为实施这一创新计划的重要内容。需要注意的是，这里的提法，不仅有"建设"，而且有"建强"。结合高校实际，进一步"建强"的要求主要包括：第一，研究制订马克思主义学院建设标准，推进思想政治理论课程教学科研机构科学规范建设。第二，实施重点马克思主义学院建设工程，建设一批集马克思主义理论学习教育、研究宣传、人才培养于一体的高水平马克思主义学院，使之成为办好高校思想政治理论课程的坚强战斗堡垒。尤其是各地宣传部门、教育行政部门要整合资源，推动社会力量共建高校马克思主义学院。第三，深入推进直属学校领导的独立二级教学科研机构建设。规范二级机构职能定位，使其统一管理全校本专科生、研究生思想政治理论课程教学，统一负责马克思主义理论学科建设，统一管理思想政治理论课程教师队伍。第四，加强二级机构领导班子建设，班子成员应是中国共产党党员，且从事马克思主义理论学科研究和思想政治理论课教学。2017 年，教育部专门印发了《高等学校马克思主义学院建设标准(2017 年本)》，对新形势下如何建设好高校马克思主义学院提出了全面系统的要求。

结合新的形势，中央再次重申和强调了马克思主义学院的“双重定位”，明确指出，马克思主义学院是高校思想政治理论课程的教学单位，也是主导马克思主义理论学科建设的教学科研机构。《高等学校马克思主义学院建设标准(2017 年本)》在“机构设置”栏目中，明确要求：学院是直属学校领导的独立二级机构，统一开设全校思想政治理论课(包括“形势与政策”课)，统一管理思想政治理论课教师，统一负责马克思主义理论学科建设。这个“双重定位”，是建设好马克思主义学院、发挥好马克思主义理论学科领航作用的重要前提，与思想政治理论课教师“一岗双能”“一身二任”的“双重定位”是有着内在联系的。在马克思主义理论学科发展建设的过程中，马克思主义学院不能“单打独斗”“自娱自乐”，而要与高校哲学社会科学各相关学院、相关学科“共同发展”“协同创新”，共同建设好马克思主义理论学科，要处理好主导地位和共同建设的关系，使马克思主义理论学科具有更大的开放性、融和性。截至 2017 年 4 月，我国已有 21 所高校的马克思主义学院入选“全国重点马克思主义学院”。

二、确立合适的“师生比”

“师生比”，通常来说，指的是一个教育教学单位的教师总人数与学生总人数之比。这一数值在一定程度上，反映了教师完成教学科研工作所花费的时间和精力，也在一定程度上关系到教育教学以及师资队伍建设的质量和效果。“师生比”，也可以有广义和狭义两种不同的测算方式。广义的“师生比”，是将一个教育教学单位的所有教师(除了从事课程教学的教师，还包括行政部门的教师)与所有的学生作为统计对象；而狭义的“师生比”，则是将从事某一课程教学的教师总人数与学习这门课程的学生总人数作为统计对象。我们这里所论述的“师生比”，指的是后者，即一个学校的在编在岗的专任思想政治理论课教师总人数与学习思想政治理论课的学生总人数之比。

确立合适的“师生比”，对于保证教育教学质量，对学生负责、对教学负责，同时对于关心教师、爱护教师等方面，都有着十分重要的意义。确立合适的“师生比”，这“合适”不是一个绝对的概念，而是一个相对的概念；是一个历史的范畴，不是一成不变的，而是随着历史的发展演进而进行确定的。

中央对思想政治理论课程教育教学的“师生比”历来是非常关心的，多次颁布文件，提出具体“量化”的指标要求。例如，1978 年 4 月，教育部办公厅颁布的《关于加强高等学校马列主义理论教育的意见》指出，学生数目在千人以上的学校，师生比例在理工科一般可以为 1∶80，文科一般可以为 1∶60；学生数目不满千人的，每门理论课至少配备教师 2～3 人。1984 年 9 月，《中共中央宣传部、教育部关于印发〈关于加强和改进高等院校马列主义理论教育的若干规定〉的通知》则提出，力争在 3 年、5 年内使教师与学生的比例分别达到文科 1∶80、理工科 1∶100，规模较小的院校每门课至少要配 3 名教师，并积极创造条件，进一步增加教师的数量。随着我国高等教育事业的不断发展，为了办好让人民满意的教育，让更多的孩子能圆进大学的梦，我国在校大学生的人数不断增加，特别是 20 世纪 90 年代末的“扩招”，使得专任教师总量不足的问题日益显现。思想政治理论课程存在相同的问题。当前，全国几万名思想政治理论课专任教师，需要面对每年几百万名本专科新生入学，还要面对数量与日俱增的研究生，教学任务繁重。这对于思想政治理论课程教育教学，无疑有着明显的影响。

为进一步加强和规范高校思想政治理论课程教师队伍的建设和管理，中央就“师生比”问题，多次提出要求。《中共中央宣传部 教育部关于进一步加强高等学校思想政治理论课教师队伍建设的意见》提出，要按照学生人数以及实际教学、科研和社会服务的需要，合理核定专任教师编制，配备足够数量和较高质量的思想政治理论课教师。这一文件明确要求，“本专科思想政治理论课专任教师要总体上按不低于师生 1∶350—400 的比例配备”。这一规定和要求，与先前的有关文件相比，反映了高校学生大幅度增加的现实，“师生比”提高了 3～4 倍。另外，这一规定和要求，从实际出发，使得长期存在的理工科和文科不同“师生比”的差别，伴随着理工科和文科学生思想政治理论课程总学分要求的“一视同仁”而相应取消。再则，这一规定和要求，有利于在一定程度上减轻教师的教学压力；有利于教师有较为充裕的时间接触学生、学习进修，以及从事科学研究；也有利于保障教师身体健康，避免超负荷工作；进而有利于教育教学水平和效果的提高。

在贯彻落实中央有关文件精神的实践过程中，2011 年教育部《高等学校思想政治理论课建设标准(暂行)》明确规定，本科、专科思想政治理论课专任教师按不低于师生(全日制在校本科、专科学生)1∶350—400 的比例配备。值得关注的是，该标准还特别提出了，“研究生思想政治理论课专任教师按相当比例配备(编制在思想政治理论课教学科研机构)”。这也就是对思想政治理论课的“师生比”往往局限于本科生、专科生，而“忽略”和“遗忘”研究生这一学生群体认识上的“纠偏”，对于思想政治理论课程教师队伍建设有着重要的现实意义。

4 年多之后，教育部又对这一“暂行”的文件进行了修订，以《高等学校思想政治理论课建设标准》命名并正式予以印发。其中，对本科、专科的“师生比”作了不同的要求，即“本科院校思想政治理论课专职教师按师生比 1∶350—400 配备，专科院校思想政治理论课专职教师按师生比 1∶550—600 配备”。《普通高校思想政治理论课建设体系创新计划》在规划思想政治理论课程教学人才体系时，就“师生比”也强调了这一规定：“本科和专科院校分别严格按照 1∶350—400 和 1∶550—600 的师生比配足配强专职教师。各高校要结合思想政治理论课教师岗位实际合理确定选聘条件，加强后备人才储备，充分保障思想政治理论课教学和科研用人需求。”目前，专科院校占据我国高等教育的“半壁江山”。但由于种种原因，专科院校的思想政治理论课教师数量少、教学任务重的现象十分突出(专科院校的专任教师编制一般都比较紧张)。虽然从目前的规定看，专科院校的“师生比”高于本科院校，但逐步达到这一“师生比”，将对配齐配足思想政治理论课教师及储备有重要指导意义。教育部印发的《高等学校马克思主义学院建设标准(2017 年本)》，则明确要求：“按照师生比不低于 1∶350的比例设置专职教师岗位，加快配齐建强专职教师队伍。”总之，要从各高校的实际出发，基于可持续发展的理念，结合岗位实际需求，合理确定选聘条件，不断加强后备人才储备，充分保障思想政治理论课程教学和科研用人需求，进而使整个高校思想政治理论课程“师生比”日趋合理完善。

三、完善教师队伍建设的考核评价体系和职务评聘体系

高校思想政治理论课程教师队伍建设既要有规划、提要求，也要重考核、常督察。过程性、发展性考核评价体系的建立和完善，有助于教师队伍的健康成长。建立、完善切合思想政治理论课程教育教学实际的职务(职称)评聘条例体系，是教师十分关注和关心的导向风标，与广大思想政治理论课教师的自身利益相关，对于教师个体发展和教师队伍整体建设有着重要意义。

(一)完善考核评价体系

思想政治理论课教师的考核评价体系，既要体现总体上的一般要求，也要适合各高校具体的实际。中央对此明确提出，各高等学校要制定思想政治理论课教师工作考核的具体办法，健全考核体系。考核结果要与教师的职务聘任、晋级、奖惩等挂钩。考核不合格的，要待岗学习；不能胜任的，要转岗分流。

坚持严格的考核评价，对于保持思想政治理论课程教师队伍的先进性和纯洁性，也是有着重要而深远的意义的。

思想政治理论课教师的考核评价体系，是一个有机的整体。政治方向，以及教学科研的业务素质，是其中主要的也是基本的考核评价内容。结合思想政治理论课程建设的实际，进一步健全教师考核评价制度，就是要正确处理教学和科研的关系，改革教学和科研评价方式，将课堂教学质量等作为重要评价标准，鼓励教师把主要精力放在研究教学内容、创新教学方法、提高教学实效上。考核和评价，可以督促教师尽心尽职尽责地完成本职工作，持续激发教师的工作热情和创造力。《高等学校马克思主义学院建设标准(2017 年本)》还进一步指出，要以学生获得感为评价导向，以“有虚有实、有棱有角、有情有义、有滋有味”为根本标准，在学生评教基础上进一步完善教师评价制度，探索实行思想政治理论课教师课堂教学退出机制。

目前，各高校开展的考核评价通常为年度考核、聘任期考核，其方式方法主要为考核小组评议，领导、同行听课，学生评教等。考核评价应注重公正性、公开性、科学性、综合性，坚持物质和精神相统一的激励机制和举措，以评促建、评建结合。

(二)完善职务评聘体系

思想政治理论课教师，作为知识分子，普遍存在的一个心理状态是，追求“体面”的职业和希望得到社会的“尊重”。其中，职务(职称)评聘，无疑是其一个重要的“关注点”和“聚焦点”。中央对此也予以十分的关心和注重，并根据思想政治教育的重要地位和客观实际，多次提出明确的要求。

《中共中央、国务院关于进一步加强和改进大学生思想政治教育的意见》就“建立完善大学生思想政治教育专职队伍的激励和保障机制”这一重要问题，从“大思政”的宏观角度强调提出，“完善思想政治教育队伍的专业职务系列，从思想政治教育专职队伍的实际出发，解决好他们的教师职务聘任问题，鼓励支持他们安心本职工作，成为思想政治教育方面的专家”。《普通高校思想政治理论课建设体系创新计划》也强调指出，“要探索建立符合思想政治理论课教师职业特点的职务职称评聘标准，提高教学和教学研究占比，引导和鼓励思想政治理论课教师将更多时间和精力投入到教学中”。高校思想政治理论课教师是思想政治教育专职队伍中的重要组成部分，解决好职务聘任，意义重大。因此，“思想政治理论课专业技术职务高级岗位比例不低于学校重点学科高级岗位设置的平均水平，且不得挪作他用”。《高等学校思想政治理论课建设标准》的这一重要规定，必须在实际中得以贯彻和落实。

中央的一系列文件，从高校思想政治理论课教师队伍建设的实际出发，明确提出了教学、调研报告等成果的认定问题。其中包括："教师获得的教学成果类奖项、被有关部门采纳并发挥积极作用的社会调研报告应作为专业技术职务评定的依据"；要"根据思想政治理论课教师岗位职责要求，进一步完善专业技术职务评聘标准，注重考核教学能力和教学实绩。教学研究成果和社会调研报告凡被有关部门采纳、发挥了积极作用的，应作为职称评定的依据"。需要指出的是，注重教学类成果、强调联系实际的调研报告，在一定的意义上说，也是一种"倒逼"，促进思想政治理论课教师潜心教学，注重教学积累和创新。同时，思想政治理论课教师应联系实际，深入基层开展科研，注重现实问题的调查和研究，注重解决实际问题。

这一系列重要导向，强调了思想政治理论课教师的职务(职称)评聘，要充分体现和符合"立德树人""教书育人"要求，增强"吸引力和感染力""针对性和实效性"等思想政治理论课教师岗位职责的要求，而不是"笼统地""一味地"计算课题、论著的"数量"和"档次"。另外，"注重考核教学能力和教学实绩"和"提高教学和教学研究占比"，并不能被机械地理解为思想政治理论课教师的职务(职称)评聘可以"忽略"甚至"放弃"对科研的考核。教学与科研相互联系、相互促进，没有科研支撑的教学，显然是浅薄的。

根据网络和信息飞速发展的新的实际，《关于进一步加强和改进新形势下高校宣传思想工作的意见》提出了新的任务和新的要求，"要创新网络思想政治教育，开展高校校园网络文化建设专项试点工作，大力推进校报校刊数字化建设，探索建立优秀网络文章在科研成果统计、职务职称评聘方面的认定机制"①。《普通高校思想政治理论课建设体系创新计划》也就此作了进一步的强调："推动思想政治理论教育网络期刊建设，探索建立思想政治理论教育类优秀网络文章在科研成果统计、职务评聘方面的激励机制。"因此，对于积极投入网络思政研究并取得成果的教师，应予以充分的肯定和鼓励。

此外，在全面推进高校思想政治理论课程教师队伍建设的系统工程中，"完善教师队伍建设的考核评价体系和教师职务评聘体系"与"完善教师表彰奖励机制"，是有着内在紧密关联的。《中共中央宣传部 教育部关于进一步加强高等学校思想政治理论课教师队伍建设的意见》，把"完善教师表彰奖励机制"作为队伍建设的一个重要内容，明确提出，"在教育系统各类教师表彰体系中，

---

① 《中共中央办公厅、国务院办公厅印发〈关于进一步加强和改进新形势下高校宣传思想工作的意见〉》，载《人民日报》，2015年1月20日。

要对思想政治理论课教师的评比确定相应比例，进行统一表彰，增强教师的责任感和荣誉感。要及时发现、树立思想政治理论课教师先进典型，加大宣传、推广力度”。《高等学校思想政治理论课建设标准》以考察评价指标的方式，明确提出，在学校各类教师表彰体系中，要“为思想政治理论课教师确定一定比例，进行统一表彰”。

近年来，各级领导充分重视思想政治理论课程教师队伍建设，不断开展思想政治理论课教师尤其是青年教师的表彰奖励活动，这是广大思想政治理论课教师有目共睹、感同身受的。习近平多次提出的“每个人都有人生出彩的机会”①的温馨话语，在思想政治理论课教师身上同样得到了生动的体现。“生活在我们伟大祖国和伟大时代的中国人民，共同享有人生出彩的机会，共同享有梦想成真的机会，共同享有同祖国和时代一起成长与进步的机会。”②专门为思想政治理论课教师“量身定制”的“高校思想政治理论课优秀教师”“高校思想政治理论课教学能手”等荣誉称号，为加强优秀骨干人才培养而实施的“全国高校优秀中青年思想政治理论课教师择优资助计划”，为深化教学方法改革而实施的“高校思想政治理论课教学方法改革项目‘择优推广计划’入选项目和培育项目”，都在高校思想政治理论课教师中引起较为热烈的反响。把握机遇，人生出彩，思想政治理论课教师应为之不懈努力并倍加珍惜。

在梳理和总结先前诸多举措和实践经验的基础上，《普通高校思想政治理论课建设体系创新计划》就完善思想政治理论课教师表彰奖励机制，作了进一步的要求。“积极选树思想政治理论课教师、教学科研二级机构先进典型，推选年度影响力人物、教学名师、教学能手和优秀团队。探索建立思想政治理论课荣誉教师制度，宣传长期从事思想政治理论课教学的一线优秀教师先进事迹。各地各高校要完善思想政治理论课建设激励办法，逐步形成国家、地方和高校三级激励机制。”在今后的表彰奖励的具体实施过程中，不仅要嘉奖思想政治理论课教师“个体”，而且要嘉奖“团队”和“机构组织”；不仅要嘉奖青年优秀教师，而且要嘉奖为思想政治理论课程长期默默奉献的中老年教师；不仅以教育部层面进行嘉奖，而且要建立好各地、各校的奖励激励机制，从而形成一个有机的整体，促进思想政治理论课教师循序渐进的发展。

当下，确保在学校发展规划、经费投入、公共资源使用中优先保障思想政治理论课程建设，在人才培养、科研立项、评优表彰、职务评聘等方面优先支

---

① 《习近平：加快发展职业教育 让每个人都有人生出彩机会》，载《中国人才》，2014年第7期。

② 《习近平在十二届全国人大一次会议闭幕会上发表重要讲话》，http://cpc.people.com.cn/n/2013/0317/C64094-20816352.html，2016年5月17日。

持思想政治理论课教师，真正落实思想政治理论课程在学校教育教学体系中的重点建设地位，重视和加强思想政治理论课程建设的良好局面正不断形成。然而，值得冷静思考的是，优秀的人才培养、有实效的课堂教学、高质量的科研成果，毕竟不是靠金钱“砸出来”的，也不是靠荣誉“堆出来”的。完善教师的表彰奖励机制，除了“外界”的扶持以外，归根到底还是取决于教师自身全面素质的提高。对于优秀青年思想政治理论课教师来讲，更应该淡泊名利，心胸开阔，认真学习，苦练内功，为高校思想政治理论课程建设和马克思主义理论学科建设，作出一些实实在在的贡献。

完善教师队伍建设的考核评价体系和教师职务评聘体系，以及完善相应的表彰奖励机制，都需要领导重视，作好统筹。可作借鉴的是，以《普通高等学校本科教学水平评估方案(试行)》为依据的评估活动，在高校中普遍得到重视，对促进学校教育教学发展有着一定的作用。因此，国家可进一步把思想政治理论课程建设作为高等学校教学水平评估体系的重要组成部分，将其列为二级指标，加大其权重和显示度。凡思想政治理论课程教学达不到基本要求的，该校教学水平测评不能评为优秀等级。国家要将思想政治理论课程教师队伍建设作为考核高等学校工作的一项重要内容，作为考核高等学校领导班子工作水平和工作绩效的重要依据。从体制机制上说，“高校党委书记是思想政治理论课建设的第一责任人”，而不是“想当然”地以为是分管副书记为负责人。“落实学校党委书记第一责任人责任，校长要切实负起政治责任和领导责任”，《高等学校马克思主义学院建设标准(2017 年本)》把这一要求作为整个建设标准的第一条，意义重大而深远。此外，党委书记、校长和分管校领导要切实负起政治责任和领导责任，真正落实思想政治理论课程在学校教育教学体系中的重点建设地位。

思考题：

1. 改进和加强高校思想政治理论课程教师队伍的建设与发展，对于马克思主义理论学科建设和思想政治理论课程教育教学具有哪些意义和作用？

2. 高校思想政治理论课教师如何在实践中做到“职业”与“事业”的统一？

3. 高校思想政治理论课教师，尤其是青年教师，如何在“一岗双能”“一身二任”的平台上有所作为？

4. 高校思想政治理论课教师如何践行“四有好老师”的要求？

5. 如何结合实际搞好高校思想政治理论课程专兼职教师队伍的建设？

6. 开展高校思想政治理论课程教师队伍的培养培训工作，可采用哪些富有成效的方式和措施？

第八章　高校思想政治理论课程建设标准与教学评价

2011年1月，教育部颁布了《高等学校思想政治理论课建设标准(暂行)》，它为高校思想政治理论课程建设提供了标准化建设方式，也为高校思想政治理论课程建设提供了指南。2005年9月，通过对这一文件进一步修订完善，教育部颁布了《高等学校思想政治理论课建设标准》。高校思想政治理论课程教学评价是思想政治教育评价的基本类型和主要内容之一，它是高校思想政治理论课程教学效果的重要保证，也是增强思想政治理论课程教学活力的重要环节，更是促进高校思想政治理论课程教学改革的动力源泉。

第一节　高校思想政治理论课程建设标准

《高等学校思想政治理论课建设标准》对高校思想政治理论课程提出了多层次多指标的建设要求，是高校思想政治理论课程建设的标准化文件。

一、高校思想政治理论课程建设标准的要素

《高等学校思想政治理论课建设标准》规定了高校思想政治理论课程建设的五个要素(五个一级指标)：组织管理、教学管理、队伍管理、学科建设、特色项目。每个要素都有详细的二级指标建设意见，二级指标是一级指标的细化；每个二级指标又有相应的三级指标建设意见。三级指标是二级指标的进一步细化，为高校思想政治理论课程建设指出了更清晰的方向。各要素的二级指标如下。

第一，组织管理：领导体制、工作体制、机构建设、专项经费。

第二，教学管理：管理制度、课程设置、教材使用、课堂教学、实践教学、教学方法改革、教学成果。

第三，队伍管理：政治方向、师德师风、教师选配、培养培训、职务评聘、经济待遇、表彰评优。

第四，学科建设：学科点建设、科研工作。

第五，特色项目：教学改革特色项目、其他。

文件明确规定，在指标类别上，分为 A*、A、B 三类，共 39 项，其中 A* 为核心指标(7 项)，A 为重点指标(9 项)，B 为基本指标(23 项)。在评价标准上，本科院校 A* 指标 7 项、A 指标 8 项以上、B 指标 20 项以上达标方可认定合格；专科院校 A* 指标 5 项、A 指标 7 项以上、B 指标 19 项以上达标方可认定合格。指标类别和评价标准的确立，进一步厘清了高校思想政治理论课程建设的标准。

二、高校思想政治理论课程建设标准的内涵分析

第一，强化高校思想政治理论课程的国家意志性。作为对国家主流意识形态进行宣传的主要课程形式，高校思想政治理论课程体现着清晰的国家意志性。教育部通过颁布相关政策文件、制定各种措施，保证和促进高校思想政治理论课程的发展。《高等学校思想政治理论课建设标准》通过各种三级指标，明确地体现了高校思想政治理论课程的国家意志性。文件明确规定，在领导体制上，高校思想政治理论课程由学校党委直接领导；在机构建设上，把思想政治理论课程建设列入学校事业发展规划，作为学校重点课程予以建设，有条件的本科院校同时应将其作为重点学科来建设，每年至少进行一次专项督查；在教材使用上，要使用马克思主义理论研究和建设工程重点教材思想政治理论课程最新版本统编教材，而且“形势与政策”课要根据教育部下发的教育教学要点来组织教学，选用中宣部和教育部组织制作的《时事报告(大学生版)》和《时事》DVD 作为学生学习辅导资料；在教师队伍的政治方向上，规定思想政治理论课教师应坚持正确的政治方向，有扎实的马克思主义理论基础，在事关政治原则、政治立场和政治方向的问题上与党中央保持一致；在学科建设上，马克思主义理论学科点设在思想政治理论课程教学科研机构，首要任务是为思想政治理论课程教育教学服务。高校思想政治理论课程的政治方向性直接决定着课程为谁服务的问题，这是决定课程存亡的关键性因素，任何时候都不能动摇。

第二，在组织管理上，强化管理，设置思想政治理论课程教学科研组织二级机构。《高等学校思想政治理论课建设标准》以明确条文的形式规定了学校党委、学校党政主要领导和分管领导的职责，规定了学校党政部门和思政课教学科研机构在落实思想政治理论课程教育教学、学科建设、人才培养、科研立项、社会实践、经费保障等各方面的职责。文件提出独立设置直属学校领导的、与学校其他二级院(系)行政同级的思想政治理论课程教学科研组织二级机

构，并对机构的设置从职能、组织领导和资源配备等方面进行了规定。文件从财政上对专项经费再一次作明确规定。组织管理是对高校思想政治理论课程建设的组织保证和财力保证，为高校思想政治理论课程教学的顺利展开提供了组织上和财力上的条件。

第三，在教学管理上，重申落实“05 方案”，强化统编教材的使用。《高等学校思想政治理论课建设标准》对高校思想政治理论课程教学的管理制度、课程设置、教材使用、课堂教学等七个方面作出了详细规定，明确提出要健全教学管理制度、落实“05 方案”、使用统编教材、限定班额、采取实践教学、探索教学方法改革的手段、实施教学成果评选等，特别重申落实“05 方案”，强化统编教材的使用。在“05 方案”的落实上，文件进一步指出要按照“05 方案”“10 方案”的规定，根据学校培养人才层次，落实课程和学分及对应的课堂教学学时，无挪用或减少课时的情况。在教材的使用上，文件指出使用马克思主义理论研究和建设工程重点教材思想政治理论课程统编教材。文件从政策层面对高校思想政治理论课程教学管理进行了规定，有利于高校思想政治理论课程教学的顺利展开。

第四，在队伍管理上，严格教师的选配，注重教师的专业成长。《高等学校思想政治理论课建设标准》在教师选配上，强化了思想政治理论课教师的政治方向，规定本科院校思想政治理论课专职教师按师生比 1∶350—400 配备，专科院校思想政治理论课专职教师按师生比 1∶550—600 配备；新任专职教师原则上应是中共党员并具备马克思主义理论相关学科背景硕士以上学位。这些规定保证了思想政治理论课教师政治层面的方向性和学历层面的要求，为高校思想政治理论课程教学保证了良好的师资来源。文件为教师的专业成长创造了条件，规定了新任教师的岗前培训、专任教师的示范培训或课程培训或骨干研修、专任教师的进修和学历提高；在职务评聘上，明确规定思想政治理论课程专业技术职务高级岗位比例不低于学校重点学科高级岗位设置的平均水平，且不得挪作他用；在经济待遇上，规定思想政治理论课教师的实际平均收入不低于本校教师的平均水平；在表彰评优上，也作了相应规定。文件从制度层面上保证了思想政治理论课教师的专业成长和薪酬待遇，有利于思想政治理论课教师安心工作、乐于工作。

第五，在学科建设上，明确学科建设的首要任务。《高等学校思想政治理论课建设标准》对学科建设中的学科点建设和科研工作作了规定，明确指出，马克思主义理论学科点设在思想政治理论课程教学科研机构，首要任务是为思想政治理论课程教育教学服务，马克思主义理论学科的学术骨干必须是思想政治理论课程的教学骨干。学科建设是思想政治理论课程教学发展的基础和源泉，它的发展为思想政治理论课程教学的发展提供了广阔平台。

第六，在特色项目上，注重教学改革特色项目。《高等学校思想政治理论课建设标准》强调指出，开展思想政治理论课程教学改革与创新，开发能够推动思想政治理论课程建设工作的其他有特色的项目。特色项目为思想政治理论课程的教学特色发展和个性发展提供了科研支持。

第二节　高校思想政治理论课程教学评价

一、高校思想政治理论课程教学评价概述

（一）高校思想政治理论课程教学评价的概念

高校思想政治理论课程教学评价是指根据思想政治理论课程的教学目标，运用科学评价的理论、方法和技术，对思想政治理论课程的教师、教学过程与教学效果，进行全面、客观、公正的价值判断的活动。它为教育决策提供有用的信息，以使教师得到最大限度的发展。教学评价是一项内容多、涉及面广的评价活动，它不是目的，而是一种手段。这种评价活动所涉及的内容大致包括以下几方面：教师学习进修、知识更新的评价；教师所教学科的知识性的评价；教师教学方法和教学水平的评价；教师教育思想工作态度的评价；教师教学效果的评价、学生成长情况的评价；等等。思想政治理论课程教学评价是思想政治理论课程教学过程的一个重要环节，是推动思想政治理论课程教学持续有效进行的重要手段。思想政治理论课程教学评价既可以为思想政治理论课程教学目标的科学定位、教学内容与教学方法的优选提供依据，从而促进马克思主义理论学科的发展；又能为一切关心教育、关注学生品德发展的人提供重要的反馈信息。

（二）高校思想政治理论课程教学评价的特点

对高校思想政治理论课程进行评价的重点内容是对高校思想政治理论课程的教学进行评价。高校思想政治理论课程及其教学的性质和特点，决定了高校思想政治理论课程教学评价的性质和特点。按照马克思主义评价理论，一切评价都是评判、评定或评估价值。高校思想政治理论课程教学评价就是依据马克

思主义评价理论特别是其教育评价理论，按照一定的价值标准和评价标准及其指标体系，运用科学、合理、简便、可操作的评价方法，对这种教学所涉及的各个方面和各个要素、整个过程和各个环节的价值关系、价值事实和教学效果进行判定。由于高校思想政治理论课程教学的价值既包括对青年学生个体和群体发展的价值，又包括对经济、政治、文化以及社会发展的价值；既包括教师的“教”和学生的“学”所具有的价值，也包括教学方案、教学过程、教学方法、教学管理、教学效果所具有的价值，因此，高校思想政治理论课程教学评价就构成了一个体系。

高校思想政治理论课程教学评价属于思想政治教育评价的范畴，与学生品德测评有比较密切的关系。二者之间具有许多共同的特征，但是思想政治理论课程教学评价又不能等同于一般的思想政治教育评价和学生品德测评。高校思想政治理论课程教学评价体系的建构具有自身内在的规定性和特殊性。高校思想政治理论课程教学评价的特点概括如下。

首先，高校思想政治理论课程教学评价具有鲜明的政治性，这种政治性要求是高校思想政治理论课程本质属性的自然延伸。如前所述，思想政治理论课程教学的目的在于使学生在掌握马克思主义理论的基础上，能够正确地运用这个理论去解决中国特色社会主义建设中的实际问题。故而思想政治理论课程教学评价的重点，应该侧重考查学生对马克思主义理论的应用能力，而这些能力主要是一种政治能力。教学评价的内容，应该主要侧重教师对马克思主义理论和社会主导思想政治要求的传播能力，以及学生的马克思主义理论和思想政治品德的发展状况。显然，这些内容也都具有鲜明的政治性色彩。因此，在高校思想政治理论课程教学评价过程中，一个贯穿始终的评价标准就是必须坚持正确的政治方向，必须与我们的社会所倡导的主流意识形态保持一致，必须与党和国家的思想理论体系以及路线方针政策指向一致。

其次，高校思想政治理论课程教学评价具有特殊的针对性，这种针对性要求是与高校思想政治理论课程的教学内容相互关联的。我们知道，思想政治理论课程教学评价的目的，主要是评价马克思主义理论教育教学和思想品德教育教学的实际效果。这就与一般的思想政治教育评价有所不同。同时，与个体品德发展测评比较，思想政治理论课程教学评价仅仅是评价单一因素即思想政治理论课程教学活动对个体品德发展的影响。这就需要排除对学生思想品德产生影响的其他因素，比较客观地估价思想政治理论课程教学对学生思想品德发展的价值、功能和作用。另外，高校思想政治理论课程教学评价的范围虽然具有广泛性，包括评价教师、评价学生、评价课程和教材、评价教学过程、评价学习过程、评价教学管理、评价教学效果、对教学评价的评价等，但思想政治理论课程教学评价主要是评价参与思想政治理论课程教学的主体和客体，评价思想政治理论课程的教授过程和学习过程等。

最后，高校思想政治理论课程教学评价具有高度的复合性，这种复合性要求是与高校思想政治理论课程教学目标的多样性密不可分的。美国教育心理学家布卢姆(Bloom)曾提出，教育教学的目标涉及三个领域：认知领域(包括知识、理解、运用、分析、综合、评价等目标层次)；情感领域(包括接受、反应、形成价值观念、组织价值体系、价值个性化等目标层次)；动作技能领域(包括知觉、行动、动作、体能、交际等项目标)。按照这种划分方式，高校其他课程的教学目标通常主要涉及认知领域和动作技能领域。然而，高校思想政治理论课程的教学目标不仅涉及认知领域，而且涉及情感领域和动作技能领域。这种高度复合性的目标，要求学生在学习思想政治理论课程之后，不仅要在情感领域予以接受和内化，而且要在动作技能领域勇于实践、不断外化，从而做到知行统一。反映到思想政治理论课程教学评价的内容体系上，就是必须把知识、情感、技能、态度、政治观、价值观等内容复合在一起进行综合评价。

(三)高校思想政治理论课程教学评价的作用

第一，导向作用。思想政治理论课程教学评价的导向功能强调思想政治理论课程教学要遵循思想政治理论教育教学的特殊性规律，强化思想政治理论课程教学“育人”的作用。思想政治理论课程是面向所有大学生的公共必修课，是帮助大学生树立正确的世界观、价值观和人生观的重要途径，体现了社会主义大学的本质要求。要充分发挥课堂教学在大学生思想政治教育中的主导作用，其中思想政治理论课程是大学生思想政治教育的主渠道。

第二，反馈作用。评价作为一种反馈—矫正系统，用于教学过程中的每一步以判断该过程是否有效。如果无效，必须及时变革，以确保过程的有效性。思想政治理论课程教育教学作为一个具体的、生动的过程，有赖于反馈信息的获取和对反馈信息的及时处理应对，以此帮助思想政治理论课教师改进教学方式。

第三，激励作用。思想政治理论课程教学评价中的对教师教学水平及教学价值的评价，是以确认教师教学创造性劳动为前提的，因此，可以激发思想政治理论课教师提高教学质量的积极性、主动性和创造性。教学效果评价也同样可以激发学生学习的积极性，促使学生进步发展。

二、高校思想政治理论课程教学评价的主客体

高校思想政治理论课程教学评价的主体和客体均具有多元性的特点。对于高校思想政治理论课程而言，多元性是由其本身的价值所决定的。价值多元主义是哲学性的伦理学中的一种思想，它认为：在现实中，同等地存在着正确的、根本的多重价值，这些价值是矛盾统一的，在多种情况下，它们之间是不能相互替换的，因为它们不具有客观的序列性。高校思想政治理论课程教学评价的多元性，意味着在高校思想政治理论课程教学评价中存在着多元的主体和多元的客体。

（一）高校思想政治理论课程教学评价的主体

高校思想政治理论课程教学评价的主体是参与教育评价活动的组织者与实施者，他们按照一定的标准对评价客体进行价值判断。评价主体是开展思想政治理论课程教学评价的首要因素，是开展高校思想政治理论课程教学评价的基点，居于支配地位，掌控着主动权，具有复合性特征，包括管理者、教师、学生和社会等。

第一，管理者。高校思想政治理论课程评价的管理主体，主要指教育主管部门的有关领导、专家、课程理论工作者，以及专业化、专门化的课程评价中心人员等。他们能够结合高校思想政治理论课程的管理来进行综合的、总体的评价。管理主体通过对高校思想政治理论课程建设进行监督、检查、评价、指导，保证国家有关教育的方针政策法规的贯彻执行和教育目标的实现，进而指导高校思想政治理论课程建设实践，确保高校思想政治理论课程发挥思想政治教育的主导作用。

高校思想政治理论课程评价的管理主体主要有以下几种：一是领导。教育主管部门的领导直接掌握着学校发展的至关重要的行政权力，具有评价的行政权威，其评价的影响力比较大。二是专家。一些科研式评价组织或临时性评价组织，作为高校思想政治理论课程评价的学术团体和研究机构，其评价专家由多方面专业人员组成，包括思想政治教育的理论工作者和实际工作者两方面的专家，以高校思想政治理论课程评价的理论和实践为研究对象，推进课程评价的知识和技术普及，参与并指导高校思想政治理论课程的评价活动。三是高校课程教学管理人员和辅导员。课程教学管理人员作为评价主体更侧重高校思想政治理论课程的实践效果，目的在于了解课程建设实践是否规范，教学质量是否得到提高，课程教学措施是否得到贯彻执行。高校辅导员，是工作在高校第

一线的学生教育管理人员，是高校思想政治教育工作的骨干力量，同时也是思想政治理论课程的评价者。在评价高校思想政治理论课程对学生思想行为产生的影响上，高校辅导员往往有比较大的发言权。

第二，教师。高校思想政治理论课程评价的教育主体，主要指的是课程教学的实施者，即教师。教师既是课程的教学主体，又是教学的评价主体。教育主体的评价既包括对学生学的评价，也包括对教师教的评价。对教师教的方面的评价，既有教师自评，又有同行评价。

教师自评是指教师作为课程评价主体对自己开展的课程实践的总结和评价，又称自我总结性评价。教师自评一方面可以帮助课程教学实施者就课程教学实施的各个方面作出系统的梳理，得出合乎科学的结果；另一方面可以帮助课程实施者就课程实践的实际效果、操作措施和理论发现作出较为详细的说明和总结，以便为其他评价者提供充足的事实依据，同时也可为经验的推广提供基础。教师工作的创造性、复杂性特点，决定了只有教师本人才能更具体地了解自己在每项工作中努力的程度。卡罗尔(Carroll)指出，自我评估技能使教师本人能够洞察、理解和解释来自其他方面的材料。教师自评要求充分尊重教师在评价中的主体地位，充分调动每位教师的主动性、自觉性、积极性，使评价的过程真正成为教师自我认识、自我分析、自我改进、自我完善和自我教育的过程，使教师的评价工作达到预期的目的。教师的自我客观评价，可以对课程的建设起到诊断作用，从而促进课程的改进；也可以为其他评价者或课程建设者指明努力的方向。

就我国高校而言，以同行作为评价主体的课程教学评价方式主要是指由各教研室、各系甚至校外同专业的教师互相听课进行评价。由于同行对被评价教师的学术水平和教学能力比较了解，双方对课程实施有许多共同的感受和体验，因此评价结论有一定的准确性和权威性，而且对于促进教学法研究、集体备课以及统一课程教学要求也有一定的好处。同行非常了解教师这一职业的性质和存在的问题，因此在对被评价教师的学术水平与教学能力进行评价方面，他们处在最有利的地位。同行是对课堂教学活动、教材，以及对教师需达到的要求比较熟悉的评价者，最能就教师教学工作的改进提出具体与实用的建议。同行评价应采用多种评价方法，使多种评价信息互相补充，以提高评价的可靠性和有效性。

第三，学生。高校思想政治理论课程评价的学习主体，主要指的是教育对象，即学生。他们是高校思想政治理论课程教学实践的直接参与者，既是课程学习的主体，又是课程评价的主体。学生作为评价主体，既可以评价教师的教，也可以评价自己的学。高校思想政治理论课程是否有价值，主要看高校思想政治理论课程是否对学生政治素质与思想道德素质的形成和发展有价值。高校思想政治理论课程的价值最终体现在教育对象政治素质与思想道德素质的提高上，其效果最终体现在教育对象身上。对高校思想政治理论课程的评价必须以是否有效满足学生政治素质与思想道德素质乃至综合素质形成、发展的需求为中心，而最能检验高校思想政治理论课程是否真正有效满足学生的发展需求的人应该是学生自身。正是基于这一理由，当今在国内外高校中，学生评价课程教学已成为一种普遍应用的评价方式。高校思想政治理论课程评价是一个动态的过程，需要在一定的时空环境下了解教育对象过去、现在的思想品德状况，并分析其未来的发展趋势，在纵横向的比较中全面、客观地作出评价。教育者的评价必不可少，但同时应该更多地使用教育对象的自我评价和同伴互评，充分调动教育对象评价的积极性、主动性，使教育对象参与评价标准的确定、评价方法的选择、评价信息的取得、评价结果的解释等一系列评价活动。学生互评是获得信息的一条重要渠道，因为学生平时相处的时间较多，相互了解得也较深，能够清楚地看到高校思想政治理论课程在同伴思想、行为上引起的变化，发现同伴的优点与缺点。进行学生互评时得到的信息一般来说较真实具体。就学生的自我评价而言，一方面，通过自我评价，学生使他人对其作出的评价发生作用，而他人对学生的评价，最终还要通过学生自己的再评价来实现；另一方面，通过自我评价，学生能激发自身学习动机，学会自我控制，更好地理解目标，看清进步情况，调整学习方案，尤其是发展自己的创造才能和独创精神。学生形成了一定的课程评价能力，学会了如何评价学习、认识自我，将有力地促进他们由被动学习向自主探究、自主学习、自我发展的转变。学生作为教育对象，对教育者在高校思想政治理论课程中教育教学的态度、内容、方法和效果都有切身的感受，最有资格对教育者从事高校思想政治理论课程教育教学的情况进行评价，做到学生评教教学相长。

第四，社会。目前很多高校在评价的过程中往往会忽略一个很重要的评价主体，即社会。可以说，社会对高校思想政治理论课程教学的评价仍处于可有可无，甚至缺失的状态。从社会的角度看，社会用人单位作为高校产品的“消费者”，他们对教育产品的真实性能和实际使用价值最有发言权，理应成为高校评估的主体。因此通过对用人单位的信息收集，了解用人单位对人才的质量评价，掌握社会对人才质量的要求，可以为学校修改教学目标、调整专业结构、改革教学内容和方法、优化人才培养模式提供决策依据。另外，社会评价能够全面反映一个地区的经济和文化各部门的综合要求，从而使高校教育教学能够更好地适应社会发展的要求。社会各界作为评价主体能够对高校的发展发挥良好的监督、导向作用。

如前所述，思想政治理论课程的评价主体具有复合性特征。既然教师、学生、学校管理者和服务者、学生家长、社会人士都是评价的主体，那么，就有必要明确其具体职能。教师和学生是评价的基本主体，作为思想政治理论课程的承担者和承受者，他们的评价活动具有直接性，既要指向自我，又要指向“非我”。对于学生而言，所谓指向自我，即检验自己通过思想政治理论课程的学习，理论水平和理论思维能力有何进展，思想道德觉悟有无提高；所谓指向“非我”，即检验教学统一体的另一方面——教师的教学水平高不高、表率作用好不好等。对于教师来说，指向自我，就是反思教学实践的效果和为人师表的作用；指向“非我”，就是看学生对理论知识的掌握是否到位，看学生的思想道德水平是否提高，看学生的行为方式是否得当。至于学校管理者和服务者、学生家长、社会人士，他们不是思想政治理论课程的直接参与者，因而，对教学的评价不具有指向自我的意味，而只是指向“非我”，即是说，他们通过与学生的交往，尤其是通过对学生行为方式的体察，进而对思想政治理论课程作出教学过程之外的间接评价。这就是说，教师和学生对思想政治理论课程的评价，侧重教学过程的评价，而学校管理者和服务者、学生家长、社会人士侧重教学过程之外的评价。前者的重点在于检验思想政治理论课程本身的教学质量，后者的重点在于检验思想政治理论课程的社会效应。应该指出，思想政治理论课程教学过程内的评价和教学过程外的评价是相辅相成的，教学过程内的评价是教学质量的生成性评价，而教学过程外的评价是教学质量的功能性评价。对于思想政治理论课程来说，没有内在生成性评价不行，只有内在生成性评价也不行，把外在功能性评价纳入教学质量的评价体系是必要的和重要的。

(二)高校思想政治理论课程教学评价的客体

高校思想政治理论课程教学评价的客体是高校思想政治理论课程教学评价的对象。它与高校思想政治理论课程教学评价的主体相对应，主要包括高校思想政治理论课程的教学要素、教学过程、教学效果。

第一，教学要素。高校思想政治理论课程的教学要素主要包括教学目标、教学内容、教学方法、教学条件等，这些构成了高校思想政治理论课程教学活动的基本要素。对这些要素进行评价将在很大程度上促进高校思想政治理论课程教学的完善。高校思想政治理论课程教学目标是指学生在接受思想政治理论教育过程中所要达到的预期结果，即提高学生的思想政治素质，促进学生的发展。高校思想政治理论课程教学内容评价主要包括对课程计划的评价、对教学大纲的评价等，也就是对高校思想政治理论课程教学所传授知识体系的评价。教学方法是为实现高校思想政治理论课程教学目标、传递教育内容所采取的影响和培养人们思想政治素质的各种方法的综合。高校思想政治理论课程教学效果取决于教学方法，因此评价高校思想政治理论课程教学就要注重教学方法的评价。

第二，教学过程。高校思想政治理论课程教学过程是大学生在教师的指导和教育下，不断提升以思想政治素质为核心的综合素质的过程。教学过程包括第一课堂、第二课堂和成绩考核。第一课堂包含直接评价教学质量的重要指标。在思想政治理论课程教学评价过程中，评价人通过随机随堂听课，参加课堂教学活动获取相关信息并作出相应判断，涵盖教师授课、教学改革的进展、教风和学风、教学质量等方面。高校思想政治理论课程教学的第二课堂是相对于第一课堂而言的，一般来说，高校思想政治理论课程课内教学为第一课堂，而第一课堂以外的校内其他思想政治理论课程教学活动即为第二课堂。第二课堂是思想政治理论课程教学中不可缺少的一个重要组成部分，它是对第一课堂的补充、深化、拓展和延伸。高校马克思主义理论教学通过第二课堂往往能够自然反映教学思想及教学改革的状况，也是思想政治理论课的基本要求。成绩考核是对学生获得的某一学科的最终成果的评价，应该能比较客观地反映学生在课程学习中的情况。

第三，教学效果。高校思想政治理论课程教学效果是指通过高校思想政治理论课程教学，大学生在知识、素质、能力等方面达到课程目标要求和社会要求的程度。高校思想政治理论课程教学效果的评价，集中体现为大学生对知识掌握效果、素质提高效果、行为实践效果的评价。思想政治理论课程教学与其他课程教学相比，具有很大的差异性，这要求教学效果既要体现在学生对知识的掌握程度上，又要体现在学生思想政治素质和综合素质的提高水平上，还要体现为学生接受高校思想政治理论课程教学后、在毕业走向社会工作时的影响力。①

三、高校思想政治理论课程教学评价的方法

任何一项评价活动，首先要解决的就是评价的方法问题。没有科学合理的

---

① 李晶：《高校思想政治理论课多元化教学评价主体研究》，载《改革与开放》，2012 年第 14 期。

评价方法，评价结果的公正性、有效性乃至评价本身存在的合理性就会受到怀疑。评价方法的确立，又与评价者、评价对象、评价目的甚至评价程序等密切相关，是一个相当复杂的过程。具体到高校思想政治理论课程而言，按照教学评价对象的不同，笔者认为评价方法也可以分为两大类：一类是针对教师教学质量的评价方法，另一类是针对学生学习效果的评价方法。①

(一)针对教师教学质量的评价方法

第一，自我评价法。思想政治理论课程教学评价是为了师生发展，关键在于教师的发展。自我评价就是以教师自评为主，把评价的主体地位交还给教师本人，以实现教师心态和学校氛围的融合，达到学生成长、学校发展和教师进步的三赢效果。教师自我评价是一种更加人性化的评价方法，它通过激发教师的主体意识，促使教师自觉地研究自己的教育教学活动，注重教育教学观念和方式技巧的内化。自我评价采用的多是“反思论”范式，即主张教师在成长中应该培植“反思”意识，要求教师不断反思自己的教育教学理念和行为，不断自我调整、自我建构，从而获得持续的素质提高和学术成就。教师积极主动地、自觉地经常对自己的教学工作进行自我评估、自我反思，随时调整修正不足之处，并不断地对自己的知识与经验重组，使自己始终处于良好向上的工作状态和心理状态中，不断取得优异的成绩。教师自评有利于教师自我反馈、自我调整、自我教育。对于教师自评，可根据教师教学和教师素质所要求的评价内容和评价标准，设计相关的评价工具来收集教师全面发展的证据，如结构性的调查问卷、自查量表、教学追记、周期性的工作总结、自我分析表等。

第二，学校评价法。学校根据教育目标和教师的任务，制定相应的指标和标准，运用科学的方法收集信息，对教师个体的工作绩效进行评价，使教师不断改进工作，为学校提供更科学的管理手段。教师的工作绩效是教师工作行为的结果，主要体现在工作对象学生的学习行为变化和教师自身的业务素质发展上。学校领导参与教师评价，可以促进教师个人发展目标与学校发展目标的整合，激励教师挖掘自身的潜能，在自我的不断超越中推动、实现学校的发展。客观公平的评价和有的放矢的指导，能帮助教师提升马克思主义理论素养、树立正确的教育观，并促使领导深入基层了解情况，增强和教师的沟通互动。领导在评价教师时，要充分肯定教师的成绩，引导教师分析和发现自己的不足；

---

① 周伟：《高校思想政治理论课教学评价的对象与方法》，载《思想政治教育研究》，2010 年第 1 期。

还要给教师以目标激励和信息激励，使教师产生一种被信任感，对工作产生一种责任感和紧迫感，这样才会使他们今后的教学行为持续地处于一种积极的状态。

第三，专家评价法。专家评价法就是借助相关专家学者的知识、经验与判断能力进行教学评价的一种方法。在评价过程中，首先，应该组成结构合理、人数适当的专家评价小组。其次，专家评价小组的评价应该是综合性、全面性和诊断性的。最后，专家评价应是随机性的，由专家评价小组自主决定听课时间和内容，以便了解教师的日常教学情况和真实水平。专家评价法除了采用听课方式外，还可以通过检查学生作业和教师教案、召开师生座谈会等形式了解教师的教学质量。总体而言，这种评价方法的优点在于方法简单，运用方便，可以全面考察评价对象。缺点是评价结果可能缺少数据支持和定量分析，并且评价质量的稳定依赖于专家的工作态度和工作方法。

第四，同行评价法。同行评价法通常是在同一备课组或教研组范围内，由任课教师的同行对其教学进行评价。由于教师同行之间相互比较了解，对本学科的教学目标、教学内容、教学方法以及对师生的背景情况较为熟悉，因此，同行在进行评价时能够作出准确的、恰如其分的判断。通过同行评价，教师可以多渠道获得信息，发现被定式和习惯掩盖的问题，有助于教师反思能力的提高；教师也可以不断地从同行那里获得信息，借鉴和吸收经验，少走弯路。显然，同行评价有利于教师之间的相互学习和相互交流，提高教学队伍的整体水平。但是，同行评价法在运用过程中也容易出现一些不容忽视的问题。例如，同行之间由于平常较为密切的联系和接触，评价时往往出现碍于情面而相互吹捧、言过其实的现象，或者因为平常的矛盾与成见而出现相互贬抑、吹毛求疵的现象，从而导致教学评价的结果产生变异和失真，对此应当给予高度重视和认真对待。

第五，学生评价法。大学生是高校思想政治理论课程教学的直接感受者和受益者，因此他们最有权利也最能客观地评价任课教师的教学(授课)质量。学生对教师的教学评价，可以直观地反映出教师在学生中的威信、受欢迎程度，以及师生之间的关系融洽状况。此外，它还可以反映出任课教师的教学方法、教学手段和教学艺术是否符合学生的需求。不过，学生评价法也存在着较为明显的缺陷和不足。首先，由于学生评价的角度和立场的原因，他们主要根据自身的需求和喜好程度来评定任课教师的教学。其次，由于大学生个体的成熟程度和判断能力还有待提高，他们的评价往往只看重任课教师的教学形式，容易产生评价内容偏移和评价结果失真的情况。在此项评价中，无论学校还是教师，都要转变观念，自觉增强接受学生评价的意识，正确地看待学生评价。学生评教的结果，一般只宜对相关教师个人公开。

(二)针对学生学习效果的评价方法

针对学生学习效果的评价方法通常是测验。测验是量化取向的评价方式。测验在高校思想政治理论课程教学评价中早已经得到普遍重视和广泛使用，但并没有唯一的精确定义。按照美国心理与教育测量学家 F. G. 布朗(F. G. Brown)的定义，测验是“测量一个行为样本的系统程序”①。教育评价中的测验就是对由一定的试题等测量工具引起的被评价者的行为样本进行测量的系统程序。②

学生的思想道德发展状况通过各种行为外显出来，为了评价学生在各方面的发展状况，必须通过一定的诱因引起学生的行为，然后根据一定的标准加以衡量。但是任何一个测验都无法穷尽所有的行为测量项目，它所包含的只能是全部可能项目的一个样本。因此，测验题目的取样必须具有代表性，这样才能全面反映学生学习目标的达成情况。测验是一个系统工程，从测验的编制、组织实施到评分、测评结果分析，每一个环节都应该按照严格的程序去完成，以保证测验的公平、公正、信度、效度。测验具有间接性、相对性和客观性的特点。

在日常教育教学工作中，我们更经常使用的评价术语是“考试”。在思想政治理论课程中，它的含义与测验十分接近。考试是由主试者根据一定的目的和要求，采取一定的方式方法，对应试者的马克思主义理论知识、品行等进行的测评活动。在学业成绩评价方面，考试与测验是等同的。

第一，闭卷考试与开卷考试结合法。在运用闭卷考试对学生进行考核评价时，应该在命题类型和测试方向上有所改进。在具体题型的选择上，应以辨析题、论述题和材料分析题等主观性试题为主；在考核测试的方向上，应该侧重对学生能力与素质的测评，着眼于培养大学生分析和解决问题的能力。与此同时，还需要进一步推进开卷考试的改革。开卷考试通常有两种形式。一种是学生可以携带资料参加考试，另一种是学生提交课程论文。“实践证明，开卷考试有利于减轻学生的学习压力，有利于纠正死记硬背的传统‘应试教育’，有利于学生在理解高校思想政治理论课教学内容的基础上独立思考、拓宽视野”③。

第二，笔试考核与口试考核结合法。笔试考核具有形式统一、题型多样、

---

① F. G. Brown, *Principles of Educational and Psychological Testing*, New York, CBS College Publishing, 1983, p. 7.

② 侯光文：《教育评价概论》，河北教育出版社 1996 年版，第 179～180 页。

③ 聂彩林：《高校思想政治理论课教学艺术》，电子科技大学出版社 2007 年版，第 326 页。

覆盖面广等优点，能够有效地检测学生对相关知识的掌握程度，但同时也存在一定的弊端。有鉴于此，可以尝试推广口试考核方式。所谓口试，就是要求学生自己抽题或者由教师提出问题，然后学生经过简短时间准备后当面予以回答。与笔试相比，口试需要学生现场快速思考与即时回答，因此可以从多方面培养学生的思维能力、应变能力和语言表达能力。为保证口试效果，首先要把好命题关，侧重考查学生对基本理论、基本原理的掌握和应用程度；其次要把好组织关，在考试规则和评分标准等方面要有明确的规定，确保考试的公正与公平。

第三，平时作业与期末测验结合法。高校思想政治理论课程与其他各类专业课程相比固然具有一定的特殊性，但基本的教学要求和学习要求应该是一致的。这表现为对学生学习效果的考核评定，也需要平时作业和期末测验两项最基本的评价指标。在实践中，尤其需要增加平时作业在评价中的地位和权重。平时作业可以采取机动灵活、形式多样的方式，如课程论文、读书报告，甚至可以是教学录像的观后感等。在对平时作业的评分上，可以分为优秀、良好、一般和较差四个等次，然后按照一定的权重进行换算，并把换算结果与同样经过一定权重换算后的期末测验成绩相加，使之作为课程考核评价总成绩的重要组成部分。

第四，理论认知与日常行为结合法。高校思想政治理论课程教学既是一个内化的过程，又是一个外化的过程，高校思想政治理论课程教学评价也自然需要对这种内化与外化效果进行评价。高校思想政治理论课程教学中，经常出现这样的情况，有的学生考试成绩很好，但就是没有很好地外化和付诸行动，使得理论考核的高分没有及时转化为思想道德行为的良好表现，使得理论认知与日常行为之间产生严重的脱节和背离。正是从这个意义上讲，高校思想政治理论课程教学的实际效果不仅表现为学生理论认知上的状况，而且表现为学生日常行为上优化的状况，因此我们把能否做到“知行统一”作为考核评价的重要标准。

第五，课内表现与课外实践结合法。对学生学习效果进行考核评价时，不仅应该重视课堂学习过程中的表现，而且应该重视课外活动时间的表现，把学生的课内表现与课外实践有机结合起来进行考查。具体来说，课内表现主要由任课教师进行记录和考评；课外实践则由班主任、学工办(辅导员)、班干部和学生代表等共同评价，在评价过程中，班主任的评分占30%，学工办(辅导员)的评分占30%，班干部的评分占20%，学生代表的评分占20%。任课教师在学期结束之后，把每个学生课内表现和课外实践的总成绩分别按照一定的权重进行换算，然后将其作为学生总评成绩的重要组成部分。

需要强调的是，上述关于教师教学质量和学生学习效果的评价方法，是相辅相成、互为补充的有机整体。高校思想政治理论课程教学评价作为一个动态的过程，它涉及诸多的环节和方面，其评价范围的复杂性和广泛性，使得任何一种评价方法都不可能做到面面俱到。因此，在进行思想政治理论课程教学评价时，为了确保评价结果的客观性、真实性和准确性，通常是多种评价方法同时并用或交叉使用。

第三节　高校思想政治理论课程教学评价的拓展

一、知识性评价与价值性评价的统一

高校思想政治理论课程教学，既要传授知识，又要实现价值。高校思想政治理论课程教学评价，体现了知识性评价与价值性评价的统一。这是高校思想政治理论课程教学评价特殊性的重要表现。

高校思想政治理论课程教学担负着系统传播马克思主义理论和社会主义道德规范与法律规范的任务。它的效果如何，很重要的一个方面就是看其是否系统、有效地传播了马克思主义理论和思想道德修养的科学知识，这些知识是否很好地为学生所掌握。因此，高校思想政治理论课程教学评价首先要注重加强对学生学习掌握高校思想政治理论课程包含的丰富的知识内容的评价。这种评价无疑带有知识性，是对知识掌握情况的评价。高校思想政治理论课程教学评价不仅具有知识性，而且具有价值性。高校思想政治理论课程同时也要引导学生内化马克思主义理论与思想道德规范，按照人类社会发展规律、中国特色社会主义建设规律和大学生成长成才规律去改造主观世界和客观世界，使马克思主义理论教育与思想道德教育更好地满足大学生思想政治素质发展的需要，使学生形成合目的性认识，坚持正确的价值导向。因此，高校思想政治理论课程教学评价，不仅要评价学生获得知识的情况；而且要评价这一课程教学满足学生思想道德发展需要，促进学生坚持正确的政治方向和价值取向，遵循社会发展规律和人才成长规律，实现自身全面发展的情况。高校思想政治理论课程教学的价值，不仅在于它能满足学生发展的需要，而且在于它能满足社会发展的需要。因此，高校思想政治理论课程教学评价，必须高度重视满足个人发展需要和社会发展需要的价值评价。只有把知识评价与价值评价有机结合起来，才

能使高校思想政治理论课程教学评价更加科学、合理。

二、个体评价与社会评价的统一

高校思想政治理论课程教学评价，还体现为个体评价与社会评价的统一。这也是高校思想政治理论课程教学评价的特殊性之所在。

高校思想政治理论课程教学评价，要注重个体评价。高校思想政治理论课程教学是由教师个人独立承担的，每一门高校思想政治理论课程的教学过程，都是由一定的教师独立进行脑力劳动的过程。教师个人的工作态度、知识结构、教学方法、劳动投入等，都会对高校思想政治理论课程教学的效果和价值产生影响。教师能否在高校思想政治理论课程教学中坚持正确的教学方向，把政治性与科学性有机结合起来，对教学效果影响很大。有的教师在高校思想政治理论课程教学中，注重政治性，但忽视科学性，不注重课程教学内容对客观规律的揭示，不注重课程教学内容体系的内在逻辑，不注重科学知识的传授，不注重课程教学方法的科学性与艺术性，把高校思想政治理论课程教学变成空洞的政治说教，缺乏说服力和吸引力。还有的教师在高校思想政治理论课程的教学中，注重知识性，但忽略了政治性，把高校思想政治理论课程仅仅当作一般的文化课程来讲授，不重视高校思想政治理论课程对学生思想政治素质的提高，这也会影响高校思想政治理论课程教学的效果。从事高校思想政治理论课程教学的教师，其劳动具有很强的示范性，每位教师能否对高校思想政治理论课程中的马克思主义理论和思想道德教育理论做到真学、真教、真信、真用，能否坚持言行一致、以身作则，这些都会对课程的教学效果产生影响。因此，在高校思想政治理论课程教学中，教师劳动的独立性、个体性很强，教师的独立劳动对高校思想政治理论课程教学的效果和价值有着直接的影响，对学生思想政治素质的提高有着独特的作用。所以，评价高校思想政治理论课程教学，一定要注重评价教师个人独立劳动所创造的价值与作出的贡献。

高校思想政治理论课程教学评价，还要注重社会评价。高校思想政治理论课程教学，既以个人的独立劳动为基础，又有赖于集体的努力与合作。无论是集体备课，还是教学活动的组织、教学经验的交流、教学内容与方法的改进、教学研究的深化，都离不开教师的集体劳动。高校思想政治理论课程方案的确定，课程体系的调整，课程结构的优化，理论体系向教学体系、知识体系和人才素质的转化，不是教师个人独立劳动所能完成的，而是集体劳动的成果，往往体现了集体的智慧和结晶。从事高校思想政治理论课程教学的教师，其劳动不仅具有很强的独立性、个体性，还具有很强的集体性、社会性。同时，高校思想政治理论课程教学的劳动价值，不仅体现在个别学生思想政治素质和综合素质的提高上，更体现在全体学生思想政治素质和综合素质的提高上，体现在培养的全体学生的思想政治素质和综合素质适应和满足社会的发展需要上。因此，评价高校思想政治理论课程教学，不仅要评价教师独立劳动的个体价值，而且要评价教师集体劳动的社会价值，评价高校思想政治理论课程在满足全体学生思想道德素质和综合素质发展需要方面的价值，评价高校思想政治理论课程对所参与培养的学生思想道德素质和综合素质适应和满足社会发展需要的价值。因此，广大教师通过高校思想政治理论课程教学培养学生的思想道德素质和综合素质的效果如何，最终也必须接受社会实践的检验和社会用人单位的评价，即接受社会的评价。只有把个体评价与社会评价结合起来，才能对高校思想政治理论课程教学这种特殊脑力劳动的价值作出全面、正确的评价。

三、显性评价与隐性评价的统一

高校思想政治理论课程教学评价，既包括显性评价，又包括隐性评价，是显性评价与隐性评价的统一。这是高校思想政治理论课程教学评价特殊性的又一体现。

高校思想政治理论课程教学评价，要注重显性评价。高校思想政治理论课程教学是在显性的环境中对教育对象实施的系统的理论教育活动，它是一个显性的教学体系，包括不同的教学要素及其综合运用。显性教学要素是否齐备、是否优质；教学要素的综合运用是否有效；高校思想政治理论课程设置的方案是否符合实际；高校思想政治理论课程的结构是否合理，体系是否完善；高校思想政治理论课程与中小学思想政治理论课程的衔接怎样，是否存在交叉重复或相互脱节的地方，诸如这些都要求对高校思想政治理论课程教学进行显性评价。高校思想政治理论课程教学又是一个显性的教学过程，包括不同的教学阶段、教学环节。各个教学阶段、教学环节实施得怎样，相互之间过渡与衔接得怎样，是否做到了循序渐进，是否存在教学阶段厚此薄彼、教学环节有所缺失的地方；思想政治理论课教师在从事高校思想政治理论课程教学过程中能否正确处理师生关系，充分调动和发挥学生学习的积极性、主动性、创造性；教学关系是否融洽；教学氛围是否生动活泼；能否做到教学相长，诸如这些都需要作出显性评价。高校思想政治理论课程教学的显性评价，最重要的还体现在对显性教学效果的评价上。无论是教学要素的优化组合，还是教学过程的科学实施，最终都要体现在教学的效果上。这种显性的效果，主要体现在大学生在大学期间思想、行为的发展变化上。学生经过系统的高校思想政治理论课程学习，掌握高校思想政治理论课程知识的程度怎样；学生是否接受和内化了高校思想政治理论课程教学所传授的马克思主义科学理论以及社会主义道德规范与法律规范，思想政治素质是否有了提高，思想上、政治上是否积极要求进步，学习上、生活上是否积极进取，是否积极参加集体活动、公益活动等，是否勇于承担社会责任，是否参加学校的各项社会工作，是否有效地提高了自身的综合素质、促进了自身的全面发展，是否为走向社会、走向工作奠定了坚实的思想政治基础和专业理论基础，诸如这些都是高校思想政治理论课程教学评价应加以注意的。因此，高校思想政治理论课程教学的显性评价，要注重对高校思想政治理论课程教学显性效果的评价。

高校思想政治理论课程教学评价，还要注重隐性评价。这种隐性评价，不仅是要评价高校思想政治理论课程教学的潜力，评价高校思想政治理论课程可持续发展的能力，评价高校思想政治理论课程建设的后劲；更重要的是要科学评价高校思想政治理论课程教学的隐性效果与隐性价值。人的主观世界是否得到改造，人的思想政治素质是否得到提高，人的全面、协调、可持续发展是否得以实现，这不仅是现实问题，更是长远问题，只有在长期的实践中才能表现出来，在现实中很大程度上只能以隐性形态存在着。它也不是理论问题，而是实践问题。人的思想政治素质的提高和人才的综合质量，并不能在大学期间得到充分体现和根本检验，而只有走出校园，走向社会，在毕业后的社会实践中，才能得到充分体现和根本检验。因此，高校思想政治理论课程教学评价，不仅要着眼于显性评价，而且要着眼于长远评价；不仅要评价显性效果、显性价值，而且要评价隐性效果、隐性价值。只有坚持显性评价与隐性评价相结合，才能更加客观、真实地评价高校思想政治理论课程教学的效果与价值。

四、内在评价与外在评价的统一

高校思想政治理论课程教学既是一个内化的过程又是一个外化的过程，高校思想政治理论课程教学评价也自然需要对这种内化与外化的效果进行评价。这是高校思想政治理论课程教学评价特殊性的又一重要表现。

高校思想政治理论课程教学评价，要对学生内化课程教学内容所形成的思想道德素质进行评价。学生能否在高校思想政治理论课程教学中自觉进行“内化”，不仅取决于高校思想政治理论课程教学内容的优劣，而且取决于高校思想政治理论课程教学方法是否得当，特别是教学者能否处理好教学过程中主体和客体之间的关系，把教育者的主导作用和教育对象的主动作用结合起来，实现平等互动、教学相长。在高校思想政治理论课程教学中，学生内化马克思主义的科学理论、正确的社会道德规范、正确的法律规范所形成的思想道德素质，往往体现为其头脑中的思想认识、理想信念、道德情操等内在的素质。因此，高校思想政治理论课程教学评价，需要对学生内化的内容、方法及其形成的思想道德素质进行评价，具有内在性的特点。

高校思想政治理论课程教学评价，还要对学生学习高校思想政治理论课程后“外化”的表现和效果进行评价。高校思想政治理论课程教学，不仅要引导学生把马克思主义的科学理论、正确的社会道德规范、正确的法律规范“内化”为自身的思想道德素质，形成正确的思想道德意识和行为动机；而且要引导学生把正确的思想道德意识和行为动机“外化”为自己的行为和行为习惯。一个人的思想道德素质的高低，不仅在于他在高校思想政治理论课程的课堂上学得怎么样，懂得多少知识，考试成绩怎么样，讲得怎么样，能讲出多少思想政治理论方面的大道理；更在于做得怎么样，能否把学到的正确的世界观、价值观、人生观、道德观、法治观及方法论自觉地付诸实践，在改造主观世界的基础上改造客观世界，在改造客观世界的过程中进一步改造主观世界。时常有这种情况，有的学生在上思想政治理论课时，考试成绩很好，学到的知识不少，但就是没有很好地接受、内化和付诸实践。这种情况表明，学习成绩好，懂得的知识多，不等于思想道德素质高，关键在于是否付诸实践。一个人的思想道德素质的高低，不仅体现为他的内在的思想道德意识和行为动机如何；而且体现为他的外在的行为实践如何，他的长期的行为习惯如何。判断一个人的思想道德素质的高低，不能以他的言论为依据，而必须以他的行动为依据。判断一个人也不能以他一时一事的表现为依据，而必须以他长期的行为为依据。因此，评价高校思想政治理论课程的教学效果，尤其要注重学生“外化”的行为表现和行为习惯。

正是由于高校思想政治理论课程教学是“内化”与“外化”相统一的过程，因此，在高校思想政治理论课程教学评价中，必须注重把评估“内化”与“外化”效果的内在评价与外在评价有机结合起来。①

思考题：

1. 思想政治理论课程建设标准的重要意义是什么？
2. 思想政治理论课程教学评价的方法有哪些？

---

① 骆郁廷：《试论高校思想政治理论课教学评价的特殊性》，载《教学与研究》，2007年第4期。

3．结合某一具体思想政治理论课程，设计该课程的教学评价。

4．思想政治理论课程教学评价与思想政治理论课程教学实效之间的关系是什么？

5．思想政治理论课程教学评价指标体系应该如何确立？

第九章　高校思想政治理论课程建设的管理与保障

高校思想政治理论课程建设需要科学的管理和一定的条件作保障。努力提升思想政治理论课程教学管理水平，切实加强马克思主义理论学科建设对思想政治理论课程建设的支撑能力，加强学校党委对思想政治理论课程的领导，改善思想政治理论课教师的待遇，为思想政治理论课程建设提供所需的课时和经费支持，营造支持和关心思想政治理论课程建设的氛围，是高校思想政治理论课程建设不可或缺的重要条件和保障。

第一节　加强学科建设对高校思想政治理论课程的支撑能力

一、高校马克思主义理论学科建设的宗旨和意义

所谓宗旨是指组织或个人的行为所具有的根本目的和根本意图。高校马克思主义理论学科建设的宗旨是指马克思主义理论学科建设的根本目的和根本意图。改革开放前，我国高校学科体系中不存在马克思主义理论学科的设置，自然也不存在高校马克思主义理论学科建设的问题，更不可能存在和开展关于马克思主义理论学科建设宗旨的认识和探讨。改革开放后，我国于 1996 年首次设立了二级学科马克思主义理论与思想政治教育。2005 年，我国决定增设马克思主义理论一级学科及所属二级学科，并重新构建了高校思想政治理论教育的新体系，使马克思主义理论学科建设与思想政治理论课程建设的改革一并提出、同时进行、整体推进。这一前所未有的举措不仅结束了思想政治理论课程没有与之相适应的学科为依托的历史；而且马克思主义理论学科建设的宗旨问题引起了理论界的关注，开始纳入学术研究的视野。从历史的角度看，我国建立马克思主义理论学科的一个直接原因是促进思想政治理论课程建设。也正是如此，在马克思主义理论学科建设的“起航”阶段，人们对高校马克思主义理论

学科建设的宗旨的认识更多地还是停留在马克思主义理论学科建设与思想政治理论课程的关系的纬度内，认为马克思主义理论学科建设的出发点和落脚点就是为高校思想政治理论课程服务，为提高高校马克思主义理论研究水平和思想政治理论教育水平服务。高校马克思主义理论学科建设的宗旨最终是提高高校思想政治教育的质量和水平，并为这一教育提供科学和学科的基础。为高校思想政治理论课程提供坚实有力的学科学理支撑，是马克思主义理论学科建设的出发点和归宿。

毋庸置疑，为思想政治理论课程建设提供更为坚实的学科学理支撑是马克思主义理论学科建设的重要宗旨和功能，但它并非是也绝不是马克思主义理论学科建设的全部宗旨或功能。事实上，马克思主义理论学科建设宗旨的内涵意蕴极为丰富，只不过人们对马克思主义理论学科建设宗旨的丰富内涵的认识需要一个由初步认识到深入认识，由简单理解到深化理解，由不全面到较为全面的渐进过程。这一认识过程是随着中国特色社会主义建设事业的发展，以及中国特色社会主义理论体系研究和马克思主义理论学科建设的推进而不断深化和拓展的。时代的发展、形势的变化，也要求对马克思主义理论学科建设宗旨的研究必须与时俱进，有新突破，不断创新。这就需要全面审视，多维度、多视角解读，深入地探索和揭示马克思主义理论学科建设宗旨的丰富意蕴和内涵。

高校马克思主义理论学科的研究对象是马克思主义，特别是中国化的马克思主义。这一研究对象是我们立党立国的根本指导思想，是我们国家的主流意识形态，是发展中国特色社会主义的指导思想和强大思想武器，是全党全国人民团结奋斗的共同思想基础。马克思主义在意识形态中的指导地位决定了马克思主义理论学科建设的首要宗旨是发展和传播马克思主义，巩固马克思主义在意识形态领域的指导地位，巩固全党全国人民团结奋斗的共同思想基础。此外，马克思主义理论学科建设还要通过学术研究，不断地深化和拓展马克思主义综合性整体性研究，强化从马克思主义各个组成部分的有机统一上全面系统地研究马克思主义的体系、基本范畴、基本原理、基本规律，深入地理解马克思主义的理论与实践相统一的根本特征，深刻地把握马克思主义的立场、观点和方法及其与时俱进的理论品质、精神实质，科学地揭示其适应时代发展脉搏，在新时代、新形势下特别是在我国的创新和发展，坚持和发展马克思主义，向社会展现全面真实的马克思主义理论，让马克思主义的真理性和崇高性为更多的干部群众所熟悉。马克思主义理论学科建设要通过创造性的劳动，向社会奉献学者的创新性理论成果，为马克思主义在中国的发展作出学术贡献。不仅如此，马克思主义理论学科建设对于巩固马克思主义的指导思想地位，使中国共产党牢牢掌握意识形态工作领导权、话语权；对于立德树人，培育和践行社会主义核心价值观，对全社会进行思想政治教育；对于实现马克思主义中国化、时代化、大众化的思想理论教育；对于推动中国社会的发展进步，具有特殊的不可替代的作用。

马克思主义，特别是中国化的马克思主义，是我们国家的主流意识形态。我们党历来十分注重主流意识形态的建设，注重坚持马克思主义在意识形态中的指导地位。中央实施的马克思主义理论研究和建设工程，以及作为其重要组成部分的马克思主义理论一级学科的确立，就是我们党重视主流意识形态建设、重视马克思主义指导地位的突出表现。这些重要举措，必将对在我国坚持和发展马克思主义、对中国特色社会主义建设实践、对广大人民特别是青年学生的社会主义精神和道德情操的培养产生极为深远的影响。具体到马克思主义理论一级学科建设来说，至少有以下重要意义。

一是高校马克思主义理论学科的建设，是健全和完善我国学科体系的需要。马克思主义是我们立党立国的根本指导思想，是全国各族人民团结奋斗的共同思想理论基础。马克思主义理论学科是我国首创的对马克思主义进行整体性研究的一个新兴的学科。马克思主义理论学科是我国学科体系的重要组成部分。马克思主义理论学科在我国学科体系中的重要地位，决定了马克思主义理论学科的建设和发展状况与我国学科体系建设状况直接相关。健全和完善适应中国特色社会主义建设需要的学科体系，必须推进高校马克思主义理论学科建设。高校马克思主义理论学科自设立以来，学科规模不断拓展，学科建设质量不断提升，通过明确学科研究方向、优化人才培养方案、提高学科队伍素质、完善机构设置，促进学科规范化、制度化建设。新形势下，推进高校马克思主义理论学科建设不仅是该学科实现又好又快发展的需要，而且是完善我国学科体系、促进其发展的重要内容，对于健全和完善学科体系具有重要的意义。

二是马克思主义理论一级学科的确立，对于加强高校思想政治理论课程的建设以及提高该课程的教学水平，具有重要意义。在高等学校开设思想政治理论课程，是我们社会主义国家教育的重要特征，是体现我国社会主义制度的性质和适应未来发展的必然要求。所以，它理所当然地要求马克思主义理论一级学科成为我国教育体系和学科体系中的重要组成部分和必要环节。不仅如此，马克思主义理论一级学科的确立，也使得我国高校一级学科体系更为合理、更为完整。马克思主义理论学科同其他学科一样作为学科来建设，必然会增强其科学性、理论性和学术性，从而提高马克思主义理论研究的水平，提高高校思想政治教育的质量，使高校思想政治教育不断获得新的发展。

三是马克思主义理论一级学科的建立，有利于稳定和巩固高校马克思主义理论研究和教学队伍，有利于巩固和扩大高校马克思主义阵地。我国高校有一支庞大的马克思主义理论研究和教学队伍，人数众多，素质较高。这支队伍的成员，兢兢业业，过去和现在都为我国高校马克思主义理论研究与思想政治教育作出了巨大贡献。但新的形势下，许多新的问题和新的困难的出现，导致教师队伍不稳定和出现教师流失的现象。马克思主义理论一级学科的确立，不仅可以稳定、巩固和扩大我们的教师队伍；而且可以将马克思主义理论一级学科培养的硕士生、博士生源源不断地补充和充实到我们的队伍中来，使马克思主义理论研究和教学队伍不断发展壮大。基于此，高校马克思主义理论研究和思想政治教育将会有一个很大的飞跃，高校马克思主义阵地将会进一步扩大和巩固。

四是马克思主义理论一级学科的建立，势必会对在我国坚持和发展马克思主义，巩固马克思主义在意识形态中的指导地位，产生深远的影响。我国社会的性质决定了在哲学社会科学中，在整个意识形态领域，必须坚持马克思主义的指导。这是我国社会主义建设事业的重要保证。关键问题在于培养马克思主义理论研究和建设人才，也就是中央领导同志一再讲的“三个一批”，即要着力造就一批学贯中西、享誉中外的马克思主义理论大家，一批政治方向正确、理论功底扎实、勇于开拓创新、善于联系实际的马克思主义理论学科带头人，一批中青年马克思主义理论研究和教学骨干。这个任务主要靠高等教育来完成。马克思主义理论一级学科的建立，就为我们培养马克思主义理论研究和教育人才提供了可靠保证。为了完成这一重要的历史使命，我们必须建设好马克思主义理论学科。这是历史的重托，是党和人民的重托。

二、马克思主义理论学科是思想政治理论课程的基础和依托

首先，马克思主义理论学科建设为思想政治理论课程建设提供坚实的学科支撑。

马克思主义理论一级学科建设面临的任务很多，但为高校思想政治理论课程提供坚实有力的学科支撑是其一项不可或缺的重要的任务和使命。众所周知，学科是教学科目的总称。课程与学科之间存在相互依存、相互促进、不可分割的关系。学科涵盖研究方向和课程。离开了课程，学科就没有了依托；没有了学科，课程就很难提高。但在相当一段时间内，我国高校思想政治理论课程被囿于马克思主义理论公共课的视域内，而不是被作为一个学科来看待，一直不存在与该课程相适应的学科。缺少必要的学科依托和支撑，这在一定程度

上造成了思想政治教育学科在不同范围、不同程度上存在如下问题：研究对象不明确，内涵模糊，外延过宽；研究队伍整合不够；对学科持怀疑态度，信仰不坚定；缺乏标志性研究成果；学科研究成果、学科地位不“实”；等等。

1996 年，我国设立了二级学科马克思主义理论与思想政治教育。这一前所未有的举措不仅结束了思想政治理论课程没有与之相适应的学科依托的历史，同时也对稳定教师队伍、积聚和培养人才、改善课程教学状况、提高教学效果等方面发挥了积极的作用。

尽管马克思主义理论与思想政治教育二级学科的设立为思想政治理论课程初步提供了所需的学科支撑，但由于当时马克思主义理论与思想政治教育仅是法学学科门类中的一个二级学科，而且学科建设和课程建设也没有被很好地有机统一起来，因此这一学科的建设根本不可能彻底改变思想政治理论课程学科基础建设薄弱的状况，也远远不能适应思想政治理论课程建设的需要。为了从根本上扭转这一局面，2005 年，中宣部和教育部联合下发《中宣部 教育部关于加强和改进高等学校哲学社会科学学科体系与教材体系建设的意见》，决定设立马克思主义理论一级学科及其所属的马克思主义基本原理、马克思主义发展史、马克思主义中国化研究、国外马克思主义研究、思想政治教育 5 个二级学科，并将马克思主义理论学科建设与高校思想政治理论课程改革有机地结合起来，对高校思想政治理论课程设置方案作了新的安排，把“98 方案”规定的在本科生中开设的思想政治理论课由 7 门调整为 4 门，决定开设“马克思主义基本原理”“毛泽东思想、邓小平理论和‘三个代表’重要思想概论”“中国近代史纲要”“思想道德修养与法律基础”。《中宣部 教育部关于加强和改进高等学校哲学社会科学学科体系与教材体系建设的意见》的实施，不仅结束了我国高校思想政治理论课程一直不存在与其相适应的一级学科的历史，实现了高等学校学科体系建设的重大突破，从根本上扭转了思想政治教育只有政治形象而缺乏坚实学科和科学形象的历史；而且将马克思主义理论学科建设和思想政治理论课程建设有机地统一起来。这就从一级学科的高度为思想政治理论课程建设提供了可持续发展的学科、学术和学位平台，凝练了学科方向，整合了各种教学资源；创新了教学内容，促进了教材建设，推动了教法革新；汇集、稳定和壮大了学科队伍，提高了教师整体水平，加强了教学的科学性、规范性和时效性，从而为实现思想政治理论课程建设更好更快的发展提供了强有力的学科支撑。

其次，马克思主义理论学科建设为思想政治理论课程建设提供坚实的学理支撑。

马克思主义理论学科建设面临的任务很多，其中很重要的一项就是为思想政治理论课程建设服务，为思想政治理论课程建设提供所需的学理基础。马克思主义是我们立党立国的根本指导思想，是建设中国特色社会主义、实现社会主义现代化的根本保证。搞好马克思主义理论学科建设不仅对加强马克思主义理论研究和建设，巩固马克思主义在意识形态领域的指导地位具有重要的作用；而且最终将从学理方面为思想政治理论课程建设提供坚实有力的支撑。

这是因为马克思主义是由哲学、政治经济学、科学社会主义等不同组成部分构成的一个科学、完整、统一的思想体系，需要进行综合性整体性研究。但是长期以来较多的是分门别类的研究，忽视综合性整体性研究。马克思主义理论一级学科的设立无疑有利于深化和拓展马克思主义综合性整体性研究，强化从马克思主义各个组成部分的有机统一上全面系统地研究马克思主义的体系、基本范畴、基本原理、基本规律，深入理解其理论与实践相统一的根本特征，深刻把握马克思主义的立场、观点和方法及其与时俱进的理论品质和精神实质。马克思主义综合性整体性研究越深入，理论成果越显著，思想政治理论课程建设的学理基础越坚实宽厚，则越能为思想政治理论课程教学提供不容置疑的科学依据，真正帮助学生弄清楚什么是马克思主义，如何坚持和发展马克思主义；真正帮助学生深入了解和系统掌握马克思主义的科学体系、深刻内涵、主要内容和精神实质，认识人类社会发展的一般规律、资本主义社会发展的规律、社会主义变革和建设的规律、社会主义政党建设和执政的规律、社会发展的规律。如此，思想政治理论课程才能真正成为一门学生真心喜爱、终身受益的课程。

不仅如此，马克思主义理论还是一个不断发展、与时俱进的体系，它从社会实践中产生并始终在实践中接受检验，始终严格地以客观事实为根据并随着时代和历史的变化而不断发展。发展是马克思主义理论之树长青和永葆其科学魅力的根本所在。马克思主义的发展是在全世界范围内的发展。作为一个世界性的科学理论体系，马克思主义代表了全世界劳动人民的共同愿望和共同目标，揭示了人类社会发展和人类解放的规律，为全世界人民所信仰、追求、运用。各国人民在本国的革命和建设实践中，从本国实际出发，把马克思主义基本原理和本国国情相结合，针对时代和历史的变化使马克思主义理论不断得到发展，从而使马克思主义理论的发展与创新在历史的长河中呈现出生生不息、千姿百态的特点。研究马克思主义理论的发展及其在世界范围内的传播，无疑是深化和拓展马克思主义研究不可或缺的一个重要内容。马克思主义理论一级学科的设立，有利于从历史、现在和未来的多维角度，从国外乃至全世界的视域下，紧扣时代和实践发展的脉搏，对马克思主义发展史和国外马克思主义进行全面系统深入的研究。马克思主义理论一级学科忠实地展现马克思主义理论体系的产生和不断自我创新、自我完善的历史，探索其发展的一般轨迹，探究和揭示其发展规律，探究和揭示其发展在新时代新形势下和在不同国家不同地区所呈现出的丰富多彩的表现形式。马克思主义理论一级学科了解和把握马克思主义在世界其他国家与地区的发展和运用，致力于对当代国外马克思主义相关的理论、思想、流派的产生、演进及基本动态等方面进行原创性的研究，批判性地借鉴国外马克思主义成果来剖析当代社会实践和科学认识中出现的最新理论问题，推进马克思主义理论的与时俱进。

同时，马克思主义理论学科建设能够进一步加强马克思主义中国化及其最新成果研究。21 世纪，在深刻总结国内外经济社会发展中的经验教训的基础上，我们党提出了一系列新理论，如增强"四个意识"，坚定"四个自信"，统筹推进"五位一体"总体布局，协调推进"四个全面"战略布局，坚持党要管党、全面从严治党、建设美丽中国等重大战略思想，为党和国家事业蓬勃发展提供了强大的思想武器。从理论上深刻论证马克思主义中国化的两大理论成果，尤其是深入研究习近平新时代中国特色社会主义思想的科学内涵、精神实质、历史地位和指导意义，是马克思主义理论学科责无旁贷的历史责任和神圣使命。用马克思主义中国化理论成果的新思想、新观点、新论断武装大学生，帮助大学生深刻领会党领导人民建设中国特色社会主义的生动实践和基本经验，坚定在党的领导下走中国特色社会主义道路的理想信念。马克思主义理论学科深入贯彻党的十七大、十八大、十九大精神，提高大学生坚持以毛泽东思想、邓小平理论、"三个代表"重要思想、科学发展观、习近平新时代中国特色社会主义思想为指导，解决我国改革开放和中国特色社会主义建设中所遇到的实际问题的能力。

马克思主义理论学科建设对思想政治理论课程建设的学理支撑作用还表现在用马克思主义的理论研究成果去教育大学生，用马克思主义的立场、观点和方法去培育大学生的世界观、价值观和人生观，研究新时期高校思想政治教育与思想政治工作的特点和规律。总之，马克思主义理论学科建设将极大地推动马克思主义理论的深化和创新，使其不断完善、丰富与发展。在整体、全面地把握马克思主义的精神实质的基础之上，运用马克思主义的立场、观点和方法，分析当今时代面临的各种新问题，并给予科学、完整的解答，从而增强理论的信服力和感召力，最终为思想政治理论课程教学提供了坚实的学理支撑。

最后，马克思主义理论学科建设为思想政治理论课程建设培养大批人才。

马克思主义理论学科建设不仅为思想政治理论课程提供了学科支撑和学理支

撑，而且通过培养大批人才来支撑这一课程的建设。马克思主义理论学科建设为思想政治理论课程建设提供人才支撑，至少表现在以下两个方面。

一是为思想政治理论课程教学培养所需的人才。高校思想政治理论课程承担着对大学生进行马克思主义理论教育的任务。思想政治理论课程的教育教学效果如何，与高校思想政治理论课教师的素质直接相关。思想政治理论课程建设能不能搞好，关键在于有没有一支高素质高水平的教学和科研队伍。教师是思想政治理论课程建设及其成效如何的关键。马克思主义理论一级学科及其所属二级学科的设立，为提高高校思想政治理论课教师的教育教学水平和科研能力，使其适应形势发展需要不断提高教书育人本领，从而为培养一支高素质高水平的教学和科研队伍提供了前所未有的学科、学术、学理平台和支撑。马克思主义理论一级学科的建设和发展为思想政治理论课教师攻读硕士和博士学位提供了前所未有的学科平台，这不仅大大提高了思想政治理论课教师中拥有硕士和博士学位的教师所占的比重，明显改善了思想政治理论课教师的学历构成，提高了其学历总体水平；更重要的是，通过马克思主义理论一级学科这个平台，思想政治理论课教师从学科领域、研究方向、课程设置、论文选题、实践教育、培养方式等方面受到全面系统的培养，从而形成了一批坚持以马克思主义为指导，理论基础坚实、专业知识系统、学科学术视野开阔、勇于开拓创新、善于联系实际、教学水平过硬的思想政治理论课教师骨干，最终提高了思想政治理论课程的建设水平和教学水平。

二是为思想政治理论课程建设培养所需的人才。马克思主义理论学科建设通过研究基地建设、重点学科建设和学科研究方向创新等形式，可以追踪理论前沿，把握理论动态和研究走向，极大地活跃、拓展和深化马克思主义理论研究活动。学术交流的活跃，科研活动的加强和深化，反过来又将不断地提升思想政治理论课教师的理论水平和整体素质，使高校思想政治理论课教师在社会飞速发展、知识激增的今天，不断学习，努力更新知识，充实自我，调整知识结构，真正完成所承担的教育教学任务和所肩负的使命，为思想政治理论课程建设提供所需的人才保障，从而为思想政治理论课程建设提供强有力的人才支撑。

第二节　提升高校思想政治理论课程教学管理水平

一、思想政治理论课程教学管理的内涵

教学管理是高等教学的重要工作之一。它是管理者通过一定的管理手段，

使教学活动达到学校既定的人才培养目标的一个重要过程，是维持正常教学秩序的必不可少的条件和保证。高校思想政治理论课程教学管理是高校教学管理的重要内容和不可或缺的组成部分。高校思想政治理论课程教学管理是管理者为适应思想政治理论课程建设需要，遵循高校思想政治理论教学规律和教学原则，运用现代科学方法，合理组织和运用人力、物力、财力对教学过程进行科学安排，实现思想政治理论课程教育资源的最优配置和教学工作最佳效益的过程。高校思想政治理论课程教学管理的内涵十分丰富，我们至少可以从以下几个方面来理解思想政治理论课程教学管理的内涵。

一是思想政治理论课程教学管理是高校教学管理的重要内容和组成部分。作为高校教学管理体系的一个子系统，思想政治理论课程教学管理必须充分体现和反映高校教学管理的内在要求和基本特征。高校教学管理是一个具有多分支、多侧面、多系统，由众多既相互联系、相互依存，又相互独立、相互制约的各方面的教学管理组成的一个不可分割的有机整体。从不同视角或不同维度考察，高校教学管理体系有不同的内容体系框架。从教学管理的业务所具有的科学体系或工作体系来看，高校教学管理可概括为教学计划管理、教学运行管理、教学质量管理与评价，以及教学基本建设管理(包括学科、专业、课程、教材、实验室、实践教学基地、教风学风、教学队伍、教学管理制度等)。从教学管理的职能来看，高校教学管理主要包括“决策规划、组织指导、协调控制、评估激励和研究创新”等。从教学管理的高度和层次来看，高校教学管理包括静态管理和动态管理相结合的教学改革、教学建设和日常教学运行管理。在高校教学管理体系这个整体中，思想政治理论课程教学管理作为高校教学管理系统中的一个组成部分，在教学管理系统中居于重要的地位。毋庸置疑，作为高校教学管理体系中的一个子系统，思想政治理论课程教学管理必须充分体现和反映高校教学管理的内在要求和基本特征。思想政治理论课程教学管理过程中形成的教学计划管理、教学运行管理、教学质量管理与评价、教学基本建设管理，必须也必然要反映高校教学管理的内在要求和基本特征。思想政治理论课程教学管理，是高校教学管理的内在要求和基本特征在思想政治理论课程教学领域的具体实现形式和反映。

二是思想政治理论课程教学管理与高校教学管理有关，属于高校教学管理的大范畴，但思想政治理论课程教学管理又不同于一般意义上的高校教学管理，而是高校教学管理在思想政治理论课程教学体领域的一种特殊形态。这决定思想政治理论课程教学管理的发展变化要服从于高校教学管理的客观发展规律。另外，思想政治理论课程教学管理作为高校教学管理的一种特殊形态，其发展变化又存在体现自身发展变化的特殊运动规律。世界上的一切事物、一切现象都不是孤立的、静止的、完全不变的，它们都是在相互联系、相互制约中不断发展变化的，这种发展变化都是有规律可循的。高校教学管理作为整个社会的一个有机组成部分也不是静止不变的，同样处于不断发展变化的动态过程中，存在着一定的客观规律性。思想政治理论课程教学管理研究不仅要了解思想政治理论课程教学管理在一定的社会经济文化条件下是如何随着社会经济文化的发展而发展的；而且要探讨思想政治理论课程教学管理作为高校教学管理的一种特殊形态，其自身发展变化的特殊规律。

三是思想政治理论课程教学管理的特殊性，决定了思想政治理论课程教学管理除了具备一般教学管理所具备的全部属性外它还具有自身的独特性。这种独特性集中表现在目的独特和内容独特等方面。从目的独特方面看，新的形势对高校思想政治理论课程教育教学提出了新的任务和要求。如何引导大学生正确认识当今世界错综复杂的形势，把握国际局势的发展变化和人类社会的发展趋势；如何引导大学生正确认识国情和社会主义建设的客观规律，增强在中国共产党领导下全面建成小康社会、加快推进社会主义现代化建设的自觉性和坚定性；如何引导大学生正确认识自身肩负的历史使命，努力成为德智体美全面发展的中国特色社会主义事业建设者和接班人，都是必须认真研究解决的重大而紧迫的课题。从内容独特方面看，马克思主义是立党立国的根本指导思想，是全党全国人民团结奋斗的共同思想基础。高校思想政治理论课程承担着对大学生进行系统的马克思主义理论教育的任务，是对大学生进行思想政治教育的主渠道，我们必须充分发挥思想政治理论课程的作用，用马克思列宁主义、毛泽东思想、马克思主义中国化最新成果武装当代大学生。

二、思想政治理论课程的教学质量管理

思想政治理论课程教学管理的目的是提高思想政治理论教学的质量和水平。思想政治理论课程的教学质量管理是思想政治理论课程教学管理的基本出发点和归宿。教学质量是思想政治理论课程教学的生命线，是思想政治理论课程的教学建设和教学发展的命脉所在。思想政治理论课程的教学质量管理是以实现培养目标和教学要求为宗旨，以教师队伍建设为关键，以教学模式创新为依托，以探寻科学性和艺术性相统一的教学形式为途径，以提高教学实效性为目的，对教学过程的各个阶段和环节进行质量控制的过程。

以实现培养目标和教学要求为宗旨是指思想政治理论课程的教学质量管理必须遵循和实现国家对思想政治理论课程的定位及赋予其的培养目标，充分实

现培养目标所规定的教学目的和教学要求。之所以要遵循、实现培养目标和教学要求，是因为任何一门课程都有其一定的定位及培养目标，以及为实现这一目标所制定的教学目的和基本要求。进行教学质量管理，不能脱离或违背教材所规定的教学目的和基本要求，而是要探寻和发现能更好地充分实现与反映这一教学目的和基本要求的途径与形式。思想政治理论课程的教学也不例外，教学质量管理的前提也是要考虑能否真正遵循与充分实现思想政治理论课程的教学目的和基本要求。这是事关培养什么样的人的重大原则问题，也是思想政治理论课程教学质量管理的命脉所在。思想政治理论课程的培养目标是用马克思主义理论武装当代大学生，培养造就千千万万个思想政治觉悟高、具有坚定共产主义信念的社会主义事业接班人。思想政治理论课程肩负着学习研究宣传马克思主义，培育和弘扬社会主义核心价值观，为实现中华民族伟大复兴的中国梦提供人才保障和智力支持的重要任务。思想政治理论课程的教学要求是全面贯彻党的教育方针，以立德树人为根本任务，以深入推进中国特色社会主义理论体系进教材进课堂进头脑为主线，帮助大学生深入了解和系统掌握马克思主义中国化理论成果的深刻内涵、历史进程、主要内容和精神实质，尤其是学习马克思主义中国化的最新理论成果——习近平新时代中国特色社会主义思想，不断坚定大学生中国特色社会主义道路自信、理论自信、制度自信、文化自信。可见，把实现培养目标和教学要求作为宗旨，直接关系到培养什么样的人、如何培养人的大问题，是思想政治理论课程教学质量管理的首要的体现和要求。

以教师队伍建设为关键是指思想政治理论课程教学质量管理的完成必须由一支高水平的师资队伍，特别是有开阔视野和远见卓识的领头人来支撑。建设一支政治坚定、业务精湛、品德高尚、深受大学生喜爱的高校思想政治理论课程教师队伍是教学质量管理的关键环节和主体保障。高校思想政治理论课教师是课程教学的主体，承担思想政治理论课程的教学任务。课程教学主体的学术水平与质量，工作意识和理念，教学态度、教学能力和教学艺术等方面都直接影响和决定教学质量管理的实现和完成。在“教”与“学”的过程中，“教”居于主导地位。教师的知识结构，工作意识和理念，以及教学内容、教学方法、教学态度、精神状态等都将对学生产生巨大的影响。教师是人类文化知识的传递者，是学生成长的引路人和心智的开拓者。要教书育人，教师必须不断提高教书育人的本领。教师要给学生以知识和智慧，首先要给自己以知识和智慧，开阔自身视野。教师要给学生一杯水，自己要有一桶水；教师要给学生一桶水，自己要成为滚滚江河水。特别是在社会飞速发展、知识激增的今天，高校教师只有不断学习，努力更新知识，充实自我，调整知识结构，具有在学术上勤奋刻苦、严谨笃学、淡泊名利、与时俱进、科学求实、追求真理、勇攀高峰的精神，才能紧扣时代和实践发展的脉搏，自觉适应形势的变化，自觉适应社会发展的要求，在更广阔视域下，用科学的理论阐释和回答大学生所关注的一系列社会热点、焦点问题，真正承担起教育教学的任务，提升教师作为教学质量主体的能力。教师建设主体能力提升得越明显，实现思想政治理论课程教学质量管理的主体条件就越充分，思想政治理论课程教学质量的主体基础和保障就越坚实。

2013 年，教育部社科司继续实施“全国高校优秀中青年思想政治理论课教师择优资助计划”，引导和鼓励中青年教师钻研教学内容，探索和创新教学方法，着力提高思想政治理论课程教育教学质量。与此同时，很多地区都在积极探索通过学科建设特别是提升教师水平来提高思想政治理论课程教学效果。通过新上岗教师培训、中青年骨干教师培养、教学名师培育等环节打造完善的高校思想政治理论课程教师培训体系，切实提高了教师的理论水平和教学能力，使其更好地服务思想政治理论课程教学。

同时，思想政治理论课程教学是一个师生双向互动的过程。影响教学效果的因素非常复杂。社会，家庭，学生的成长经历、兴趣爱好，思想政治理论课程的教学模式、方法、手段，以及教师的理论水平、敬业精神、授课技巧、人格魅力，甚至师生之间的人际关系，都会影响到课程的效果。这决定了思想政治理论课程教学质量管理不仅要高度注重教的主体，而且必须高度重视学的主体。思想政治理论课程教学质量管理要探寻能够激发兴趣、开拓思维、鼓励发问、启发创意的教学模式和方法，聚焦于教会学生如何学习、如何思考、如何求证，引导和激发学生学习的积极性、主动性，提供更多更新的信息，真正体现启发式和创新式的教学方法，充分发挥教师在教学中的主导作用和学生在学习中的主动作用。

以教学模式创新为依托是指提高教学质量必须探索和创新有利于实现思想政治理论课程教材体系向教学体系转化的教学模式。思想政治理论课程是高校思想政治教育的主渠道。把马克思主义理论研究成果转化为教育教学成果，用科学的理论教育和武装大学生，是思想政治理论课程建设的目标和神圣任务。要完成这一目标和使命，思想政治理论课程建设则必须以马克思主义理论学科建设提供的学术支撑、学理支撑和学科支撑为基础。没有马克思主义理论学科建设提供大量的与时俱进的科学系统的理论研究成果，思想政治理论课程就没有科学性，就不可能以真理的力量、逻辑的力量彰显其蓬勃生机和震撼人心灵的巨大感召力。但同时我们又必须看到，思想政治理论课程作为理论教育教学课程，其本身特有的教育功能。这种教育的特殊性在于如何使科学的理论内化为学生的良好思想道德素质；也就是说，在于如何将科学的理论成果转化为教育教学成果，引起学生心灵的共鸣、灵魂的塑造，从而升华为一种毕生不渝的信仰和追求，使学生在正确的世界观、价值观和人生观引导下，扬起人生的风帆，开启为祖国、为民族、为所信仰的事业不息奋斗的人生历程。这决定了思想政治理论课程建设客观上存在着马克思主义理论学科建设不能替代的内容和特有的内在规律。这就要求思想政治理论课程建设既要以马克思主义理论学科建设为基础，又不能简单地等同于学科建设或用学科建设来代替思想政治理论课程建设。思想政治理论课程建设需要在学科建设的基础上，遵循自身内在的要求，以学科体系为基础，将理论体系转化为教育教学体系，为马克思主义理论学科建设成果转化为教育教学成果提供有力的现实支撑和保障。从学科的重要研究成果教材体系来看，学科研究成果向教学成果转化时必须立足于教材，依据和充分实现教材所规定的教学目的和基本要求。之所以要立足于教材，是因为任何一门课程都有其特定的教学目的和基本要求，进行教学改革不能脱离或违背教材所规定的教学目的和基本要求，而是要探寻和发现能更充分地实现与反映这一教学目的和基本要求的途径与形式。仅以“毛泽东思想和中国特色社会主义理论体系概论”课为例，其目的主要是通过课程的学习和研究，帮助学生深入了解和系统掌握马克思主义中国化理论成果的深刻内涵、历史进程、主要内容和精神实质，坚定在党的领导下走中国特色社会主义道路的理想信念。这就要求这门课充分反映新时期马克思主义中国化的最新理论成果，以及党领导人民建设中国特色社会主义的生动实践和基本经验。这一教学目的和基本要求决定了“概论”课的教学体系的构建和设置必须以中国化的马克思主义为主题，以马克思主义中国化为主线，以建设中国特色社会主义为重点，紧紧围绕主题、主线和重点，从历史到现实，从理论到实践，充分体现和反映教材规定的教学目的和基本要求。可以说，教材体系是教学之本，专题之源，专题之灵魂。不以教材为基础，不遵循和体现教材的教学目的和基本要求，学科研究成果向教学成果的转化就会使失去其赖以生存的条件和根基。

不仅如此，教材之所以是教学体系构建的基础，还在于教材具有结构的逻辑严谨性、章节均衡性、层次清晰性、前后呼应性，内容的全面覆盖性、学术权威性、理论科学性、表述准确性的特点。特别是，我们所使用的教材是教育部组织和集中了国内优秀专家学者统一编写的，经过反复斟酌，历经推敲，千锤百炼，并且适应形势发展，每年都及时进行修订，确保把最新的理论成果及时囊括其中，具有普遍认可的科学性和权威性。这就要求构建课程教学体系，首先要吃透教材，吃准吃透教材的编写思路、内在逻辑、基本内容及框架结构。这也决定了教学体系必须遵循教材，源于教材，以教材为根本。

教学体系源于教材，但绝不等于简单地照搬教材。如果那样就成了教材搬家，这不仅失去了构建教学体系的意义，而且实现教材体系向教学体系的转化也就无从谈起。这就是说教学体系要源于教材，但又不能简单地等同于教材，而是要实现由教材体系向教学体系的转化。众所周知，教材体系和教学体系既有联系又有区别。教材体系指某一门或某一类课程的各种类型和形式的教材系统，它是某一门或某一类课程的教学目的和教学标准的载体系统，主要包括教科书(核心教材)、教学指导书、教学参考书、学习参考书、教学案例分析等。教学体系指由教学主体(主要指教师和教学组织)设计的使各种教学要素朝向教学目标实现的合理组合，它是统一运作的有机系统，主要包括教学理念与教学指导思想的确立、内容设计、教学方法设计、教学过程设计和教学结果评价等。两大体系在特点、要求和思路方面都有所不同。教材体系是课程目标和课程内容的载体，是为实现课程标准服务的。但它的作用和功能是潜在的，它本身不能自发地实现作用和功能，必须依靠教学体系来实现。教材体系的作用和功能能否发挥，能发挥多少，主要取决于教学体系的设计和运作，即取决于课程实施过程的第二次转化和飞跃。这就要求我们在构建教学体系时不仅要依据教材的教学目的和教学要求，而且要遵循教学体系的内在规律和要求。教学体系内容设置就是在遵循教学大纲和教材基本要求的前提下，遵循“源于教材，高于教材”的原则，对教学内容进行“再次创作与加工”，打破传统的按章节体系依序授课的教学方式，根据教学大纲规定的基本要求，按照课程内容的内在思想和逻辑关系对教学内容进行整合、提炼、概括和充实，形成对于课程中的重点和难点问题能有更清晰的阐述的教学体系方案，建构起有效的专题教学的内容体系与框架结构，真正使教材体系转化为教学体系。

以探寻科学性和艺术性相统一的教学形式为途径，这是由教学体系所承载的功能决定的。我们知道，教学体系与教材一样，都承载着如下教学任务和神圣使命，即帮助学生深入了解和系统掌握马克思主义的理论成果以及党领导人民建设中国特色社会主义的生动实践和基本经验，用中国特色社会主义理论武装当代大学生，培养造就千千万万个思想政治觉悟高、具有坚定走中国特色社会主义道路的信念和共产主义信念的社会主义事业接班人。这一点决定了思想政治理论课程教学体系的建构必须要以教材提供的理论成果和逻辑支撑为基础。没有教材提供大量的与时俱进的科学系统的理论研究成果，教学体系就没有科学性；没有科学性，就不可能以真理的力量、逻辑的力量彰显教学体系的蓬勃生机和震撼人心灵的巨大感召力。但教学体系仅在内容和逻辑上具有科学性是不够的，还必须有承载与展示内容和逻辑的载体，要研究与探寻科学的内容和逻辑得以充分显示与展现的有效艺术形式。人生需要真理，真理需要传输，传输需要艺术，这也正是教学体系所承载的一个与教材体系迥然不同的特定功能。这一功能要求教学建构不仅要具有丰富的科学内涵，而且要具有高超的艺术含量。让科学的理论通过新颖的、鲜活生动的、千姿百态的、色彩纷呈的艺术形式得到充分体现和展示，使理论不仅为大学生津津乐道，自愿接受；而且能引起大学生心灵的震撼和共鸣，达到灵魂的塑造，升华为大学生的一种毕生不渝的信仰和追求。思想政治理论课教师要适应时代要求，针对高校学生的认知能力和特点，联系社会、历史和学生的思想实际，将抽象的理论转化为生动鲜活的教学实践，使教学体系达到科学性和艺术性的有机融合。

以提高教学实效性为目的是指教学质量管理的目标在价值取向上要立足于和服务于为社会主义培养合格的建设者和接班人。马克思主义理论学科建设就是要不断深化和拓展对马克思主义理论的研究，科学地揭示马克思主义理论的科学性和真理性，适应时代发展脉搏，与时俱进地展现马克思主义理论在新时代、新形势下的创新和发展，为培养社会主义合格建设者和可靠接班人提供不可或缺的理论来源。马克思主义理论学科的价值取向最终是培养社会主义合格建设者和可靠接班人。思想政治理论课程的宗旨同样是用马克思主义理论武装当代大学生，培养造就千千万万个思想政治觉悟高、具有坚定共产主义信念的社会主义事业接班人。这要求学科研究成果向教学成果的转化必须实现价值取向与教学实效性的有机统一。特别是在经济全球化，知识经济兴起，社会价值观念多元化，大学生的思想观念发生着一系列巨大变化的新形势下，思想政治理论课程教学实践会不断遇到一系列没有现成答案，又亟待从理论上进行科学系统回答的具有时代性、挑战性、实践性的新课题。能否科学回答和有效解决这些新课题，直接关系到思想政治理论课程的建设水平高低及其自身价值取向目标能否实现。这决定实现学科研究成果向教学成果的转化必须以有利于帮助大学生树立正确的世界观、价值观和人生观，坚定中国特色社会主义乃至共产主义的信念，实现价值取向和教学有效性的高度统一为首要前提。这就要求这种转化能针对新时代、新形势、新变化、新特点，紧扣时代脉搏，与时俱进，适应时代发展需要，在理论上科学回答和解决中国特色社会主义发展中所面临的前沿问题，特别是注意回答人们普遍关注但目前尚未被回答或是前人没说过或没认识到的重大理论问题和现实问题。这样，思想政治理论课程才能具有感召力，才能让大学生真心喜爱，才会使大学生终身受益，也才能真正具有令人信服且不可动摇的实效性。

三、思想政治理论课程的教学管理制度

制度是一种制约人们行为的规范，可为人们提供遵循的准则。制度有两层本原意思，一在于“制”，即对人们行为的制约和激励；二在于“度”，即对制约程度和方向的规定。制度具有规范、激励、约束、协调、整合等功能，合理的制度，可以规范人们的行为，为人类社会的有序、稳定、和谐发展提供保障。

教学管理制度是保障教学系统有效运行的组织形式和行为规范。思想政治理论课程的教学管理制度是在一定教学管理思想和理念的指导下，根据人才培养目标要求所制定的对思想政治理论课程教学活动进行计划、组织、协调、控制和评价的基本制度。思想政治理论课程教学管理制度是实施思想政治理论课程的教学与教学管理活动的基本程序、基本规则，是调节教学管理者与学生、教学管理者与教师、教师与学生、上级管理者与下级管理者之间的关系的规则和机制，也是思想政治理念、思想政治理论向教学管理实践转化的中介，还是思想政治理论课程教学与教学改革成果的固化形式、外显形式。思想政治理论课程教学管理制度按照制定主体的不同，可以分为由国家主管教育机关制定的宏观教学管理的制度，由各高校及其下属院系制定的实施教学管理的法规和制度两种。无论宏观层面还是微观层面的思想政治理论课程教学管理制度，都是协调和稳定教学秩序，调动教学积极性和创造性，保证和提高教学质量和管理效率的重要条件。思想政治理论课程教学管理制度包括的内容很多，择要而言之，主要有教学思想管理、课程计划管理、教学过程管理、评价与考试管理、教研科研管理和教学行政管理等制度。

思想政治理论课程教学和教学管理离不开制度保障。建立健全和完善与思想政治理论课程建设发展相适应的教学管理制度，有利于实现对思想政治理论课程建设的统一领导、统一规划和统一管理；有助于建立协调和稳定教学秩序，调动教学积极性和创造性，保证和提高教学质量和管理效率的机制；为提升教学水平和教学质量提供不可或缺的制度保障。建构有利于思想政治理论课程教学和教学管理的制度不是人们的主观喜好，而是植根于对思想政治理论课程建设的重要性的理解的不断提升，对二者关系的认识日益深化的集中体现和反映，是自觉探寻和自觉遵循其规律和内在要求的结果。例如，党和国家以文件的形式规定高校须设立直属于学校的马克思主义教学科研单位，并在文件中明确要求将马克思主义理论学科建设和思想政治理论课程建设有机统一于马克

思主义教学科研单位。目前，我国条件具备的高校大多已成立马克思主义学院或类似的教学科研实体，学科建设与理论课建设统一的组织平台已基本建立。尽管从内容和实践进程来看，这一组织平台建设的完善尚需时日，但这一重要的制度安排和创新，毕竟为实现学科建设和课程建设的相互支撑、互动发展提供了不可或缺的制度保障。

第三节　高校思想政治理论课程建设需要强有力的政策保障

一、加强学校党委对思想政治理论课程的领导

马克思主义是我们立党立国的根本指导思想，对大学生进行马克思主义理论教育是党的教育方针的具体体现，是社会主义大学的本质特征。马克思主义的理论地位和社会主义大学的本质特征，决定了学校党委对理论课建设的重视程度是制约思想政治理论课程建设的前提条件和关键所在。思想政治理论课程建设是党和国家的一项极端重要的工作，思想政治理论课程建设肩负着学习研究宣传马克思主义，培育和弘扬社会主义核心价值观，为实现中华民族伟大复兴的中国梦提供人才保障和智力支持的重要任务。抓好思想政治理论课程建设，加强高校意识形态阵地建设，是一项战略工程、固本工程、铸魂工程，关乎党对高校的领导，关乎全面贯彻党的教育方针，关乎中国特色社会主义事业后继有人，对于巩固马克思主义在意识形态领域的指导地位，巩固全党全国人民团结奋斗的共同思想基础，具有十分重要而深远的意义。从高校层面看，思想政治理论课程教学是高校党建和思想政治工作的重要内容，是引导大学生树立正确理想信念的重要途径，也是学校实施质量工程、提高教育质量的重要依据。因此，它应当成为学校领导的共同职责和工作抓手。高校党委必须首先统一思想认识，完善体制机制，采取措施切实加强组织领导。只有党委充分认识新形势下加强和改进高校思想政治教育工作的重要作用，把其看作事关国家前途和民族命运的思想政治教育战略工程的重要内容和不可或缺的重要组成部分，从战略上高度重视，切实担负起领导责任，认真研究和解决课程建设工作中出现的新情况、新问题，探寻新形势下课程建设的规律，不断加强和改善领导，既要有分管校领导主抓思想政治理论课程建设，更要有学校党政领导班子和相关部门一起参与，形成齐抓共管的工作格局，健全制度，完善机制，采取

有效措施，才能为课程建设和发展提供不可或缺的领导保证。高校党委要切实强化承担起加强高校思想政治理论课程建设的领导责任，从战略和全局的高度，充分认识加强高校思想政治理论课程建设的极端重要性和现实紧迫性，把这项工作始终摆在重要位置。

二、改善思想政治理论课教师的待遇

教师是思想政治理论课程建设的主体，是决定和制约思想政治理论课程建设的人的因素，是思想政治理论课程建设不可或缺的主体条件。加强高校思想政治理论课程建设必须加强教师队伍建设。提高教师地位，维护教师权益，改善教师待遇，这是稳定教师队伍，加强教师队伍建设，最大限度地发挥学科建设与理论课建设中人的因素的作用，最大限度地发挥和调动建设主体自觉投入学科建设和课程建设积极性、主动性、创造性的动力保障；也是造就一支师德高尚、业务精湛、结构合理、高素质的思想政治理论课程教师队伍不可或缺的重要条件。

首先，要改善和提高思想政治理论课教师的社会地位和待遇。在很长一段时间里，人们对思想政治理论课程教学及教师存在一些模糊甚至不正确的认识，不重视甚至忽视思想政治理论课程建设，认为思想政治理论课程不存在专业建设。高校思想政治理论课程被囿于马克思主义理论公共课的视域内，而不被作为一个学科来看待，不存在与课程相适应的学科。缺少必要的学科依托和支撑，在一定程度上致使思想政治理论课教师在学术学科地位上得不到明确，缺少归属感。现在，这种情况虽然有了明显的改善，但仍远远没有达到人们所预期的目标。对此，高校要制定思想政治理论课程建设规划，在学校发展规划、经费投入、公共资源使用中优先保障思想政治理论课程建设，在人才培养、科研立项、评优表彰、岗位聘用(职务评聘)等方面充分重视思想政治理论课教师，确保思想政治理论课教师和高校其他专业教师一样，享有同等的待遇和地位。

其次，改善思想政治理论课教师的待遇不仅要改善和提高思想政治理论课教师的生活条件、工作环境和工作条件；而且要改善和提高思想政治理论课教师的科研环境和科研条件，建立完善的科研激励机制。科研激励机制的核心在于，通过物质激励、精神激励、荣誉授予、职称晋升等途径有效地激励学科建设和课程建设的主体自觉探寻学科建设、课程建设的规律性，遵循学科建设和课程建设的内在要求自觉投身于学科建设和课程建设，不断提升自身科研和教育教学的能力、水平，真正落实和有效实现《中共中央宣传部 教育部关于进一步加强和改进高等学校思想政治理论课的意见》提出的“不断增强高等学校思想政治理论课教育教学的针对性、实效性和说服力、感染力”的要求。学科建设和课程建设的主体要不断开阔学科理论研究的视野，拓宽新形势下学科建设的研究领域，拓展学术研究空间，开展创新理论研究，开拓理论成长点，为课程建设作出应有的努力和贡献；积极主动探索思想政治理论课程建设规律，不断探寻马克思主义理论成果的精神实质与其教育教学实效性的有效对接；实现思想政治理论课程教育教学科学性与艺术性的高度统一，提高政治思想教育的感召力和实效性，为学生指明人生方向，扬起引领人生之旅动力之帆。可见，只有在完善的科研激励机制下才能最大限度地激励教师这一主体自觉投入学科建设和课程建设的研究中去。完善激励机制是实现思想政治理论课程建设又好又快发展的动力保障。加强科研激励机制主要表现为正确分析教师的需要，选择实施科研激励的方法，把握好“量”与“度”的关系，注重物质激励与精神激励相结合、个人激励与集体激励相结合。科研激励方法既可以采取项目补助的形式也可以采取成果奖励的形式。具体有以下几种途径：一是对于承担省级以上的学科建设或课程建设课题的，各高校马克思主义科研院部可以再增拨科研补助金，在科研人员、保障条件等方面给予倾斜；二是设置科研院部的学科建设基金，扶持研究价值较大的研究课题；三是设立课题中标奖、学术论著发表奖和科技成果奖，年终考核评比也可以考虑直接与教师的科研工作挂钩。在制定科研激励方法的过程中要把握好“量”与“度”的关系，注重物质激励与精神激励相结合、个人激励与集体激励相结合。各高校马克思主义科研院部在制定激励政策时，应充分考虑本单位的科研实力和科研任务，确定激励的“量”和“度”。在强调物质激励的同时，不能忽视精神激励。随着社会的进步，一项有重要指导意义的课程建设研究成果的取得，越来越需要教师主体之间的相互合作。因此，注重个人激励的同时，也应该重视集体激励，做到个人激励与集体激励相结合。

三、课时保障

课时是教学的时间单位，是课程实施的基础。由于课程教学内容的完成需要一定的教学时间为保障，因此每门课程都有其课时设置的规定。这种规定是由课程涵盖的教学内容决定的，适应教学内容的要求。课程涵盖的内容越多，所需的教学时间就越多，反之亦如此。思想政治理论课程课时设置同样是由课程所涵盖的教学内容决定的，适应教学内容的要求。2005 年，经党中央同意印发的《中共中央宣传部 教育部关于进一步加强和改进高等学校思想政治理论课的意见》及其实施方案(《〈中共中央宣传部 教育部关于进一步加强和改进高等学校思想政治理论课的意见〉实施方案》)，对高校思想政治理论课的课程设置及学分作了明确规定。其中，为本科生开设的四门必修课及学分规定分别是："马克思主义基本原理"(3 学分)、"毛泽东思想、邓小平理论和'三个代表'重要思想概论"(6 学分)、"中国近现代史纲要"(2 学分)、"思想道德修养与法律基础"(3 学分)；为专科生开设的两门必修课及学分规定分别是："毛泽东思想、邓小平理论和'三个代表'重要思想概论"(4 学分)、"思想道德修养与法律基础"(3 学分)。此外，本科生、专科生都要开设"形势与政策"课，本科 2 学分，专科 1 学分。考虑到目前我国高校普遍实行学分制，且各高校学期学时安排有差别，两份文件对高校思想政治理论课程由过去的学时规定改为学分规定，这样更有利于从实际出发加以贯彻。目前各高校学期学时安排虽有所不同，但每学分大都对应 16～18 学时。两份文件规定的课时是高校思想政治理论课程教学不可或缺的时间保障。新课程方案若要高质量实施必须确保新课程规定学分相对应的基本学时切实得到贯彻落实。此外，实践教学也是高校思想政治理论课程的重要教学环节，也需安排相应的课时。两份文件没有单独地规定实践教学的课时，而是要求高校根据实际情况适当安排。高校思想政治理论课程设置方案虽然减少了思想政治理论课程教学的科目，但课程涵盖的内容却增加了。这主要是，为顺应时代发展的要求，为反映中国特色社会主义建设取得的举世瞩目的伟大成就，与中国特色社会主义建设进程全面推进相适应，增加了很多新的内容，如增强"四个意识"，坚定"四个自信"，统筹推进"五位一体"总体布局，协调推进"四个全面"战略布局，坚持党要管党、全面从严治党、建设美丽中国等重大战略思想。课程内容实施必须确保新课程规定学分相对应的基本学时切实得到贯彻落实。不得以任何理由、任何名义、任何方式压减或变相压减学时，要确保高校思想政治理论课程教学落到实处，而不流于形式。

四、经费支持

所谓经费是指经办事业支出的费用。经费的投入是保证高校思想政治理论课程教学正常运转的重要前提，也是高校思想政治理论课程建设开展的不可或缺的物质基础和重要条件。改革开放前，我国高校思想政治理论课程教学和建设一直存在投入不足的问题，阻碍了高校思想政治理论课程教学水平和教学质量的提高。改革开放以来，我国进入社会主义建设新时期，经济社会得到前所未有的快速发展，中国特色社会主义建设取得了举世瞩目的伟大成就。与中国特色社会主义建设全面推进相适应，中国教育事业也全面走进一个日益兴盛和繁荣的时代。我国经济实力的增强，为国家增加教育经费的投入提供了物质基础。此外，随着国家思想政治教育战略工程的实施，高校思想政治理论课程的经费投入有了增加，但总体说来，仍不能适应高校思想政治理论课程建设开展的需要。加强对思想政治理论课程建设的经费支持仍是新形势下高校思想政治理论课程教学改革和建设发展进程中亟待解决的一个问题。经费是课程建设的物质基础，高校思想政治理论课程教学改革和建设所需经费涉及的范围也较为广泛。这不仅包括日常管理经费需要，如计算机、复印机、传真机等办公设备的购置和维修，教室的日常维护，图书和音像资料的购置等；而且包括保障思想政治理论课程学科建设，吸引人才、留住人才，不断提升师资队伍的整体素质的需要。此外，课程建设、教材建设等方面均需必要经费的支持。教学改革、教学资源的开发、教学实践的开展等方面也需要经费支持。不仅如此，开展必要的国内外学术交流、考察，邀请名师名家座谈、访问从而促进学科成长等也均需必要的经费支持。只有经费充足，才能引进高层次人才从而组成高质量队伍，发挥其示范和带动作用。充足的经费支持也是培养科研人才的需要，如资助教师赴国外进行专业培训、研修，到国内高校、科研院所等机构进行研修或开展合作研究，参加国内外重要学术会议或交流研讨活动，出版具有较高学术价值和社会效果的著作等。只有匹配必要的培养及支持经费，才能更好地吸引人才、留住人才，不断提升师资队伍的整体素质，使课程进入良性发展的轨道。

目前我国高校思想政治理论课程的经费仍以财政性教育经费为主，如中央财政、地方财政和行业主管部门调拨的基本经费及专项经费等。加大对高校思想政治理论课程的经费支持，首先要加大财政性教育经费的投入。这要求教育主管部门和学校适应形势发展需要，合理确定思想政治理论课程的经费规模及其增长幅度、经费投入科目，将之列入预算，确保高校思想政治理论课程的改革和建设各项工作顺利开展。这方面，我国一些高校已率先进行了尝试，北京高校核定专任教师编制，本专科思想政治理论课专任教师要总体上按不低于师生 1∶350 的比例配备；按照不低于每生年均 20 元的标准设立思想政治理论课专项经费，主要用于教改、教研、学生实践和教师培训交流，并随着学校经费的增长逐年增加。

此外，在培育名师和创新团队方面，北京每年划拨 100 万元定向科研经费，支持思想政治理论课教师开展理论研究和教学研究；依托著名大学或科研机构建立教师研修基地，每年选拔推荐 20 名中青年骨干教师作为高级访问学者。

加大课程改革和建设的经费投入，由国家、地方和学校共同筹措、分级管理，使经费用于安排马克思主义理论学科导师和思想政治理论课教师的一定数量的专项课题。列入教育部专项工程建设的学校，要将马克思主义理论学科建设列入专项工程建设计划，加大支持力度，提高建设水平。

除了财政直接拨款，思想政治理论课程建设还可适当考虑争取社会投入，如与企业合作，配合其职前教育等培训活动，在储备师资的同时获得捐赠收入。此外，尝试开展适度的理财活动，使经费的支持进入多元良性的循环轨道。

五、营造关心和支持思想政治理论课程建设的氛围

“氛围”在《现代汉语词典》中的解释是“周围的气氛和情调”。在《辞海》中的解释之一是“笼罩着某个特定场合的特色气氛或情调”。在《中国大百科全书》中的解释是“围绕或归属于某一特定根源的具有一定个性化特色的气氛”。由此可见，“氛围”一词表达的意思是周围笼罩的气氛或情调。氛围不是指自然环境，而是在一定环境中基于人的生理特点通过人的心理感受而表现出来的一定情调。氛围需要人去感受，具有社会的属性，是人们感受社会环境的具体形式，具有缤纷多彩、千姿百态的表现形态。社会氛围、学校氛围、企业氛围、工作氛围、团队氛围、课堂氛围、文化氛围、学习氛围等都是氛围的具体表现形态。人们处在氛围和环境中，氛围和环境会影响人们的工作和生活。好的学习氛围和环境，和谐健康的人际环境不仅有利于教学活动周而复始地高效运转；而且能陶冶学生的情操，净化学生的心灵，激励学生勤奋学习、积极向上，促使学生全面发展、健康成长。学习环境，特别是按照人的身心发展的特殊需要而设置的专门育人的学习环境，能潜移默化地影响学生的情感、思维、行为、习惯以及气质的形成。但理想的氛围不会从天上掉下来，而是需要人们去精心营造和细心呵护。高校的思想政治理论课程在中国高等教育中占有特殊地位，承担着对学生进行思想政治教育，培养中国特色社会主义事业合格建设者和可靠接班人的重任。高校的思想政治理论课程建设同样离不开建设所需的氛围或环境，同样需要营造关心和支持思想政治理论课程建设的氛围。营造关心和支持思想政治理论课程建设的氛围，是思想政治理论课程建设不可或缺的重要保障。营造关心和支持思想政治理论课程建设的氛围，有利于优化思想政治教育的方式，增强思想政治教育的感染力，提高思想政治教育的实效性。营造关心和支持思想政治理论课程建设的氛围包含的内容极其广泛，不同的角度所要分析的问题不同，可以有不同的考察。限于篇幅，这里从宏观、中观和微观的层

面对营造关心和支持思想政治理论课程建设的氛围进行大致的考察。

从宏观层面，需营造关心和支持思想政治理论课程建设的社会氛围。也就是说，要从宏观的视域，即全社会的角度营造关心和支持思想政治理论课程建设的氛围，旨在在全社会范围内关注、关心和支持高校思想政治理论课程建设。营造关心和支持思想政治理论课程建设的社会氛围，离不开政府的推动。国家主管教育的机关一马当先，从战略角度领导、规划和指导思想政治理论课程建设，为思想政治理论课程建设的健康发展指明方向，规划轨迹，提供所需的政策支持，制定不可或缺的法规和制度。政府应加强对思想政治理论课程建设的宣传，持之以恒地认真做好思想政治理论课程建设的宣传工作。政府宣传部门、新闻传媒单位要主动承担社会责任，积极行动，理直气壮、大张旗鼓地为思想政治理论课程建设造势，报道思想政治理论课程改革和建设的进程和发展。政府应利用各种资源，利用电视、广播、报纸等各种媒体，采用各种各样的贴近生活、群众喜闻乐见的形式，广泛深入地宣传报道反映思想政治理论课程改革和建设的先进典型和先进事迹，让人人都知道思想政治理论课程的改革和建设是事关为中国培养社会主义事业合格建设者和可靠接班人、实现国家繁荣昌盛的大事。由此，形成人人都关注和关心思想政治理论课程改革和建设，支持思想政治理论课程改革和建设的良好社会氛围。

从中观层面，要营造关心和支持思想政治理论课程建设的校园氛围。高校党委要切实强化承担起加强高校思想政治课程建设的领导责任，从战略和全局的高度，充分认识加强高校思想政治理论课程建设的极端重要性和现实紧迫性，把这项工作始终摆在重要位置。这就需要认真研究和解决课程建设工作中出现的新情况、新问题，探寻新形势下课程建设的规律，不断加强和改善领导，健全制度，完善机制，采取有效措施，为课程建设和发展提供不可或缺的领导保证。学校进行资源整合，多方齐抓共管为思想政治理论课程营造良好的校园氛围。建立健全由分管思想政治理论课程建设、本科教学、学科建设、学生工作的校领导共同参与的领导机构和工作组织，发挥专家教授的作用，统筹协调和共同指导思想政治理论课程建设和教学工作，并在人力、财力、物力和相关政策上予以不可或缺的支持。通过不同途径、不同方式，加强校园内思想政治理论课程建设情况的宣传报道，倡导师生自觉投身于思想政治理论课程的改革和建设。关心和关注教学工作实际状况，通过到课堂听教师授课、召开教师座谈会、与任课教师和学生加强沟通和互动、随时听取和收集师生的意见与建议，营造出领导重视、多方努力、群策群力、上下呼应的气势和氛围，营造出震撼力、感染力和自觉参与的驱动力。

从微观层面，要营造关心和支持思想政治理论课程建设的课堂氛围。思想政治教育是一种集塑造教育、改造教育和养成教育于一体的综合性教育。这种综合性教育的目的，依靠传统的灌输式课堂教学模式和简单化的启发式课堂教学模式是根本难以实现的。前者在教学中不分对象，采用“强制性灌输”的方式，“粗暴”地将外在的思想教育理论输入教育对象的头脑中。灌输的内容是金科玉律，不容置疑，无须思考，全盘接受即可，在考试或考核时也要求严格按照“标准答案”来作答，不允许有任何的发挥。这必然会引起学生对思想政治教育的抵触与反感，严重影响思想政治教育的有效性。启发式教学排斥灌输式，但其着眼点在方法和手段的变革上。以简单化的启发式代替灌输式，仍难适应现代思想政治教育以人为本，理解人、关心人、尊重人、反映人的需求。从微观层面营造关心和支持思想政治理论课程建设的课堂氛围，必须顺应人的思想形成发展规律，遵循以人为本的要求，坚持面向学生、以学生为主体，“贴近实际、贴近生活、贴近学生”，既要尊重、心系学生，又要培养、提高学生。采取多种方式和整合多种教育因素，诱导教育对象逐渐接受教育内容并吸收转化为自我认识与行为，这种过程应如杜甫的《春夜喜雨》所描绘的一样——“好雨知时节，当春乃发生。随风潜入夜，润物细无声”，不扰人，不声张，潜移默化地营造出一种使思想政治教育悄无声息地走进学生心灵的氛围，从而达到单纯的灌输式教育所达不到的效果。思想政治理论课程教学是主体与客体之间多向互动的过程，首先要有课堂的互动氛围。互动可分为三种类型，即教育者之间的互动、教育者与教育对象之间的互动、教育对象之间的互动。互动氛围营造以教育者与教育对象之间的互动为主要形式。互动氛围的营造不仅可以减少教育对象的拘束感，使其乐于直抒胸臆，表达自己的真实思想，从而为教育者掌握教育对象的真实情况进而实现教育的“有的放矢”奠定基础；而且可以拉近教育者与教育对象之间的距离，形成活跃教学场地的气氛，产生积极的教学效果，增强思想政治教育的有效性。教育者和教育对象之间的互动有时也表现为群体互动和间接互动。要形成一种良好的集体氛围，通过这种集体氛围教育每一个人，充分调动每一个人的积极性。随着互联网的日益普及，可以利用网络为思想政治理论课程教学营造思想政治理论课程建设所需的课堂外氛围，作为课堂氛围的延伸和补充。教师可以利用红色网站、校园贴吧，来为增强实效性教学提供最鲜活的素材，并在此基础上进行有针对性的教学，解决学生在实际生活中遇到的问题，加强与学生的沟通了解，拉近与学生的距离，以此来解决平时的教学过程不能满足学生个性需求的问题，还可以让学生掌握更多的学科知识，激发学生的学习兴趣。课堂平台与网络平台的结合与碰撞，使得教师的“教”和学生的“学”在信息时代变成了课上与课下沟通互动、自由交流的过程，并在营造氛围的过程中发挥了巨大作用。教师可适当加大实践教学力度，实现理论教学与实践教学相结合，制订实践教学计划与实施方案，开辟实践教学基地，引导学生在社会实践中发现问题，从而使其真正做到学有所感、学有所用，激发其学习兴趣和学习重视程度。这又反过来刺激教师不断探索思想政治理论课程建设模式，营造出良好的关心、支持氛围。

思考题：

1. 高校马克思主义理论学科建设的宗旨和意义是什么？
2. 如何理解思想政治理论课程教学管理的科学内涵？
3. 如何提升思想政治理论课程教学管理水平？
4. 如何理解思想政治理论课程的教学和教学管理离不开制度保障？

参考文献

1. 马克思、恩格斯：《德意志意识形态》，见《马克思恩格斯选集》第1卷，人民出版社2012年版。

2. 马克思、恩格斯：《共产党宣言》，见《马克思恩格斯选集》第1卷，人民出版社2012年版。

3. 恩格斯：《自然辩证法》，见《马克思恩格斯选集》第3卷，人民出版社2012年版。

4. 列宁：《怎么办?》，见《列宁选集》第1卷，人民出版社2012年版。

5. 列宁：《马克思主义的三个来源和三个组成部分》，见《列宁选集》第2卷，人民出版社2012年版。

6. 列宁：《青年团的任务》，见《列宁选集》第4卷，人民出版社2012年版。

7. 列宁：《在全俄省、县国民教育局政治教育委员会工作会议上的讲话》，见《列宁选集》第4卷，人民出版社2012年版。

8. 习近平：《决胜全面建成小康社会 夺取新时代中国特色社会主义伟大胜利——在中国共产党第十九次全国代表大会上的报告》，人民出版社2017年版。

9. 习近平：《习近平谈治国理政》，外文出版社2014年版。

10. 习近平：《习近平谈治国理政》第2卷，外文出版社2017年版。

11. 《习近平总书记系列重要讲话读本》，学习出版社、人民出版社2016年版。

12. 《习近平关于青少年和共青团工作论述摘编》，中央文献出版社2017年版。

13. 《毛泽东邓小平江泽民论教育》，中央文献出版社、人民教育出版社、北京师范大学出版社2002年版。

14. 《中国共产党第十九次全国代表大会文件汇编》，人民出版社2017年版。

15. 《十八大以来重要文献选编》(中)，中央文献出版社2016年版。

16.《国家中长期教育改革和发展规划纲要(2010—2020年)》，中国法制出版社2010年版。

17. 教育部社会科学司:《普通高校思想政治理论课文献选编(1949—2008)》，中国人民大学出版社2008年版。

18. 教育部思想政治工作司:《加强和改进大学生思想政治教育重要文献选编(1978—2008)》，中国人民大学出版社2008年版。

19. 冯刚、沈壮海:《中华人民共和国学校德育编年史》，中国人民大学出版社2010年版。

20. 李秀林、王于、李淮春:《辩证唯物主义和历史唯物主义原理》，中国人民大学出版社2004年版。

后　记

《高校思想政治理论课程建设研究》是在教育部对马克思主义理论一级学科博士生的培养方案进行调整和规范，统一规定课程开设，编写课程教材的部署、安排和组织下完成的。写作大纲得到陈占安教授、郑永廷教授、梅荣政教授、吴潜涛教授、张雷声教授等专家的专业指导。书稿在完成后经过了专家的通讯评审，编写组成员进一步进行了修改。为尽最大努力保证本教材的出版质量，2017 年 3 月 26 日，在东北师范大学召开了出版前的专家评审会议，石云霞教授、张澍军教授、卢黎歌教授、王跃教授、钟明华教授对定稿进行了专业指导和把关，为本教材的进一步完善提出了实质性的修改意见。同时，本教材的完成，也借鉴了学界众多学者的研究成果。党的十九大召开后，我们再次对书稿进行了修改。

本教材编写组的成员，大多数是东北师范大学从事思想政治理论课程教学和研究的中青年学者。此外，我们非常有幸邀请到上海交通大学的胡涵锦教授参加教材的编写。本教材的完成是集体的贡献，是编写组成员共同努力的结果。

本教材由郭凤志教授主持编写。郭凤志撰写绪论，曲波撰写第一章，李爽撰写第二章，刘世华撰写第三章，郭凤志、柴婷婷撰写第四章，郭凤志、胡海波撰写第五章，张艳红撰写第六章、第八章，胡涵锦撰写第七章，齐晓安、曹晓军撰写第九章。

郭凤志对全书进行统稿修改，承担最后的审读定稿工作。

编者

2019 年 6 月

图书在版编目(CIP)数据

高校思想政治理论课程建设研究/郭凤志主编. —北京：北京师范大学出版社，2019.12(2021.6 重印)
(马克思主义理论学科研究生系列教材)
ISBN 978-7-303-24155-2

Ⅰ.①高… Ⅱ.①郭… Ⅲ.①高等学校—思想政治教育—课程建设—中国—研究生—教材 Ⅳ.①G641

中国版本图书馆 CIP 数据核字(2018)第 200614 号

营销中心电话 010-58805385
北京师范大学出版社
主题出版与重大项目策划部 http://xueda.bnup.com

出版发行：北京师范大学出版社 www.bnupg.com
北京市西城区新街口外大街 12-3 号
邮政编码：100088
印　　刷：北京京师印务有限公司
经　　销：全国新华书店
开　　本：710 mm×1000 mm 1/16
印　　张：22
字　　数：400 千字
版　　次：2019 年 12 月第 1 版
印　　次：2021 年 6 月第 2 次印刷
定　　价：48.00 元

策划编辑：祁传华　　责任编辑：王新焕
美术编辑：王齐云　　装帧设计：王齐云
责任校对：李云虎　　责任印制：陈　涛